权威·前沿·原创

皮书系列为

“十二五”“十三五”国家重点图书出版规划项目

BLUE BOOK

管理蓝皮书
BLUE BOOK OF MANAGEMENT

中国管理发展报告
（2017）

ANNUAL REPORT ON MANAGEMENT IN CHINA
(2017)

中国管理科学学会学术委员会
南京敏捷企业管理研究所
主　编／张晓东
副主编／张　卫

社会科学文献出版社
SOCIAL SCIENCES ACADEMIC PRESS (CHINA)

图书在版编目（CIP）数据

中国管理发展报告．2017 / 张晓东主编．--北京：社会科学文献出版社，2017.10（2018.3 重印）
（管理蓝皮书）
ISBN 978-7-5201-1492-9

Ⅰ．①中…　Ⅱ．①张…　Ⅲ．①管理学-研究报告-中国　Ⅳ．①C93

中国版本图书馆 CIP 数据核字（2017）第 240100 号

管理蓝皮书
中国管理发展报告（2017）

主　　编 / 张晓东

出 版 人 / 谢寿光
项目统筹 / 祝得彬　刘　娟
责任编辑 / 刘　娟　吕　剑　张　萍

出　　版 / 社会科学文献出版社·当代世界出版分社（010）59367004
地址：北京市北三环中路甲 29 号院华龙大厦　邮编：100029
网址：www.ssap.com.cn
发　　行 / 市场营销中心（010）59367081　59367018
印　　装 / 北京季蜂印刷有限公司

规　　格 / 开　本：787mm × 1092mm　1/16
印　张：23.5　字　数：353 千字
版　　次 / 2017 年 10 月第 1 版　2018 年 3 月第 2 次印刷
书　　号 / ISBN 978-7-5201-1492-9
定　　价 / 98.00 元

皮书序列号 / PSN B-2014-416-1/1

本书如有印装质量问题，请与读者服务中心（010-59367028）联系

版权所有 翻印必究

管理蓝皮书专家委员会

顾　问　（以姓氏笔画为序）

杨善林　吴启迪　殷瑞钰　郭传杰　郭重庆

黄　维　蒋冠莊

主　任　李伯虎

副主任　张国有　张晓东

委　员　（以姓氏笔画为序）

王永顺　王　安　巴曙松　田雨华　朱立峰

乔仁毅　李怀林　李迎菊　李凯城　陈志诚

林广志　易小刚　周衞國（新加坡）

侯光明　姜　平　柴洪峰　郭　为　曹远征

萧国亮　梁　樑　彭　龙　董盟君

管理蓝皮书编委会

主　编　张晓东

副主编　张　卫

编　委　（以姓氏笔画为序）

Lennart Rudstrom（瑞典）　文　武　王　进

王英杰　刘　锋　李国敏　李志森（澳大利亚）

张晓波　李金惠　陈文芳　吴亚洲　杨灵运

周云杰　郑　刚　姜奇平　徐海燕　郭建峰

唐银山（英国）　高红冰　夏　凡

傅　磊（美国）　薛　旭

主要编撰者简介

张晓东 中国管理科学学会副会长兼秘书长，敏捷智库创始人，研究员，多所大学兼职教授，管理学博士，北京大学经济学院访问学者。从事管理、信息化、人文等领域理论与实践三十年，入选中组部“万人计划”领军人才等。

张 卫 敏捷智库联合创始人、首席专家，工商管理博士，江苏省“333 工程”中青年科学技术带头人。长期从事管理及信息化咨询、企业管理理论研究与实践。

摘　要

《管理蓝皮书》是关于中国管理发展的年度报告。本书在选题上立足中国实践，总结中国管理的热点、理论或思想，分享管理实践，探索管理发展趋势。

全书由总报告、趋势篇、热点篇、人物篇、案例篇、专题篇六部分组成。

第一部分总报告，通过专家和企业家访谈、案例跟踪研究、数据统计分析、专业媒体监测等研究方法，结合管理价值评价体系，对 2016～2017 年中国管理发展进行了综合分析，在此基础上分别遴选出具有中国管理价值的年度人物、组织、案例，展现 2016～2017 年中国管理发展的基本态势。

第二部分趋势篇，聚焦互联网时代管理变革、中国管理学理论探索、创新驱动下的企业发展战略等管理前沿，前瞻中国管理发展方向。

第三部分热点篇，围绕 2016～2017 年的管理热点，选取热度较高且具有普遍意义的“区块链”“环境治理”“特色小镇”等热点，探讨其相关的管理机制、模式、路径、对策等，通过管理来优化经济效益和社会效益。

第四部分人物篇，从管理功能、管理机能、管理效能的评价维度，选取学术界、企业界的代表性管理人物进行专访。

第五部分案例篇，分享管理实践的新思路和新方法，总结可借鉴、可复制的管理经验，丰富中国管理的实践案例。

第六部分专题篇，关注“一带一路”的机遇与挑战，题材涉及“丝路带发展指数”评价研究与管理、项目管理、旅游管理等内容，旨在多层面、多维度地呈现“一带一路”建设中对中国管理的新思考。

本书理论与实践相结合，数据调研与案例研究互补，通过系统化的研究范式聚焦中国管理进程，全面呈现了2016～2017年度中国管理发展的态势。本书对于研究和关注中国管理发展的学术界和企业界人士，均具有一定的指导和借鉴意义。

关键词： 中国管理　热点　趋势　人物　案例

序
大变革时代背景下的中国管理

李伯虎*

“这个世界到底怎么了?”在2017年初的世界经济论坛上，国家主席习近平向世界发出的时代之问。诚哉斯言！2016～2017年，这是一个非常态化的年份。这一年里，地产大亨特朗普当选新一届美国总统，世界局势走向扑朔迷离；英国举行脱欧公投，冲击着脆弱的欧盟体系；美俄战略较量不断，反恐行动陷入攻坚阶段；朝鲜半岛局势，剑拔弩张；全球经济在地区保护主义和反全球化的浪潮当中举步维艰。放眼全球，时代正面临着政局动荡、领土争议、经济下行等诸多挑战。在全球“黑天鹅乱舞”的情况下，G20杭州峰会召开（2016），中国首次主持与主导“全球治理顶层设计”，为寻求走出混乱的全球局势和低迷的经济势态给出了“中国方案”。国家主席习近平强调，二十国集团要与时俱进、知行合一、共建共享、同舟共济，共同推动世界经济健康发展。在全球政治经济动荡不安的大变革背景下，中国用稳定的格局、良好的态势、积极的创新交出了一份令人满意的发展成绩单。至此，中国管理，世界瞩目。

时代的大变革离不开科技的大变革，科技的变革创新是促进人类社会发展演进的加速器。科技是一把双刃剑，这是永恒的真理。科技创新驱动给人类带来福祉的同时也给社会治理带去了诸多前所未有的挑战。“这是最好的时代，也是最坏的时代”，英国文学家狄更斯曾这样描述工业革命发生后的世界。2016～2017年，新互联网技术、新信息技术、新人工智能技术、新

* 李伯虎，中国工程院院士。

能源技术、新材料技术、新生物技术、新应用领域专业技术等新兴技术的深度融合正共同谱写一场新时代的技术革命与产业变革。如何引导和规制这些技术朝向有利于人类整体价值利益的方向前行，这是一项意义重大的管理命题。智慧城市、智能制造、智能医疗、智能交通、智能物流、智能机器人、无人驾驶、智能手机、智能社会、智慧经济等切实反映了新兴技术在现实国民经济、国计民生、国家安全等领域呈现的新模式、新手段和新业态，在这些新系统的实践中需要思考如何做好技术应用与管理规则的无缝对接，以支持新系统的成功管理与运行，这是一项亟待解决的管理重任。我们还要用前瞻性的敏锐视角来评估预测新兴系统的价值利弊，规避资本逐利驱使下出现的野蛮生长，这也是监管者的管理责任，更是管理学的新任务。在新技术铸造的新时代里，我们要强调“创新、绿色、开放、共享、个性”的时代需求，因此，制定相应的各级管理政策是十分重要的，这既是对中国自身负责，也是对世界负责，这也是管理学迫切又艰巨的任务。

时势造英雄，根植于中国成功实践土壤中，嵌入中国情境的中国特色管理经验，正在走向世界，引领全球发展。此时此刻，《中国管理发展报告（2017）》如期而至，应时应景。《管理蓝皮书》系列是由中国管理科学学会学术委员会与南京敏捷企业管理研究所共同主编，社会科学文献出版社出版发行。从 2014 年以来，每年展示与分享扎根于中国国情的管理实践与理论成果；分析与预测有关中国管理领域的现状和发展态势。《中国管理发展报告（2017）》依旧“不忘初心”，践行推进中国管理的发展与创新，选题“变化的世界，创新的中国”，篇章布局分为总报告、趋势篇、热点篇、人物篇、案例篇、专题篇。皮书内容上采用深度调研、详实数据、专家观点、舆情监测等系统完整且逻辑严密的研究范式，贯彻聚焦中国管理进程中的热点，分析现下存在的难点，探讨破解发展中的痛点，全景化地展现 2016 ~ 2017 年度中国管理发展新动态。

中国的发展正走在改革与转型的攻坚路上，从实现“两个一百年”奋斗目标、实现中华民族伟大复兴的中国梦到统筹推进“五位一体”总体布局、协调推进“四个全面”战略布局，从经济新常态到新发展理念，从

“四个自信”到“四个伟大”，从“一带一路”建设到构建人类命运共同体。这一路的披荆斩棘，所获得的成功经验离不开成功的管理。聚焦大变革历史背景，从理论与实践层面，思考新语境、新维度、新技术、新模式、新业态、新生态，中国管理任重而道远！

中国乃至世界发展的新思路、新思想、新理论、新范式、新方法、新工具，将为中国管理体系注入崭新的时代内涵。

目录

Ⅰ 总报告

Ⅱ 趋势篇

Ⅲ 热点篇

Ⅳ 人物篇

Ⅴ 案例篇

Ⅵ 专题篇

Ⅶ 附录

皮书数据库阅读**使用指南**

总 报 告

General Report

B.1

变化的世界　创新的中国

——2016～2017年中国管理发展的现状与趋势

敏捷智库*

摘　要：本文通过专家和企业家访谈、案例跟踪研究、数据统计分析、专业媒体监测等研究方法，结合管理价值评价体系，对2016～2017年中国管理发展进行了综合分析，在此基础上分别遴选出具有管理价值的年度人物、组织、案例，展现出2016～2017年中国管理发展的基本态势。

关键词：中国管理　共享经济　网络管理　价值评价

* 南京敏捷企业管理研究所。

一　大变革背景下的中国管理的发展

（一）全球治理体系变革势在必行

《习近平二十国集团领导人杭州峰会讲话选编》一书，全面深刻阐述中国关于全球治理的政策主张。2017 年 5 月 14 ~ 15 日，中国成功主办“一带一路”国际合作高峰论坛，为各国实现合作共赢搭建起新的平台，在全球经济乏力、局势动荡、秩序调整、各种不确定因素纵横交织的背景下，为世界发展和治理提供“中国方案”。全球事务与人类整体利益和共同命运息息相关，全球治理则事关应对各种全球性挑战，事关国际秩序和国际体系建立的规制与方向。2017 年 9 月 5 日，习近平在金砖国家领导人厦门会晤记者会上的讲话指出，应当建立广泛的发展伙伴关系，打造开放多元的发展伙伴网络，携手走出一条创新、协调、绿色、开放、共享的可持续发展之路，为促进世界经济增长、实现各国共同发展注入更多正能量①。在全球互联互通新形势下，经济结构、网络空间、国际局势、生态环境都将面临新挑战，如何从管理层面探讨深化区域协调合作，发展战略对接，形成创新联动，多种主体共同参与共治的新格局，是当前全球治理必须思考的重要问题。

（二）中国管理促进供给侧结构性变革和需求侧转型升级

2016 年 6 月，国务院印发了《关于发挥品牌引领作用推动供需结构升级的意见》（国办发〔2016〕44 号），提出设立“中国品牌日”，凝聚品牌发展社会共识，营造品牌发展良好氛围，搭建品牌发展交流平台，提高自主品牌影响力和认知度②。2017 年 4 月 24 日，国务院批准将每年 5 月 10 日设

① 《习近平在金砖国家领导人厦门会晤记者会上的讲话》，新华社，http：//www.gov.cn/xinwen/2017 - 09/05/content_ 5222821.htm。

② 《国务院办公厅印发〈关于发挥品牌引领作用推动供需结构升级的意见〉》，新华社，http：//www.gov.cn/xinwen/2016 - 06/20/content_ 5083901.htm。

立为“中国品牌日”。品牌是生产者和消费者共同的追求，是供给侧和需求侧升级的方向，是企业乃至国家综合竞争力的重要体现。当前中国经济正在经历一个变化的节点，坚持把改革发力点转到调整经济结构上，在保持总量增长的同时，实现结构优化。推进供给侧结构性改革任重道远，这就需要通过科学的管理方法体系促进供给侧的提质增效，实现产业升级，扩大有效供给，优化资源配置，完善供需匹配。

（三）以共享单车为代表的共享经济等，酝酿新商业模式变革

在移动互联网推动下，OFO 小黄车基于物联网、大数据等新技术，实现了单车共享的开创性创新，绿色、便捷的短途出行体验解决了城市交通出行的许多痛点，同时也带来商业模式的一场变革。据统计，2016 年中国共享经济市场规模达 3.5 万亿元，增长速度超过 100%，有 6 亿人参与分享。未来几年，预计中国共享经济将继续保持年均 40% 左右增长，中国将在包容、审慎监管下，推动共享经济的良性发展。① 清华大学公共管理学院院长薛澜说，从更大层面上看，发展共享经济，也是实现包容性增长的体现，让更多人分享发展成果。② 2020 年，中国将全面建成小康社会，解决 7000 万人的脱贫问题；从国际层面看，中国正借助“一带一路”等平台，与世界人民共享中国发展成果。共享经济作为一种新经济、新业态，正促进中国大众创业、万众创新，成为新一轮资本关注“风口”，共享经济在释放红利的同时，也在给中国管理带来新的发展机遇和挑战。

（四）《网络安全法》推动网络空间治理和信息安全立规

互联网带来的变革效应有目共睹，但由于管理机制的不健全，管理责任的未落实，管理执行的不到位，导致各种网络问题层出不穷。网络排行，实

① 《去年中国共享经济市场规模达 3.5 万亿元　增速超过 100%》，《中国财经时报》，http：//www.3news.cn/24hot/2017/0717/206219.html。

② 《从一辆“单车”看中国共享经济》，新华网，http：//news.xinhuanet.com/fortune/2017－06/28/c_ 1121228145.htm。

为捞金；网上百科，错漏百出；网站搜索，以价排名；网来网去，内容克隆；网络产权，保护不力[①]。在传播格局已深刻改变的今天，作为“十三五”期间加强网络空间治理的一项“基本建设”，网络内容建设决定着行业生死，掌握着业界未来。2016 年 11 月 7 日，为了保障网络安全，维护网络空间主权和国家安全、社会公共利益，保护公民、法人和其他组织的合法权益，促进经济社会信息化健康发展，网络安全法正式颁布，自 2017 年 6 月 1 日起施行。[②] 国家已经采用法制化的行政手段介入网络管理区域，实践中取得了一定的成效，但网络治理问题依旧面临众多挑战，包括网络技术研发和标准制定；打击网络违法犯罪等方面的国际交流与合作；多边、民主、透明的网络治理体系建构等。

（五）人工智能引发新一轮技术变革带来中国管理的新挑战

围棋人工智能程序“阿尔法狗”（AlphaGo）在 2017 年 5 月乌镇围棋峰会上对决人类顶级围棋手柯洁，柯洁九段中盘告负，总比分 0∶3 败于 AlphaGo。此次事件引发了关于人工智能的大讨论。人工智能技术在不断飞速发展，也将带来社会建设的新机遇，人工智能在教育、医疗、制造、商贸、城市管理、司法服务等领域的广泛应用，将极大地提升服务精准化水平，全面提升生活品质。2017 年 7 月 20 日，国务院印发了《新一代人工智能发展规划》，人工智能成为国际竞争的新焦点、经济发展的新引擎，带来社会建设的新机遇。人工智能在为人类带来利好福祉的同时，也可能带来改变就业结构、冲击法律与社会伦理、侵犯个人隐私、挑战国际关系准则等问题，例如，高阶人工智能有没有失控风险？未来的机器会不会挑战人类社会的秩序，甚至获得自主塑造和控制未来的能力？人工智能带来的不仅是社会生产模式的变化，还有整个产业的业态

① 《网络收费信息泛滥：“畅销榜”水分大　买榜丑闻多》，人民网，http：//sc. people. com. cn/n2/2016/0519/c345529 - 28366849. html。

② 《中华人民共和国网络安全法》，新华社，http：//www. gov. cn/xinwen/2016 - 11/07/content_5129723. htm。

变化，乃至整个社会管理模式的变化，应当谨慎界定人机之间的关系格局。①

二　中国管理发展的风向：互联网时代下的管理变革

互联网时代管理创新，重心不在互联网技术的管理应用，不在既有管理原理在互联网中的应用，也不在互联网商业模式，而在互联网带来的管理范式转变。这种转变是由以复杂性范式为核心的网络科学和网络实践引起的，“网络成为探索复杂性的一条新的途径”，由此形成有别于西方原子论的新管理体系——网络管理。

网络管理特指用网络的观点看待管理，即把所有管理现象视为网络现象的管理。它针对的是用原子论的观点看待管理，即把所有管理现象视为原子现象，或用原子论的方法来解释管理现象的管理。管理变革之前与之后最大的变化，就是原子视角向网络视角的转变。

互联网变革之前的管理与互联网变革之后的管理，存在特例与通则的关系。即网络是通则，它是由节点（原子）与边（关系）构成的复杂系统；原子只是这一系统的特例，即在系统中，排除了边（关系），只保留节点（原子）而还原成的简单系统。

我们以复杂系统与简单系统的区分为线索，梳理互联网对管理变革的系统性影响，从中指出，互联网时代的管理变革，不是互联网技术现象，网络不仅与互联网有关，而且构成一切管理现象的普遍本质。

中国由于某些独特的优势，目前成为互联网经济的领先者，第一次有条件从中国经验中总结出某些对世界具有普遍意义的管理原则，从而在世界管理丛林中，从追随者成为引领者。我们大胆假设，在工业化时代的美式管理、日式管理之外，目前正在形成互联网时代的中式管理，为互联网时代管

---

① 《人工智能，以法律和伦理为界》，《人民日报》，http：//www. gov. cn/xinwen/2017 -08/23/content_ 5219695. htm。

理变革提供领先理念。本文集中探讨这种假设的可能性，力图从理论和实践中梳理那些“从中国产生，但属于世界”的第三代管理（管理3.0）的创新成果。

中国互联网企业表面上是由于运用了高科技而取得成功，实际上由于采取了与工业化相反的管理方法，即与规模经济原理（越复杂成本越高）相反的范围经济（越复杂成本越低）的生产方式，才在大变革的乱局中如鱼得水。而那些仅在技术上采用网络方法，而在管理上排斥网络科学的企业，早在大浪淘沙中被实践淘汰。

许多人把互联网时代的管理变革简单理解为将新技术应用于管理，忽略了互联网背后的网络科学、网络社会关系才是其原理所在。网络科学不过是复杂性科学的另一种说法。推进互联网时代的管理变革，总的来看，需要将网络科学引入网络社会分析来发展管理学。

展望未来，以中国互联网的强势发展、中国企业的持续成功，以海尔、腾讯等一批世界一流企业的先进管理经验为基础，第三代管理在中国有望获得飞跃性的发展，为结束中国改革开放近40年经济成功没有世界级管理经验的局面做出贡献。

三　中国管理热点聚焦

本报告通过来自国家自然科学基金委员会管理科学部遴选的22种A类管理期刊和8种B类管理期刊；以及来自专业的网络数据库、广泛的网络媒体，同时组织具有影响力的管理学专家、学者、资深媒体人、核心期刊主编组成“大同行专家委员会”，采用“大同行评价”评审，形成研究观点和预判。通过此次评审，“区块链”、“环境治理”、“特色小镇”、“一带一路”、“共享经济”、“不确定性”等均成为关注热点。

（一）以“区块链”为代表的金融科技信息安全管理

人类正在以飞快的速度进入真正意义上的数字社会，大部分数字社会中的行动将是经济活动。参与这些经济活动的对象不但包括个人、企业、政府，还包括数字社会中产生的新的个体和群体，包括自动驾驶汽车、机器人、Internet of Things（IOT）等。一种低成本、低摩擦、低风险，可以由所有数字通信系统安全流通的真正意义上的法定数字货币将是人类数字社会中最为重要的一项基础建设系统。如何从信息和金融安全的角度，分析和论证当前的金融科技，包括区块链、分布式账单、数字货币、加密货币等在信息安全管理方面的挑战，如何从法律、监管和安全方面建立金融科技的管理理念，是当前一个重要的管理热点问题。

（二）“环境治理”任重道远：绿水青山才是金山银山

改革开放以来，我国经济建设工作取得了举世瞩目的成绩。2016年，我国国内生产总值（GDP）为74.4万亿元，位居全球第二。目前，资源环境对经济发展的约束效应正在加剧，如果继续传统的发展模式，资源的枯竭及生态环境的破坏势必将制约我国经济的发展。在这种形势下，国家逐渐把资源和生态环境保护放在突出的位置。一方面，国家提出“绿水青山就是金山银山”、“保护生态环境就是保护生产力”，明确了生态环境保护对经济发展的重要性。另一方面，国家正在积极完善环境管理制度，加强环境管理，以缓解资源环境与经济发展的矛盾。我国环境治理取得了积极进展，认识到了环境管理在资源权属及市场机制、治理模式、行政和部门分割管理、审核监督机制等方面存在的问题，但基于相关环境问题和最新政策发展研究提炼出深远的管理要义依旧需要更多的思考。

（三）“特色小镇”的发展路径：精准治理模式

特色小镇是依赖某一特色环境和特色产业，构建具有明确特定文化内涵、产业定位和社区功能的综合体。2016年中期，我国特色小镇建设进入深入发展阶段。同年7月，住房城乡建设部等部委在《关于开展特色小镇培育工作的通知》中提出，到2020年，要打造1000个左右富有特色、具备活力的商贸物流、休闲旅游、教育科技、传统文化、美丽宜居的特色小镇；同年 10 月，住房城乡建设部公布首批 127 个特色小镇名单。与此同时，地方关于特色小镇的政策也密集出台，江苏、上海、福建、广东、贵州等省市明确出台特色小镇指导意见。我国特色小镇的建设与发展始终都沿着我国城镇化的发展路径并作出创新，更加突出体育休闲、旅游观光、创业创意等产业特色，实现特色产业与环境保护、自然风光、历史文化等方面高度融合。特色小镇的建设是在我国经济进入新常态的背景下，新一轮城镇化过程中以创新驱动发展形成的结果。当前的特色小镇的治理，无论是治理体制、治理结构或者治理模式都应该进行创新思考，充分挖掘“利益相关者”的资源和潜力，提升各方参与特色小镇治理的积极性。

以上“区块链”、“环境治理”、“特色小镇”内容在“热点篇”中进行了更为详细的阐述，以便更加全面系统地展现当前中国管理领域所呈现出的新热点。

（四）管理助力“一带一路”建设

有关古代丝绸之路的历史发展及其意义，以及它对于达成相互理解和实现双赢所做出的贡献，习近平主席在 2017 年 5 月 14 日北京“一带一路”国际论坛峰会的开场发言中已经作了表述。在该发言中，习主席表达了通过一个开放式的合作平台来实现一种开放、均衡的发展模式的愿景。现有的“一带一路”建设已经为支持发展和解决全球性问题指明了方向：绿色发展，科技创新，可持续发展战略，反腐合作，供给侧结构性改革，尊重和平共处五项基本原则；甚至在一个更高的层面上，强调世界各文明间的联系，希望能够构建一个和谐共存大家庭。“‘一带一路’建设将由大家共同商量，建设成果将由大家共同分享。”“一带一路”的管理层面的建设性研究也是当前的一个热点。在“一带一路”建设发展过程中，有着诸多管理层面的问题需要思考，为了透彻性立体化地呈现“一带一路”建设中的管理，本研究报告专门设定了“一带一路”专题篇，内容涉及“一带一路”下项目管理、营销管理、“丝路”发展指数评价研究与管理等。

四　管理价值评价

（一）管理价值评价体系的研究背景

“管理是决定一切事业盛衰成败的关键，重视管理、加强管理是全体人类的需要和整个时代的呼声。”[①] 社会发展的历史经验告诉我们：凡是有人的地方就必然存在社会活动，凡是有社会活动的地方就一定涉及管理，无论是管理的要素、方法、工具、程序，还是管理的效果、效益、效能等。正如霍金森所言，当今的社会生活，被如此多的组织所统辖，正式性的组织或非正式性的组织，在后工业化社会，以至于我们生活的质量全部都依赖于管理者的管理意识和管理水平。管理是最能影响人们生活质量的行为和事业。[②]

如今，科技进步已将人类带入一个全球互联的新时代……一个疾速瞬变的时代、一个打破均衡的时代、一个高度依存的时代、一个深度融合的时代，黑天鹅乱飞，非确定性成为非常确定的时代特性！[③] 面对当前无序多变的时代特征，如何能够保证其有序、有效、有益的运转，这便是考验“管理”的时候了。评估管理价值成效从而优化管理行为，引领社会转型升级，这是当前管理界的一项重要责任。

（二）管理价值评价维度解释

1. 管理功能

管理功能是指在管理的作用下，组织系统应当具备的一种综合性的管理

---

① 钱学森、杨沛霆：《现代领导科学和艺术》，军事译文出版社，1985，第49页。

② Hodgkinson, Christto Pher, *The Philosophy of Leadership*, Basil Blackwell Publisher Limited, 1983, p. 13.

③ 张晓东：《全球互联新时代，持续创新共发展》，第九届科技进步论坛暨第五届中国产学研合作创新论坛报告。

能力。这些能力能够在一定的时空范围内，借助规范的管理程序，对资源要素（人、财、物、技术）进行合理配置与综合利用，使其能够满足组织系统预设目标。

管理功能维度具体体现在有效性、系统性、科学性上。

有效性。组织系统通过配置合理化的管理方法、模式、体系、规范、工具、设施等，最终能够按照预期实现组织目标的一种能力。

系统性。组织系统在运营过程中，能够全面、完备地运用管理知识与技能，实现全系统信息交互、共享、协作的一种能力。

科学性。组织系统在遵循客观规律的基础上执行行为活动，从而实现组织目标的一种能力。

2. 管理机能

管理机能是指在管理的作用下，组织系统所生成的一种本能化的动力性特质。这些特质能够调节激活与维持觉醒状态的组织系统，接受来自组织系统内外的各种信息源，完成对信息的空间和时间的整合与响应，提高组织系统的能动性和灵敏度，并实现对组织行为的自我调节。

管理机能维度具体体现在创新性、敏捷性、协同性、聚合性上。

创新性。组织系统应用新颖的方式解决问题，并能产生新颖的、有价值的产品/服务等方面的一种特质。

敏捷性。组织系统对变化的环境以及其他的不确定性因素的适应和为捕捉未来机会而制定和实施的灵活主动策略的一种特质。

协同性。组织系统在同一目标的基础上，统筹性地分工合作，提高运营效率的一种特质。

聚合性。组织系统促使成员间相互依存，形成共同责任利益意识、士气状态的一种特质。

3. 管理效能

管理效能是指在管理的作用下，组织系统所获得的管理效率、效果、效益的综合反映。“管理出效能”意味着管理活动必须力求以最少的社会劳动占用、最小的物质消耗换取最大化的经济、社会效益。管理是一种生产力，管理的效能就是“用尽量少的价值创造出尽量多的使用价值，在尽量少的劳动时间里创造尽量丰富的物质与精神财富。”

管理效能维度具体体现在效益性、先进性、持续性、示范性上。

效益性。组织系统能够节约劳动消耗，在尽量少的劳动时间里，创造出符合社会需要的、满意的经济效益和社会效益。

先进性。组织系统能够在结构、功能上明显优于原来采用的管理体系，或对管理理论的新发展有推动作用，对于整个体系或行业的创新变革，起到纲领性的指引作用。

持续性。组织系统在追求目标的过程中，不以追求利润为唯一衡量标准，不伤害其他利益相关者，能够积极推动组织系统和行业体系健康发展。

示范性。组织系统所采用的管理模式、方法、功能等属同类中的标杆，能够体现管理体系的标准、规范、准则、诉求等，值得其他组织系统学习、借鉴、引进。

（三）管理价值评价体系结构及权重

根据管理功能、管理机能和管理效能三个评价维度建构管理价值评价体系，具体结构如图 1 所示。

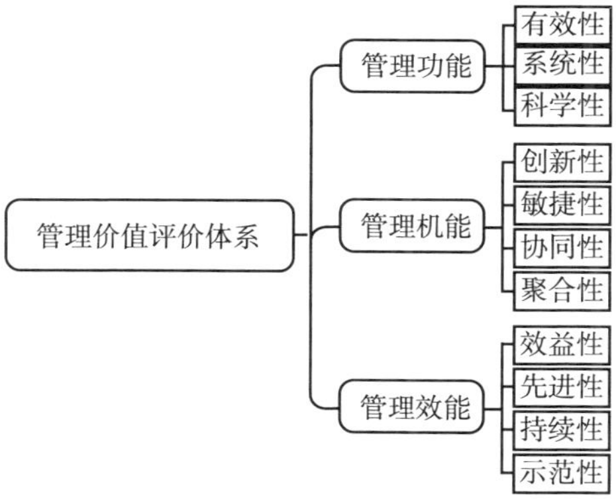

图 1　管理价值评价体系结构

为了避免主观权重的影响，采用层次分析法来设定评价体系的权重系数，指标具体权重系数如表 1 所示。

表 1　管理价值评价体系指标权重

一级指标	一级指标权重	二级指标	二级指标权重
管理功能	0. 285	有效性	0. 108
		系统性	0. 083
		科学性	0. 058
管理机能	0. 312	创新性	0. 125
		敏捷性	0. 092
		协同性	0. 067
		聚合性	0. 050
管理效能	0. 403	效益性	0. 150
		先进性	0. 133
		持续性	0. 075
		示范性	0. 058

管理价值评价榜单表彰的是在 2016 年至 2017 年 7 月，通过高效且持续的管理机制运行、管理结构优化、管理职能执行和管理行动实施，为组织发展和社会进步带来积极且显著的管理效应的人物、组织和案例。在初级遴选过程中，我们会考虑以下四个层面。

一是时效性。《中国管理发展报告（2017）》发布的是 2016 年和 2017 上半年在管理界具有一定效应的人物、组织与案例。因此，所有能够进入评估名单的必须首先满足该项要求。

二是社会影响力。考虑人物、组织或案例能够对一个或多个社会问题的影响范围、性质和持久度。

三是创新程度。考虑人物、组织或案例本身相比业内同行的创新程度，以及其他同行是否会模仿这种做法。

四是经济社会效益。考虑人物、组织或案例所能带来的经济和社会获益。

（四）管理价值评价结果

1. 管理价值年度人物

立足于管理功能、管理机能和管理效能三个评价维度设定普测问卷。其中，管理功能需要体现出有效性、系统性、科学性。管理机能需要体现出创新性、敏捷性、协同性、聚合性；管理效能需要体现出效益性、先进性、持续性、示范性。问卷形成后采用大样本普测，最终获得3821份在线问卷数据，选取累积得票数排名前30的管理人物。对入选的30位候选人物，采用“大同行评价”评审得出排名前10位的人物正式发布。该“大同行专家委员会”由具有一定影响力的管理学专家、学者、资深媒体人、核心期刊主编组成。“大同行专家委员会”评选出管理价值排名前10的年度人物，结果见表2。

表2 管理价值排名前10的年度人物

序号	姓 名	所属行业领域
1	马 云	软件和信息技术服务
2	王辉耀	商务服务
3	刘强东	网络零售
4	李维安	教育
5	张瑞敏	电气机械和器材制造
6	陈春花	商务服务
7	郭重庆	教育
8	董明珠	家用电器——白色家电
9	曹德旺	交运设备——汽车零部件
10	戴 威	科技推广和应用服务业

＊排名以姓氏笔画为序；样本统计中不包含中高级政务人员，注重管理的基层效益。

借助代表公众意愿的普测问卷，结合大同行专家委员会的评价，共同评审出管理价值年度人物。上榜人物的分布为企业管理者6人，学者4人。在企业管理者中，实体经济掌舵人3人，虚拟经济领跑者3人。

当前我国处于“推进实体企业提质增效，促实体经济转型升级”的攻坚阶段，在这样的新形势下，实体经济的企业领头羊已经开始了各自的管理新动作，实践中优化各自企业管理体系，积极创新管理模式，实现内部管理升级，提高企业效益，释放出管理功能、机能、效能三个维度上的管理价值，此次入选的张瑞敏、曹德旺、董明珠均体现了这一重要特征。

全球互联网用户数量年增长率正在不断下降，虚拟经济所享受的“网名红利”在最优市场即将触顶，虚拟经济的行业领跑者已经警醒，规避资本逐利驱使下出现的野蛮生长，开始建构互联网时代的管理新规制，这些举措深化了管理功能、机能、效能三个维度上的管理价值。此次入榜的马云、刘强东、戴威均显现出了该项重要特征。

管理学界的学者积极参与到当前大变革背景下的管理探索中，分析管理新问题，思考管理新方向，预判管理新趋势，前瞻管理新未来，发挥了企业实践与学术理论之间的沟通和互联的纽带与桥梁作用，肩负起了推动管理理论指导管理实践、管理实践优化管理理论的管理责任。入榜的郭重庆、李维安、陈春花、王辉耀，在促进管理实践与理论两者协调发展上，体现了管理功能、机能、效能三个维度上的重要管理价值。

2. 管理价值年度组织

通过大数据分析、专家访谈、媒体监测、案例分析等多种方式，在进行广泛调研的基础上遴选出具有代表性的 30 个组织。随后，通过管理价值评价体系对入榜的 30 个组织进行专家评定，获得管理价值排名前 10 的年度组织，具体结果见表 3。

此次入榜的年度管理价值组织，分布具有很强的代表性，有实体经济发展的典范国企中铁，有成功走向世界的民企华为，有致力于社会公益服务的腾讯公益，有引领新型技术变革的科大讯飞，也有“用全球视野，为中国建言；以中国智慧，为全球献策”的智库组织 CCG。经济全球化的发展改变了现代企业的竞争形式，真正实现了物流、信息流、技术流、资金流、人力资本流的跨国界“多流合一”。在全球化、大数据、高科技、强竞争的生存环境下，榜单中所有这些入选组织都积极采取系统化的管理策略，积极推进智能制造和智慧流通，践行绿色制造，力求降低资源能源消耗，实现降本增效，用实践成果诠释管理的功能、机能、效能价值。

表 3 管理价值排名前 10 的年度组织

序号	姓 名	综合得分
1	国家电网公司	1.446
2	航天云网科技发展有限责任公司	1.458
3	中国商用飞机有限责任公司	1.392
4	华为集团	1.235
5	中国铁道建筑总公司	1.118
6	腾讯公益	1.012
7	蚂蚁金服	1.009
8	广东检验检疫局	0.893
9	科大讯飞股份有限公司	0.654
10	中国与全球化智库(CCG)	0.568

3. 管理价值年度案例

通过相同的研究范式，在大数据统计、专家访谈、媒体监测、案例分析广泛调研的基础上，遴选出具有代表性的 30 个案例。随后，运用管理价值评价体系对入榜的 30 个案例进行专家评定，获得管理价值排名前 10 的年度案例，具体结果见表 4。

表 4 管理价值排名前 10 的年度案例

序号	姓 名	综合得分
1	中车株洲电力机车管理创新模式	1.524
2	国产 C919 集成化项目体系管理模式	1.129
3	北汽新能汽车创新:技术与商业模式的耦合	1.483
4	海尔“人单合一”创新构建互联网时代企业	1.365
5	航天云网智慧制造云模式	1.307
6	ofo 精创共享经济模式	1.228
7	美的海外并购库卡案	0.851
8	大疆创造消费级无人机市场	0.742
9	乐视生态项目管理实践	0.659
10	平安万家“大医疗”健康管理平台	0.553

此次入选的10个管理案例，从管理的结构、管理的流程、管理的模式、管理的资源整合、管理的体系等多层面体现管理价值。上榜的案例具有共性特征，即通过管理功能的创新驱动引擎，形成管理机能的独特竞争优势，获得管理效能的持久发展力。

现从中选取部分案例列举分析。

北汽技术与商业模式的耦合，从耦合视角分析了技术与商业的互动关系，提出了新能源汽车产业的“引发—驱动”创新耦合框架，阐述了制造服务化与生态圈两种创新举措。

海尔“人单合一”创新构建互联网时代企业，聚焦海尔“人单合一”模式创新，从战略、组织、机制、工具等4个方面分析了“人单合一”模式如何重构起新的管理体系，以及在双创、制造、研发、营销等领域的落地实践。

航天云网智慧制造云模式，以“云制造”为理论基础，基于INDCIS平台打造了云制造服务、工业品商城、工业物联网、云资源服务、创新创业、增值服务以及专区服务等板块，提供以“线上与线下相结合、制造与服务相结合、创新与创业相结合”为特征，打造适应互联网经济业态与新型工业体系的制造业云端生态系统。

乐视生态项目管理实践，根据乐视互联网生态商业模式的实际要求和发展状况，梳理出基于强矩阵模型的项目型组织双核负责制，并围绕项目型组织双核制这个核心思路，构建从战略到执行，再由执行反馈战略优化的闭环项目管理体系。

以上内容在《中国管理发展报告（2017）》的案例篇中进行了更为详细的阐述，以便更加全面系统地展现当前管理实践领域所呈现出的管理新势态，以期获得更大的管理价值。

五　2016～2017年中国管理现状调查

本节的数据主要来源于三个方面：第一类数据来自国家自然科学基金委员会管理科学部遴选的22种A类管理期刊和8种B类管理期刊，这30种刊物代表了国内管理领域的学术水平；第二类数据来自专业的网络数据库；第三类数据来自更广泛的网络媒体。

（一）管理期刊统计概况

1. 基于管理类期刊的数据分析

课题组主要采集了国家自然科学基金委员会管理科学部遴选的 22 种 A 类管理刊物和 8 种 B 类管理刊物于 2016 年 1 月至 2017 年 7 月发表的论文，通过采集和有效性筛选，最终获得有效的论文 7823 篇，统计数据见表 5。

表 5　国家自然基金委员会管理科学部遴选的 30 种管理类期刊论文统计情况

序号	期刊名	类型	2016 年	2017 年 7 月	合计
1	《管理科学学报》	A	114	47	161
2	《系统工程理论与实践》	A	321	150	471
3	《管理世界》	A	244	140	384
4	《数量经济技术经济研究》	A	112	56	168
5	《中国软科学》	A	209	121	330
6	《金融研究》	A	162	66	228
7	《中国管理科学》	A	240	169	409
8	《系统工程学报》	A	82	27	109
9	《会计研究》	A	146	56	202
10	《系统管理学报》	A	138	70	208
11	《管理评论》	A	276	152	428
12	《管理工程学报》	A	114	68	182
13	《南开管理评论》	A	102	50	152
14	《科研管理》	A	317	253	570
15	《情报学报》	A	131	55	186
16	《公共管理学报》	A	51	26	77
17	《管理科学》	A	74	41	115
18	《预测》	A	72	36	108
19	《运筹与管理》	A	231	103	334
20	《科学学研究》	A	221	120	341
21	《中国工业经济》	A	113	83	196
22	《农业经济问题》	A	163	87	250
23	《管理学报》	B	213	136	349

续表

序号	期刊名	类型	2016年	2017年7月	合计
24	《工业工程与管理》	B	139	70	209
25	《系统工程》	B	271	21	292
26	《科学学与科学技术管理》	B	194	107	301
27	《研究与发展管理》	B	86	43	129
28	《中国人口·资源与环境》	B	417	223	640
29	《数理统计与管理》	B	107	48	155
30	《中国农村经济》	B	97	42	139

2. 基于专业数据库的论文分析

为了对管理领域文献进行有效、可行的统计，以中国知网数据库为基础，通过月下载量排名的方法，总计获取有效论文31707篇。

（二）管理热词分析

通过关键词词频分析，对排名前100位的词语进行筛选、合并后，得出管理科学领域热词排名结果，以了解目前管理科学研究的热点和趋势。

1. 通过管理期刊统计的结果

对上述30种管理类期刊2016年1月至2017年7月发表的7823篇文献进行分析，总计获取关键词数量33123条，其中非重复关键词20505条。进行词频统计、非管理相关词语筛选排除、相同概念词语的归并，为了确保热词的有效性，再对运用了这些热词的文献进行数量统计，给出排名前25位的关键词，如图2所示。

排名前七位的词：创新、绩效、风险、知识、供应链、博弈和资本，热度较高，文献较多，而从第八位起词语使用频率则大幅降低。图3为这七个热词的热点百分比（涉及篇幅数/总篇幅数）及与去年同期统计结果的对比。

从统计结果看，这七个热词的热点百分比都有所下降，排名没有发生变化。

对七个热词分别做主要组成词语统计，如表6所示。

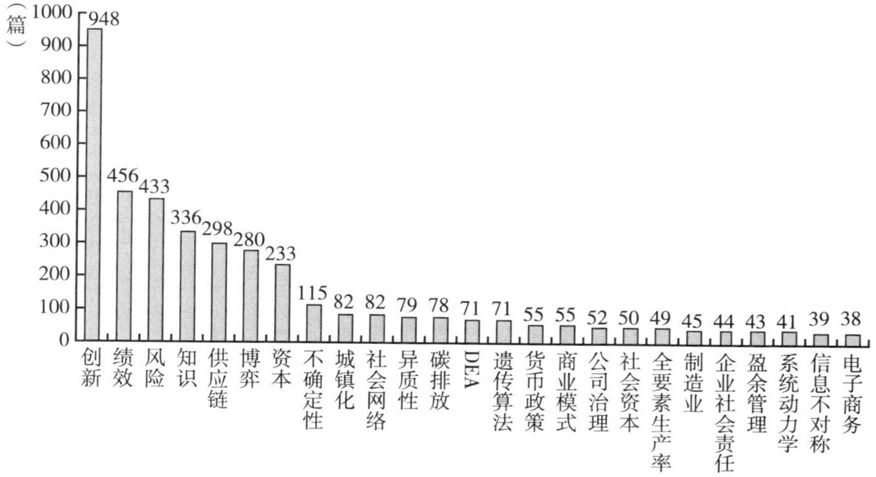

图 2　基于管理期刊的热词排名

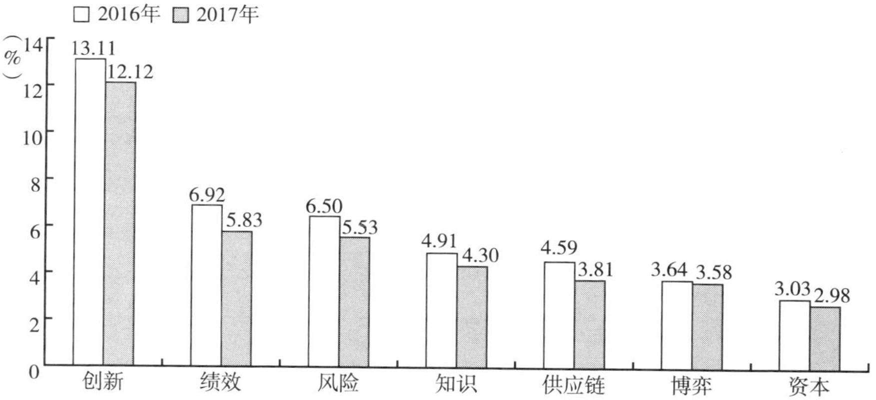

图 3　排名前七位的热词热点百分比同期对比

表 6　创新、风险、绩效、供应链、知识、博弈、资本的统计

序号	组成词语	频次	百分比	序号	组成词语	频次	百分比
创新:总数量 461 条,频次 1167 次				风险:总数量 259 条,频次 488 次			
1	创新绩效	93	7.97%	1	风险投资	22	4.51%
2	技术创新	63	5.40%	2	风险规避	15	3.07%
3	创新	51	4.37%	3	系统性风险	15	3.07%

续表

序号	组成词语	频次	百分比	序号	组成词语	频次	百分比
创新：总数量 461 条，频次 1167 次				风险：总数量 259 条，频次 488 次			
4	协同创新	31	2.66%	4	风险偏好	14	2.87%
5	企业创新	28	2.40%	5	风险	14	2.87%
6	开放式创新	24	2.06%	6	道德风险	9	1.84%
7	创新能力	23	1.97%	7	风险承担	8	1.64%
8	创新网络	18	1.54%	8	风险管理	8	1.64%
9	创新效率	18	1.54%	9	风险态度	8	1.64%
10	自主创新	16	1.37%	10	感知风险	8	1.64%
11	其他（总数 451 条）	802	68.72%	11	其他（总数 249 条）	367	75.20%
绩效：总数量 154 条，频次 480 次				供应链：总数量 94 条，频次 326 次			
1	创新绩效	93	19.38%	1	供应链	54	16.56%
2	企业绩效	47	9.79%	2	供应链协调	40	12.27%
3	绩效	24	5.00%	3	闭环供应链	38	11.66%
4	绩效评价	23	4.79%	4	供应链管理	27	8.28%
5	工作绩效	11	2.29%	5	供应链金融	11	3.37%
6	环境绩效	9	1.88%	6	双渠道供应链	8	2.45%
7	创业绩效	9	1.88%	7	绿色供应链	5	1.53%
8	财务绩效	8	1.67%	8	逆向供应链	5	1.53%
9	经济绩效	8	1.67%	9	农产品供应链	5	1.53%
10	技术创新绩效	7	1.46%	10	供应链网络	5	1.53%
11	其他（总数 144 条）	241	50.21%	11	其他（总数 84 条）	128	39.26%
知识：总数量 248 条，频次 425 次				博弈：总数量 95 条，频次 294 次			
1	知识共享	30	7.06%	1	演化博弈	56	19.05%
2	知识转移	16	3.76%	2	博弈	37	12.59%
3	知识产权保护	12	2.82%	3	博弈论	29	9.86%
4	知识创造	10	2.35%	4	Stackelberg 博弈	23	7.82%
5	知识管理	9	2.12%	5	合作博弈	15	5.10%
6	知识溢出	9	2.12%	6	博弈模型	8	2.72%
7	知识图谱	7	1.65%	7	微分博弈	8	2.72%
8	知识流动	6	1.41%	8	博弈分析	7	2.38%
9	知识元	6	1.41%	9	动态博弈	7	2.38%
10	知识基础	6	1.41%	10	讨价还价博弈	3	1.02%
11	其他（总数 238 条）	314	73.88%	11	其他（总数 85 条）	101	34.35%

续表

资本:总数量116条,频次255次							
1	社会资本	36	14.12%				
2	资本结构	20	7.84%				
3	人力资本	18	7.06%				
4	心理资本	8	3.14%				
5	智力资本	8	3.14%				
6	资本市场	6	2.35%				
7	资本流动	5	1.96%				
8	资本存量	5	1.96%				
9	生计资本	5	1.96%				
10	风险资本	5	1.96%				
11	其他(总数106条)	139	54.51%				

本年度排名管理热词第八位的是“不确定性”，当前“不确定性”已成为出现频率较高的关键词，频频出现在报刊媒体中，也成为观察国际政治经济事件和现象的常用语。和2016年相比，2017年上榜的特殊词包括异质性、DEA。

异质性：很多文献探讨问题时以主题的异质性问题为关键词。

DEA：数据包络分析方法的缩写，很多文献采用了该方法进行数据分析。

2.通过专业的网络数据库统计的结果

对管理领域2016年1月至2017年7月每月发表的文献进行高关注度采样，总计获取31707篇文献。本年度采样只筛选期刊发表的文献，剔除了博硕论文、会议和新闻等内容。通过关键词的分析统计，总计获取144862条数据，其中不重复关键词54436条。对这些词语进行合并、统计、筛选、归并后再进行相关文献数量查询后获得热词统计排名见图4。

从统计结果中可以看到，和图2统计结果不同的是，图2排名前七位的热词中，“创新”和“风险”仍然排在前两位，但是“资本”低于“一带

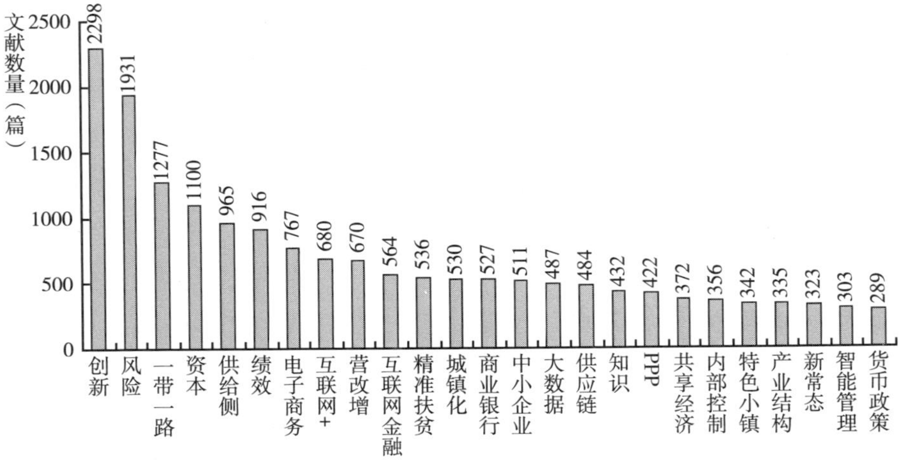

图4　基于管理类网络数据库的热词排名（取每月热点2000条）

一路”排名第四位，“绩效”低于“供给侧”排名第六位，“供应链”和“知识”排名第十六、十七位，而“博弈”未进入前二十五位。“一带一路”作为重要的国家发展战略排名前列，“供给侧改革”也占据了核心热点，“电子商务”、“互联网+”和“互联网金融”等依然火热。“不确定性”涉及篇幅为104篇，未进入排行前列。“共享经济”作为时下热点排名第十九位，排名第二十一位的是“特色小镇”。作为有特殊意义的主题词，我们合并了例如“智能化”、“智能化管理”、“智能制造”、“智能工厂”等词为“智能管理”类并排入热词榜第二十四位。

（三）论文作者和合著情况

通过对国家自然科学基金委员会管理科学部遴选的30种期刊2016年1月至2017年7月发表的7823篇文献的作者进行统计，文献合著情况见表7。

30种管理刊物发表的文献以2~3人合著比例最高，总计达到71%，比上一统计周期降低0.9%。4人合著的比例同期相比上升了0.99%。

对7823篇文献的第一作者进行统计，以其发表的论文数量为统计，排名前20的学者情况，见表8（相同排名以姓名拼音为序）。

表7　2016年1月至2017年7月管理科学领域文献合著情况

作者人数	文章数	占比(%)	作者人数	文章数	占比(%)
1	892	11.40	5	238	3.04
2	2749	35.14	6	56	0.72
3	2805	35.86	6人以上	32	0.41
4	1051	13.43			

数据来源：国家自然基金委员会管理科学部遴选的30种管理期刊，总计7823篇文献。

表8　2016年1月至2017年7月管理科学领域论文合著情况

排名	姓名	院校	文献数量(篇)	主要研究领域
1	李维安	天津财经大学校长,教授 南开大学中国公司治理研究院院长	第一作者13 第二及其他1	企业管理、公司治理、网络组织
2	刘云	北京理工大学管理与经济学院 教授,博士生导师	第一作者10 第二及其他11	科技评价理论与方法 科技政策与战略
3	赵炎	上海大学管理学院 管理科学与工程系副教授	第一作者8	技术创新与技术转移 联盟和集群网络的创新
4	苏敬勤	大连理工大学管理学院院长	第一作者7 第二及其他9	技术管理 区域经济与可持续发展
5	张振刚	华南理工大学工商管理学院 教授,博士生导师	第一作者7 第二及其他8	系统决策、技术创新、发展战略、企业管理
6	浦徐进	江南大学商学院教授 中小企业管理与发展研究院院长	第一作者7 第二及其他3	农产品供应链管理 合作社治理
7	许启发	合肥工业大学管理学院 教授,博士生导师	第一作者7 第二及其他2	金融统计与计量 金融工程与风险管理 数量经济理论、方法与应用
8	曹裕	中南大学商学院 副教授,博士生导师	第一作者7	企业可持续运作管理 风险管理
9	但斌	重庆大学经济与工商管理学院 教授、博士生导师	第一作者6 第二及其他5	管理科学与工程 企业管理
10	李凯	东北大学工商管理学院 教授	第一作者6 第二及其他4	产业经济与产业组织 公司治理
11	李建标	南开大学商学院 教授、博士生导师	第一作者6 第二及其他2	经济学 公司治理
12	李建斌	华中科技大学管理学院 教授、博士生导师	第一作者6 第二及其他2	电子商务 物流与供应链管理

续表

排名	姓名	院校	文献数量(篇)	主要研究领域
13	曹霞	哈尔滨工程大学经济管理学院 副教授,硕士生导师	第一作者 6 第二作者 1	技术创新管理
14	陈国权	清华大学经济管理学院 教授,硕士生导师	第一作者 6 第二作者 1	组织行为学 领导与团队管理
15	黄金波	广东财经大学金融学院 博士	第一作者 6 第二作者 1	计量经济学 金融风险管理
16	郑振龙	厦门大学经济学院 教授,博士生导师	第一作者 6 第二作者 1	资本市场与资本运作
17	黄鲁成	北京工业大学经济与管理学院 教授,博士生导师	第一作者 6	科技与产业创新管理
18	马永红	哈尔滨工程大学经济管理学院 教授,硕士生导师	第一作者 6	产业创新与成长 科技管理与创新管理
19	王道平	北京科技大学东凌经济管理学院 教授,博士生导师	第一作者 6	管理决策分析 智能管理
20	张峰	南开大学经济学院 副教授	第一作者 6	国际商务 战略管理

（四）热点研究领域相关高校和地区的活跃度统计

从国家自然科学基金委员会管理科学部遴选的 30 种管理期刊 2016 年 1 月至 2017 年 7 月发表的 7823 篇文献中，筛选出第一作者所属单位为全国普通高等学校的名单，并按照名单进行排序、统计等，获得识别出院校的论文一共 7012 篇。对这些院校和院校所属地区进行排名统计结果见图 5 和图 6。大连理工大学本年度超过西安交通大学恢复榜首地位，中国人民大学连续三年排名上升，2017 年从第四上升到第三，南开大学从第三掉到第六的位置。武汉大学发表文献篇数大幅上升，排名升至第四。地区排名中，北京发表的论文数量有较大增长并仍然排在第一，江苏上升到第二位，上海排第三。四川排名前进三位，其他地区排名变化很小。

课题组采集的 2016 年 1 月至 2017 年 7 月总计 31707 篇高关注度论

文，进行院校识别后一共获得院校发表的论文 22927 篇。进行院校和院校所属地区排名如图 7 和图 8 所示，中国人民大学以 741 篇蝉联榜首，武汉大学上升到第二位，南开大学上升到第三位。地区排名和上年相比变化很小。

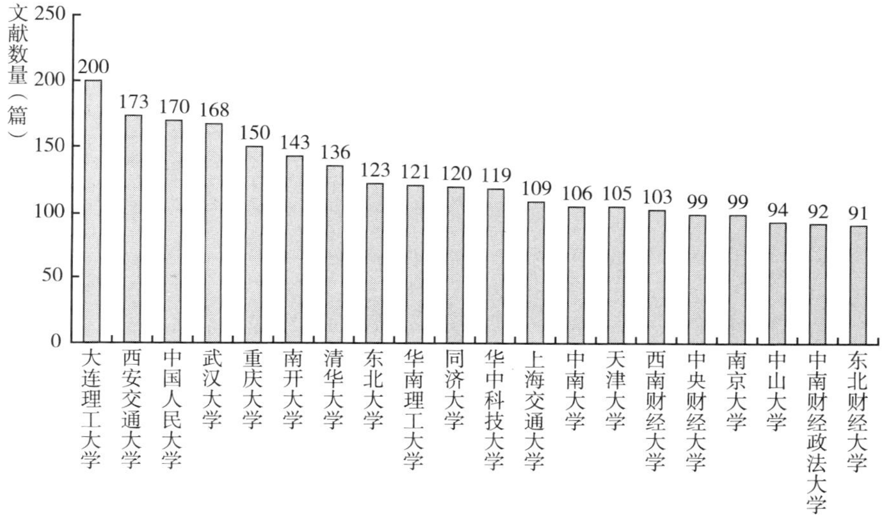

图 5　2016 年 1 月至 2017 年 7 月管理领域论文发表情况（高校）

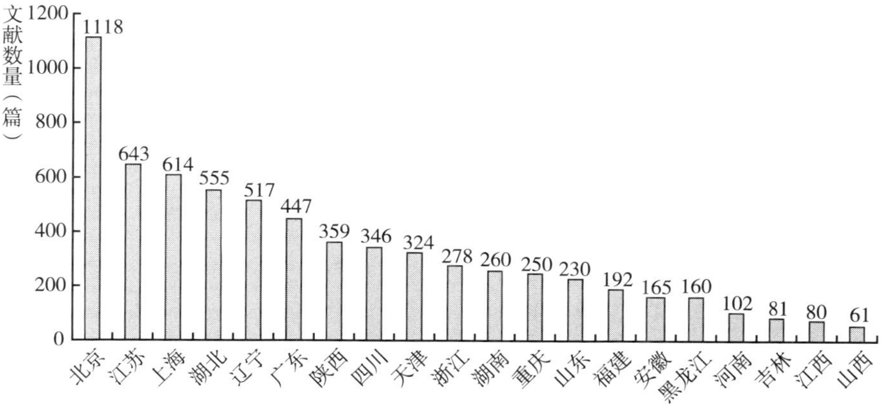

图 6　2016 年 1 月至 2017 年 7 月管理领域论文发表情况（地区）

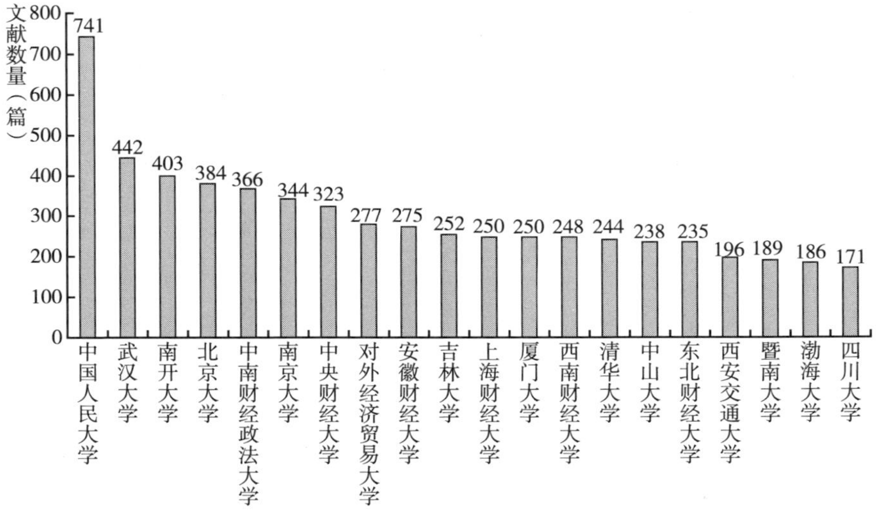

图7　2016年1月至2017年7月管理热点研究领域论文发表情况（高校）

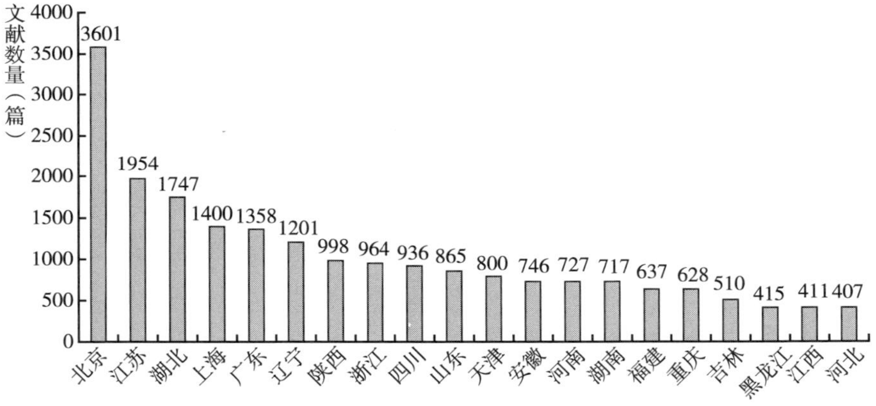

图8　2016年1月至2017年7月管理热点研究领域论文发表情况（地区）

（五）企业管理热点统计

我们筛选了以下27种以研究企业和企业家的角度为核心的杂志，从公开发行的刊物或这些刊物的官方网站、微信公众号上采集管理类文章总计19173篇。

表 9　企业和企业家杂志采集信息

序号	杂志名称	文献数量	序号	杂志名称	文献数量
1	财富	621	15	新财富	341
2	福布斯	756	16	中国民商	729
3	商业周刊	712	17	清华管理评论	225
4	世界经理人	504	18	企业研究	325
5	商界	264	19	中国商界	785
6	培训	694	20	商业文化	1237
7	经理人	589	21	中国金融	1753
8	中国商人	376	22	现代企业文化	891
9	中外管理	1006	23	东方企业家	409
10	中国企业家	1524	24	商业观察	360
11	首席财务官	831	25	中国金融家	1061
12	中国职业经理人	159	26	全球商业经典	333
13	21 世纪商业评论	619	27	创业邦	609
14	企业管理	1460			

企业和企业家研究和关注的热词统计结果如图 9 所示，资本市场排名第一，金融机构排名第二。

对关键词里的国内企业进行排名统计，获得国内企业排名如图 9 所示。

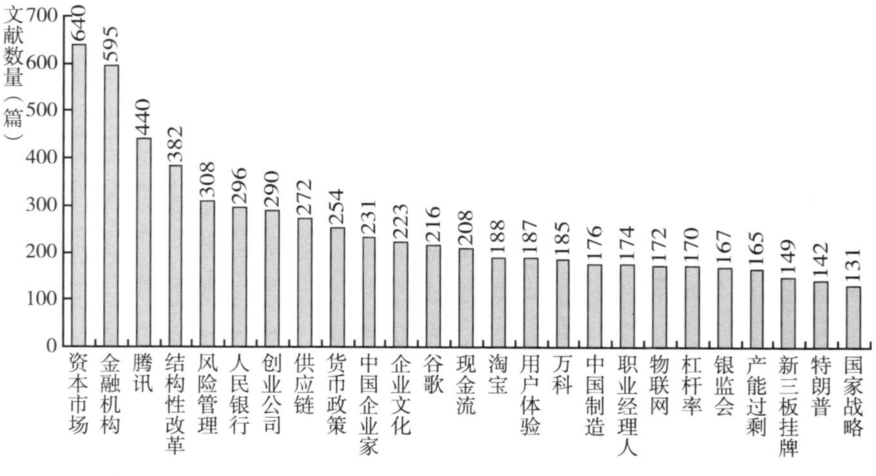

图 9　企业和企业家关注的热点统计

腾讯以 440 篇文章高居榜首，万科和万达分列第二、第三位。阿里巴巴以 93 篇排名第五位，但是如果加上对支付宝和淘宝的统计，则将以 365 篇排名第二位。

对关键词里的国内管理者进行排名统计结果如图 10 所示，马化腾排名第一，王石和任正非以极小的差距排名第二和第三位。

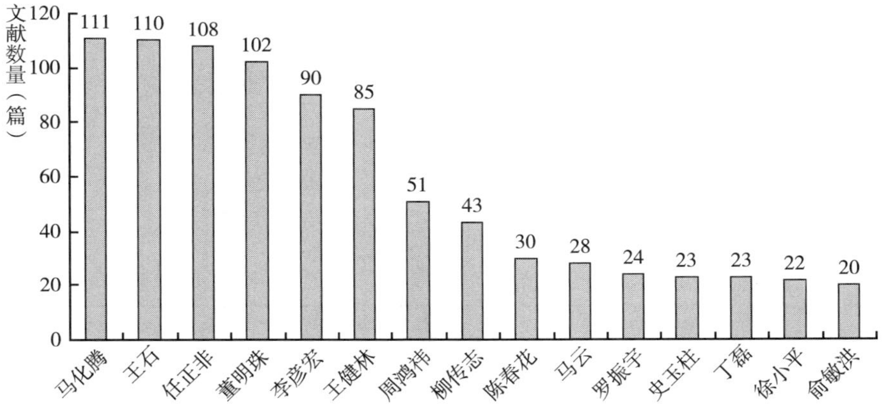

图 10　27 种刊物统计出的管理者排名

（六）管理科学各主要领域发展情况

国家自然科学基金委员会将管理科学定义为研究人类社会组织管理活动客观规律及其应用的学问，是一门跨自然科学、工程科学和社会科学的综合性交叉学科。管理科学包括三个子学科：管理科学与工程学科、工商管理学科和宏观管理与政策学科。本部分通过专家调查所确定的研究领域、重点方向和关键词语，在知网上进行文献统计与分析。数据统计时间范围为 2015 年、2016 年和 2017 年 1 ~ 7 月。对于各领域论文数量下降的分析，当与统计时间相关。

管理科学与工程学科主要以技术型学科为主，最受关注的领域为信息技术与管理，电子商务、风险管理、供应链管理等也是热门领域。整个学科论文数量 2016 年比 2015 年下降了 1.7%，其中信息技术与管理上升了 2.53%，电子商务下降了 7.51%，风险管理下降了 3.98%，供应链管理下降了 6.03%。

表 10　2015 年 1 月至 2017 年 7 月管理科学与工程学科各领域论文发表数量

序号	领域	2015 年	2016 年	2017 年	合计
1	信息技术与管理	51094	52389	25656	129139
2	电子商务	16028	14824	6327	37179
3	风险管理	13872	13319	5725	32916
4	供应链管理	10794	10143	4944	25881
5	评估理论与方法	5318	5184	2110	12612
6	服务管理	3583	3414	1464	8461
7	管理中的运筹与优化方法	1565	1710	803	4078
8	知识管理	1547	1270	494	3311
9	预测理论与技术	821	791	297	1909
10	决策理论与技术	605	566	199	1370
11	基于行为的管理理论	453	397	189	1039
12	工业工程	429	354	198	981
13	交通运输管理	215	191	94	500
14	金融工程	194	170	64	428
15	对策理论与方法	156	148	65	369
16	管理系统工程理论与方法	152	124	60	336
合计		106826	104994	48689	260509

工商管理学科以企业和市场行为研究为主。最受关注领域是服务和创新的管理，论文数量 2016 年比 2015 年降低了 7.89%。

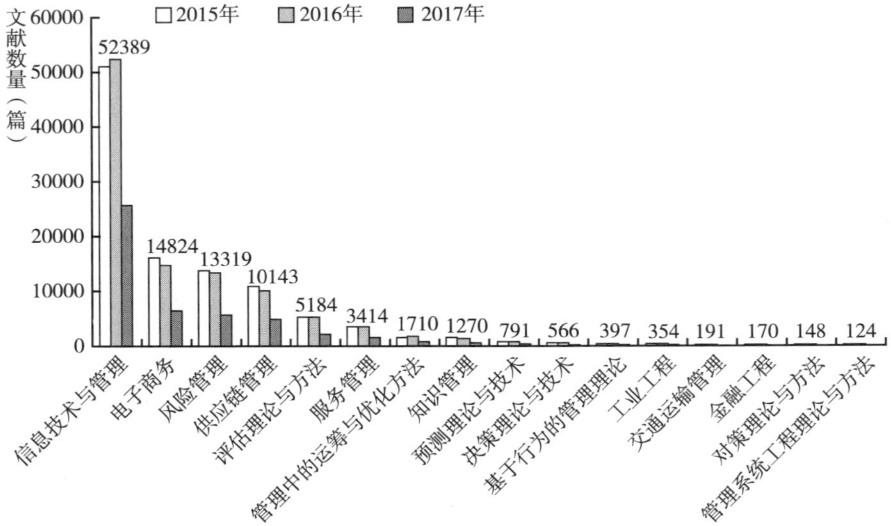

图 11　2015 年 1 月至 2017 年 7 月管理科学与工程学科各领域论文发表数量

表 11　2015 年 1 月至 2017 年 7 月工商管理学科各领域论文发表数量

序号	领域	2015 年	2016 年	2017 年	合计
1	服务管理	59660	54684	23046	137390
2	创新管理	49284	48538	21197	119019
3	项目管理	38833	36330	16931	92094
4	企业理论	39338	36348	10286	85972
5	战略管理	21234	19472	6964	47670
6	企业信息管理	16788	14921	6741	38450
7	人力资源管理	14611	12910	5499	33020
8	市场营销	13044	11860	4307	29211
9	运作管理	7159	6000	1997	15156
10	物流与供应链	2435	2234	1036	5705
11	会计与审计	1551	1399	615	3565
12	组织行为与组织文化	1499	1299	471	3269
13	创业与中小企业管理	583	592	193	1368
14	公司理财与财务管理	252	237	110	599
15	非营利组织管理	108	84	25	217
合计		266379	246908	99418	612705

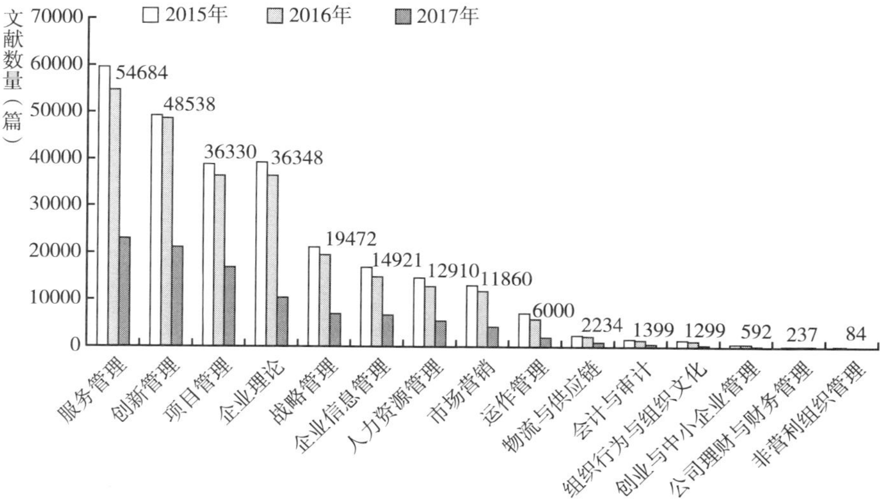

图 12　2015 年 1 月至 2017 年 7 月工商管理学科各领域论文发表数量

宏观管理与政策学科从社会层面关注相关领域的管理问题，2016 年起图书情报档案管理超过劳动就业与社会保障成为最受关注的领域。2016 年文献数量相比 2015 年减少 6.03%。

表 12　2015 年 1 月至 2017 年 7 月宏观管理与政策学科各领域论文发表数量

序号	领域	2015 年	2016 年	2017 年	合计
1	图书情报档案管理	11418	11099	5833	28350
2	劳动就业与社会保障	11854	10433	4435	26722
3	教育管理与政策	9783	9706	4679	24168
4	宏观经济战略管理	7694	7235	2882	17811
5	公共管理与公共政策	6710	6392	2463	15565
6	城镇与区域发展管理	3709	3398	1060	8167
7	医疗卫生管理与政策	2793	2553	1094	6440
8	金融管理与政策	1699	1674	826	4199
9	科技管理与科技政策	1501	1366	676	3543
10	农林经济管理	766	831	413	2010
11	资源环境政策与管理	648	558	176	1382
合计		58575	55245	24537	138357

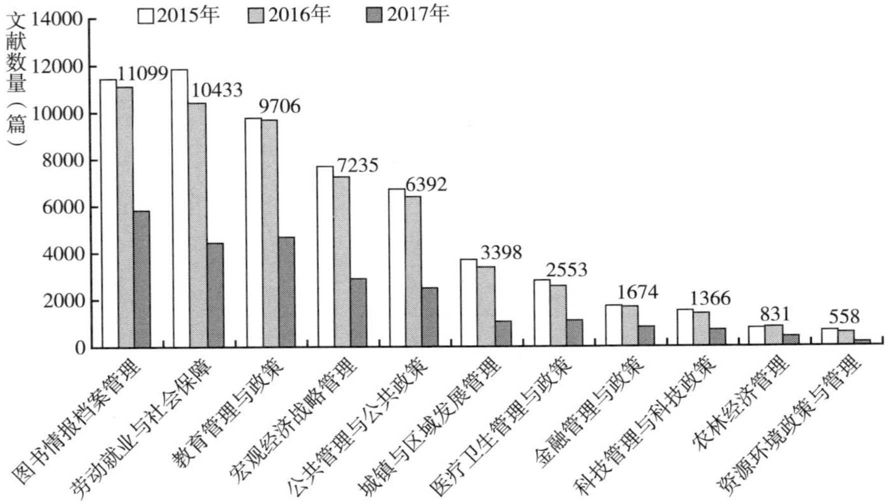

图 13　2015 年 1 月至 2017 年 7 月宏观管理与政策学科各领域论文发表数量

（七）2016年国家自然科学基金资助情况

2016 年度国家自然科学基金委员会管理科学部总计资助项目达到 1831 项，其中面上项目 720 项，青年科学基金项目 697 项，地区科学基金项目 130 项，国际（地区）合作与交流项目 102 项，其余项目（应急管理项目、重点项目、创新研究群体项目、重大研究计划等）182 项。资助资金总额为 79444 万元，在资助项目数和资金总额上与 2015 年基本持平，其中面上项目、青年科学基金项目和地区科学基金项目三项的总额为 50290 万元，相比 2015 年提升幅度为 2. 15%。

项目数量占比如图 14 所示，项目资金占比如图 15 所示。

对受资助的项目数量进行统计，排名结果如图 16 所示，对各单位进行资助资金排名结果如图 17 所示。清华大学获得资助项目数为 51 项，项目资金 5211 万，均排名第一；武汉大学以 42 个项目排名第二，但项目支持资金上武汉大学只排名第五；北京大学以 2480 万元排名项目支持

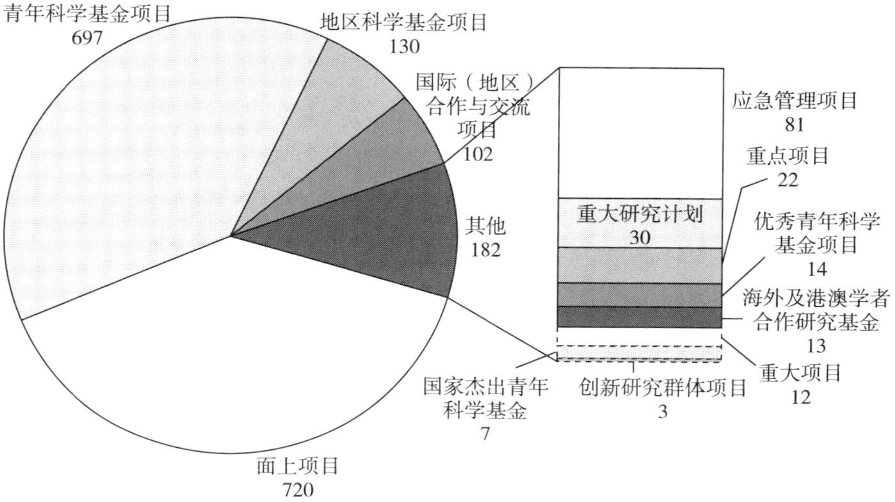

图 14　2016 年度国家自然科学基金委员会管理科学部资助项目类型和个数

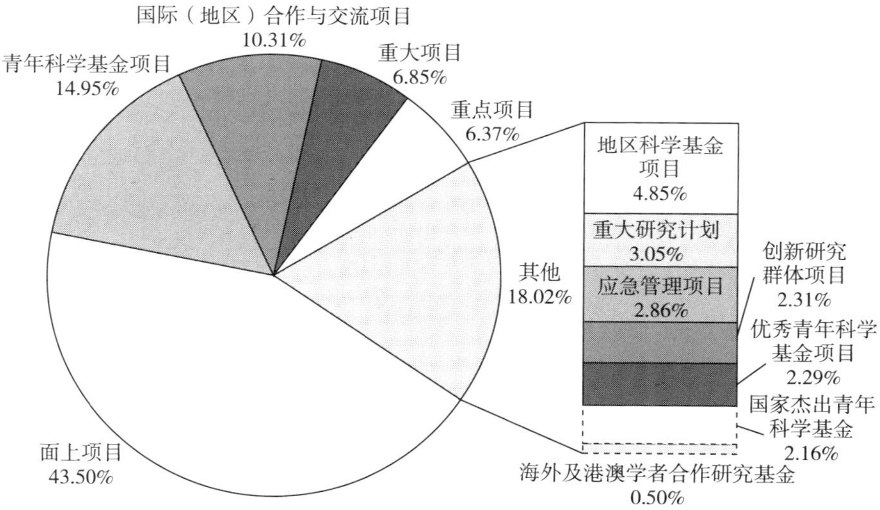

图 15　2016 年度国家自然科学基金委员会管理科学部资助项目资金百分比

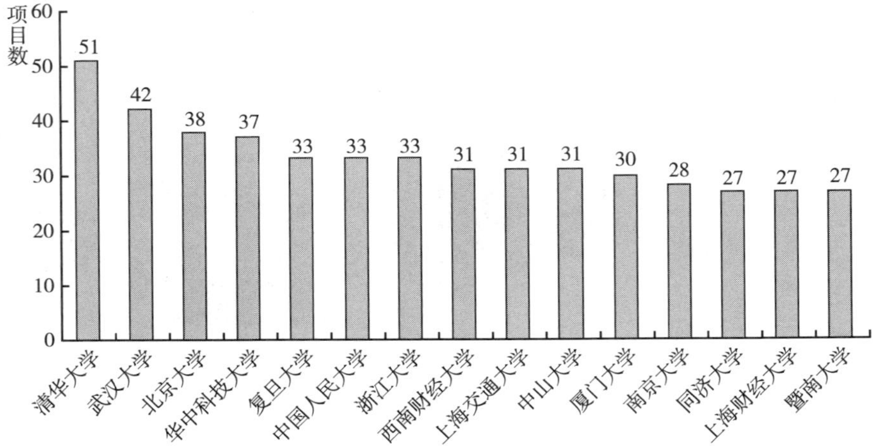

图 16　2016 年度国家自然科学基金委员会管理科学部资助单位项目数排名

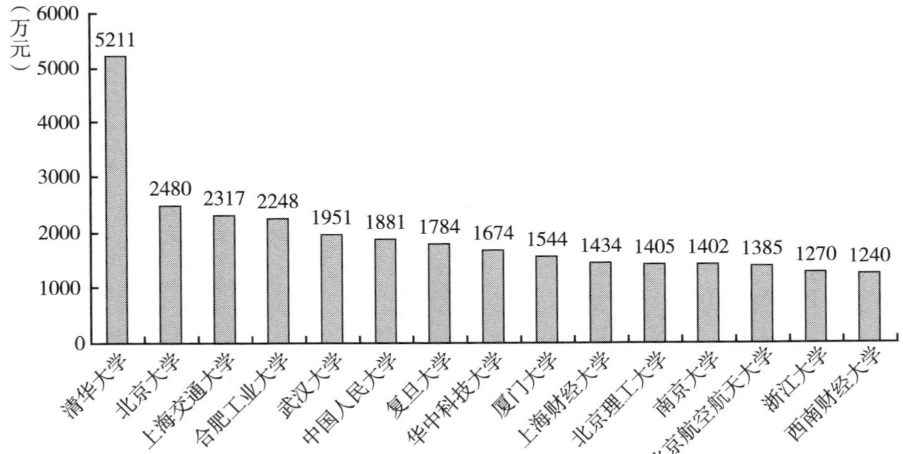

图 17　2016 年度国家自然科学基金委员会管理科学部资助单位金额排名

资金第二位。对获得资助项目的关键词进行频次统计排名，结果如图 18 所示。涉及大数据以及数据挖掘的项目获得了最多的支持，其他主题支持度比较平均。

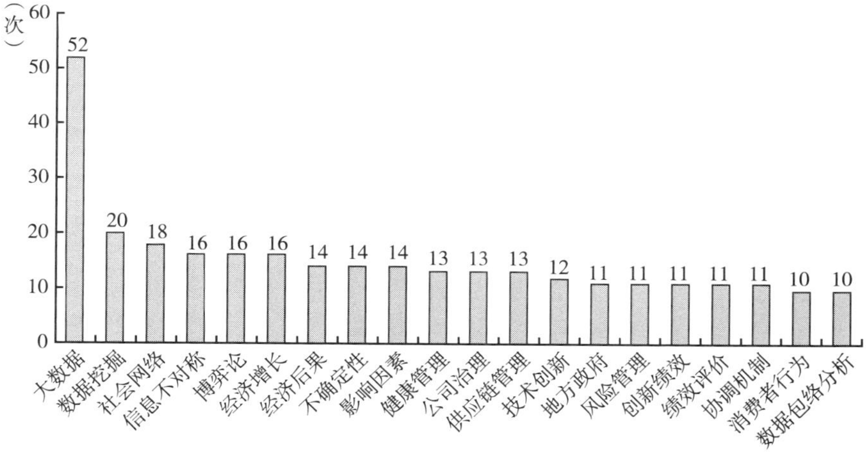

图 18　2016 年度国家自然科学基金委员会管理科学部资助项目热词排名

（八）管理实践及学术奖项分析

1. 概述

为了推动企业管理现代化，总结、推广企业管理创新经验，我国各级政府、企业界、学术界以及媒体，设立了许多管理奖项、基金来促进我国企业管理创新。我国管理奖项的评定也充分反映了当前国内企业管理实践成效和管理创新的热点与方向。

本文选取了 12 种全国性管理奖项进行分析，详见表 13。奖项主办方已经涵盖了国内重要管理类学会、基金会、媒体、论坛，各奖项均有严格评审标准与专业评审流程，具有较强的学术、实践和社会影响力，以上统计未含港澳台地区的奖项。

表 13　管理奖项及说明

序号	奖项	主办单位	奖项说明
1	管理科学奖	中国管理科学学会	经国家科学技术奖励工作办公室批准设立。是对我国管理科学研究、管理实践，以及在管理科学推广普及工作中做出卓越贡献的机构、个人进行的表彰奖励。

续表

序号	奖项	主办单位	奖项说明
2	复旦管理学奖	复旦管理学奖励基金会	成立于2005年。宗旨是奖励我国在管理学领域做出杰出贡献的工作者,倡导管理学理论符合中国国情,并密切与实践相结合。
3	袁宝华企业管理金奖	中国企业管理科学 基金会	中国企业管理领域的最高奖项,设立于2005年。为表彰和奖励为中国企业管理实践做出杰出贡献的中国企业家。
4	全国企业管理现代化创新成果	中国企业联合会	起始于1990年,审定发布的企业管理创新成果需在管理理念、组织与制度、管理方式、管理方法和手段等方面取得成功探索,并同时具备创新性、实践性和效益性。
5	中国管理模式杰出奖	中国管理现代化研究会	旨在奖励中国境内具有杰出管理创新理念和成功实践的企业。
6	中国管理学青年奖	中国管理现代化研究会	旨在奖励在管理学领域做出突出贡献的青年工作者。
7	十大中华管理英才人物	中华管理英才论坛	起始于2000年,是以管理为导向,奖励管理界优秀管理人才。
8	中国管理学院奖	《北大商业评论》	旨在寻找优质管理典范,打造本土管理标杆。
9	CCTV 中国经济年度人物	中央电视台	创办于2000年,旨在以获奖人物为线索和载体,梳理每一年度中国经济发展的脉络与走向。
10	全国十佳企业管理案例 全国十大企业管理创新人物奖	《企业管理》	旨在表彰和鼓励在企业管理领域具有创新精神,做出突出贡献和成绩的企业与个人。
11	中国管理咨询优秀案例	中国企业联合会 管理咨询委员会	为总结和推广各国管理咨询行业的成功经验,鼓励和引导提高管理咨询技术水平。
12	中国科技咨询协会 咨询创新奖	中国科技咨询协会	奖励我国咨询领域的项目创新、管理创新、方法创新成果,提高我国咨询服务水平,推动我国科技咨询业的发展。

课题组对以上各奖项近5年的颁奖记录进行统计共获取1513项记录(详见表14)。所有信息均来自各奖项主办单位、信息发布平台、出版物等。其中2016年颁奖项目总计321项，重点分布在全国企业管理现代化创新成果和管理科学奖中。

表14 2012~2016年全国管理奖项颁奖记录统计

单位：项

序号	奖项	2012年	2013年	2014年	2015年	2016年	合计
1	管理科学奖	23		31		34	88
2	复旦管理学奖	3	4	5	5	4	21
3	袁宝华企业管理金奖	5		3		4	12
4	全国企业管理现代化创新成果	197	196	186	200	242	1022
5	中国管理模式杰出奖	7	6	10	9	8	40
6	十大中华管理英才人物	10	10		10		30
7	中国管理学院奖			10			10
8	中国管理学青年奖		3	3	3	3	9
9	CCTV 中国经济年度人物	11	11		10		32
10	全国十佳企业管理案例 全国十大企业管理创新人物奖	20	20	20			60
11	中国管理咨询优秀案例	30	30	20	29	18	127
12	中国科技咨询协会咨询创新奖	39		13		8	60
总计		345	280	301	266	321	1513

2. 2016年管理奖项统计分析

（1）管理奖项颁奖项目分布情况

2016年采集管理奖项颁发总计321项，其中工商管理子学科297项，占总体的92.5%，管理科学与工程子学科19项，占5.9%，宏观管理与政策子学科5项，仅占1.6%。比例相差如此之大的原因主要是全国企业管理现代创新成果奖几乎全部颁发给了企业相关项目。

（2）管理奖项学科各领域统计分析

管理奖项进一步细分的统计结果如图20所示，其中运作管理占据了最多的项目。运作管理包括运维管理、生产管理、质量管理、安全管理等，是企业运行最基础的管理过程。组织行为和组织文化排名第二，主要包括组织结构管理、组织文化管理、队伍建设等。服务管理、企业信息管理、物流与供应链管理等排名前列。

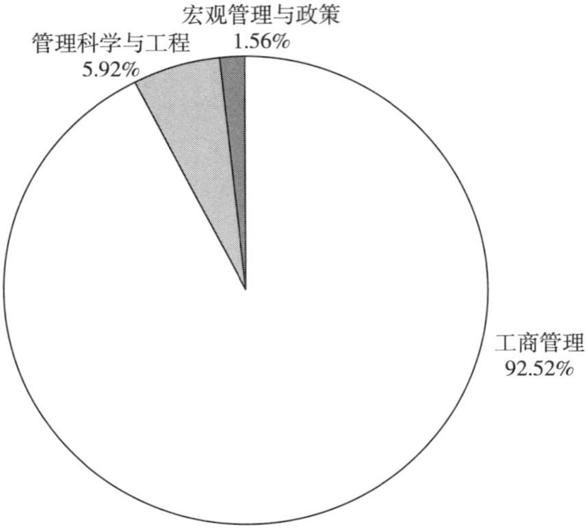

图 19　2016 年度管理奖项项目分布情况

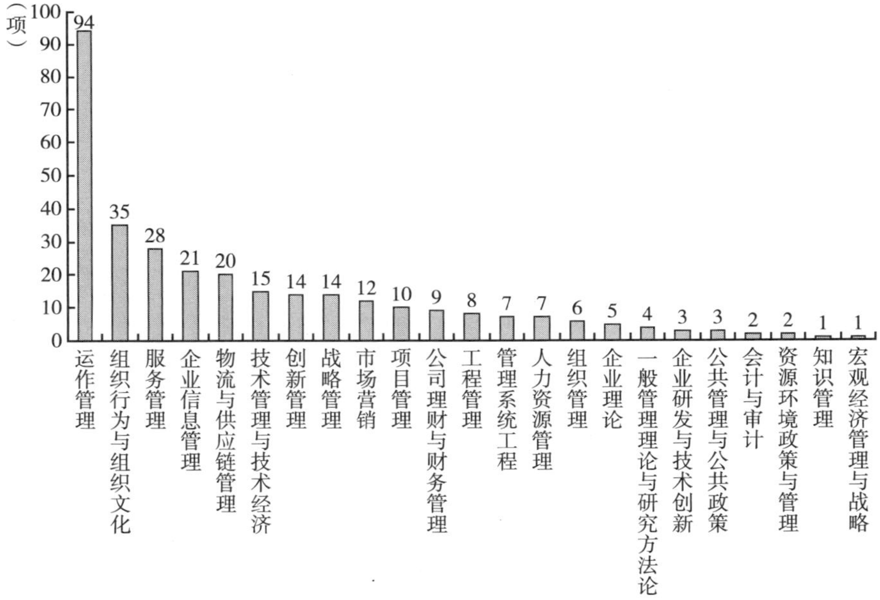

图 20　2016 年度管理奖项在各管理领域的统计

（3）管理奖项颁奖行业统计分析

按行业分布统计如图 21 所示，电力行业获得了最多的奖项，其次是航空航天和石油。电力行业奖项获得者主要为国网公司在各地分公司和控股子公司，航空航天主要获奖单位为中航集团各个研究院、子公司等，石油获奖单位主要为中石油和中石化在各地的分公司和控股子公司。

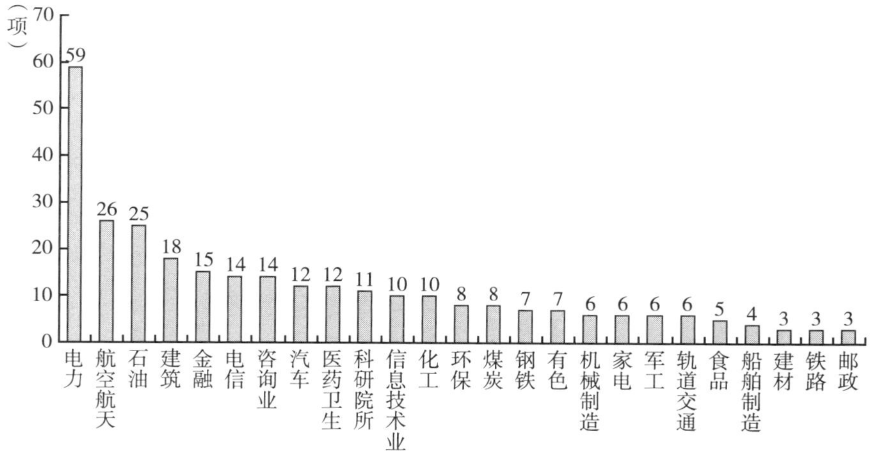

图 21　2016 年度管理奖项在各个行业的统计

（4）管理奖项获奖机构性质统计分析

按企业性质统计如图 22 所示，国有制企业获得了总数 77.3% 的奖项，其中央企就占了 53.6%。央企中以国网、中石油和中石化、中航等几家单位为首。

（5）管理奖项颁奖省市统计分析

按地区分布统计如图 23 所示，北京占据了获奖数量的 25.5%，排名第一，河北、广东、安徽分列第二到第四位。

（6）管理奖项颁奖热词统计分析

对所有奖项提取关键字并进行统计分析，获得管理奖项热词排名如图 24 所示。

热词排名中，大数据和“互联网 +”排名最高，转型升级排名第四，

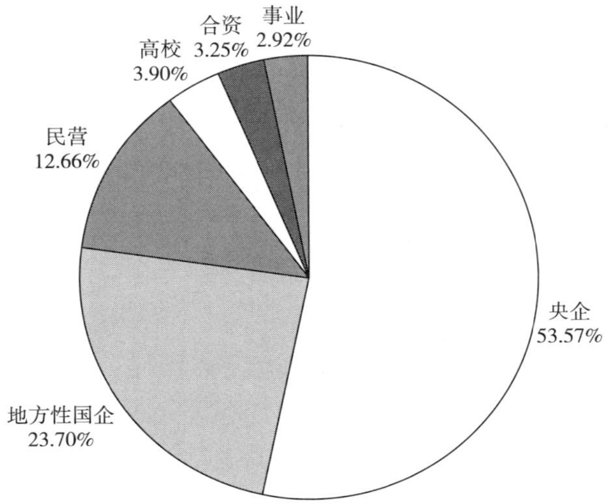

图 22　2016 年度管理奖项获奖机构性质

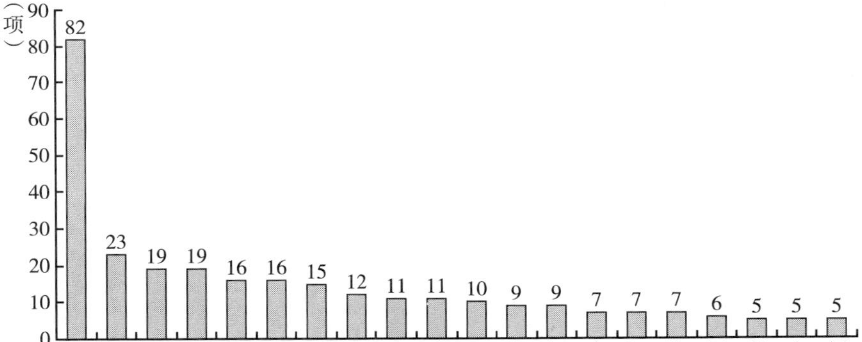

图 23　2016 年度管理奖项按地区统计

说明当下利用大数据、“互联网 +” 等先进信息技术对企业进行管理创新和转型升级是企业最注重的方式。运作管理排名第三，安全管理、服务管理和质量管理分列第五、六、七位。精益管理和全生命周期管理排名第八和第九位。

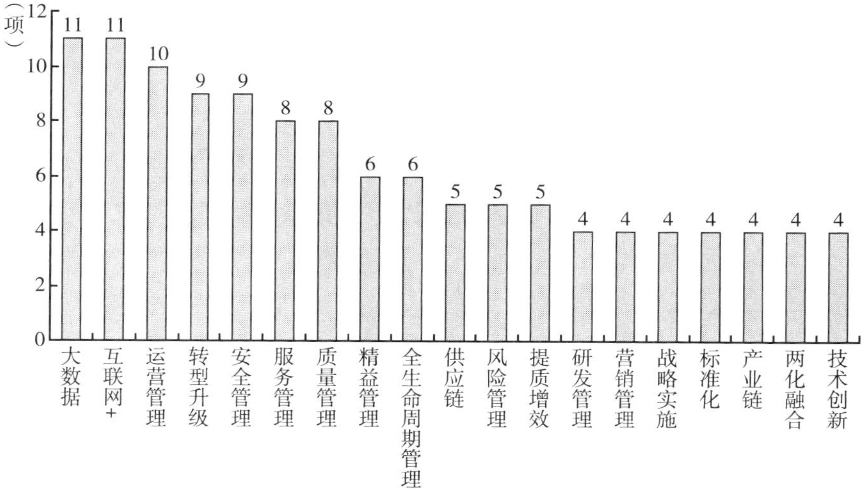

图 24　2016 年度管理奖项热词统计

趋 势 篇

Trends

B.2
互联网时代管理变革的中国创新

姜奇平*

摘　要：本文认为，互联网时代管理变革的中国创新主要在于形成了不同于美式管理（管理1.0）、日式管理（管理2.0）的，以复杂性范式为核心的第三代管理（管理3.0）的管理经验和管理理论。文章以管理范式转移为线索，系统梳理网络管理的变革线索及中国在理论和实践方面对第三代管理（管理3.0）的贡献。提炼概括出网络管理的新问题、新焦点，并对中国网络经济管理学的系统进展进行了述评。侧重对源于互联网实践，已自成体系，但还在形成、孕育中的管理思想和管理学体系进行介绍。

* 姜奇平，中国社会科学院信息化研究中心秘书长，中国社会科学院数量经济与技术经济信息化与网络经济室主任。

关键词： 网络管理 复杂性 管理3.0 第三代管理 范式

本文研究互联网时代管理创新，重心不在互联网技术的管理应用，不在既有管理原理在互联网中的应用，也不在互联网商业模式，而在互联网带来的管理范式转变。这种转变是由以复杂性范式为核心的网络科学和网络实践引起的，“网络成为探索复杂性的一条新的途径”①，由此形成有别于西方原子论的新管理体系——网络管理。

网络管理特指用网络的观点看待管理——即把所有管理现象视为网络现象——的管理。它针对的用原子论的观点看待管理——即把所有管理现象视为原子现象，或用原子论的方法来解释管理现象的管理。管理变革的最大变化就是原子视角向网络视角的转变。

互联网变革之前的管理与互联网变革之后的管理，存在特例与通则的关系。即网络是通则，它是由节点（原子）与边（关系）构成的复杂系统；原子只是这一系统的特例，即在系统中，排除了边（关系），只保留节点（原子）而还原成的简单系统。

我们以复杂系统与简单系统的区分为线索，梳理互联网对管理变革的系统性影响，从中指出，互联网时代的管理变革，不是互联网技术现象，网络不仅与互联网有关，而且构成一切管理现象的普遍本质。

中国由于某些独特的优势，目前成为互联网经济的领先者，第一次有条件从中国经验中总结出某些对世界具有普遍意义的管理原则，从而在世界管理丛林中，从追随者成为引领者。我们大胆假设，在工业化时代的美式管理、日式管理之外，目前正在形成互联网时代的中式管理，为互联网时代管理变革提供领先理念。本文集中探讨这种假设的可能性，力图从理论和实践中梳理那些“从中国产生，但属于世界”的第三代管理（管理3.0）的创新成果。

---

① 史定华：《网络度分布》，高等教育出版社，2011，第9页。

一　互联网时代中国管理创新的实践背景

（一）互联网时代管理问题意识的变化

反思管理思想演进，一条重要线索是核心问题意识的变化。

其中的分野，可以追溯到斯密的分工思想。杨小凯曾说："多样化和专业化的发展是分工发展的两个方面。"① 工业化和信息化分别代表分工的这两个相反发展方向。多样化使系统由简单性走向复杂性，专业化使系统由复杂性走向简单性。质言之，系统由简单性转向复杂性，提高的是多样化效率；系统由复杂性转向简单性，提高的是专业化效率。这是管理原问题背后的本质。

工业时代管理的问题意识，是围绕专业化这一总方向展开的，互联网出现之前，中国管理思想一直笼罩在传统中国制造的问题意识（同质化、专业化的大规模生产在管理上如何可能）中；而互联网时代管理的问题意识，则正在围绕多样化这个总的方向展开，这使中国管理思想开始面对中国创造这个新方向上的特殊问题（差异化、多品种的服务在管理上如何可能）。

网络科学虽然也包含提高专业化的主题，但就其特殊性来说，主要与多样化的主题内在联系。这是因为网络科学以复杂性（而非理性，即以线性逻辑为代表的简单性）为核心问题意识。当范式转变后，原来不重要、非核心的问题，开始变成重要的、核心的问题，主要问题从规模经济不经济，转变为范围经济不经济（实质是多样化经济不经济，因而等于个性化经济不经济，进而等于复杂性经济不经济）的问题。提出这样的原问题后，互联网时代管理的真问题才开始浮出水面。这是第一代管理、第二代管理没有提出的问题，是第三代管理独特的核心主题。

---

① 杨小凯：《经济学原理》，中国社会科学出版社，1998，第237页

（二）管理人性假定背后的问题意识变化

回顾管理思想史，基本问题意识的变化，通常反映在管理人性假定的变化上，从经济人假定，转变为社会人假定，进而转变为有限理性假定。但从网络科学角度看，这两种假定是一回事，都是简单人假定。网络科学对应的管理学人性假定是复杂人假定。

1. 简单人假定面对的实践问题

管理 1.0 的思想，从泰勒、法约尔，一直延续到 1961 年孔茨的“管理学丛林”，丛林中的六大物种（管理过程学派、人类行为学派、经验主义学派、社会系统学派、决策理论学派、数理学派），包括后来的 11 个学派，提出的都是简单性机械论的问题。其管理实践可以称为美式管理。

其中管理的经济人假定是简单人假定，这容易理解。因为以泰勒、法约尔为代表的早期管理思想，是以建构性理性主义的机械论为哲学基础的，它完全依赖理性主义等现代主义的分析方法。其中的管理有机论，在整体论意义上貌似复杂系统理论，但在中心化等关键特征上（其历史渊源是德国历史学派——社会有机论——的集权理论），仍不属于复杂性范式。

从霍桑实验到梅奥的行为管理理论提出的社会人假定，虽然挣脱了经济学现在还深陷其中的经济人假定，但本质上仍属于简单人假定。因为以网络管理要求的个性化、客户中心等标准衡量，管理的社会人理论讨论的还是同质化的人，还是企业自我中心的人（哪怕重心从企业家转向员工），只不过从同质化的个体人，变成了同质化的社会人。其哲学基础仍然没有摆脱卢梭同质化的社会人的设定，与网络管理思想对复杂人的理解格格不入。

以西蒙为代表的管理决策理论同样属于简单人假定。虽然其理性主义不再是建构论的，但其基本立场仍然与网络管理的旨趣相左。最显著的差异在于，西蒙的决策，说的是领导的决策，领导仍然高高在上，自上而下指挥；而海尔的决策，说的是人人都是 CEO，是自下而上的决策。前者是中心化决策，后者是去中心化的决策，因此是相反的。

20 世纪 80 年代兴起的以日式管理为代表的管理 2.0，是目前管理学教科书之外的管理理论。从互联网观点看，它属于管理思想从工业时代向信息时代过渡的中间产物。其过渡的标志是，一半工业化，一半信息化。管理2.0对需求的理解，同互联网时代的理解是一致的，而同管理1.0明显不同；但它对成本的理解，则与工业时代一致，而与管理3.0明显相反。具体来说，日式管理的问题意识已经发生了变化，明确意识到市场瞬间万变是一种时代特征，这种变化来自需求多样化，也就是分工在向有别于专业化的方向演变；但是，日式管理的成本意识仍然是工业化思维，仍沿着专业化的方向思考对策。

这一时期一个奇特现象是，全面质量管理TQM、准时制生产JIT、看板管理、Z理论……管理思想众多，但多以经验形式，而非理论形式出现。丰田经验、索尼经验等，严格来说并不符合美式管理（管理1.0）的教条，但它们没有像管理1.0那样提出独立范式，形成纲领与理论体系，因此在理论上始终没有成熟，更像是依附在管理1.0框架上的经验之藤。管理2.0思想中最接近3.0的，是戴明关于质量的一个特殊理念，即认为提高质量不但不必提高成本，反而会降低成本。它倒是与管理1.0隐含的经济学范式相悖。但深受戴明思想影响的丰田质量管理，却没有把这种相悖之点（范围经济）发挥出来。其质量管理从第一步到最后一步，都是在需求确定之后开始的，并不符合我们后面所谈以用户为中心管理的几个基本条件。

以丰田经验为代表的日式管理，从企业理论来看，仍然没有真正接受复杂系统的理念，仍在以简单人理念设计管理组织，其致命弱点在于，决策自上而下，离散的节点（员工）没有独立决策能力，这导致组织的神经末梢对外界变化没有战略性反应，经常因等待上级指令而贻误商机，难以适应互联网时代的高速变化。不仅Z理论，包括阿米巴管理在内，虽然对一线决策有所授权，但需要以CEO为中心进行对表，其管理机制仍不能保证一线决策体现战略价值。对世人广为推崇的丰田经验（日式管理），德鲁克评价并不高，原因就在于此。用德鲁克自己的解释就是，丰田未能有效地落实“目标管理与自我控制”，以体现个人尊严和机会平等①。张瑞敏用最通俗的

① 参见德鲁克《已经发生的未来》，东方出版社，2009，第12页。

话解释，就是日式管理“唯尊是从”，没有做到“唯用户是从”①。

2. 复杂人假定面对的实践问题

进入21世纪，管理3.0（第三代管理）悄然兴起。而中国在管理3.0的形成中开始发挥主导作用。我们甚至可以把管理3.0径直称为中式管理，因为它最主要的实践代表在中国。中式管理在这里不是指传统中国管理，也不是指中国改革开放前20年的成功经验（工业化管理经验），而特指与互联网时代相联系的管理变革，包括实践与理论。

管理“佛法”东去的一个标志性事件是，2016年1月15日海尔张瑞敏接管了GE的家电业务部门，在中美两国顶级制造企业同时推进网络管理，至2017年上半年更换美方总经理，韦尔奇时代结束，中式管理开始走向世界。德鲁克对于21世纪管理的期待，是实现管理范式的根本转变，从“现代”的世界转向“后现代世界”，“从由机械因果主导的笛卡儿世界观，转向由模式、目的和过程主导的新世界观”，前者“把世界视作机械的聚合体，在聚合体中整体是各部分之和”，后者“认为整体不同于部分”②。韦尔奇曾是德鲁克最为看好的管理者，但事实证明，中国人更适合引领21世纪的管理。

与日式管理相反，所有中国企业（甚至无论是不是互联网企业）都在不同程度具有“将在外，君命有所不受”的末梢决策型的管理风格。而这种“上有政策，下有对策”的末梢决策型文化，虽然往往在现代性（如规则性）方面需要补课，但在克服现代性弊端（如工业病）方面，却有矫治奇效。由于互联网风险巨大，日式管理的优点往往被抑制，而缺点却被无限放大。而中国管理的这种底色，正好具备德鲁克“个人尊严和机会平等”所特指的文化基因。这种基因一旦与互联网的先进实践相结合，就在管理3.0的核心上产生了其他各国所没有的剧烈化学反应。这表现在，中式管理与管理1.0、管理2.0的简单人假定（包括简单性经济人假定、简单性社会

① 张瑞敏：《永不过时的德鲁克思想》，http：//blog. vsharing. com/xiaoguo_ sz/A1712934. html。

② 德鲁克：《已经发生的未来》，东方出版社，2009，第2页。

人假定）相反，客观上提出了管理的复杂人假定。德鲁克曾明确地把与笛卡尔理念的相反方向，归结到复杂性理念上，所谓“个人尊严和机会平等”就是表现为人的自由的复杂性①。

可以认为，互联网时代管理变革的核心问题，就是在继续提高工业化能力（专业化能力）的同时，大幅度地提高网络化能力（多样化能力），管理变革要实现的真正的转折性变化在于，要变多样化不经济（表现为迟钝这种工业病，即做大做强后通过官僚主义做死），为多样化经济（表现为通过让所有末梢恢复灵活，像生命体那样有活力地发展，可持续高增益地做优）。中式管理第一次在世界上提出了做强、做优、做大的纲领性主张。其中的做优，就是对美式管理、日式管理的批判性超越。

下有对策要想成立，要与上有政策保持协调，利益的上下一致就成为关键。否则下有对策就不仅不能对上有政策帮忙，反而会以下乱上，给系统添乱。自下而上决策不是没有人提出，而是没有人真正实现。在这方面，稻盛和夫经营之道也显现出局限。变革的决定性的一步，是由中国人迈出的。张瑞敏从网络思维角度提出“用户付薪”并建立起用户乘数机制，使下有对策与上有政策的利益，从两张皮变成了一张皮，从原来的利益相向，变成了利益同向，建立起上下利益关系一致的激励机制。

同是超越核算会计与管理会计，海尔的战略会计与阿米巴的经营会计存在明显的3.0与2.0之分。阿米巴经营会计的核心是单位时间核算，首要目标是“追求单位时间内最小经费和最大销售额”，其2.0局限在，没有把价格作为损益表中的能动因素。这使高利润仍由主观因素决定，而没有真正成为可管理的对象。而3.0重点在人（全员）的创造性的发挥与用户体验的最大化，这才是“个人尊严和机会平等”的精髓。海尔的战略损益表，以竞高单为鲜明的导向，其收入的重心不在最大销售额（例如降价库存会被记在损的一方），而在经济利润（对应经济学中的AC－MC，而不仅仅是会计利润）。人人CEO的想法则来自德鲁克，意在走一条与丰田模式相反之

① 例如，“以自由看待发展”，就是指以人的选择多样性来驾驭工具理性的发展。

路，降低差异化的成本。把戴明说的低成本高质量，推广为低成本高差异化利润，也就是越多样化，价值越高，成本越低，把人性体现在人单双赢中。至此，管理 3.0 率先在中国成熟起来。

管理 3.0 的革命性表现在，管理的人性假设发生了范式级的转变。复杂人假设是在德鲁克“目标管理和自我控制”这种经验学派风格的认识基础上，对管理人的进一步提炼。正如张瑞敏解释的：“目标管理和自我控制的精髓是什么呢？就是机会平等和个人分享。那我就想，你目标管理是什么呢？目标管理按照德鲁克的说法就是企业的绩效。自我控制是什么呢？自我控制就是你自己怎么样在这个组织里头体现你的自身价值。这两者加起来，其实就是他所说的机会公平和个人分享，因为体现了我自己的价值”。对海尔模式来说，这一精髓就集中体现在常常被人们从“人单合一双赢”中当作冗余词删掉的“双赢”中。双赢的哲学实质是“人是目的”，它的反面是“人是工具”（管理 1.0、管理 2.0）。双赢中的人，将管理人深化到用户与员工两方面来定义。在“单”的方面，从顾客升级为用户（从交易层面——将需求作为生产的工具——上升到体验层面），体验依赖于目的实现，是多样化的，在这个意义上他是复杂人；在“人”的方面，将员工升级为 CEO，实际是使工具理性人变为创造性的人，而创造是多样化的，在这个意义上他是复杂人。所以复杂人就是目的人的意思，相对的简单人是指工具人。将网络科学转化为网络人文，最后的结论就只能是以“人是目的”为内涵的复杂人。这也可以解释为什么互联网兴起后，体验越来越成为商业潮流。

二　从网络科学与实践中提炼出的管理新问题、新焦点

20 年来，中国互联网正在多个领域成为“世界冠军”，“中国为什么成功”的互联网版正浮出水面。观察管理中的互联网新理念，提出以下焦点问题，并给出解决问题的不同于西方中心论的思路，构成了中国贡献。

（一）网络管理的第一个焦点问题：复杂性范式

按照传统西方管理观念，网络管理只是管理的一个分支。但从网络角度看，网络是管理的本质，而现有管理只是网络管理的特例。

从网络视角看管理，同现有所有管理学理论一个最大的不同在于，引入了网络科学的视角。网络科学本质上是网络版的复杂性科学。引入网络科学，实际是在管理学中引入复杂性范式，要求用复杂系统观点看管理。在这种新范式看来，现有主流管理思想只是把管理问题当作简单系统看待的特例理论。互联网出现之前的管理学，是简单系统管理学。“在沿着还原论这条路飞奔时，我们撞上了复杂性这堵墙。”① 互联网出现之后的管理学，就自然成为复杂系统管理学。

简单性只是复杂性处于同质化状态这样一种特殊情况。在这种特殊情况下，需求、市场、环境都是确定性的，管理只不过是从计划、组织、领导、控制方面，将供给行为加以简化，通过使人的关系和行为获得确定性，以在确定性条件下，使企业获得确定的发展。但互联网条件下，需求、市场、环境处于高度不确定性状态下。管理的问题变成，我们如何做才能在一个不确定的条件下获得持续稳定的发展。

与网络科学对应的范式，是复杂性范式。复杂性不是指复杂（复杂性的存在可以很简单，如雪花），而是特指多样化、不确定性、分布式、离散化、拓扑结构、涌现、生成、灵活、智慧等具有结构复杂性特征的事物。管理的复杂性范式，不是指化繁为简（把复杂转化为简单），而是指把复杂变得容易。与之相对的同工业科学对应的范式，可以概括为理性范式。理性范式是一种对世间万物进行化简的模式，它是简单性范式，但不是简单，即可以非常复杂地把事物进行简单化处理的方式，例如通过同质化、标准化、中央处理、分层金字塔结构、专业化等形式对管理涉及的人际关系加以简化和归约。

---

① 巴拉巴西：《链接：商业、科学与生活的新思想》，浙江人民出版社，2013，第9页。

传统管理的长处是提高专业化效率，而网络管理的长处是提高多样化效率。因此网络管理将焦点逐渐聚集到不同于做大做强的做优这个特定方向上来。

（二）网络管理的第二个焦点问题：以用户为中心

日式管理也强调复杂性，但用第二个聚焦点，就可以明显看出与网络管理的区别来。

网络经济对管理、管理学带来的最大的改变，是从单纯从产品服务提供者（人单关系中人的一方）角度讨论管理，并以供给方的人性为基本人性假定，改变为从产品服务的接受方角度（人单关系中单的一方）讨论管理，并将用户的人性假定为人性基本假定。要求供方的人性假定服从于需方的人性假定，共同统一于复杂性。

具有网络特色的管理与不具有网络特色的管理，就变成是否以消费者的复杂人假定为中心调整管理的问题。

1. 以企业为中心的管理

简单系统管理学，是以企业（企业家）为中心的管理学，是企业家管理员工的管理学。而复杂系统管理学，是以用户为中心，由用户直接“管理”员工（如海尔“用户付薪”）的管理学。

简单系统管理学——如美式管理、日式管理——的简单性的一个重要表现是，把用户（包括需求如客户、订单，以及市场环境）当作黑箱，把企业理解为简单系统，管理仅仅体现在企业内部从金字塔顶向塔底的职能性行为。

黑箱的意思是，企业（企业家、管理者）被默认为拥有对用户的充分信息。这种充分信息的依据，或者在于把用户想象为系统中已知的、确定性的部分（如美式管理），或者在于把充分信息能力作为的企业家才能（如日式管理）①，总之，把用户打包、封装起来。

---

① 企业家精神和才能被认为是一种禀赋，是天生的、不可管理的，因而排除在管理对象之外。

这造成对管理变革的元问题的理解与网络式的理解不同。复杂性是网络管理的核心问题，主流管理学虽然抽象地肯定市场具有不确定性等复杂性特征，但企业的应战仍是外在的，企业作为简单系统这一点仍然没有质的改变（例如向心化、科层制结构仍然保留）。在传统管理学中，管理多样性（managing diversity）问题，不是指单的多样性，而是指人的多样性，具体指员工多样性（workforce diversity），如年龄、性别、种族和民族、残疾（健全）、宗教等构成的多样性①。

2. 以用户为中心的管理

网络管理重新定义了多样性。在人单关系中，从单的多样性（需求多样性）角度来定义管理多样性、复杂性，以此突破了管理学原有的经济学、会计学基础。

当用户被作为管理黑箱，当作一种确定性时，隐含的经济学前提是需求的同质化，实际是把一切需求还原为最低的物质欲望。对这种原子论、还原论的需求观来说，高级需求与低级需求面对的是同样的管理。

而互联网时代需求多变（以及由此派生的高风险、不确定性）背后，是需求升级。要区分低收入（人均收入 5000 ~ 1 万美元以下）与高收入（人均收入 5000 ~ 1 万美元以上）需求的不同特征，后者具有“需求曲线向上”的假象。进一步说，个人可自由支配收入占总收入的 60% 以下，需求特征是理性定价，而个人可自由支配收入占总收入的 60% 以上，具有情感定价特征。后者带来需求多变涉及的管理问题，如配合个性化、定制需求的一线员工的决策问题（这是丰田模式的盲区）。

（1）体验经济

由需求多样化派生出的第一个管理问题，是区分服务管理与体验管理。服务可以标准化，而体验却是个性化的。管理复杂性是由体验带来的新问题。

这涉及如何理解“顾客是上帝”并从管理上加以区分。网络管理将需

① 罗宾斯、库尔特：《管理学》（第 13 版），中国人民大学出版社，2017，第 110 页。

求区分为顾客与用户（典型如海尔分别确定顾客的管理与用户的管理），其中顾客是在标准服务角度界定的，以成交－不成交为会计开始计量绩效的尺；而用户则是在体验角度界定的，以满意－不满意为衡量管理绩效的尺度。

现有的管理理论，只能支撑以成交－不成交为计量点的核算会计、管理会计，但无法支撑以满意－不满意为起点计量的战略会计。网络管理则引入了 NPS 方法，将体验从可计量变为可管理。这是仅把多样性问题理解为员工年龄、性别、种族和民族等方面的差异所解决不了的。

（2）消费增值

由需求多样化派生的第二个管理问题，是消费资本化问题，第一次把需求从商品提高到资本高度加以认识和管理。

传统管理仅在商品层面考虑消费，只有交易特征（商品只是等价交换），没有增值特征（资本会生息）。网络管理面对管理复杂性，从需求多样化入手思考问题，把多样化问题理解为资本问题，即消费增值（生息）问题。

典型如张瑞敏提出的用户乘数理论，在货币乘数、消费乘数[①]的基础上，系统提出了用户价值倍增的管理方法。将需求多样化问题、管理复杂性问题，当作增值问题加以管理，这是网络管理的独特之处。

（3）以销定产

需求多样化派生的第三个管理问题，表现为特定含义（供给侧含义[②]）的以销定产（以需求确定供给），典型如阿里的新零售管理主张。

传统管理学并非不懂得以销定产，而是提不出多样化水平管理需求，以多样化需求决定多样化供给的内在逻辑（典型如把订单农业搞成了小农经济）。网络管理则创建了需求多样化的管理逻辑。

首先从理论上区分了价值（对应同质性，如“有钱”）与意义（对应多

① 应光荣、刘方棫、姜奇平、刘德深：《消费资本论纲》，经济科学出版社，2011。

② 需要的多供给，不需要的少供给，因此在多样化水平确定需求，是决定供给必要不必要的关键。

样性，如“快乐”)。如有钱不等于快乐。基于语义网的网络趋势，提出意义互联网概念。在此基础上，将原来被认为“主观”的幸福、快乐等意义现象，用大数据等手段加以客观化，从而在技术和生产力层面解决了意义的客观化问题，将“满意-不满意”这类主观现象，转化为客观的管理对象，解决了需求多样化的可呈现、可管理问题。

其次，网络管理在实践中大胆展开与丰田模式为代表的日式管理截然相反的管理创新，由贴近多样化需求的分布式的一线人员进行决策，中国电子商务中出现了各样形式的以“人人都是CEO”为核心特征的管理实践。例如，变沃尔玛以集中物流调度来“以销定产”的模式，为以分布式的快递接触分散的多样化需求，反向整合供应链的“以销定产”；以分布式一对一的客户关系管理，替代标准化的CRM；利用大数据对订单与潜在需求进行多样化水平的需求分析，从而指导生产和服务；采用APP、社交等去中心化的方式配置资源，以响应多样化需求，等等。目前，以市场创新为特色的中国互联网正走在这方面的管理变革的世界最前沿。

(4) 用户领导

网络管理最激进的变革来自海尔的“用户付薪”。“用户付薪”实指用户付酬（因为除了工资，还包括剩余)。它颠覆了管理学中领导（老板）的定义。沃尔玛创始人Sam Walton曾说：“老板只有一个，那就是顾客。他能解雇包括董事长在内的任何员工。只要把钱花到别的公司就行。”① 这是“顾客是上帝”的最准确的表达，意思是，用户是领导的领导，领导从他的领导（用户）那里受命，再根据他的领导（用户）发出的指令（需求信息)，来领导自己的员工提供产品或服务。用户付酬实际的意思是，用户是企业领导的领导，员工得到的酬劳在形式上是企业领导付给的，但实质上是用户付给的。因此当用户与企业领导的指令不一致（特别是企业领导的指令不符合市场需求）时，应该优先听从用户的“领导”。

① 《世界经理人文摘》1997年2月号。

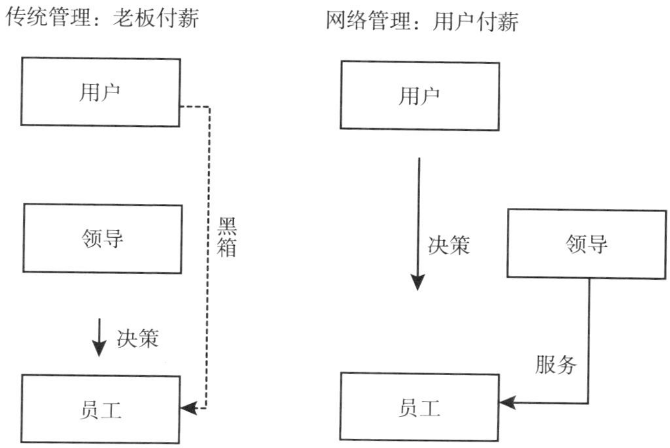

图1　领导与决策机制比较

传统管理理念是老板付酬。在管理学的领导理论中，用户需求传递到企业领导这一段，是管理黑箱；只有企业领导根据用户需求组织员工生产、服务这一段，处在管理职能中。在网络管理中，特别是海尔“用户付薪”的管理体系中，用户需求——而且是多样化需求——可以直接通过管理职能转化为员工（创客）的决策，实现真正的一线决策。传统管理只能管理规模化的需求，而网络管理适合管理多样化的需求。海尔收购 GE 制造后，将“用户付薪”输出到美国，说明自下而上的领导，不仅在中国适用，对世界也是普适的。这是互联网时代管理创新的中国贡献。

（三）网络管理的第三个焦点问题：管理3.0

从网络管理的视角倒着审视管理学的发生学与演化史，根据范式不同，可以将管理区分为第一代管理（管理 1.0，以美式管理为代表），第二代管理（管理 2.0，以日式管理为代表）和第三代管理（管理 3.0，以网络管理为代表）。其中的异同见表 1“管理的范式演进”所示，即管理 1.0 与管理 2.0 的成本原则一致，需求原则相反；管理 2.0 与管理 3.0 的需求原则一致，成本原则相反。

表1　管理的范式演进

	环境(单)挑战	组织(人)应战
管理1.0(美国泰勒制)	简单性	简单性
管理2.0(日本丰田经验)	复杂性	简单性
管理3.0(中国海尔经验)	复杂性	复杂性

以管理的基本范式（组织属于简单系统还是复杂系统）划分，管理1.0与管理2.0都属于工业时代的管理，即按照简单系统（中心化、科层制）的原则来管理组织；管理3.0属于互联网时代的管理，区别在于按照复杂系统（拓扑化、扁平制）的原则来管理组织。

这里用简单性区别口语里的简单，用复杂性区别口语意义上的复杂。简单性与复杂性是相对于结构来说的，而简单与复杂只是就要素而言。一个简单性的系统从要素上看可能是非常复杂的（如央企是非常复杂的简单性系统，它的简单性表现在它是中央控制的科层组织），一个复杂性的系统可能是非常简单的（如雪花是非常简单的复杂性系统，它的复杂性表现在它是分形结构）。从感觉上来说，凡是活的（生命的）系统，都是复杂系统；凡是死的（机械的）系统，都是简单系统。

简单性也不是一个贬义词，它对应的是理性。理性非常复杂，却不是复杂性。理性通过同质化、规则化、标准化，将一切复杂系统转化为简单系统。面对复杂性，理性的成本原则是化繁为简，即在不改变多样性不经济、范围不经济的前提下，将多样性、复杂性消除，来达到降低多样化成本的目的。这一点与网络的原则（即复杂性的原则）相反，网络管理的原则是范围经济，它不是化繁为简，不是默认在成本上多样化不经济（认为越复杂会越迟钝，即产生工业病），而是认为多样化在成本上经济（认为越复杂越灵敏，又称智慧），通过化繁为易，即不降低多样化、复杂性程度，而是提高多样化效率和效能，来从成本角度实现范围经济。作为中式管理，它与《易》的原则是一致的。易就是以容易之“易”，处理变易之“易”，英文为simplexity（使复杂性变得容易），即低成本差异化。

从管理的本质特征看，Jurgen Appelo 概括管理 1.0 与管理 3.0 的区别在于：“管理 1.0 = 层次体系”，“管理 3.0 = 复杂性”[①]。但他说“管理 2.0 = 流行”，却没有概括出管理 2.0（如丰田经验）的全面特征。他指出了管理 2.0 在“由上管理”这一点上与 1.0 相同，认为“管理 2.0 只是对管理 1.0 进行了大量的增补”[②]，但没有概括出管理 2.0 中需求复杂性这一关键特征，例如，日式管理强调质量经济，与泰勒制的原则分属不同的经济原则（一个强调同质，质不变；另一个强调异质，存在质量阶梯），二者在战略上存在成本领先与差异化的区别。只不过同属差异化，2.0 与 3.0 的成本原则相反，2.0 的原则是范围不经济，对应高成本差异化；3.0 的原则是范围经济，对应低成本差异化。实际上，管理 2.0 是需求复杂性与供给简单性的组合。用简单系统（金字塔结构）的供给，去应对复杂系统的需求，用中心化的“人”应对去中心化的“单”，以不变应万变。丰田经验的弱点，如表 2 所示，在于金字塔的底层（接触用户的一线员工）没有决策能力，造成整个系统必须用规模经济补范围不经济，因此难以充分做优。

表 2　管理 1.0、2.0、3.0 的本质特征

	管理 1.0 美式管理	管理 2.0 日式管理	管理 3.0 中式管理
环境	简单性（无差异需求）	复杂性（差异化需求）	复杂性（差异化需求）
组织	简单性（塔顶响应）	简单性（塔顶响应）	复杂性（全员响应）
管理目标	效率（低成本同质化）	质量、品牌（高成本差异化）	个性化（低成本差异化）

而管理 3.0 相反，在于以变制变，即以一线员工的全员响应、全员决策（人人都是 CEO），做到多样性增加成本反而下降，因此它不必然需要以规模经济弥补范围不经济，而从需求与供给两方面实现范围经济（复杂性经济）。从经验上看就是，同是实现定制，管理 2.0 必须大规模定制，而管理 3.0 可以直接实现个性化定制（例如 3D 打印无须以扩大规模为降低成本的

① Jurgen Appelo：《管理 3.0：培养和提升敏捷领导力》，清华大学出版社，2012。
② Jurgen Appelo：《管理 3.0：培养和提升敏捷领导力》，清华大学出版社，2012。

条件）。

从管理的理论特征来看，管理1.0对应的均衡点，是P = MC。其经济学含义是：同质完全竞争形成需求与供给两方面的同质化（简单化）。其中需求方面的同质化，导致企业降价竞争；企业围绕专业化效率和规模经济（平均成本相对于规模化程度递减）进行竞争，存在会计利润（企业利润最大化条件MC = MR），但均衡时零经济利润（会计利润与会计亏损相抵）；对应企业成本领先战略。

管理3.0对应的均衡点在P = AC，即垄断竞争均衡。其经济学含义是：异质完全竞争形成需求与供给两方面的异质化（复杂化，即个性化、多样化经济）。其中需求的多样化经济，表现于存在一个隐形的质量溢价AC - MC，对应现象是用户肯为良好体验付出高于边际成本的加价；供给的多样化经济表现为多样化效率与范围经济（平均成本相对于多样化程度递减）。对应的企业战略是低成本差异化。均衡状态存在经济利润（企业会计利润与会计亏损相抵后存在正值）。

管理2.0介于管理1.0与管理3.0之间，它在需求方面具有管理3.0的特征（需求多样化），在供给方面具有管理1.0的特征（专业化供给，在差异化上与管理3.0相反，为差异化不经济、范围不经济），对应的企业战略是标准的差异化战略（高成本差异化）。在一定程度上，可以通过规模经济，补偿范围不经济（如D - S模型所述）。之所以把它（日式管理）在大类上归入美式管理所在的简单性范式的大类中，是因为在最关键的组织上，管理2.0仍把企业理解为自上而下中心控制的金字塔结构的典型的简单系统。

三　中国网络管理思想的系统性创新

（一）根植于实践的贡献

把互联网时代的管理变革，归总为中式管理引领的管理3.0，从实践方面还有一个客观的理由。管理变革不能仅仅是书斋变革，必须由世界一流企业实践背书。没有通用电气等一流企业管理实践，就谈不上美式管理；没有丰田等一流企业管理，就谈不上日式管理。对管理3.0来说，尽管它的哲学在德鲁克的经验之谈中，在欧文·拉兹洛、克里斯托弗·拉兹洛《管理的新思维》、Jurgen Appelo《管理3.0：培养和提升敏捷领导力》和丹娜·左哈尔《量子领导者》等作品中，已经初步形成。但这些理论还只是概念跑车，还没有变成至少在1万人的企业中可操作的实际管理模式。

管理3.0真正有代表性的实践不是出自美国、日本和欧洲，而全部出在中国，有海尔、腾讯这样的世界一流企业的管理实践作为背书。附带说，对互联网时代管理变革贡献最大的，不是管理学家，而是企业家。

这里必须提到马化腾的灰度管理理论。灰度的说法最初来自华为，任正非写过《管理的灰度》。腾讯把灰度管理发展为一个体系。马化腾说："我把14年来腾讯的内在转变和经验得失总结为创造生物型组织的'灰度法则'，这个法则具体包括7个维度，分别是：需求度、速度、灵活度、冗余度、开放协作度、创新度、进化度。"[①] 可以看出，这7个维度，都紧扣在复杂性这一网络管理内核上。管理3.0的成分相对较纯，已经基本没有管理2.0（丰田经验）的影子。说明马化腾已提前于马云，形成了关于互联网时代管理变革的理论自觉。腾讯的管理理论和实践向世人证明，管理3.0对于矫治工业病，实现不确定市场环境和需求多变条件下企业的持续稳定高速进化发展，是有效和可行的。这对还沉浸于专门总结确定和不变条件下企业稳定发展规律的管理教科书的人来说，构成了极大的视觉冲击。

真正构建完善管理3.0理论体系和实践体系的企业家是张瑞敏。海尔模式目前已经成为世界级的管理经验，并且以其鲜明的管理3.0风格，成为继美式管理、日式管理之后，下一代管理模式的领导者。

（二）管理学理论的前沿探索

管理3.0的中国贡献，也离不开管理学思想家的理论贡献。称管理3.0

---

① 马化腾：《灰度法则：创造生物型组织的七个维度》（内部讲话）。

为中式管理，还因为中国人最先对它形成系统的理论自觉，如果说德鲁克、拉兹洛等人的思想还停留在经验论阶段，更多在讨论哲学，中国互联网前沿的开荒者对管理3.0的探索，已经开始把重心放在管理学体系构建上。

1. 管理3.0：海尔网络管理实践的理论提升

海尔模式的总结，不仅具有巨大的实践价值，而且具有重大的理论价值。这里重点谈一下对海尔模式的总结在管理学建设方面的重大意义。

与华为、腾讯等的管理经验总结倾向于就事论事不同，张瑞敏具有理论抱负与理论追求，对互联网时代管理变革体系的建设，远远超过了互联网人。这突出表现在，张瑞敏领先于专业管理学家思考和指出了互联网时代管理体系建设的方向问题。

当许多管理专家在西方中心论影响下，还在从原子论的角度认识管理问题时，张瑞敏较早开始思考管理的新方向。例如张瑞敏指出："21世纪是量子管理的世纪。所有之前的管理理论都在20世纪被淘汰了、过时了。"众所周知，波粒二象性是量子力学的特征，张瑞敏决心"将海尔转变为一家量子型企业"，就是要在西方原子论的管理范式（粒的范式）上，加入波的范式。对比网络科学，粒对应节点，波对应边，网络是节点与边的结合体。新旧管理范式的这种区别，也就是简单性范式与复杂性范式的区别。如左哈尔指出的："整个科学界就是在管理和组织这种简单性。在新的科学领域，如量子范式下，自然是复杂的、混沌的、非确定性的。"① 张瑞敏事实上已领先于管理学家多年意识到网络的真谛在于对原子论的扬弃，而不仅仅是互联网技术那么简单，从而在互联网时代的管理变革中成为引领者。

海尔模式另一个超出经验总结范畴的理论努力，表现在对管理3.0的认同。张瑞敏指出："作者所提出的管理3.0的复杂性时代，从企业实践角度审视，就是如何应对当前互联网时代全球化竞争挑战"；"'管理3.0'之于海尔，就是近几年我们大力推行的'人单合一双赢'商业模式变革与'自

① 丹娜·左哈尔：《量子领导者：商业思维和实践的革命》，机械工业出版社，2016，第55页。

主经营体’组织模式变革”①。这说明，张瑞敏意识到，中国的网络管理变革，是一场堪与管理1.0、管理2.0并称的管理革命。而绝大多数管理学家，至今仍没有这种理论自觉。由此可见在互联网时代所带来的管理变革时期，先知先觉“春江水暖”的企业家对于后知后觉的管理学家，在理论方向引导上可以发挥重要作用。当理论无法指导互联网实践时，互联网实践必然拖着理论走。

2. 第三代管理：彭新武的进化管理学

中国管理学家中，与前沿同步进行管理学的系统探索，彭新武是其中有代表性的一位。彭新武专业研究管理哲学与复杂性科学的结合，他的《进化管理学》按闵家胤的评价，“属于第三代管理思想”。彭新武研究的重心，是将管理学重建在新范式基础之上，“从机械论向有机论发生转换”。与欧文·拉兹洛、克里斯托弗·拉兹洛《管理的新思维》一样，用进化管理学来概括管理3.0的方向。进化只是复杂性的一个子特征，如果说网络更侧重复杂性的空间特性，进化则更侧重复杂性的时间特性，但本质上没有区别。因此我们把进化管理也当作网络管理来看待。

进化管理学“将复杂性思维一以贯之地用于对管理活动全过程的分析”，力图打破传统管理学的职能分析法，将传统管理学的主题，如营销、战略、竞争优势、组织结构、组织设计、组织行为、企业绩效、企业的社会责任、组织与环境、危机管理、变革管理、创新管理、知识管理和不确定性管理等，按新的逻辑组成一个系统。“从而将以往对简单性、实体、稳定性和确定性的追求让位于对复杂性、关系、混沌和不确定变化的研究。”②

3. 张羿的后现代管理学

张羿是后现代管理学研究的代表人物。从2004年出版《后现代企业与管理革命》到2017年出版《管理救赎》，围绕后现代范式，建立了新的管理学体系。

---

① Jurgen Appelo：《管理3.0：培养和提升敏捷领导力》，清华大学出版社，2012。

② 彭新武：《进化管理学——复杂、动态环境下的管理思维与方法》，中国社会科学出版社，2005，第9页。

现代管理始终从工具的角度去审视人，而不是把人当作人去还原真实的人性。张羿认为，要彻底超越现代管理就需要管理范式的变革。从范式的高度进行颠覆性创新，是当今公司与管理变革的必由之路，也是未来公司和未来管理的核心所在。从人是目的出发，他提出，要避免神化人工智能，并避免人类被人工智能所奴役。一切科技的发展，都是为人性自由服务的，人工智能也不例外。

根据后现代管理学，后现代公司的九大范式转型表现在：治理结构协同化、商业模式生态化、企业战略创造化、组织模式平台化、营销模式交互化、领导模式赋能化、创新模式系统化、企业文化战略化与管理哲学超越化。

张羿对互联网时代的企业未来做出了前沿的判断，认为，未来公司将打破企业与市场、企业与社会的边界，成为超级生态共同体。典型的超生命组织由平台 + 小微 + 个体 + 机构组成，是全球化的开放式生态平台组织，同时具备完善的协同机制。由于打破了企业与市场的边界，超生命组织也颠覆了科斯对企业的经典定义。在未来的公司中，人人都是领导者。

4. 复杂性管理研究

直接引入复杂性范式构建管理学体系，是互联网时代管理变革的正面突破口。早在 20 世纪 90 年代，成思危等学者就开始在中国管理学界倡导管理复杂性研究。早期研究往往把复杂性当作一种负面因素，研究管理如何限制、降低复杂性带来的成本或如何降低复杂性本身。直到 20 世纪头 10 年，刘洪提出组织复杂性管理的相反主张，带来复杂性管理理论发展的转机。互联网的兴起，技术网络分析与社会网络分析渗入管理学，进一步使复杂性管理柳暗花明，并引发互联网时代管理变革的基础理论突破。

管理中的复杂性越增加，成本越高，还是越低？相反回答代表了相反的范式。细究问题的经济学实质，在于争论范围经济还是不经济。互联网发展本质上是一种范围经济现象，它有力地支持了管理复杂性增加而成本降低的观点。管理复杂性增加在此不是指更加复杂机械化，而是指更加灵活生命化。由此网络科学与生命科学合流，推动管理从机械世界最终走入生命世界。生命，正是越复杂成本越低的典范。它成为互联网时代管理变革要走向的最终方向。

（1）刘洪：组织复杂性管理

我们一再强调，网络管理的核心不在互联网技术，而在于把复杂性范式带入管理领域。更准确地说，是把复杂性经济（而不是不经济）的观念引入管理理念。从网络管理角度看，整个工业化的管理，都可以概括在复杂性不经济这样的命题判断中，即专业化经济，但多样性不经济。系统越复杂，管理越迟钝。做大做强后避免不了大企业病。能不能有相反的管理呢？比如环境越多变，企业越灵活？这才是互联网时代管理变革要解决的具有方向转折意义的实质问题。

刘洪《组织复杂性管理》比较彻底地提出了这一问题。他指出："管理者们不知道是根据环境复杂性来提高组织的复杂性，还是通过降低组织复杂性来对付环境的复杂性"。"按照经典的管理理论，将简单性作为对付复杂性的措施"；而复杂性管理的真问题在于"如何通过复杂性提高来获取竞争优势"①。一旦做到复杂性越高而成本越低②，复杂性（或系统的生命活化）就会成为竞争优势。这就捅破了管理3.0最关键的那层窗户纸。从而在基础理论层面指出了丰田模式为什么可能被中式管理取代的"既中国，更世界"的深层根据。

刘洪《组织复杂性管理》从复杂适应组织、组织复杂性适应能力、企业的复杂适应性、组织变革的复杂适应系统、复杂环境下的自组织团队建设、多智能体组织、组织沟通与学习的复杂性等方面对复杂性管理进行了系统研究，讨论了复杂适应组织行为的管理和组织复杂性的控制与利用。

复杂性管理除了有复杂性适应的一面外，还有复杂性创造的一面。前者表现为适应用户，后者表现为创造用户，海尔的"双赢"就兼顾了两个方面，而不仅仅是适应用户，还要在竞争高单中创造用户价值。刘洪虽然认识

---

① 刘洪：《组织复杂性管理：适应复杂性，创立竞争新优势》，商务印书馆，2011，第1页。

② 范围经济是随着多样性增加，由于固定成本均摊，而造成平均成本递减，范围报酬递增的现象。范围经济对应的管理现象就是复杂性管理。

到“创新是一种主动的适应和变革过程”①，但相对在美国已发展较为成熟的复杂适应系统（CAS）理论，复杂创造系统的理论的建设还有许多工作需要做。中国互联网商业实践中，创造用户价值一直是一个鲜明特色，阿里、腾讯的大量业务，都是从实体经济没有的需求中创造出来的。如何将创新与这种复杂性创造结合起来寻找其中规律，仍是互联网时代管理变革的下一步课题。

（2）社会网络分析与管理

如果说复杂性管理，有着范围经济的经济学原理基础和复杂适应系统等科学基础的支撑，已发展成形，但第三代管理要真正自成一体发展，还需要得到来自网络科学方法和实践的充分支持，才能真正落地。在海尔网络化理论和成功实践基础上，2017 年网络管理在科学方法上，得到了社会网络分析的支持，成为最新的前沿动态。

2017 年 8 月罗家德《复杂：信息时代的连接、机会与布局》的出版，填补了网络管理的一项空白。继网络科学之外，网络社会科学方法也开始被引入从而加入管理学重建中。复杂性科学只是指出了复杂系统的一般特征，如自下而上涌现、扁平化结构等，但对于自下而上、扁平化如何在管理中实现，语焉不详。对于复杂系统是否能成为管理的普遍基础，只靠海尔模式这样一个孤证，人们仍然心存疑问。

但进入新世纪，迅猛发展的网络社会分析（NSA），开始揭开复杂性经济的微观黑箱，将互联网前沿实践作为一个整体，成为海尔网络管理的援军。NSA 研究表明，网络之所以具有复杂性经济的特征（或生命体的活体特征），与其特殊结构有内在联系。这种结构不是一般的复杂，而是庞朴所说的“错综”复杂，即拓扑结构的复杂。网络拓扑结构使生命体在面对复杂性时具有与机械体相反的成本特性（一个迟钝，一个灵活），原因在于其邻接特性。邻接在管理概念中，对应的就是“关系与圈子”。邻接背后的原则是“最短路径优先”（OSPF），相当于中式管理中的熟人优先，这彻底颠

① 刘洪：《组织复杂性管理：适应复杂性，创立竞争新优势》，商务印书馆，2011，第 75 页。

覆了西方中心论管理学的常识，但又是构成互联网竞争优势的不争的科学基础。

为什么会是这样？罗家德从“微信成功的逻辑”入手，第一部分研究就把“关系与圈子”，当作“信息社会的底层结构”。研究的第二部分，把“网络科学”，作为“互联网时代的底层逻辑”。分析了为什么以关系和圈子为表象的邻接结构，从代表落后，在先进生产力作用下变为代表先进的逻辑。研究的第三部分，把“自组织”作为“复杂思维下的新治理模式”，深入探讨了网络管理中企业自组织的新理念。

社会网络分析的加入，使复杂性理论与网络科学融为一体，使关系分析发展为复杂关系分析，对以原子论为基础的传统管理方法，提供了可行的替代方法。

中国互联网企业表面上是由于运用了高科技而取得成功，实际上由于采取了与工业化相反的管理方法，即与规模经济原理（越复杂成本越高）相反的范围经济（越复杂成本越低）的生产方式，才在大变革的乱局中如鱼得水。而那些仅在技术上采用网络方法，而在管理上排斥网络科学的企业，早在大浪淘沙中被实践淘汰。

许多人把互联网时代的管理变革简单理解为将新技术应用于管理，忽略了互联网背后的网络科学、网络社会关系才是其原理所在。网络科学不过是复杂性科学的另一种说法。推进互联网时代的管理变革，总的来看，需要将网络科学引入网络社会分析来发展管理学。

展望未来，以中国互联网的强势发展、中国企业的持续成功，以海尔、腾讯等一批世界一流企业的先进管理经验为基础，第三代管理在中国有望获得飞跃性的发展，为结束中国改革开放近 40 年经济成功却没有世界级管理经验的局面做出贡献。

B.3
城市云脑：基于互联网云脑的智慧城市新架构

刘 锋*

摘 要： 智慧城市提出10年以来，依然存在概念不清晰、顶层设计缺乏、信息孤岛等问题，随着互联网的进一步发展，互联网类脑架构越来越清晰，作为城市建筑与互联网结合的产物，智慧城市也将出现新的架构，城市云脑由此产生。基于互联网云脑，本文重点阐述了如何通过类脑组织形式建设智慧城市，并依托大社交网络（城市神经网络）和城市云反射弧对智慧城市建设水平（城市智商）进行评价。

关键词： 智慧城市 脑科学 城市云脑 互联网云脑

一 引言

2008年11月6日，美国IBM总裁兼首席执行官彭明盛在纽约市外交关系委员会发表题为“智慧地球：下一代的领导议程”的演讲，“智慧地球”的理念被明确地提出来，目标是让社会更智慧地进步，让人类更智慧地生存，让地球更智慧地运转。①

在此基础上，智慧城市的概念孕育而生，并在此后的8年里，成为世界

---

* 刘锋，中国科学院虚拟经济与数据科学研究中心高级工程师，计算机博士，主要研究方向：互联网与人工智能、脑科学交叉研究。

① 张永民：《解读智慧地球与智慧城市》，《中国信息界》2010年第10期，第23~29页。

城市建设的目标并得到大力推进。然而，智慧城市的概念并不清晰，存在盲目炒作、顶层设计缺乏、基础不扎实等问题，相关专家指出，部分智慧城市建设项目缺乏顶层设计和总体统筹，协同对接难度大，特别是部分垂直部门信息系统限于部门内部使用，缺少部门之间的数据共享与应用，评价标准不统一，与市民的需求往往有巨大的差异①。

二　互联网云脑架构的产生

从科学史可以看到这样一个规律，每一次人类社会的重大技术变革都会导致新领域的科学革命，大航海时代使人类看到了生物的多样性和孤立生态系统对生物的影响。无论是达尔文还是华莱士都是跟随远航的船队才发现了生物的进化现象。

大工业革命使人类无论力量的使用还是观察能力都获得极大提高，为此后的物理学大突破，奠定了技术基础。这些突破包括牛顿的万有引力、爱因斯坦的相对论和众多科学家创建的量子力学大厦，这些突破都与“力”和“观测”有关。

互联网革命对于人类的影响已经远远超过了大工业革命。与工业革命增强人类的力量和视野不同，互联网极大地增强了人类的智慧，丰富了人类的知识。而智慧和知识恰恰与大脑的关系最为密切。互联网的技术突破使得人类处在新科学革命的前夜。

从 1969 年互联网诞生以来，人类从不同的方向在互联网领域进行创新。随着人工智能、物联网、大数据、云计算、机器人、虚拟现实、工业互联网等科学技术的蓬勃发展，这些前沿科学技术的协同发展使得互联网的类脑架构越来越清晰。从 2008 年开始科学院大学刘锋、彭庚、刘颖、石勇等人发表论文提出互联网的进化趋势问题，并形成互联网云脑架构图（图 1）。②

① 赵大鹏：《中国智慧城市建设问题研究》，《吉林大学学报》2013 年第 7 期，第 102 ~ 107 页。

② 刘锋、彭庚：《互联网进化规律的发现与分析》，［2008 - 9 - 13］，http：//www.paper.edu.cn/releasepaper/content/200809 - 694。

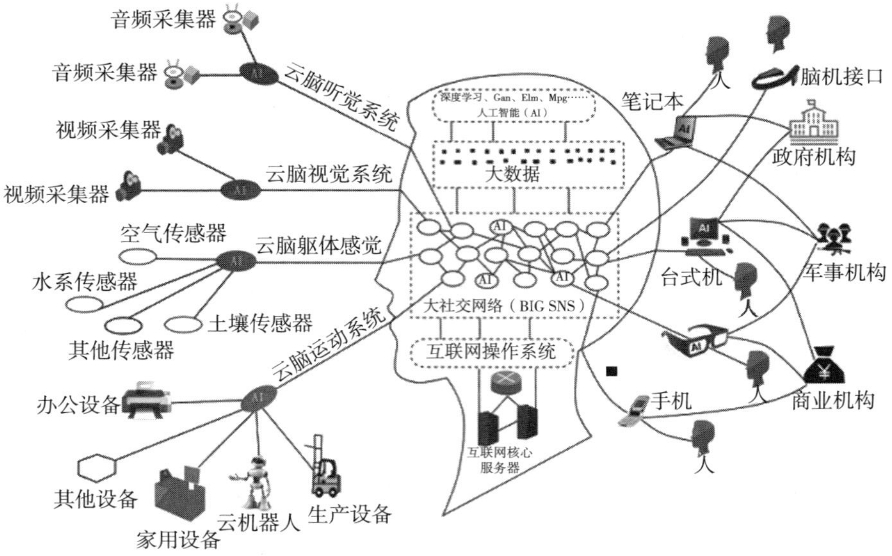

图1　互联网云脑架构

二　城市云脑的定义与建设

（一）城市云脑的定义

应该说智慧城市是互联网发展到一定程度，向城市建设蔓延和深入的结果。因此建设智慧城市就不能忽略互联网的发展趋势和进化规律。智慧城市作为互联网云脑与智慧城市建设结合的产物，会继承互联网云脑的基本特点。因此城市云脑（见图2）定义如下：城市云脑就是基于互联网云脑模型的智慧城市新架构。城市在城市中枢神经系统（云计算）、城市感觉神经系统（物联网）、城市运动神经系统（工业4.0、工业互联网）、城市神经末梢（边缘计算）的支撑下，通过城市神经元网络（大社交网络）实现城市人与人、人与物、物与物的信息交互，通过城市云反射弧实现城市服务的快速智能反应，从而推动一个城市各组成部分的有机结合，实现城市智慧的不断进步。这样的类脑智慧城市架构称为城市云脑（city cloud brain）。

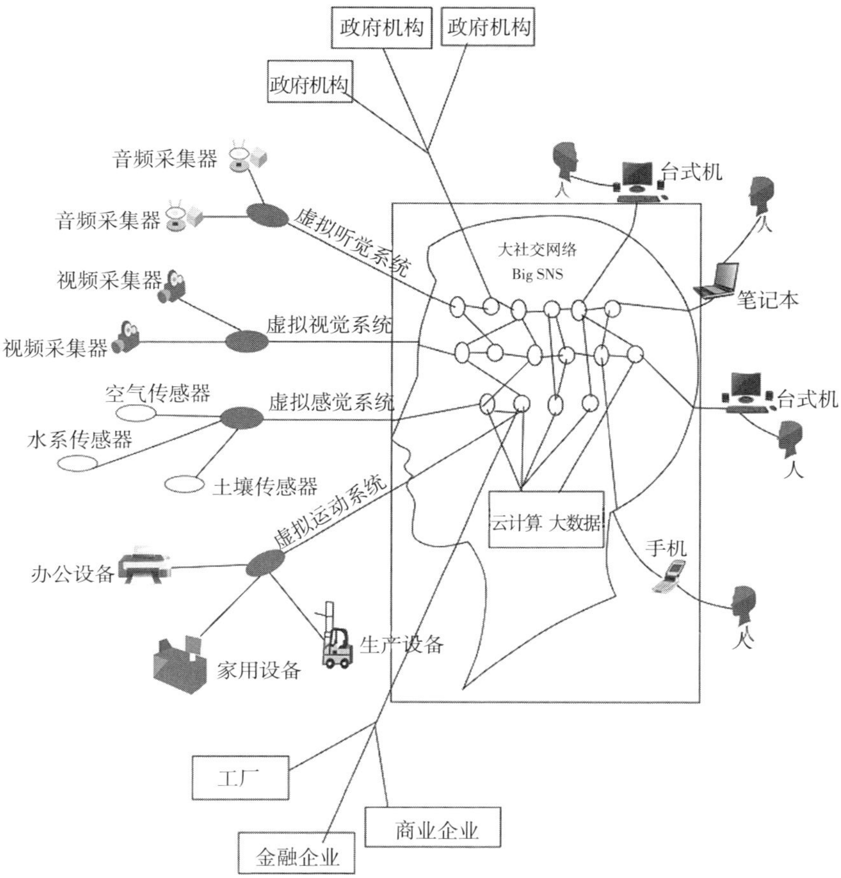

图 2　城市云脑架构

（二）如何建设城市云脑

在智慧城市建设中，处于重要位置的技术包括物联网、大数据、云计算、人工智能、工业 4.0、工业互联网、机器人等。同时大社交网络（BIG SNS）、云反射弧的新技术框架也不断涌现，这些前沿技术和概念与城市云脑是什么关系，在城市云脑的建设中如何实现，下面将进行详细阐述（图 3）。

（1）城市云脑的物联网建设是建设一个城市的躯体感觉神经系统和运动神经系统，主要由遍布城市企业、建筑、金融、交通、能源等领域的传感

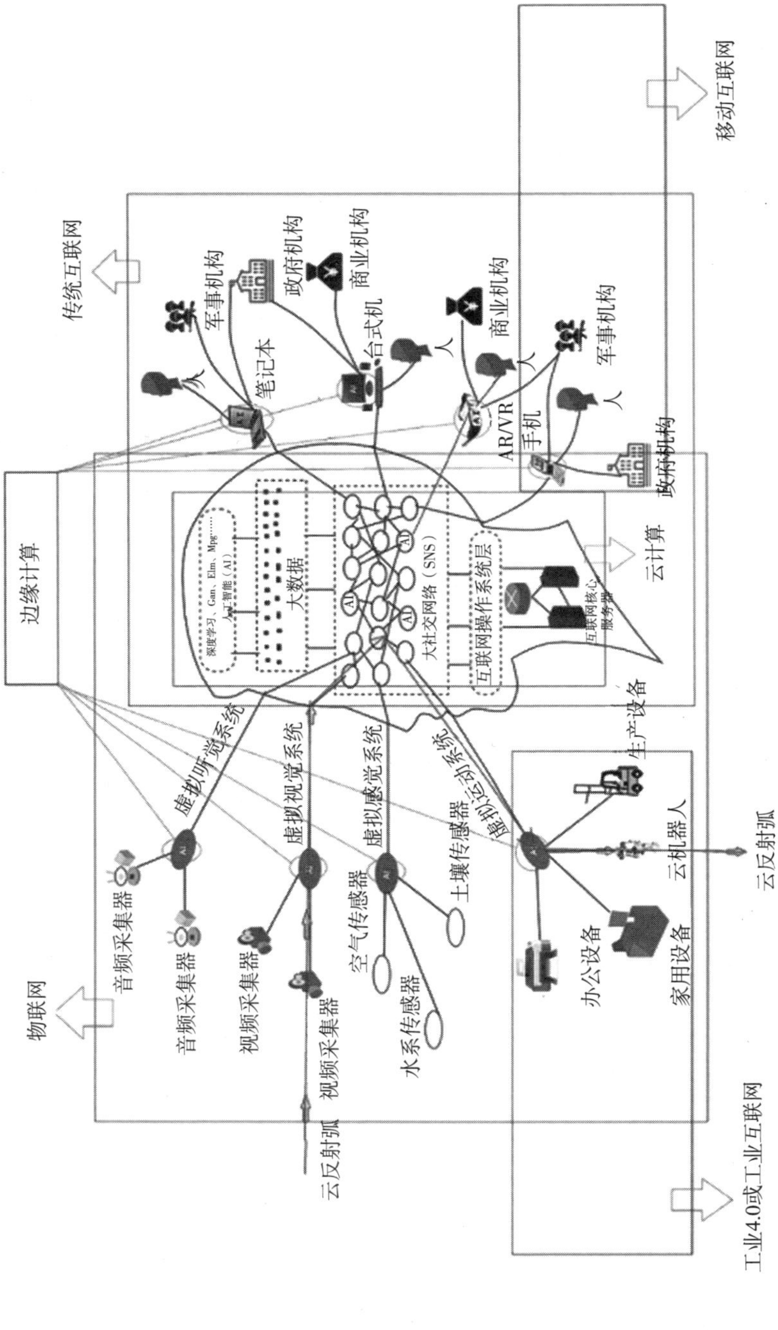
边缘计算
传统互联网
移动互联网
物联网
工业4.0或工业互联网
云计算
深度学习、Gan、Elm、Mpg……
人工智能（AI）
大数据
大社交网络（SNS）
互联网操作系统层
互联网核心服务器
笔记本
台式机
军事机构
政府机构
商业机构
人
AR/VR
手机
虚拟听觉系统
虚拟视觉系统
虚拟感觉系统
虚拟运动系统
音频采集器
音频采集器
视频采集器
视频采集器
空气传感器
水系传感器
土壤传感器
云反射弧
生产设备
云机器人
办公设备
家用设备
云反射弧

图3　城市云脑建设架构

器和智能驾驶、云机器人、无人机、3D 打印、智能制造等系统组成。

（2）城市云脑的云计算建筑是一个城市的中枢神经系统建设，它通过服务器、网络操作系统、神经元网络（大社交网络）、大数据和基于大数据的人工智能算法对城市云脑的其他神经系统进行控制。由于城市云脑是互联网云脑的子集，一个智慧城市建设不是孤立的，不同智慧城市云脑架构也往往交叉，譬如一个城市的云计算硬件设施很可能在另外一个城市，一个城市的大数据可能分布在不同城市存储。

（3）城市云脑的大数据建设本质上是城市云脑各神经系统在运转过程中传输和积累的有价值信息。这些信息来自居民生活、企业运转、政府管理过程中产生的信息，也来自城市的建筑大楼，交通车辆，甚至是分布在城市土壤、空气、水域中的传感器传来的信息，这些数据是城市云脑真正产生智慧的基础。

（4）城市云脑的工业 4.0 和工业互联网是一个城市的运动神经系统的发育，这将是城市云脑未来非常庞大的组成部分，包括智能驾驶、云机器人、无人机、3D 打印、智能制造等，他们通过延展运动和机械操作，帮助城市居民和管理者完成城市的运行和建设。

（5）城市云脑的边缘计算建设是城市云脑神经末梢的发育和成长，将人工智能技术和包含了人工智能技术的芯片与分布在城市的传感器、摄像头、智能终端、智能汽车、智能制造设备、楼房建筑、工业机器人等地方，目标是使城市云脑的感觉神经系统、运动神经系统的末梢控制变得更为智能和健壮。

（6）城市云脑的移动互联网建设是城市云脑神经纤维种类的丰富，让城市居民、企业、政府机构更为便捷，更不受地域限制地链接到城市云脑中。这需要对城市中的通信运营商不断进行技术升级和基础设施建设，城市云脑的神经纤维建设是智慧城市运转的重要保证，是连接城市成为一个整体，确保城市云反射弧准确运转的关键。

（7）城市云脑的大社交网络建设是城市云脑的神经网络发育，应该说城市云脑的大社交网络是智慧城市建设最重要的两个因素之一。一直以来，社交网络被认为是互联网上人与人的交互社区。但随着物联网、云计算、大数据等新现象的出现，社交网络的形态也必将发生改变。当物联网、工业4.0、工业互联网与社交网络融合时，每一栋大楼、每一辆汽车、每一个景区、每一个商场、每一个电器都会在SNS网站上开设账号，自动地发布自己实时的信息，并与其他“人”，和“物”进行交互。社交网络的定义将不再仅仅是人与人的社交，而是人与人、人与物、物与物的范围更大的社交网络，我们可以称为“大社交网络”（Big SNS）（图4）。

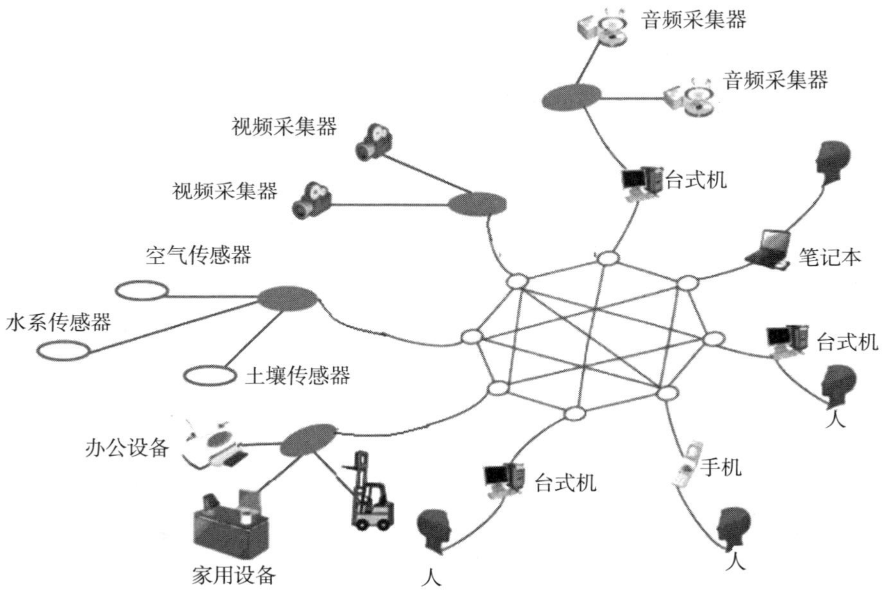

图4　大社交网络架构

这个大社交网络与智慧城市紧密的结合是城市云脑建设成功的关键，无论是居民、企业、政府机构、路灯、车辆、工场，都要以城市神经元的方式加入智慧城市的大社交网络中，这些城市神经元的互动、聚合、链接将使城市云脑真正变得更为智慧。

（8）城市云脑的云反射弧的建设，是智慧城市建设最重要的第二个因素，它的产生反映出一个城市在提供各种智慧相关服务过程中的种类和反应速度。城市云反射弧的种类越多，反应速度越快，其智慧程度也会越高，例如包括安防云反射弧、金融云反射弧、交通云反射弧、能源云反射弧、教育云反射弧、医疗云反射弧、旅游云反射弧、零售云反射弧……

（9）作为智慧城市与互联网类脑架构结合的模型，城市云脑人工智能建设是智慧城市提升智慧的催化剂和灵魂，人工智能不仅仅通过算法如深度学习、机器学习与大数据结合，也运用到城市云脑的神经末梢、神经网络和智能终端中，譬如 AI 传感器、AI 手机、AI 智能生产设备、AI 用户助理等。

三 人工智能与城市云脑

从整个互联网看，人工智能与互联网中枢神经系统结合产生了谷歌大脑、百度大脑、阿里云、亚马逊云、腾讯云等云人工智能巨系统；与互联网听觉神经系统结合产生诸如科大讯飞、云知声等新声音识别产品；人工智能特别是深度学习与互联网视觉神经系统结合，产生如格林深瞳、Face + + 等新图像识别产品；与互联网运动神经系统结合产生了智能制造、智能驾驶、云机器人等新应用领域；与互联网神经网络（大社交网络）结合产生了度秘、小冰等智能虚拟助理产品；与互联网感觉神经系统结合，就出现了边缘计算的创新应用。

人工智能与智慧城市的结合，将使得城市云脑各个神经系统同时提升能力。我们可以看一下人工智能与城市的各个组成部分结合形成的性能提高和具体案例。

（一）人工智能的起源和发展

国际上人工智能研究作为一门前沿和交叉学科，像许多新兴学科一样，至今尚无统一的定义。给人工智能下个准确的定义是困难的。人类的许多活动，如解算题、猜谜语、进行讨论、编制计划和编写计算机程序，甚至驾驶汽车和骑自行车等，都需要“智能”。如果机器能够执行这种任务，就可以认为机器已具有某种性质的“人工智能”。

不同科学或学科背景的学者对人工智能有不同的理解，提出不同的观点，人们称这些观点为符号主义（Symbolism）、连接主义（Connectionism）和行为主义（Actionism）等，或者叫作逻辑学派（Logicism）、仿生学派（Bionicsism）和生理学派（Physiologism），此外还有计算机学派、心理学派和语言学派等。①

通俗的说，“人工智能是一门综合了计算机科学、生理学、哲学的交叉学科。凡是使用机器代替人类实现认知、识别、分析、决策等功能，均可认为使用了人工智能技术。”

作为一个学术领域，人工智能是1956年夏季，以麦卡赛、明斯基、罗切斯特和申农等为首的一批有远见卓识的年轻科学家在一起聚会，共同研究和探讨用机器模拟智能的一系列有关问题时首次提出②。

事实上，人工智能的发展充满了坎坷，在过去的60年里，人工智能经历了多次从乐观到悲观，从高潮到低潮的阶段。最近一次低潮发生在1992年日本第五代计算机计划的无果而终，随后人工神经网络热在20世纪90年代初退烧，人工智能领域再次进入“AI之冬”。这个冬季如此的寒冷与漫长，直到2006年加拿大多伦多大学教授Geoffrey Hinton提出“深度学习”算法，情况才发生转变③。

这个算法是对20世纪40年代诞生的人工神经网络理论的一次巧妙的升级，它最大的革新是可以有效地处理庞大的数据。这一特点幸运地与互联网结合，由此引发了2010年以来新的一股人工智能热潮。2011年，一位NCAP研究员和斯坦福的Andrew Ng在Google建立了以深度学习为基础的谷歌大脑，Andrew Ng也就是后来百度大脑的首席科学家吴恩达。2013年，Geoffrey Hinton加入Google公司，其目的是进一步把谷歌大脑的工作做得更

---

① 石纯一、黄昌宁、王家钦：《人工智能原理》，清华大学出版社，1993，第21～23页。

② 刘毅：《人工智能的历史与未来》，《科技管理研究》2004年第6期，第121～124页。

③ 尹宝才、王文通、王立春：《深度学习研究综述》，《北京工业大学学报》2015年第1期，第48～59页。

为深入[1]。

人工智能从此进入一个新的时代——互联网人工智能时代，基于互联网海量的“大数据”和每时每刻与现实世界的信息交互，包括亚马逊、Facebook、百度、腾讯、阿里巴巴、微软、英特尔、IBM 等巨头纷纷进入 AI 领域，不断产生新的成果和创造新的纪录。

应该说这一轮的人工智能热潮本质上依然是互联网进化过程中的又一次波浪式高潮。它的产生离不开互联网之前应用和技术为人工智能新爆发奠定的基础，而且从 AI 的领导者看，主要也是互联网巨头公司。

（二）人工智能在城市云脑中的作用与地位

1. 人工智能与城市云脑的听觉神经系统范例

科大讯飞是从事智能语音及语言技术、人工智能技术研究、软件及芯片产品开发、语音信息服务及电子政务系统集成的国家级骨干软件企业。其重要产品讯飞开放平台希望为开发者打造一站式智能人机交互解决方案。用户可通过互联网、移动互联网，使用任何设备，在任何时间、任何地点，随时随地使用讯飞开放平台提供的“听、说、读、写”等多方位人工智能服务。目前，开放平台以“云 + 端”的形式向开发者提供语音合成、语音识别、语音唤醒、语义理解、人脸识别、个性化彩铃、移动应用分析等多项服务。

云知声是一家专注物联网人工智能服务，拥有完全自主知识产权智能语音识别技术的高新技术企业。云知声利用机器学习平台（深度学习、增强学习、贝叶斯学习），在语音技术、语言技术、知识计算、大数据分析等领域建立了领先的核心技术体系，这些技术共同构成了云知声完整的人工智能技术图谱。在应用层面，AI 芯、AIUI、AI Service 三大解决方案支撑起云知声核心技术的落地和实现，目前已经在家居、汽车、医疗和教育等领域有广泛应用，形成了完整的“云端芯”生态闭环。

---

① 张燕：《“信息在神经系统中的传递”的整体性教学设计》，《生物学教学》2016 年第 7 期，第 35 ~ 36 页。

声智科技是一家专注声学前沿技术和人工智能交互的科技创新公司，致力于引领真实环境下更自由的人工智能交互体验，实现“听你所言，知你所想”的人机交互愿景。声智科技提供从软硬件到云服务的远场语音交互技术方案，以及从芯片模组、PCBA 到工业设计的 Turnkey 产品方案，其回声抵消、噪声抑制、声源定位、混响消除、波束形成、远场语音唤醒、远场语音识别等技术在业界遥遥领先。同时，声智科技与 ARM、nVidia、Xilinx、Cypress、Knowles、百度、腾讯等著名企业深度合作，深耕智能家居、智能汽车、智能安防、智能金融、智能教育和机器人等行业，服务于小米、360、京东、联想、海尔、创维等著名品牌，共同提升远场语音交互的用户体验。

2. 人工智能与城市云脑的视觉神经系统

SenseTime（商汤科技）是中国一家致力于计算机视觉和深度学习原创技术的创新型科技公司。在机器视觉底层技术打包解决方案的标准化定制上，商汤能够深入不同行业并把产品不断细化，也由此获得了一批如英伟达、中国移动、银联、华为、小米、OPPO、vivo、微博、科大讯飞等知名战略合作伙伴和大客户。

旷世科技旗下的第一个产品 Face + + 现已成长为著名的人脸识别技术平台，并以最简单易用的云服务方式将最好的人脸识别技术提供给广大开发者和企业级伙伴，其中包括阿里巴巴、联想、世纪佳缘和美图秀秀等，API 总调用量超过 60 亿次，并且在金融、安防、零售领域分别开始了商业化探索，成功培育出 Face + + Financial，Face + + Security，Face + + BI 等垂直人脸验证解决方案产品。

依图科技：从事人工智能创新性研究，致力于将先进的人工智能技术与行业应用相结合，建设更加安全、健康、便利的世界。参与人工智能领域的基础性科学研究，致力于全面解决机器看、听、理解的根本问题，相信能在计算机视觉、自然语言理解、知识推理、智能硬件、机器人等技术领域做出突破性贡献。依图的技术已经服务于安防、金融、交通、医疗等多个行业。

3. 人工智能与城市云脑的感觉神经系统

Mobilogix：成立于 2011 年，是物联网（IoT）和机器对机器通信（M2M）

等技术融合领域的系统集成商。通过创新性运用技术来提供业务价值，简化人们日常生活及全球企业中的通信。利用核心的遥测技术、Web 和移动平台来创建智能解决方案，实现人机连接，进而提高过程效率，减少失误。

TempoIQ：利用传感器分析的后端技术，建立实时的传感器数据监控，并且会根据环境情况向使用者报警。2013 年完成 400 万美元的 A 轮融资。

听云：提供真实用户体验视角下移动客户端、服务端与网络的性能监控与管理。听云拥有 30 万个遍布全国的真实用户节点，平台每日帮助监控超 200 亿次真实用户请求，每天发现用户性能问题超过 30 万个。每天可为开发者留住用户 300 万，挽回损失 2000 万元。

4. 人工智能与城市云脑的运动神经系统

大疆：成立于 2006 年，是全球领先的无人飞行器控制系统及无人机解决方案的研发和生产商。以大量的用户为基础，大疆联手阿里云将这些精彩的无人机航拍作品都聚集起来，通过大疆 APP 一键推送内容的渠道变成了天空之城。互联网内容的全球化传播需要全球化云计算的大力支持，目前大疆使用阿里云在全球的数据中心来支持这个无人机社区的内容存储和分发。

驭势科技（北京）有限公司：用人工智能和大数据重构人和物的交通，用无人驾驶解决十亿级别人群的交通和物流问题。驭势科技致力于打造未来的自动驾驶系统和全新的交通方式，驭势科技的低速自动驾驶解决方案，基于 Tegra X1 搭建的控制器，包含激光 SLAM 和视觉 SLAM 在内的多传感器融合的感知定位系统，可以说在 2016 年已经逐步成型。

达闼科技：云端智能机器人运营商，目标是实现云端智能机器人运营级别的安全云计算网络、大型混合云端智能机器学习平台，以及安全智能终端和机器人控制器技术研究。在应用层面，达闼科技启动了云端导盲机器人 META 项目。据介绍，META 以头盔的形态，为视力障碍人群提供人脸识别、物体识别、路径规划、避障等服务。“用户戴上云端智能机器人架构的导盲头盔，闭上眼睛，也能够安全地规避障碍物以及正常行。”

5. 人工智能与城市云脑的神经末梢系统

寒武纪：宗旨是打造各类智能云服务器、智能终端以及智能机器人的核心处理器芯片。2016 年推出的寒武纪 1A 处理器（Cambricon - 1A）是世界首款商用深度学习专用处理器，面向智能手机、安防监控、可穿戴设备、无人机和智能驾驶等各类终端设备。2017 年 9 月，华为正式发布麒麟 970 处理器——全球首颗内置神经元网络单元（NPU）的人工智能处理器。技术方面主要由国内 AI 芯片创业公司寒武纪负责。

BOSCH：该公司至今已经出售了超过 40 亿个 MEMS 传感器。BOSCH 的传感器应用包括 3 轴式加速（3 - axis acceleration）、陀螺仪和地磁传感器。该公司还开发了 6 轴式（6 - axis）传感器用在电子罗盘，同时 9 轴传感器用在绝对定向传感器。他们的产品广泛应用在手机、平板等设备中。

德国 EnOcean：公司 2001 年从西门子分离出来致力于能量采集技术，使得无线传感器所需要的能量来源于周围环境中采集的能量，其中包括机械能、光能以及温差能。他们的技术包括微能量转换器、微功耗电路以及可靠地无线链路。目前主要应用在建筑自动化系统，产品主要有无线无源门卡、无线无源门窗磁以及无线无源人体存在传感器。

6. 人工智能与城市云脑的中枢神经系统——大数据方向

Palant：收集互联网上的大量数据，其中包括为数众多的财务数据、DNA 样本、语音资料、录像片段以及世界各地的地图，在这些数据之间建立联系快速找出有价值的线索，建立一个数据分析库，整合相互分离的数据库来进行搜索和分析，以提升数据分析效率，帮助非科技用户发现关键联系，并最终找到复杂问题的答案。

九索数据：通过人工智能技术为公共安全防务工作提供大数据技术的数据挖掘分析公司，在海量的互联网数据中，对城市公共安全大数据进行可视化分析、对犯罪模式进行智能识别和研究，为客户提供智能化决策辅助以及研判支撑。

沃民高科：定位是全球领先的互联网情绪大数据公司，通过人工智能和深度学习技术，在大数据的获取、整理、分析、应用等领域应用，为政府、企业和个人用户提供基于互联网公开信息源的多种数据产品，包括沃德股市气象站、沃德社会气象台、沃德品牌气象站等，其中沃德股市气象站以大数据为依托，核心技术就是把市场复杂多变的情绪表达用量化的方式计算出来，以此帮助投资者决策。

7. 人工智能与城市云脑的中枢神经系统——神经网络或大社交方向

微信：腾讯公司于2011年1月21日推出的一款即时通信软件，面对智能手机用户。用户可以通过客户端与好友分享文字、图片以及贴图，并支持分组聊天和语音、视频对讲功能、广播（一对多）消息、照片/视频共享、位置共享、信息交流联系、微信支付等服务。市场研究公司On Device调查显示，微信在中国大陆的市场渗透率达93%。截至2017年5月，微信于全球拥有约9.38亿活跃用户。

环信：环信品牌成立于2013年4月，是以IM即时通信及移动在线客服为主要研发对象的专业型高科技品牌。为开发者提供基于移动互联网的即时通信能力，如单聊、群聊、发语音、发图片、发位置、实时音频、实时视频等，现已覆盖包括电商、O2O、互联网金融、在线教育、在线旅游、移动医疗、智能硬件、游戏等20大领域的Top10客户。

脉脉：职场实名社交平台。利用科学算法为职场人拓展人脉，降低商务社交门槛，实现各行各业交流合作。自2013年10月上线至今，脉脉注册用户已超3000万，用户主体为职场高阶精英人群。

8. 人工智能与城市云脑的中枢神经系统——基础硬件或云计算方向

阿里云创立于2009年，致力于通过云计算及人工智能以在线公共服务的方式，提供安全、可靠的计算和数据处理能力，让计算和人工智能成为普惠科技。2017年1月，阿里云发布异构计算解决方案：弹性GPU实例和FPGA解决方案。它们能为客户提供高效率、低延迟的实时计算。在数据安全性有保障的前提下，提供灵活弹性的异构计算资源。弹性GPU产品2016年底开放邀测以来，视频、渲染和计算等领域众多用户已在使用。

腾讯云：有着多年对海量互联网服务的经验，腾讯在云端完成重要部署，为开发者及企业提供云服务、云数据、云运营等整体一站式服务方案。具体包括云服务器、云存储、云数据库和弹性web引擎等基础云服务；腾讯云分析（MTA）、腾讯云推送（信鸽）等腾讯整体大数据能力；以及QQ互联、

QQ 空间、微云、微社区等云端链接社交体系。这些正是腾讯云可以提供给这个行业的差异化优势，造就了可支持各种互联网使用场景的腾讯云技术平台。

Amazon Web Services（AWS）：2006 年开始以 Web 服务的形式向企业提供 IT 基础设施服务，现在通常称为云计算。如今，AWS 在云中提供高度可靠、可扩展、低成本的基础设施平台，2016 年 AWS 推出了完整的深度学习 AI 产品线，包括 AI 服务、AI 平台、AI 框架和 AI 基础设施。其中 AI 服务处于最顶层，主要包括用于图像和人脸分析的 Amazon Rekognition、用于文本转语音的 Amazon Polly 以及用于创建自动语音识别和自然语音理解功能的对话式聊天机器服务 Amazon Lex。

（三）人工智能在城市云反射弧的关系

上面介绍人工智能在城市云脑各神经系统中的应用范例，但人工智能的发展不会停步于此，基于互联网云脑架构的 AI 进一步发展，打通互联网云脑各神经系统之间的关系也就成为趋势和必然，云反射弧（Cloud reflex arcs）因此将成为人工智能应用的下一个发展重点。

我们知道神经反射现象是人类神经系统最重要的神经活动之一[①]（图 5），与人类神经系统相仿，城市云脑的云反射弧也包含感应器、传入神经纤维、神经中枢、传出神经纤维和效应器，是城市云脑与现实世界互动中提供服务、产生智慧的最重要途径。

城市云脑中已经出现很多云反射弧案例，例如无锡消防部门开始利用家庭火灾远程监控和救助系统，它的工作过程就是一个典型的基于互联网云脑的城市神经反射弧。当发生火灾或其他紧急事件时，探测器发出报警信号，火警信息将通过 GPRS 传输到全市 119 火灾调度指挥中心，当 119 在接到报警后，第一时间赶赴现场开展救助。[②]

---

① 张燕：《“信息在神经系统中的传递”的整体性教学设计》，《生物学教学》2016 年第 7 期，第 35～36 页。

② 计雨禾：《无锡首创老人家庭火灾智能救助系统》，［2010－4－10］，http：//info. fire. hc360. com/2010/04/300857182467. shtml。

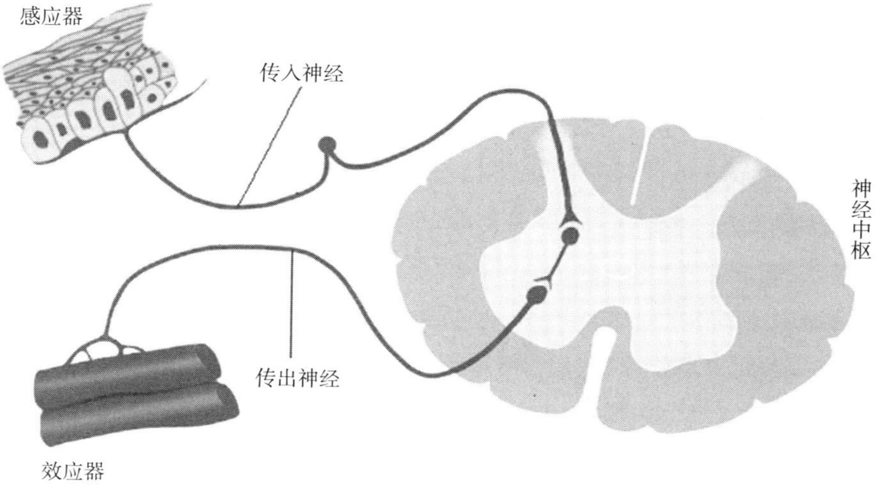

图5 神经反射弧示意

与人体的神经反射弧相对应，从前文可以看出，云反射弧的感应器主要由联网的传感器（包括摄像头）组成，云反射弧的效应器主要由联网的办公设备、智能制造、智能驾驶、智能医疗等组成。云反射弧的中枢神经是互联网云脑的中枢神经系统（云计算 + 大数据 + 人工智能），边缘计算将加强云反射弧感应器和效应器的智能程度和反应速度。

云反射弧作为互联网系统与人工智能结合的产物，在互联网的未来发展中将起到非常重要的作用。从实践上看，共有 9 种不同种类的云反射弧①（图6），这些云反射弧的成熟依赖互联网与人工智能技术的进一步结合。

第一种是传感器到智能设备的云反射弧（图中 A - > F）：例如，在大楼里，温度传感器检测到室内温度升高超过一定温度时，同时气敏传感器检测到室内二氧化碳浓度升高，于是报警信息通过互联网线路传送到服务器中心，服务器发送指令给大楼灭火机器人，由该楼层灭火机器人操控水枪进行

① 刘锋：《互联网 + AI，云反射弧如何成为人工智能发展的下一个重点》，［2017 - 4 - 30］，http：//tech.163.com/17/0815/14/CRSS86VV00098IEO.html。

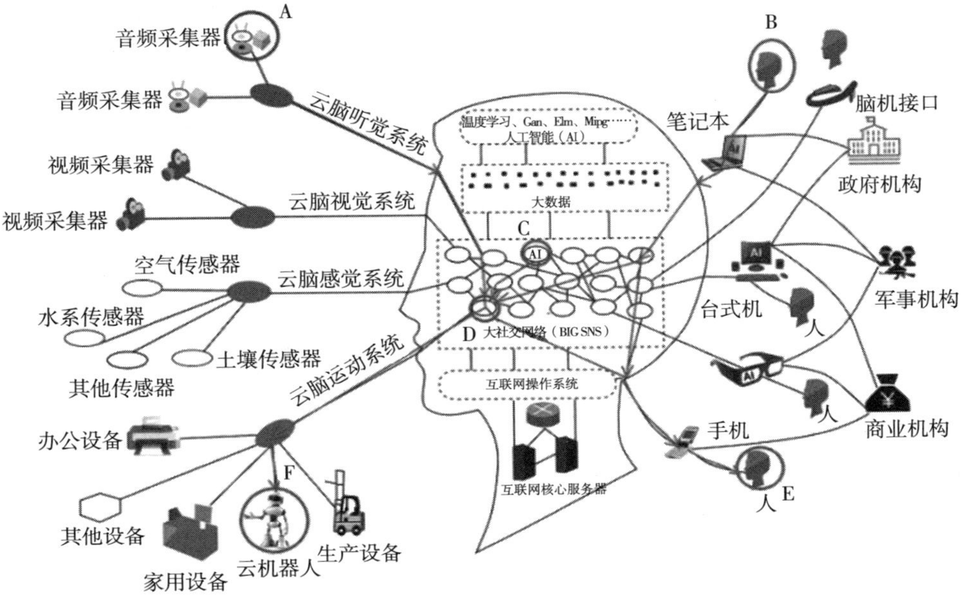

图 6　城市云反射弧

灭火。

第二种是传感器到人的云反射弧（图中 A－＞B）：例如，在大楼里，温度传感器检测到室内温度升高超过 100 度，同时气敏传感器检测到室内二氧化碳浓度升高，于是报警信息通过互联网线路传送到服务器中心，服务器发送信息给附近的消防队，消防队出动消防人员来大楼实施灭火。

第三种是传感器到智能程序的云反射弧（图中 A－＞D）：例如，在大楼里，温度传感器检测到室内温度升高超过 100 度，同时气敏传感器检测到室内二氧化碳浓度升高，于是报警信息通过互联网线路传送到服务器中心，服务器发送信息给互联网神经网络中的 AI 神经元，也就是大社交网络中的智能程序，由智能程序判断是否危险级别和是否上报。

第四种是智能程序到智能设备的云反射弧（云反射架构图 D－＞F）：例如，互联网服务器中运行的自动监测程序，检测城市郊区云计算机房的服务器数据空间的容量变化，当程序发现数据空间已满时，发送报警信息给互联网中心服务器，由中心服务器发布指令，启动云计算机房的备用机器，扩充数据空间。

第五种是智能程序到人的云反射弧（图中 C－＞E）：例如，互联网服务器中运行的自动监测程序，检测郊区云计算机房的服务器数据空间的容量变化，当程序发现数据空间已满时，发送报警信息给互联网中心服务器，由中心服务器发布短信或电子邮件，提醒机房值班人员，启动云计算机房的备用机器，扩充数据空间。

第六种是智能程序到智能程序的云反射弧（图中 C－＞D）：这种类型的神经反射弧可以看作云端人工智能系统的对话。例如，互联网服务器中运行的自动监测程序，检测郊区云计算机房的服务器数据空间的容量变化，当程序发现数据空间已满时，发送报警信息给互联网中心服务器，由中心服务器发布指令给云计算机房的维护程序，停止向数据空间写入数据，避免数据空间过载。

第七种是人到智能设备的云反射弧（图中 B－＞F）：例如，在大楼里，大楼监控机房的值班人员发现某办公室出现火苗和烟雾，于是按下报警按钮，将报警信息通过互联网线路传送到服务器中心，服务器发送指令给大楼灭火机器人，由该楼层灭火机器人操控水枪进行灭火。

第八种是人到人的云反射弧（云反射架构图 B－＞E）：例如，在大楼里，大楼监控机房的值班人员发现某办公室出现火苗和烟雾，于是按下报警按钮，将报警信息通过互联网线路传送到服务器中心，服务器发送信息给附近的消防队，消防队出动消防人员来大楼实施灭火

第九种是人到智能程序的云反射弧（云反射架构图 B－＞D）：例如，在大楼里，大楼监控机房的值班人员发现某办公室出现火苗和烟雾，于是按下报警按钮，将报警信息通过互联网线路传送到服务器中心，服务器发送信息给互联网神经网络中的 AI 神经元，也就是大社交网络中的智能程序，由智能程序判断是否危险级别和是否上报。

城市云反射弧的发展是互联网＋AI 深度结合后的必然产物，它的发展会对对基于互联网的人工智能技术、互联网新商业模式、智慧城市建设等领域产生深刻和广泛的影响。

四　城市云脑的发展水平（城市智商）评测方法

（一）城市智商的定义

前面的研究提出智慧城市建设本质是互联网云脑架构与城市建设的结合，我们知道大脑存在智商的评测，那么类脑的智慧城市架构也应该可以用城市智商来表示一个城市的智慧发展水平。

应该指出智慧城市的核心是城市神经网络和城市云反射弧。包括云计算、物联网、工业 4.0、大数据都是为它们提供支撑。而且我们也要注意到，一个智慧城市建设不是孤立的，不同智慧城市云脑架构也往往交叉，譬如一个城市的云计算硬件设施很可能在另外一个城市，一个城市的大数据可能分布在不同城市存储。

由于不同城市的地域规模、人口数量有很大不同，因此考察影响智慧城市智商指数，就不能简单地以一个城市的云计算、大数据、物联网的发展水平进行衡量，而是应该重点观察与城市规模、人口数量无关的城市神经网络覆盖程度和城市云反射弧的建设情况。

基于以上研究，本文提出的城市智商的定义为：城市智商（CITY IQ）是基于智慧城市的互联网云脑模型，在城市中枢神经系统（云计算），城市感觉神经系统（物联网），城市运动神经系统（工业 4.0、工业互联网），城市神经末梢（边缘计算）的支撑下，对目标城市的城市神经网络（城市大社交网络）、城市云反射弧两个核心要素进行综合评测，以测量该城市在测试时间点的智力发展水平，测试结果就是该时间点该城市的城市智商（CITY IQ）。

（二）城市神经网络（城市大社交网络）的评价方法

对于城市神经网络（城市大社交网络），测试量表（见表 1）共建立了 4 个二级指标，具体如下。①城市神经网络稳定性（鲁棒性），代表城市神经网络的硬件基础设施和软件系统的稳定性，可以通过系统的年度故障率来进行测量。②城市神经网络统一程度，目前智慧城市的系统种类过于繁多，相互也不能联通，降低了城市神经网络架构统一性，因此通过测量一个城市的智慧城市系统的数量和大社交网络的建立情况，来评判城市神经网络统一程度。③城市神经网络覆盖程度，这个指标主要评测一个城市的人口、商业机构、政府机构、城市设备有多大比例链接到一个统一的大社交网络中，并可以进行相互信息交互。④城市神经网络活跃程度，这个指标主要评测链接到城市大社交网络中的人口、商业机构、政府机构、城市设备的信息发送和交互活跃程度。

（三）城市云反射弧的评价方法

城市云反射弧的建设反映出一个城市在提供各种智慧相关服务过程中的种类和反应速度，城市云反射弧的种类越多，反应速度越快，其智慧程度也会越高。对于城市云反射弧，在测试量表共建立了 N 个二级指标，和两个三级指标［分别是健壮性（鲁棒性），反应速度］。

对于二级指标的内容，因为智慧城市建设涉及的云反射弧种类很多，例如包括安防云反射弧、金融云反射弧、交通云反射弧、能源云反射弧、教育云反射弧、医疗云反射弧、旅游云反射弧、零售云反射弧……

这些云反射弧的种类也会随着智慧城市的发展产生变化，为了有助于规范和测量，可以为智慧城市设立城市标准云反射弧种类库，每年对城市标准云反射弧种类库进行增加和删除。

表 1　城市智商测试量表

一级指标	二级指标	三级指标
城市神经网络	城市神经网络稳定性（鲁棒性）	
	城市神经网络统一程度	
	城市神经网络覆盖程度	
	城市神经网络活跃程度	

续表

一级指标	二级指标	三级指标
城市反射弧	安防云反射弧	健壮性(鲁棒性)
		反应速度
	金融云反射弧	健壮性(鲁棒性)
		反应速度
	交通云反射弧	健壮性(鲁棒性)
		反应速度
	物流云反射弧	健壮性(鲁棒性)
		反应速度
	能源云反射弧	健壮性(鲁棒性)
		反应速度
	教育云反射弧	健壮性(鲁棒性)
		反应速度
	社区云反射弧	健壮性(鲁棒性)
		反应速度
	医疗云反射弧	健壮性(鲁棒性)
		反应速度
	旅游云反射弧	健壮性(鲁棒性)
		反应速度
	零售云反射弧	健壮性(鲁棒性)
		反应速度
	农贸云反射弧	健壮性(鲁棒性)
		反应速度
	环保云反射弧	健壮性(鲁棒性)
		反应速度

根据本文提出城市云脑智商的测量方法，未来我们可以重点从城市神经网络（城市大社交网络）和城市云反射弧的建设角度对一个城市的智商水平进行测量，并形成年度的（智慧）城市智商排名与研究报告。

五　总结

城市云脑是互联网进一步发展形成类脑架构并与智慧城市相结合的产物，它的研究有赖于互联网、人工智能、计算机、神经学、城市规划等领域专家的参与和推动。城市云脑如何与具体城市做深入结合，各城市神经系统如何进一步技术落地和产业实现，城市云脑的云反射弧标准库如何建立等问题需要在未来进一步的研究。

B.4

立足赶超的发展中国家的企业战略理论

——创新驱动优势杠杆乘法战略

薛　旭*

摘　要：本文分析了过去五十多年企业战略管理发展过程与主要争论，论述了战略管理的内涵与工具本身混乱背后的方法论原因，认为战略管理本身混乱是因为没有坚守战略管理研究的理性与认识论原则，中国的战略理论总体上处于拿来主义与本土逻辑改造层次，但是，并没有参与全球战略理论的本质探讨，而国际战略管理理论本身囿于其方法论以证伪导向的局限，陷入盲人摸象、莫衷一是的混乱局面。而创新驱动优势杠杆乘法战略理论则从认识论的本质入手，以中国过去三十年企业发展的一般现象为对象，应用康德现象符合原理的工具，从企业存在的本质入手，分析了企业在不同外部环境下发展的根本特征，从而论证出今天中国政府倡导的创新创业是本质性的企业发展战略，而创新驱动乘法发展的核心则是一套本质性的企业发展模式与机制，并且介绍了从传统赢利导向的加法型企业发展模式转型到创新驱动优势杠杆乘法战略发展模式的关键转型技术。

关键词：明茨博格　战略管理　内涵混乱　本质　中国式赶超战略

* 薛旭，中国市场学会营销专家委员会秘书长，北京大学首门“战略管理”课程开设者，任职北京大学经济学院，主讲战略、营销、国际经贸战略与国际经营战略课程，副教授。

一　战略管理理论体系研究现状与当前中国战略管理研究现状

（一）对战略管理本身内涵与范围的争论

一般战略管理教科书定义战略的内涵比较简单，普遍认为战略是将组织能力和资源与其所在环境的机会和威胁相匹配的目标导向的决策与行动。这本质上是将自身的能力和资源与外部环境相匹配，以实现特定目标。国内较有代表性的学者项保华则从中国哲学角度提出战略是“练本事，抓关键，守底线”。他指出，业务战略是聚焦市场切入，通过专注与创新做实事；公司战略是探讨赚到钱后，面对多种选择，如何进取与知止谋大事；动态战略是保持战略领先，关注波动变化。[①]

但是，对于这些教科书普遍采用的内涵与定义，专业人士争议很大。明茨伯格是典型代表，他将以往对战略管理的研究分为十大流派[②]，除了古典学派与战略学派、定位学派外，其他都是对上述学派的争论。而且他提出了盲人摸象理论，认为就战略管理来说，没有人能够进行本质性的系统描述。而英国学者理查德·惠廷顿面对这种莫衷一是的状况，在其专著《战略是什么》[③] 一书中将明茨伯格的十大战略门类梳理归类为四种战略类型，即以描绘理性计划手段制定战略为主要内容的古典战略理论，以积极适应外部环境为主要特征的战略进化理论，以承认人类活动本质上存在无法克服的缺陷而主张积极动态调整的战略过程理论，以及将战略结局和手段与其所处社会体系的文化和权力结合起来的战略系统理论。惠廷顿在开篇就引用《经济

---

① 项保华：《三问题、三假设、三出路——谈企业战略管理构架》，《企业管理》2002 年第 3 期。

② 明茨伯格、阿尔斯特兰德、兰佩尔：《战略历程》（修订版），魏江译，机械工业出版社，2006。

③ 〔英〕理查德·惠廷顿：《战略是什么》，王智慧译，中国劳动社会保障出版社，2003。

学家》杂志（1993：106）的观点，“对于战略并不存在很多一致意见”。他还引用马尔基迪斯（Markides，2000：vii）的观点，“我们的确不知道什么是战略，或者怎样去制定一个好的战略”。这种引用表明，他也不愿意或者不能给战略管理下一个清晰精准的定义，以终结关于战略工具内涵与范畴的混乱现象。[①]

这种现象直到2013年都在教科书中有具体的体现。在2013年出版的《战略管理：竞争与全球化（概念）》第10版中，R. 杜安·爱尔兰（R. Duane Ireland）、罗伯特 E. 霍斯基森（Robert E. Hoskisson）、迈克尔 A. 希特（Michael A. Hitt.）三位教授回避直接给出战略的概念，他们将企业战略理解为追求战略竞争力（strategic competitiveness）的过程，“而战略（strategy）就是设计用来开发核心竞争力、获取竞争优势的一系列综合的、协调的约定和行动”。而且这种决策是一种选择性决策，最终这种决策的本质其实是表明了这家公司打算做什么以及不做什么。[②]

这种现状甚至导致国内学者认为，到了向传统的战略管理说再见的时候了，传统战略就是那些踌躇满志的企业的战略目标。[③]

上述学者对于战略内涵的定义表明最近二十年关于战略范畴与工具定义的研究并没有取得很大的进步，主流概念同企业战略管理学科开始建立时没有什么太大的不同，而且这些定义在过去五十年一直是战略管理界不断和主要批判的对象。

（二）企业战略管理理论的早期定义

在全球企业战略管理理论中，全球公认的奠基型学者钱德勒（A. Chandler）认为：“战略可以被定义为企业长期目标的决定以及为实现这些

① 〔英〕理查德·惠廷顿：《战略是什么》，王智慧译，中国劳动社会保障出版社，2003。

② 〔美〕爱尔兰、霍斯基森、希特：《战略管理：竞争与全球化（概念）》，赵宏霞等译，机械工业出版社，2013。

③ 《戴天宇：向战略管理说再见》，北京大学汇丰商学院网站。

目标必须采取的一系列行动和资源分配。”① 而直接提出企业战略概念的美国学者安索夫（H. Ansoff）则认为战略管理是“企业高层管理者为保证企业的持续生存和发展，通过对企业外部环境与内部条件的分析，对企业全部经营活动所进行的根本性和长远性的规划与指导”。②

（三）战略管理内涵与定义的实践困境

战略管理内涵与定义的混乱，说明企业战略管理的逻辑体系还没有达成专业群体的共识，也就是没有达到库恩范式的状态。而其直接后果就是无法给企业战略管理实践提供切实可行的指导，也使得企业家的实践缺乏评判的标准。这导致很多实践者处于两种状态，一种是缺乏实质战略实践，将企业战略停留在口号与原则上；另一种是企业家根据自己对商业的理解，盲目冒险通过试错走向未来，因为没有一套完整的能够实现预期目标的专业逻辑对其指导。

这种状态也影响了企业的运行，使之处于听天由命的状态，这显然是发展了300多年的当代理性世界所不能接受的。成熟的知识体系应该能明确验证预期发展情况，并且总体上是成功的。但是现有战略体系的混乱，使得投资人没有办法根据企业家现在的战略判断这个企业未来的价值和企业家的履职能力；企业家自己也不能依靠战略工具，对自己所做的战略决策能否引领公司实现预期发展做出判断。这就导致很多企业负责人虽然提出了很多提高品质与质量的口号，但从根本上却看不到企业真正提高品质与质量的具体行动与预期结果。

从更加宏观的意义上看，企业战略管理内涵与定义的混乱也严重影响了现实经济活动，更影响了中国经济转型升级。如果我们不知道，企业当下在技术上投入的资金能否转化为未来的赢利与发展，我们就很难讲企业完成转型升级进行投资的决策是否正确。更何况，大部分企业目前处于弱势和困难

---

① 〔美〕艾尔弗雷德·D. 钱德勒：《战略与结构》，北京天则经济研究所，北京江南天慧经济研究有限公司选译，云南人民出版社，2002。

② 〔美〕H. 伊戈尔·安索夫：《战略管理》，邵冲译，机械工业出版社，2013。

状态之下，一则为生存所累，无暇思考转型；二则也没有战略来筹措提升企业产品品质的资金解决企业转型升级的问题，从而无法提高效益。所以，战略混乱的后果只有两个，一个是盲目试错，整个企业将付出巨大的成本，将企业的未来交给老天；二是任由企业丧失根据现在判断未来的能力，包括因没有战略标准无法找到那些能够为企业未来十年带来发展的人才，最终大部分企业的发展将化为乌有，销售不断下滑，导致经营失败。

（四）当前中国战略管理研究现状

中国战略管理的研究主要借助西方已有研究成果，通过高校引进，结合中国案例进行介绍性与传授性的研究。

国内高校开设“战略管理”课程始于20世纪90年代。笔者于1991年在北大经济管理系（北大光华前身）开设战略管理课程，这是北大历史上第一门企业战略课程。项保华先生则是1989年去加拿大做访问学者期间才开始接触企业战略管理。项先生1991年博士毕业，1994年出版了《企业战略管理》教材[①]。而广东的蓝海林先生则是在1990年获得美国大学的MBA学位证书，并从1991年开始从事战略咨询工作。而国内一般的教学与研究工作也是在阅读与引进西方教材的基础上，通过市场咨询与调研逐步中国化。笔者从1991年开始从事市场调研工作，1993年承担国内第一家H股上市公司青岛啤酒公司的战略规划项目。而中国战略管理理论研究的一般过程是在引进西方战略管理学科的基础之上，结合中国学者的管理实践和教学展开研究，这样一种学术发展背景是我们首先要加以界定的。

二　两大战略理论发展方向介绍及其背后的方法论研究

研究战略管理，要形成一个相对有实践指导价值的理论，必须跳出以往五十年来战略管理领域中所形成的混乱的圈子，而要做到这一点，必须回到

---

① 项保华：《战略管理：艺术与实务》，华夏出版社，2001。

科学研究的起点，同时，探索导致体系混乱的根源。

从研究对象、思想来源和研究方法论角度，我们可以把战略管理过去五十年的研究和发展总体上分成两个方向。

第一个方向是立足于企业现实问题的理论思考，对企业遇到的现实管理问题进行归纳与研究，形成逻辑清晰的知识体系，明茨伯格称之为规定性研究。早期的战略管理者实质上都是沿着这个方向进行研究的。笔者将其称为横向研究。

第二个方向是对已经出现的战略管理理论进行科学性和验证性的思考。从 20 世纪 70 年代之后，尤其是 80 ~ 90 年代的研究，主要是沿着这一方向进行的。明茨伯格将其称为描述性研究。笔者将其称为纵向研究，即对以往战略知识体系的某一点进行证伪分析。

（一）立足解决企业问题的规定性研究

早期的战略管理学者主要是来自企业，被称为企业战略管理鼻祖的安索夫是其中非常典型的例子。他之所以研究战略问题，很大程度上是因为其在洛克希德公司任副总裁期间，面对公司如何能够持续发展的现实问题遇到了瓶颈。他在实践中感受到企业如果仅仅关注内部的经营决策是无法持续发展的，因为内部决策做得再好，一旦外部市场因为竞争出现下滑甚至突然下滑，就会导致企业内部所做的所有努力都变得毫无意义和价值。安索夫由此把公司的经营决策行为划分为三类，即战略的决策，涉及产品和市场；运营的决策，事关结构和资源调配；控制的决策，事关预算、监督和控制。企业管理的对象应该是环境、战略和组织，而不是简单的内部运营，这是安索夫对泰勒科学管理的最重要的贡献①。十年后，安索夫说，他在 1976 年提出的战略管理理论有三大来源。第一个是他在 1965 年出版的《公司战略》（*The New Corporate Strategy*）一书，该书帮助企业系统地厘清思路以适应环

① 〔美〕H. 伊戈尔·安索夫：《新公司战略》，曹德俊、范映红、袁松阳译，西南财经大学出版社，2009。

境的变化。第二个是西尔特（Cyert）和马奇（March）合著的《公司行为理论》（*Behavioral Theory of the Firm*）。该书提出的理论为他的战略理论划清了与一般经营决策的界限。安索夫认为，公司行为理论研究经营问题，而他研究的是战略问题。公司行为研究的环境是相对稳定的，可以通过顺延推理法预计，而安索夫不仅研究可顺延推理的环境，还研究不连续的环境，以及经过一段动荡后会发生变化的环境。第三个来源是钱德勒（A. D. Chandler）所著的《战略与结构》（*Strategy and Structure*）。安索夫认为钱德勒的研究建立在企业历史分析的基础上，他赞成钱德勒的组织结构服从战略的理论，强调自己的理论也是以环境、外部战略行为和内部“结构”之间相互联系为基础假设的。①

从上述研究我们可以得结论，早期的战略管理研究还是立足于企业的现实问题和以往历史研究，其方法角度是传统的现象归纳法，即从现象入手归纳形成结论，然后通过预测进行验证的逻辑模式。

（二）立足解决前人理论研究不足的描述性

70年代后期到80年代，随着公司战略作为一种流行概念逐渐被学界和商界普遍接受，大量商学院开始开设战略管理课程，这也推动了战略管理研究的发展，使之进入第二阶段，即从理论角度对以往的理论体系、结论和观点进行深入思考和研究批判的阶段。这一阶段的研究有两个方向：一个方向是引进经济学的工具与观点，围绕着企业战略管理某些重要现象进行深度、系统研究，最典型的是迈克尔·波特引入的产业经济学的概念和方法。该理论对企业战略管理中的竞争战略进行了疏理并提出了三种竞争战略，从而进一步提出竞争优势理论，将企业的竞争战略分为三种，围绕三种竞争战略与优势展开了深度探索和研究。② 这一时期的研究具有明显的深化导向的特征，研究建立在对企业战略以往概念接受的基础上，并且认为人类可以通过

---

① 〔美〕H. 伊戈尔·安索夫：《战略管理》，邵冲译，机械工业出版社，2010。

② 〔美〕迈克尔·波特：《竞争优势》，中国财政经济出版社，1988。

理性分析和认知，清晰地找出战略管理的内容与内涵边界。波特是这一学派典型的代表，他的三种竞争战略的范式也应该被视为对找出战略清晰边界的探索和尝试。

然而，这种以理论为主要工具的研究还有另一个方向，那就是对战略管理的既有理论与概念进行批判和证伪，从而形成了战略理论的批判学派。典型代表是明茨伯格。他从20世纪80年代开始，对传统战略管理理论进行批判与提出质疑，进行梳理与反思，先后推出了《战略进程》[①]《战略规划的起落》[②]《战略巡礼》[③]《战略反咬》[④] 等图书，并且从战略范式层次对当前主流的战略规划方式提出质疑与进行批判，指出了其存在的明显不足。

按照明茨伯格的观点，传统的战略规划最重要的基础是未来本身，因而是无法预测的。其次，现有战略规划的工具和方法将战略与执行分开，本身就存在脱离实际的客观可能，规划难以执行。这导致规划的执行和操作主要依赖企业家的个人风格，而不是职员严格按规划执行。最后，明茨伯格最核心的观点是，认为战略制定过程（无论是精心制定的战略还是自发形成的战略）是规划人员无法穿透的一个“黑盒子”，他们只能在盒子周围工作，而不能在盒子里面工作。[⑤] 这就导致将战略决策本身归为企业家的直觉，而战略规划只是参与、支持战略决策，或者本身就是这个过程的结果。

尤其是传统战略规划与执行部门的脱离，更使得战略规划无法被执行部门接受，所以企业的成功发展更多不是依靠规划制定的路线，而是依靠企业家的直觉。因此他认为，战略规划充其量是帮助企业家将其直觉变成一个操作方案，并通过更加丰富与全面的信息判断操作方案是否可行，能否在保持现状和未来发展两者之间达成平衡，并监督战略决策的执行，但这些并不能真正地引领企业的未来。因此，他认为，企业战略更多是企业家的艺术，而

---

① J. Lampel, S. Ghoshal, J. B. Quinn, *The Strategy Process*, Prentice Hall, 1991.

② *The Rise and Fall of Strategic Planning*, Free Press and Prentice - Hall International, 1994.

③ Bruce Ahlstrand and Joe Lampel, *Strategy Safari*, Free Press and Prentice - Hall International, 1998.

④ Bruce Ahlstrand, Joseph Lampel, *Strategy Bites Back*, Pearson, 2005.

⑤ 〔加〕明茨伯格：《战略规划的兴衰》，张猛、钟含春译，中国市场出版社，2010。

不是有一套清晰逻辑支持的工具体系。而所谓的战略计划是一种方法，不是用来创造战略，而是将已生成的战略程序化。他认为战略家是一种模式的识别者和学习者，其通过企业管理的全过程发现战略。通常这些战略的形成都源于一些意料之外的行为，因此战略可以自然生成，也可以深思熟虑而成。①

（三）两大战略理论发展方向背后的方法论研究与明茨伯格方法论的自我否定

两大战略理论方向存在明显的方法论上的差异。我们将前者称之为知识派，也就是明茨伯格所说的“规定学派”。该学派采用的是“观察—归纳—证实”方法，通过对遇到的问题进行归纳，形成理论框架，并在实践中不断完善与发展理论框架。而明茨伯格所代表的方向可以称为批判派，也就是他自己所说的“描述学派”，其采用的方式是“证伪—批判—修正”方法，对以往的知识派提出战略模型，从反面寻找案例，加以证伪，进而进行论证、分析与批判，指出知识派的不足，并提出一些修正方案。

然而，正是后者的方法带来了战略理论内涵与体系的混乱，原因在于描述学派主要是对原有规定学派进行批判，最终将战略归到手艺人的状态中，其本质就是走一步看一步。同时，由于他的方法论是以证伪—批判为主基调，因此，在批判之后，他对战略内涵和范畴并没有加以重新界定，而只是从总体流程角度推导出战略家其实不能设计战略，而只是识别战略，战略设计本身属于艺术决策的范畴。这样，明茨伯格通过证伪方法成功推翻了以往战略理论的基础、方法与工具，将其归为艺术状态，但是，他并没有建构新的方法与工具。

但是这种将战略归于艺术的结论本身是违反现代理性文化传统的。现代理性的核心是，凡事皆有规律，任何外在的物质或者现象本身都是其背后原理和规律的表现形式，就算是艺术本身，也有它内在的原理和规律，只是目

① 〔加〕明茨伯格：《战略手艺化》，《IT 经理世界》2004 年第 3 期。

前还没有被充分地认识和普遍地掌握而已，美学的研究正是这种艺术理性努力的标志。而企业战略管理相对于艺术，有更多可把握与界定的要素与规律。尽管明茨伯格认为战略决策是黑箱，但是，从企业需要做出的决策的基本内容看，有相当部分的决策是可以界定、把握与认识的，如企业外部环境、企业需要做出的主要决策、操作执行决策以及相应组织机构的管理标准和状态等。

而战略作为一种人类组织领域中的现象，对其认识应该可以采用辩证法。明茨伯格将战略分为十大流派，其中设计、规划与定位学派是规定性学派，即为企业战略管理梳理出一个基本过程，包括外部环境的预测研究、内部能力与资源的匹配，以及由此做出的一些不同层次的决策内容。而其余学派则是描述性的，是通过对企业决策行为的特定描述对规定学派中的某些观点与流程进行批判与证伪，以修正规定学派。然而，问题在于批判学派的描述性研究倾向于否定规定性学派，而不是追求相对统一，这与建立战略这一学科的方法本身是矛盾的。所有的描述性研究不应是从一个角度纵向地否定规定性研究，而应该是通过批判发展与深化规定性研究，提升战略决策流程的精准程度，避免盲目与武断。所以批判学派的研究不应简单地通过实例证伪规定性学派的理论，而是要增强规定性学派的精准性，这才符合辩证统一思想。毕竟，企业所面对的战略决策是客观的，企业家需要在一个动态的不断发展的环境下，通过预见现在决策的未来结果，做出决策。简单地否定战略以及战略规划流程，认为未来不可预测，战略本身属于黑箱，战略决策是一种艺术，等于否定了战略决策的理性存在，这对战略理性地发展与推动是没有益处的，而同时也否定了战略研究学者的工作意义与方向，等于否定了战略研究者自己。

三　从企业组织的社会本质属性入手，研究企业的战略内涵与对象

从方法论上讲，创新驱动优势杠杆乘法战略理论是早期规定性战略研究

的逻辑发展。结合中国企业发展实践，我们将早期战略理论研究的对象进行了延伸。早期战略研究的对象是企业和外部市场的匹配关系，而创新驱动优势杠杆乘法战略理论则在对象上将这种企业和外部环境的匹配关系增加到企业全生命周期中，并把企业依靠创新驱动保持全生命周期成长作为研究的重点，从而形成了创新驱动优势杠杠乘法战略理论的主要结论。该结论认为，成功企业的发展从外部表现来看，总体上呈现出依托优势产品/服务能够乘法式复制与发展自身与消费者的状态。例如，一家麦当劳在十年时间复制出1万家；不到十款的苹果手机十年间复制出近20亿部；吉利的博越在不到两年时间为自己“复制”出了近40万顾客。而成功企业能够乘法式发展的本质是以创新驱动为核心，以优势产品/服务为支点，然后借助资源管理与控制的杠杆整合外部资源，形成乘法式复制，扩大生产能力，所复制出的产品/服务满足消费者的需求，从而实现扩大企业规模与赢利发展。

（一）回归企业战略的本质

创新驱动优势杠杆乘法战略理论得出的上述结论是在方法论上回归战略本质的结果。我们的研究从战略本义，即泛指对全局性、高层次的重大问题的筹划与指导的[①]释义出发，认为企业战略是企业全局性高层次的重大决策，我们将其界定为影响企业生存和发展以及最终结局的决策。所以，回归到企业战略对象上，它以影响企业全生命周期生存和发展决策为对象。那么研究企业全生命周期生存发展，我们就不得不回到企业组织的根本特征，或者本质定义上来，即严格意义上讲，企业是一种交换的组织，从内容到规模都扩大化了的交换组织，无论多大规模的企业，其核心行为仍然是交换，是与大量对象展开交换。

那么要完成交换行为，企业必然涉及三大基本领域：第一，消费者为什么愿意同企业交换？因为企业拥有相对优势的消费者价值。第二，企业为什么能生产优势价值？因为企业内部按照优势消费者价值的生产标准整合出优

① 辞海编辑委员会：《辞海》，上海辞书出版社，1977，第1453页。

势资源，并通过创新构建出一个优势高效的资源组织体系，将生产价值的资源组织在一起，再通过资源运用的创新实现优势价值生产。第三，企业为了发展和获得支付资源的报酬，必须实现赢利，从而促使经营者和投资者形成经营动力。

从上述本质角度看，企业战略决策的内容是清晰和可以界定的。那就是要回答哪些决策事关创造价值，哪些决策事关资源，哪些决策事关利润，同时，上述需要做的决策中，哪些要素是可以预测、分析和判断的，包括外部环境的因素、内部资源的组织因素等，以及这些内外部因素如何匹配与协作。应当说，站在企业作为交换组织这一本质角度看，这些因素并不复杂，因此，我们认为优势杠杆乘法战略能够回归企业战略内容这一最本质的研究对象中。

（二）以企业的全生命周期的生存与发展为研究对象

优势杠杆乘法战略以回归企业战略本质为导向，以企业全生命周期的生存与发展为核心研究对象，以战略决策内容为中心，进行企业战略规划与决策的研究，是对批判学派在战略管理研究中回避内容的一种发展。

批判学派回避了企业决策内容本身的研究，而将批判聚焦在企业决策的过程当中，并得出企业战略决策本身是黑箱的结论，它既可以通过正式规划得到，也可以通过偶然的行动得到。这虽然是一种客观的描述，但不是理性研究追求的目标。

这种回避首先是因为规范学派的研究是建立在他们有限的自身经验和观察归纳基础之上的。他们既是研究者，也是企业的实际管理者，但是他们遇到的问题却不是企业的全生命周期的问题，而是阶段性的问题。20 世纪 50～60 年代，因为美国经济发展已经进入二战后的高峰期，处于整体供过于求的状态，一些行业甚至处于技术迭代发展状态，即创新性的技术导致原来的市场出现了断崖式下滑，在这种情况下，早期战略研究的主要对象是企业和市场如何匹配的问题，尤其是如何应对市场断崖式下滑的问题。在这个过程当中，安索夫提出的办法就是将企业外部的市场环境的管理作为战略管理最重要的组成部分。他开发出一套全新的安索夫矩阵来管理外部市场，使企业拥有多个处于不同发展周期的市场组合，即分别属于成熟期、发展期的市场组合，通过发展期市场的发展带动和弥补企业衰退期市场带来的销售下滑与发展困境，从而保持企业持续繁荣发展。正是这样一个开创性的战略研究解决了处于供过于求市场背景下企业的发展问题，扩展和新建了一个全新的企业管理范围，所以，整个 70 年代，战略规划理论兴盛一时，成为企业普遍采用的工具。因为，在企业战略管理这样一个概念出现之前，企业确实没有对外部市场，尤其是围绕企业的长期生存进行积极有效的管理的工具。

但是，规范学派的研究之所以遭到批判学派的证伪式批判，且主要是围绕决策过程，而不是围绕决策本身进行批判，一个非常重要的原因是批判学派的学者和规定学派的学者都没有经历过一个完整的企业发展过程。而中国情况则完全不同，中国在过去的 30 年时间里完成了过去资本主义 200 年才完成的工业化的过程，在如此短暂的发展过程当中，中国出现了很多经历了从诞生、发展、成熟和衰退全过程的企业案例，从而使我们能从全过程角度观察研究和分析大量的战略发展案例，这也帮助我们从一个全过程生命周期角度研究企业，也使得战略管理的研究方法可以跳出仅仅研究具体阶段性问题的圈子，把企业全生命周期作为研究对象，把影响企业生存和发展的战略内容作为中心展开研究，这是其他国家，包括主要发达国家的战略管理研究所不具备的优势和条件。而优势杠杆乘法战略理论就是发挥这种优势的尝试与探索的结果。

四　创新驱动优势杠杆乘法战略体系与对企业发展规律的描述

（一）成功企业发展的客观状态：乘法式发展

优势杠杆乘法战略理论认为，所谓企业发展，从定义角度出发，就是交换对象的发展，也就是说，一个企业能够依靠自己的产品或者服务，不断地发展出更多的交换对象。德鲁克讲过，企业的核心目的是创造顾客[①]，而创造顾客的最佳方式或者是高效率方式是乘法式的顾客创造。

企业能否依托优势产品/服务复制顾客的原因有很多种，但是，其中最重要的一种是，顾客可以自己复制顾客，对这个问题的根源，限于篇幅我们这里不展开论述。但无数企业发展案例证明，优势产品依托消费模仿与品牌推广可以轻松复制顾客，呈现出一种真实的乘法式的发展状态。所以，我们选择用“乘法式发展”这一词语来描述成功企业普遍存在的突出特征。

（二）创新驱动与优势消费者价值

复制消费者的商品或者服务的优势来源有两个：第一个来源于创新驱动，第二个则是来源于短缺。所谓优势，就是拥有相比竞争者更多的和更好的消费者价值，而优势的来源则是创新驱动。过去300年时间里人类创造的财富超过以往300万年的经济发展成就，其背后的根源就是文艺复兴所开启的人类启蒙运动形成了知识大爆炸的浪潮，而这一浪潮与市场经济结合，又转变成商品的爆炸，大量知识与知识的创新性的应用创造出大量全新的商品。而这些商品是对人的身体能力的一种延伸和发展，满足了人的需求，成为人们的交换对象，从而极大地扩大了交换的数量与规模，也改变了交换的组织。而每个人为了交换也纷纷加入用知识生产商品的过程中，提高了自己的产出，最后使整个社会进入以知识为核心动力的商品交换发展之中。

显然，这种以知识为核心动力的商品交换是以创新驱动为核心动力的。按照熊彼特的观点，创新的特征主要包括五种，但是抛开现象描述，我将其概括为两种：一个是知识创新，另一个是知识应用于商品生产的创新。过去500年的理性革命提高了人类运用自身大脑理性思维的能力，知识创新极大地提高了人类创造知识的数量与效率。过去300年的工业革命则使得人类开始大量应用知识，将其与生产劳动相结合。知识创新和知识应用于商品生产的创新推动原来工业革命前就存在的商品交换实现了巨大

① 彼得·德鲁克：《管理：任务、责任、实践》，中国社会科学出版社，1987。

发展和繁荣。正是优势商品/服务不断复制出更多的顾客，奠定了企业发展的基础。所以说，创新驱动是整个企业优势杠杆乘法战略的核心支点，只有创新才能产生优势；只有拥有优势才能不断地复制更多的顾客，实现企业的乘法式发展。

（三）优势消费者价值与资源管理杠杆

优势企业能够大规模复制顾客，要支撑这种复制，还必须拥有大规模生产的能力。而一个有优势的企业如果能够在优势产品/服务基础上，拥有良好的复制商品/服务的管理能力，从经营好一家麦当劳到能复制经营好一万家麦当劳，实际上，它就构建出了一个整合社会资源的杠杆机制。通过复制拥有优势的商品或服务，放大自身有限的资源，满足消费者，获得利润，赢得社会资源的积极支持，这就是优势杠杆的作用。在这种状态下，优势实际是复制顾客的支点，而管理资源复制优势产品/服务的能力可以看成撬杠，两者结合，就源源不断地生产出达到优势标准的商品/服务，从而形成不断复制消费者优势的杠杆系统。而这个系统因其可以复制顾客，所以可以不断地通过支付更高的报酬使用社会资源。在市场经济背景下，一旦拥有这种杠杆，企业可以几乎不依靠企业自身的积累，而依靠杠杆来整合社会资源实现发展。例如，今天的格力、海尔都做到依托品牌优势与管理能力零资本运作企业：采购可以凭借信誉赊销，而销售则凭借信誉实现现款现货，而且银行还积极提供贷款。优势杠杆企业能够整合社会资源发展的根本原因在于，资源拥有者愿意与拥有复制顾客能力的公司合作，以分享利润。优势杠杆乘法战略企业能够让资源拥有者看到，投入这样一种事业能够获得较好的回报，所以资源拥有者愿意积极投入。

（四）创新驱动优势杠杆乘法模式与企业发展战略

明茨伯格之所以认为以往战略是黑箱，主要是因为以往战略理论不能全面系统地回答企业为什么能够发展起来这一本质问题；没有回答或者是没有说清楚哪些因素决定了企业发展；无法从发展角度说明战略的主要内容是什么；没有论证为什么这些内容决策能够决定和支持企业发展。这样一种黑箱状态导致企业决策存在巨大的盲目性，整体战略决策处于试错状态，不能给企业带来高效率生产。明茨伯格的战略艺术的判断其实是无奈之举，他只是论述了以往战略理性的实际状态。

但是，创新驱动战略理论认为，企业的发展从根本上讲是创新驱动构建优势支点与管理控制机制共同构建复制优势商品和服务管理能力的撬杠相结合的结果。所以，在这种背景下，企业战略本身是非常清楚的。第一，找到一个能够建立优势的产业领域，在这个产业领域当中，形成一个小但是坚实的、有优势的支点；第二，建立一个有效的资源管理和控制机制，即一个能够复制优势生产能力的撬杠。这样企业便能整合社会资源，复制消费者，扩大生产能力，实现优势杠杆乘法的发展状态。所以，在优势杠杆乘法战略理论下，整个企业的发展就转变成构建创新驱动优势支点、资源管理杠杆的微观企业决策与执行过程。对既有企业来说，战略的内容是清楚和明确的。

实际上，根据明茨伯格的研究，规范性战略研究中，唯一涉及战略内容的学派是定位学派，[①] 而描述性学派的七大流派因为只是描述战略决策过程，而不涉及内容。这意味着，所有十大战略管理流派中，只有定位学派涉及内容。而迈克尔·波特的研究其实就是优势研究的深化，定位理论的核心是建议企业在市场构建优势的过程中考虑竞争对手的状态，而在资源有限的背景下，企业不可能在所有领域中都构建出优势，而只能在特定的消费人群或者特定的产业领域中，通过创新驱动构建优势，而这就是定位理论。从本质上看，优势杠杆乘法战略是在特定的细分市场领域，依靠特定的技术和创新管理，在特定的消费者价值领域中，占据领先地位的实际的优势构建的过程。所以，优势杠杆乘法战略客观上同以往战略认知和理论形成了传承和发展的关系。

---

① 〔加〕明茨伯格：《战略规划的兴衰》，张猛、钟含春译，中国市场出版社，2010。

五 创新驱动优势杠杆乘法战略在两种外部环境下的企业发展

优势杠杆乘法战略的另一个认识突破，是为企业提供了在宏观经济环境不好的情况下的发展之路。

影响企业发展的内部因素基本可以把握，影响企业发展外部因素即外部环境，我们认为，确实比较难以把握，但是，我们可以把握的内容仍然很多，而且可以做到依靠这种把握使外部环境的变化不影响到公司竞争优势的保持与发展。

（一）两种企业发展的外部环境

我们认为，企业外部环境能否预测，关键看我们需要预测什么，需要预测为彼怎样的精准状态。从企业发展看，需要预测的外部市场环境，其核心是市场总需求，这一因素受到另外两种因素的影响，即由技术与产业结构决定的产业周期影响和宏观经济周期影响。要预测特定产业阶段技术发展周期是很难的，但是，我们可以相对准确地判断出大的技术方向和潜力。随着技术的发展，产业结构逐步趋于垄断，这是一个总体趋势，也是可以预测的，尽管无法准确预测到一年，但是到五年是可以的。例如，到2020年，汽车工业如果没有政府的补贴，年销售量低于100万辆的企业将要退出市场，这是可以预判的。宏观经济周期虽然不能十分精准地预测，但是总体上看，根据市场经济过去200多年的发展状态，以及100多年对经济周期的理论研究，判断周期趋势基本上也是可以的。也有非常多的宏观经济的指标，包括金融和产业发展速度的指标可以帮助我们把握这种周期。所以，外部市场需求的总体态势是可以认知的，尽管不能那么准确，但并不影响企业据此做出应对周期影响的决策，尤其是不影响企业竞争优势构建的决策，从而使企业即使在经济危机时也能够继续保持优势，甚至实现较快发展。

这样，优势杠杆乘法战略理论就可以将外部宏观经济周期分为发展期和衰退期两种情况，而将产业周期分为诞生、发展、成熟与衰退四种情况。产业周期是由技术进步与产业结构的发展状态决定的，而宏观经济发展阶段不能改变产业周期的走势，但是会强化或弱化其发展的幅度。例如，2008 年，中国汽车产业增速仍然是上升的，但是受经济危机的影响，它的上升幅度降低，而 2000 年到 2007 年这个周期中，汽车产业则受宏观经济向好的影响，增速大幅度提高。

处于发展期的产业，我们称之为机会型产业环境，在这个环境里虽然有竞争，但是产业总需求增长超过供给，所以参加进来的企业都能获利。即使存在很多问题与障碍，但是只要进入的时间足够早，企业就能实现发展。2000 年前进入中国汽车产业的企业现在都还活着，这就是证明。

处于衰退期的产业，我们称之为竞争型产业环境。这种环境下的产业也进入发展后期，竞争变得非常激烈，总供给长期超过总需求，这意味着一批产能要退出产业。

（二）两种外部环境对应的两大战略：寻风而起战略和驭风而飞战略

我们认为，这两种环境的规定涵盖了企业发展的所有环境。而企业发展的战略必须能够应对这两种环境。企业战略的内容就是应对这些环境的主要方法。在环境可以确定的背景下，战略的内容也就能清晰确定。

从大的战略背景看，优势杠杆乘法战略认为，机会型环境下的战略是“寻风而起”战略，即抓住机会，迅速投入资源，生产出质检合格能满足需求的相关产品/服务；在竞争型环境下的战略，是“驭风而飞”战略，即构建优势，超越竞争对手。

唯一的问题在于企业的发展要有预见性，在行业拥有机会，还没有危机的时候，应当实施部分驭风而飞战略，为应对未来竞争对手和经济危机打下优势基础。也就是说，在拥有机会盈利的背景下，要实施驭风而飞的基础战略，适当投入资本，包括投入赚到的钱或者是少赚些钱，来构建竞争优势，以便在行业进入衰退期和遇到金融危机时，能够依靠竞争优势超越竞争对手。

（三）两种环境下的发展路径模式

同时，外部环境不同企业发展的资源整合路径也不一样。在外部机会型环境下，企业主要是依靠自身的利润或者是整合资本投入，包括银行贷款的方式发展产能，尽可能保证自己的发展速度不低于行业的平均水平；在行业处于竞争型环境下，企业依靠自身竞争优势和积累的品牌优势，实现净利润为正，并通过兼并收购竞争对手产业降低成本，实现产能扩张，从而实现发展。而在中国，在经济危机状态下，由于政府资金充足，企业可以依靠政府的支持，通过兼并收购对手产业实现产能扩张，这也是一个基本途径。

（四）优势杠杆乘法战略解决了企业在不同宏观经济背景下发展的客观问题

企业外部环境无非是有利的环境（其实就是供不应求的环境）和不利的环境（即供过于求、激烈竞争的环境）。在这两种不同的环境下，优势杠杆乘法战略都认为企业可以发展，关键是如何有效地利用有利环境进行决策和经营。在有利的环境下，企业决策应当有非常明确的战略前瞻性，企业应该积极地构建竞争优势，奠定自己在行业的地位，以保证在出现激烈竞争时，仍然能够保持相对于对手的更强的优势，直到实现特定技术周期基础上的产业相对优势垄断。我们认为，对企业发展来说，特定技术周期下的产业优势垄断是企业的最高目标，也是企业可以达到的最好发展状态。这也就是说，优势杠杆乘法战略完成了企业战略内容的闭环。以往企业战略管理理论在目标的描述上并没有明确提出以产业特定技术周期下相对优势垄断作为目标，同时，也没有明确地提出两种不同环境的规定。我们认为，从这个角度来看，优势杠杆乘法战略是对以往战略的一个有效的补充和发展，有更强的概括性与实践意义。

六　创新驱动是道德经商的本质基础

创新驱动优势杠杆乘法战略突出地强调创新驱动对于企业发展的决定性的意义，并且，从利润来源角度建立了创新驱动的经营模式，即以道德标准经营。

20 世纪末期和 21 世纪初期，管理学界一个突出的趋势是企业发展的核心目的从传统利润至上逐渐转向社会目标和价值与利润统一，即将企业的赢利目的与社会价值相结合，实现社会价值与利润兼顾。

美国哈佛大学教授罗莎贝斯·莫斯·坎特出版了《公司的王道》①，从书名看出，管理学界和业界已经看到，通过创新驱动实现领先创新的企业实际上已经从追求传统利润至上的企业发展成追求利润与社会价值相统一的企业，从而为创建更加和谐的市场提供了可能。

创新驱动优势杠杆乘法战略为企业建立以道德为核心的经营管理模式提供了根本途径和手段。其核心基础在于这一战略将企业价值、股东价值、员工价值同社会的核心价值结合在一起，从而使社会核心价值观与企业、员工的价值统一，从而为核心价值观的坚守、推广和弘扬提供了根本途径。

我们发现，在现实的企业发展中，机会型发展，包括寻租式发展或多或少存在一些不道德的行为，但是创新驱动发展应用创新知识创造剩余价值，并且以竞争优势为标准在消费者和企业之间进行分配，实现赢利。也就是说，企业首先通过创新驱动创造了满足消费者需求的额外交换价值，所以，以创新驱动为基础的交换中，不存在依托信息不对称获得利润的企业，这同以往的商业社会是有本质区别的。换句话说，创新驱动赋予了商业行为道德价值，从而能够最大限度地释放劳动力的潜能，实现经济发展与道德社会的完美统一。创新驱动下企业利润的来源与机会型企业有很大的不同。最大的

---

① 其英文名字翻译是《领先型企业如何实现创新、发展、社会目标和企业利益的结合》（*How Vanguard Companies Create Inovation*，*Profit*，*Gowth*，*And Social Good*）。

特征在于，创新驱动能让企业创造更大的总价值，因为它赋予普通劳动者创造更大利益和价值的能力。中国社会现在的真正问题在于创新驱动的规模和程度不够，以至于我们还不能够按照全世界最发达国家的标准赋予劳动者相应的报酬和工作条件，而解决这一问题的途径则是激发中国企业家加强创新驱动，倡导创新驱动经营模式提出的以道德为核心的发展理念。

当代企业战略理论事实上已经存在一条能够最终解决道德和利益矛盾问题的发展道路，从而使整个社会彻底地摆脱利益与道德冲突的窘境，积极努力建设一个高水准的和谐市场环境，从而最大限度地建设一个全新的经济发展和社会进步的力量体系。这也是创新驱动优势乘法战略理论希望实现的根本目标。①

① 本文还有第七节“从随机盈利加法企业向优势杠杠乘法战略转型：从微观创新与区域优势母本起步”，第八节“构建完整的企业转型升级体系，创新驱动优势杠杆乘法战略发展体系”两部分内容，因篇幅有限，此处略去。

热 点 篇

Hotspots

B.5

金融科技：信息安全管理的挑战和机遇

文 武*

摘 要： 本文从信息和金融安全的角度，通过回顾货币和交易的历史演变，分析和论证了当前的金融科技，包括区块链、分布式账单、数字货币、加密货币等在信息安全管理方面的挑战，提出以法定数字货币为基础，从法律、监管和安全方面疏导并管理金融科技的理念。

关键词： 金融科技 法定数字货币 区块链 信息安全

* 文武，计算机科学博士（牛津大学）。第九批国家千人计划专家。现任 eCurrency（硅谷）公司联合创始人，首席科学家，国际电联法定数字货币焦点组主席，美国国家标准组织 X.9 理事，法定数字货币研究院（美）院长，国际标准组织数字货币安全工作组美国代表。

一　前言

目前关于货币的材料文献，基本上都是从政治、经济和历史的角度来解释货币的产生、演变、功能及影响。大部分的作者更关注实体贵金属货币转变为政府印钞铸币带来的货币供给、通货膨胀及利率调控等宏观经济变化。很少有人关注货币作为实体经济润滑剂起的重要作用，而进一步深入进行量化分析的人更是少之又少。

在本文中作者主要分析和阐述在实体经济信息化和数字化的过程中，货币作为交换介质这一功能的变化及随之而来的对实体及数字经济的影响。货币具有广义和狭义的不同范围且在经济的不同层面发挥着不同的作用。只有正确理解狭义货币以及它对大众和实体经济起的作用，才能真正理解货币在从实体形态转化为数字形态的过程中哪些功能是必须保留的，哪些功能是可以摒弃的，以及哪些功能是需要深入挖掘的。

二　货币的新生态

（一）货币的历史回顾

在漫长的人类历史长河中，货币的形态发展经历了如下变化过程：实物货币—金属货币—纸币—电子货币—数字货币。上述不同的货币形态，是由当时的社会形态、生产力发展水平、法律法规、通信和安全技术，以及经济和贸易活动决定的。

最初的社会形态是以部落为主的自给自足的人类社会，人们需要通过努力获得自己或部落成员所需要的食物、居所及工具等。部落内部实行食物分配制度，并非交换制，部落之间也基本没有进行食物交换。

随着人类从部落到村庄和小镇的演化，以及村庄和小镇之间人口流动和农作物交换次数的增加，革命性的以物易物的交换方式产生了，这极大地提高了个人及集体的生产及经济效率。这对人类的发展具有革命性的意义①。

实体货币的产生只是一个非常自然的选择：因为人们都愿意把手中那些易腐坏的食物尽快换成容易携带、可以长时间保存、相对稀有的那些物品。而且，如果人们拥有这些容易携带，还可以长时间保存，且相对稀有的物品，就可以很容易得到需要的东西。

人们把贵金属作为通用货币，并不是绝对的。在以城堡和公国为主的欧洲国家，不同公国之间缺乏信任，使用大家都可以接受的贵重金属是人们很自然和理想的选择。在中国古代，国家被赋予绝对的权利，贵重金属（银子）和以普通金属为原料的铸币是通用的货币。可以说从货币作为价格计量单位、价值储存和交换媒介这三大特征来看，从贝壳到铸币再到纸币的进化，货币的最主要的功能并没有太大的变化。货币的这一“无记名票据”（Bearer Instrument）的特征，是它之所以对实体经济具有“无成本、无摩擦和无风险”（costless，frictionless and riskless）的通货作用的根本原因。

（二）货币数字化和数字货币

货币（currency），根据词源字典②，是从拉丁语 currens 而来，意思就是“跑动、流动”，1699 年被用于描述“钱的循环”（circulation of money）。它在字典的定义着重于“交换媒介”（medium of exchange）、“普遍被接受和使用”（general acceptance and prevalence）和普遍性。

钱（Money）的定义比货币宽泛得多。我们经常说“值钱”。从这个角度来说，钱更多的是指价值，而不是指它作为交换介质的功能。所有有价值的东西都可以用于交换，所以广义上讲，有价值的东西可以通称为钱。许多现在的虚拟货币、加密货币等都具有钱的特点。

货币是通过法律或者公约决定的、被大多数消费者和社会接受的、广泛

---

① Sicilia Kingsley，Riksbanken（瑞典央行）：“Riksbanken undersöker digital valuta.” http：//www. di. se/nyheter/riksbanken – undersoker – digital – valuta/.

② Online Etymology Dictionary：http：//www. etymonline. com/index. php? allowed_ in_ frame = 0&search = currency.

流通并用于价值交换的唯一的实体或无记名票据。

明白货币的定义及它与钱的区别之后，我们下面再来了解货币数字化的定义。在本文中它指的是在类似远程汇款的使用场景中，第三方服务机构接收甲方的实体货币，以记账的形式计入账本。记账的过程就是实体货币数字化的过程。远程汇款过程包括：支付（第三方服务机构之间的支付信息交换）、清算（第三方服务机构支付信息和账单的处理和归总）、结算（清算的结果通过实体货币的交割）。

上面描述的货币的数字化可以说早在几千年前就已经开始了。当甲方把金币或元宝等实体货币存入钱庄（第三方服务机构），拿到银票（支付信息），乙方到另外一个城市取出，钱庄将银票汇总（清算），最后钱庄之间进行结算：这就是货币数字化的具体实行。其后几千年，这一方式不过经过了交通工具和通信工具的革新（从马车到电报到互联网）和账单技术的革新（从纸质账本到打孔机，再到计算机，再到关系数据库，直到现在的区块链），但是货币流通的基本流程并没有根本改变。在这个系统中，实体货币从贝壳变为金银，再变为纸币，但这些还是实体货币，而远程货币的流通是通过记账、支付指令、清算和结算来实现的。

真正将实体货币转换成芯片中数字货币的尝试，始于20世纪90年代由“大卫·川姆”（David Chuam）① 创立的数字现金公司（DigiCash）开发的基于硬件的数字现钞技术。其特点是通过非对称加密算法和盲签名来实现将物理现钞转换成完全存放在可携带晶片中的数字现金。从概念上来讲，这确实是真正意义上的数字化的货币，而不同于将现钞存入银行将其转换成账号余额的货币的数字化的技术。通过安全和通信技术，在DigiCash匿名的数字现钞可以直接从用户甲转到用户乙的晶片中。DigiCash最后并没有成功推广这一技术，其主要原因是可携带晶片的电子现金在推广到商家的过程中需要与当时已经非常普及的信用卡支付系统竞争。DigiCash的用户不但比信用卡的用户少，安装DigiCash的设备也不便宜，用户使用经验也不如信用卡，最

① Wikipedia：https：//en. wikipedia. org/wiki/David_ Chaum.

重要的是 DigiCash 并没有给用户和商家带来任何商业利益，公司破产是必然的结果。另外，互联网的兴起推动了像 PayPal 一样的公司的发展，PayPal 的技术使货币数字化直接在用户手中实现了，从而满足了便捷汇款和网上支付带来的巨大新用户群的需求，这导致数字化货币尝试在与更接近用户的货币数字化技术的竞争中败落。

（三）比特币、区块链和分布式账单

过去几年数字货币和加密货币在全球被广泛使用，区块链被推崇为解决目前各种问题的万能工具，也被认为是法定数字货币的技术。但是加拿大央行与最大区块链公司 R3、国际清算银行 CPMI 数字货币工作组及中国人民银行数字货币研究所都从构架、效率和安全性等方面进行了全面的分析，并指出区块链技术在这些方面存在重大缺陷。上述机构得出了如下结论。

- 区块链和分布式账单分别属于数据库和交易系统技术，需要分析和比较它们的功能、性能和安全性。
- 不同的金融产品需要综合不同的技术实现。区块链只是这个技术生态系统中的一种技术。
- 比特币及其他加密货币不是传统意义上的货币，它们已经被各国监管机构定义为商品（Commodity），和法定数字货币没有任何关系。
- 必须从法律、现有金融系统、安全、兼容性和可监管性等各个角度对法定数字货币提出要求，并对其进行系统设计。

三　从信息管理的角度看货币和金融

（一）货币的数字化

当社会进一步发展，贸易的主体从个体发展到公司，这些便于携带而且

可以长时间保存的实体货币也遇到了它的问题：在许多城市之间运送大量的实体货币并不十分便捷和安全，这就产生了货币数字化（Digitization of Money）或记账型货币的需求。记账型货币的推动者是现在所谓的第三方支付，它使得远距离的经济活动变得安全、可靠、便捷。和以贵金属为基础的货币或政府发行的纸币不同，记账型的货币给实体经济活动中的交易行为带来很大的改变。第一次将实体货币信息化（第三方支付铺户接受实体货币，在铺户账本上记账），需要通过支付指令（支票或银票）完成支付，最后进行清算和结算。这种先进的支付方式最早是在中国的宋朝实现的。银票由商人自由发行。北宋初年，四川成都出现了专为携带巨款的商人经营现钱保管业务的“银票铺户”（相当于现在的第三方转账支付）。存款人把现金交付给铺户，铺户把存款人存放现金的数额临时填写在用楮纸制作的券面上，再交还给存款人。当存款人在铺户开设在其他地方的分铺提取现金时，铺户每贯付给存款人一定的利息。这种楮纸券被称为“银票”。这种“银票”只是一种存款和取款凭据，类似现在的支票。

（二）货币交换的信息化：第三方支付

从银票发明至今，虽然通信技术在不断发展，但是从货币作为交换介质的角度来看，这种“第三方转账支付”的方式并没有实质的改变。由最初的驿站快递银票和支票，到电报汇款，再到计算机网络，再发展到现在的移动互联网的第三方支付。第三方支付公司将收到的货币记入账本。从记账系统的逻辑上来讲，这个账本是纸质的还是现代的数据库技术，或是是区块链，功能上并没有本质的区别（区块链的设计包含了一些改进账单和保障交易安全的问题，但没有改变账单的基本功能。关于区块链的安全性本文后面有深入的分析）。和实体货币或现钞支付不一样，第三方支付需要通过两个不同的处理系统完成：一个是通信系统，另一个是结算系统（见下图1）。在两个不同处理系统中运行的结果还需要除错和核实这两个步骤。从信息和货币交换的角度来说，第三方支付是通过以下两步完成的。

- 第一步是在一个通信系统中正确传送支付指令。驿站、邮局、电报网、计算机邮件、快递等，都是这种通信系统。它的功能是正确识别和认证客户，保证信息可以安全地从支付人送到接收人手中。
- 第二步是将第一步收集到的支付指令进行确认和汇总（也就是清算），再通过不同第三方支付系统共享的结算系统，最终改变各自账本中的余额（结算）。

各国央行的实时全额清算系统（Real Time Gross Settlement System）和企业及个人转账用自动清算机构（Automated Clearing House），都属于第三方支付系统。图1是第三方支付系统的两个示例。图1上方是传统的第三方支付系统的示例。传统的第三方支付系统是这样操作的：第一步：甲方通过传统邮政服务来传递支付信息，即支票，给乙方。第二步：乙方银行和甲方银行间通过清算机构进行清算和结算。图1下方是移动支付的示例。移动支付系统是这样操作的：第一步：甲方通过短信等电信服务来传递支付信息给乙方。第二步：不同移动

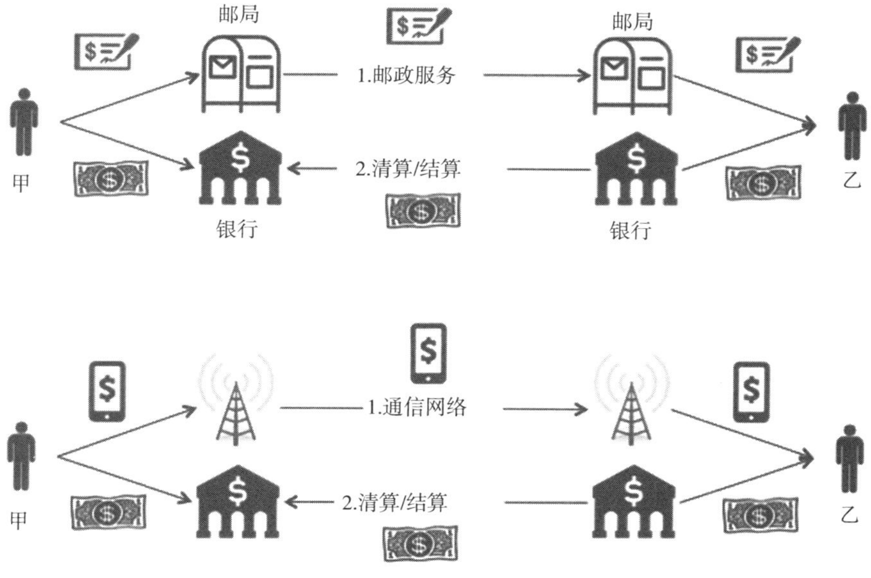

图1　第三方支付系统示意图

支付公司间通过网联系统进行结算。为了确保通信系统和结算系统实行的指令和结果是匹配的，通过第三方进行独立的对账（reconciliation）是不可缺少的一步。这两个示例说明虽然通信技术改变了，但通过第三方支付方式转账仍须在两个系统上（通信系统和金融系统）分开进行，其中可能存在人为错误和故意欺诈行为，并导致效率和安全的风险。

（三）法定数字货币：实体货币结算的回归

如前所述物理实体货币的出现，特别是法币的出现，给工业社会大多数的个人和商业机构提供了“无成本、无摩擦、无风险”的交易媒介。在这里作者需要再一次强调，当然，这里的“低”是针对个人和商业机构的。“无成本”的意义在于央行和商业银行负担了法币的管理成本，个人不承担这些成本。摩擦是指交易过程中的清算和结算导致的交易摩擦和可能的错误。“无摩擦”指的是实体货币可以直接交易实现实时清算，因此交易摩擦和错误发生的概率比较小。

实体货币交易过程之所以能够直接进行实时结算，是因为交易双方没有物理距离，无须第三方参与交易过程。在经济活动局限于部落或者是村庄的社会，这种直接交易的方式是可行的。随着经济活动范围的扩大，这种直接交易的方式不能满足远距离的交易需求，通过第三方的货物和钱币的交易就产生了。这种分两条通道（支付信息通道和钱币清算通道）进行交易的方式是必要的，因为需要交易的双方没有有效和经济的直接通信手段。这些状况在移动互联网时代已经完全被改变了。由于手机以及数字身份认证和物流交通的普及，原本相距很远的人被手机拉近了，回到了原来的类似部落的人和人之间可以直接交易的场景。但是，人们还是在通过各种不同的第三方支付服务系统（银行转账、手机支付都是第三方支付服务系统）来进行交易。从数字安全技术的角度来看，“实体数字货币”（digital bearer instrument）到2016年才被运用到商业系统中[①]。这种技术被称为 Digital Fiat Currency，即法定数字货币[②]技术。

---

① eCurrency Mint：https：//www. ecurrency. net.

② ITU Focus Group on Digital Fiat Currency：https：//www. itu. int/en/ITU – T/focusgroups/dfc/Pages/default. aspx.

法定数字货币是一种安全、不可伪造的，所有人都可以信任和持有的类似于物理货币特质的，可认证和流通的数字实体（Digital Object）。法定数字货币可以通过任何通信、第三方支付，或者其他交易体系，直接从甲方交割到乙方，不需要像原来的记账和转账系统一样，需要在不同的体系上进行信息和钱币的移动，最后通过清算和结算完成交易。由央行发行的法定数字货币由于具有类似于物理或无记名票据（Barer Instrument）的特质，可以提高交易的效率、安全性和可靠性。从图 2 中可以看出实体货币和法定数字货币的使用场景的共同点。图 2 上方是实体货币交易的场景。改革开放之前，中国实行的是计划经济，银行业并不发达，更没有第三方支付行业。人们通常通过邮局直接邮寄现金。与图 1 上方的汇款流程不同，直接通过邮局邮寄现金不需要清算和结算。现金作为无记名票据（Barer Instrument）具有及时清算的功能。图 2 下方是法定数字货币交易的场景。手机通信系统可以对用户进行身份认证，并安全地将法定数字货币的数字实体（Digital Object）从甲方转到乙方。因为法定数字货币和现金一

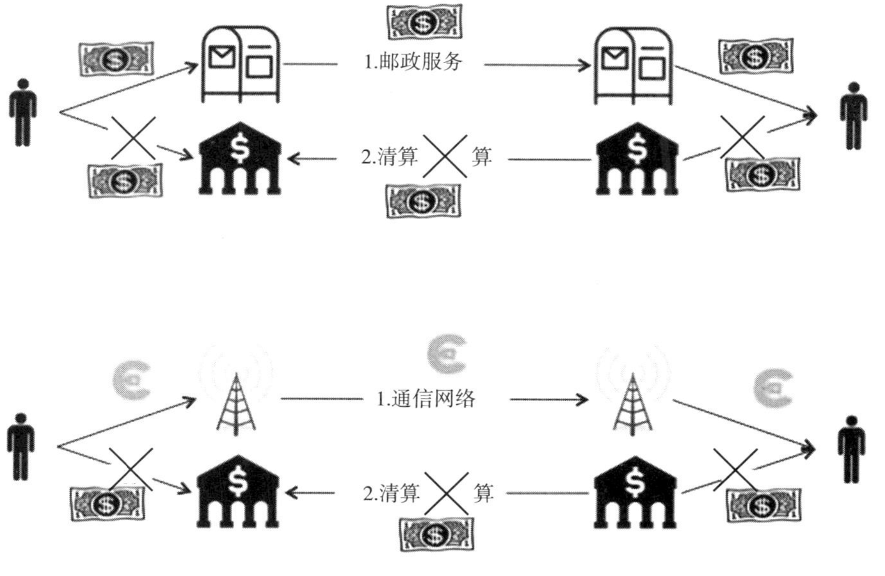

图 2　实体货币和法定数字货币使用场景的共同点

样具有及时清算的功能，所以也无须进行清算和结算。因此相比通过第三方支付系统的货币交易，通过法定数字货币进行的货币交易具有低成本、低摩擦和低风险的特点。

四 金融科技的信息安全挑战

（一）金融科技行业对数字货币的一些误解

通过前面对数字货币的定义和归类分析，可以看到金融科技行业目前对加密货币和数字货币存在较大的误解。这些误解主要体现在没有从法定数字货币的法律、经济和功能的角度去全面定义、设计和决定技术方案，而是从某种特定技术的构架先入为主，来重新定义货币应该具有的功能，例如人为限定货币发行总量，从交易系统中去掉承担流动性和服务风险的第三方机构。换一句话说，这种误解也体现在没经过严谨和完整的调查就确定法定数字货币需要解决的问题和必须具备的功能，并且照搬某种解决完全不同问题的技术方案，来设计法定数字货币。例如，比特币技术中的区块链目前被大多数金融创新公司及部分央行认为是一种颠覆性技术。但是从法定数字货币应该具有的功能这一角度来仔细分析，区块链是相互不信任的群体通过有效的共识机制建立信任关系，并解决重复支付（double spending）问题的一种冗余记账系统。它解决的这两个问题，在今天99.99%的消费者、商家、政府使用的电子货币支付系统中，并不存在。与目前使用的其他支付底层技术相比，基于区块链技术的加密货币和虚拟货币更面临可靠性、兼容性、安全性和监管性的问题（见中国人民银行科技司司长李伟在2017年1月26日接受中国证券报采访时对中国人民银行刚结束的区块链测试结果的评价及加拿大银行发表的R3区块链测试结果）。法定数字货币需要解决的是如何实现在现有的电子支付系统上支持一种由央行集中发行，并让所有消费者和商家都可信任的，且高效率、安全和可流通的数字创新。

（二）比特币

理解了“货币的数字化”和“数字化的货币”，就可以认识到，最近几年被人们熟知的比特币和其他各种数字货币，并不符合上述数字化货币的定义。一个国家的货币一定是那个国家的计量单位、流通介质和价值储存。例如，元是人民币的计量单位，dollar 是美元的计量单位。其一，比特币和其他各种加密货币和虚拟货币，还是需要通过国家的本币来定价，它并不是当地货币的计量单位，因此缺乏作为货币的第一特性。其二，比特币只能在比特币网络中流通，具有在比特币网络上注册的人之间转账的功能。如果需要用比特币来交换别的商品，就需要通过比特币交易所（Bitcoin exchange）先把比特币换成等量的法定货币。消费者也许可以接受比特币 ATM 或者比特币的商家，这与网商接受支付宝和微信支付没有什么区别，但是没有人把支付宝称为数字货币。由于比特币并不具有货币应有的计量功能，它并不具有成为货币的第一和第二特性。比特币是否有价值存储功能，这个问题需要从法律角度来分析。比特币在美国和中国还有许多国家被定义成商品（commodity），商品的价格是由市场决定，比如石油、大豆、郁金香、乌龙茶，它们是商品，主要用于投资，不能作为真正意义上的价值储存。排除一些政治上偏激的看法，从法律的角度来看，一个国家的法币具有这个国家法律保护的价值存储功能。从这个角度而言，比特币缺乏货币的三个特性。

（三）区块链的构架

与许多人理解不同的是，区块链既不是分布式的，也不是记账簿。它是通过以集中批处理的方式，对所有交易历史记录进行处理后产生的，并以此来计算当前状态值。在工程或计算机科学定义中，分布式系统通常由几个分区组成（分区之间没有或很少重叠）。其面临的挑战是通过分区内以及分区之间的数据交换而实现全局最佳决策。目前许多商业银行参与的支付系统就是一种分布式系统。而这种拥有所有人账号的系统正是这些区块链倡导者所倡导的：整个系统所有状态的副本将对每个独立的分区（甚至所有分区的成员）都是可见的。然而，由于过高的成本以及并不如预期那么简化，这种中心化批处理全用户备份的系统实现起来既不实际也不必要。事实上，互联网就是一个分级的分布式系统，有足够的冗余度来满足某些应用程序对分布式系统的需求。例如，DNS（Domain Name Service，计算机域名服务点）服务是一组具有严格分级控制的去中心化系统服务。与许多区块链倡导者不同的是，互联网并非没有一个对其核心服务进行控制的中心，也不是没有对第三方的信任。

此外，账户余额包含其所有账户的当前状态，因为影响这些状态的所有交易已经被处理并且使用迭代方法对当前状态进行了更新。在使用区块链算法时，人们要么根据自己算法的正确性选择信任所有数据的当前状态值，要么每次在有新的交易发生时从整个分类账记录中重新计算当前状态。在这方面，计算机科学的目标是开发出根据输入数据迅速给出最简单的结果的优化算法，而不是固执地使用许多区块链系统所使用的“蛮力”算法。区块链现在被认为是从物联网（Internet of Things，IOT）到医疗系统甚至政府治理的救世主，就好像区块链产生之前整个计算机科学领域对算法复杂性的研究和算法简化都是不需要的。另外，用于计算当前状态的客户端数据副本都必须是安全可靠的，否则基于这些数据做出的状态估计就不可信。正因为安装在电脑或智能手机上的所有客户端都可以访问这个副本，也不能保证它不被篡改。对数据的保护涵盖了对通信信道、数据传输以及客户端所使用的代码的保护，因此这是十分艰难的。

（四）区块链的应用场景及解决的问题

区块链技术上使用的是基本的非对称加密，哈希（Hash）算法及默克尔树数据结构，是为了满足比特币应用中无中心决策方的需求设计的。实际上，区块链除了既不是分布式构架，也不是账单以外，它也不是真正的中心决策方。拥有超过51%计算能力的一方某种意义上也就是区块链倡导者们说的中心决策方。从另一个角度看，许多可以通过区块链系统解决的问题在现有的金融系统中并不存在。例如，区块链应用的一个假设就是，在纯粹的点对点（peer - peer）的支付系统中，由于没有一方，或者没有可以信任的一方来计算和维护用户在当前状态的余额，因此用户当前的余额必须根据历史交易数据进行计算。这最终导致每一笔交易都需要为所有人提供给可验证的签名。在许多采用区块链技术进行清算和结算的银行应用中，首先不存在这些用户不信任结算机构的问题，跨银行的交易系统（RTGS：实时结算系统）已经运行多年，并没有区块链倡导者假设的信任或业务问题。当然所有系统都有改进的空间，但是提高跨银行结算系统效率的正确方法是：要么发现和定位已经存在的系统设计问题并通过技术手段去解决它们，要么改进交易流程或者围绕交易设计新的流程去解决业务问题。多年来，企业级应用的构架都会通过改进非最优化的交易流程并采用新的信息技术来设计和搭建企业级的信息技术系统。通过使用一种原本是用来解决互相不认识和不信任的用户之间交易问题的设计来解决交易流程或 IT 架构问题看起来是非常奇怪的。另外，区块链需要在一部分参与者之间建立加密通信信道以防止通信内容被无权知悉的其他参与者获取，这会带来一系列新的问题，而且不可能通过最简单的系统解决。任何设计过企业级加密系统的人都会知道管理密钥的重要性不亚于保障算法及相关协议的安全性。在这样的系统中使用几个私密共享协议、多重签名、同态加密以及共识算法，是不可能真正实现在一群预先毫不信任的区块链参与者之间的密钥配布和生命周期管理的。

（五）比特币及区块链记账系统的信息安全分析

一旦了解并更正了这些区块链中使用的术语和定义的错误，人们便可以像分析其他交易系统一样来分析区块链的应用，并认识其在安全性和架构方面的一些设计缺陷。下面简要分析一下区块链的技术缺陷。

1. 单点故障

许多比特币倡导者都非常推崇比特币网络的可靠性。对于比特币这样一个极其昂贵和冗余的系统，其致命弱点在于其安全性。想象一下，用于交易签名的非对称算法和哈希算法都会在一定的正常使用期限以后出现问题

（美国国家标准研究院 NIST 曾经发布过一个时间表，密钥长度较短的或其他一些现在被认为是安全的算法将在几年后被弃用）。部分早期区块链由于当时使用的算法或者密钥长度已经过时，因此那部分交易历史可能被伪造，这将导致以此得到的当前状态也是不可信任的。这种系统设计导致一个非常危险的单点故障状态。

2. 混用认证密钥和签名密钥

非对称密钥可以用于认证和签名（如果需要时可用于加密）。根据加密安全设计原则的要求，不同的密钥应该用于不同的目的，以避免密钥因多用途而导致数据泄露。在比特币区块链实际操作中还存在更严重的问题：用户需要保护好自己的私钥，因为私钥不仅用于验证身份（发件人和收件人身份验证），还被绑定到其所拥有的比特币上。通常企业系统设计中，用户丢失了身份验证密钥还可以通过回答一些安全问题得以恢复。然而，丢失了比特币或区块链的私钥，就意味着永久失去对比特币的使用权限。这种错误通常对金融系统来说是不可容忍的。

3. 缺乏密钥管理和控制

比特币客户端通常在任何计算机或设备平台上生成非对称密钥对。比特币客户端生成私钥的随机程度对于系统的安全性至关重要。一些黑客可能已经发现，一些智能手机平台的随机数发生器（Random Number Generator，RNG）非常脆弱，甚至有些设备在生成随机密钥时可用电磁探头来读取该密钥。由于单点故障设计，当那些通过攻击随机数生成系统，已经获得了私钥的黑客可能在某天发起大规模攻击并给人们带来数百万美元的损失。

4. 垂直耦合设计而非分层架构

任何像区块链技术这样复杂的技术都应具有分层架构设计，而不是使用垂直的紧密耦合的系统架构。互联网设计具有七层（OSI 模型）或四层（TCP/IP）。一方面，这些层完全不存在耦合，因而可以支持每层具有最大的灵活性和交互性。另一方面，区块链将用户认证（用户层）、一致性验证（交易处理层）、区块链签名（数据完整性层）和智能合约（应用层）绑定在一起，使其成为一个完全封闭的系统，不可能与现有的银行系统或支付系统等其他系统进行交互操作。这种设计的安全性和架构都存在问题。

五　法定数字货币：金融科技的挑战和机遇

（一）金融科技在发展中国家的机遇

据联合国的统计，在非洲撒哈拉国家和南亚部分发展中国家有近 80% 的公民没有银行账户。抛开特定的政治经济因素，这类国家央行面临的一个重要问题是如何为这些国家大多数公民提供普惠的金融服务，从而达到提高人民的生活水平和刺激经济发展的目的。世界银行的“普惠金融联盟”（Alliance for Financial Inclusion，AFI）、美国国际开发署（USAID）和比尔盖茨基金在过去十几年一直在一些发展中国家推行数字金融，特别是基于移动支付的各种技术创新。这些数字金融措施在过去十几年为这些国家普惠金融起到来非常巨大的推动作用，在某些国家，移动支付总量占到国内生产总值的一半以上。但是这些创新技术也给他们带来了兼容性、监管、清算和结算的安全和效率等方面的诸多问题。

（二）金融科技在发达国家和中国的机遇

在中国和其他发达国家，绝大部分公民拥有至少一家银行账户，同时还享受多种便捷的非现金支付手段，比如信用卡，支付宝和微信支付等。由于这些第三方支付系统是通过银行账户实现转账和支付的，因此并不存在上述发展中国家移动支付带来的监管、兼容以及清算和结算上的安全和效率的问题。这些国家金融系统需要关注的主要问题是高度发达的虚拟经济，即股市、期市、外汇、各种基金等流动性，以及信贷、结算等风险管控问题。各国央行目前只有通过行政手段（立法和各种规则）以及审计来管控这些风险。基于比特币等加密货币的金融科技，在过去几年被认为是解决这些实际问题的可行方案。这些系统的特点包括（1）用集体共识机制（比如联盟链）来取代比特币去中心概念；（2）用多边加密机制来代替公开链，从而提供数据权限控制以保护隐私；（3）用多个分链及链对链协议来提供不同区块链之间兼容性，从而取代所有交易存放于一个区块链带来的效率和兼容问题。除了比特币和类似的共有链技术（前言已将他们定义为“数字商品”），目前最大的私有链平台——超级账本（Hyper Ledger）和R3财团的Corda，已经和传统的基于关系数据库、权限控制、数据加密、交易协议的技术没有本质上的区别。实际上，R3已经公开证实Corda不是基于区块链，Hyper Ledger是基于分布式账单构架。需要指出的是，在虚拟经济金融系统中实施这些新技术平台最大的挑战还不是将目前所有金融系统的软件和工作流程升级到区块链技术将带来的巨额费用和时间。从根本上看，这项技术将颠覆的主要是虚拟经济金融系统操作者之间的商业和利益关系。与使用法定数字货币是为了润滑实体经济、提供普惠金融服务的目的不同，有些国家使用法定数字货币的目的主要是提高虚拟经济金融系统的透明度和抗风险性，由于需要解决的问题不同，因此选择的技术方向也不同。这些国家的央行比如英国央行、加拿大央行，还有一些城市国家比如新加坡等，已经开始实施基于区块链和结算币（Settlement Coin）的沙盒测试。正如英国央行2016年发表的《央行发行的数字货币及其宏观经济影响》的白皮书中提到的，使用法定数字货币的目的是降低虚拟经济金融系统的风险，提高透明度和可监管性，从而提高流动性和效率，达到刺激经济的作用。加拿大央行在2016年通过R3 CEV公司对区块链进行了一年多的技术测试，参与的企业包括七家商业银行。这项相对比较全面的测试得出非常负面的结论：使用区块链技术将给大规模支付系统带来更高的运营成本和风险。在这些发达国家和市场中发展金融科技的挑战将是如何从使用场景出发来改进和调整目前区块链技术的设计和发展方向以解决现有金融系统中的具体问题。

中国既有世界最发达的移动支付技术和覆盖率，同时也面临高速发展的虚拟经济及其金融创新带来的挑战。由于中国传统上对金融的监管具有强有力的法律和规则等行政手段，将有可能找到综合上述两种方案各自的优点，从而同时解决实体和虚拟经济金融系统问题的可行的解决方案。

（三）法定数字货币的要点

要理解法定数字货币首先要理解现钞的概念。法定货币（Fiat Currency）除了具有上述计量单位、流通介质和价值存储等特性之外，在目前绝大部分国家，它也是一个法律概念。很多国家都有关于货币发行和管理的法律。在研究了一百八十多个国家的关于货币发行和管理的法律和条例之后，可以总结出以下几点。下面以巴基斯坦央行法案（The State Bank of Pakistan Act，1956，2015 年 11 月整补）为例说明。

- 第 24 节：（巴基斯坦）央行拥有唯一发行现钞的权力。
- 第 26 节：现钞发行必须通过完全独立于银行部门的现钞发行部门。
- 第 27 节：（巴基斯坦）央行发行的现钞的面值、材料、设计必须通过联邦政府指定的委员会批准。

根据上述法律，央行一直就有发行法定数字货币的权力。那么在数字化时代，法定数字货币应该具有什么样的特性才能成功发行和流通呢？央行发行法定数字货币的条件（见图 3）：第一，法定数字货币不是基于货币数字化技术的支付系统。它必须是由央行发行的、非记账形态的、具有不依存于支付和通信系统，类似物理货币特性的数字化货币。第二，数字货币的发行必须是中心化的（即只有一个发行权威机构——中央银行），但是它的流通必须是分布式的。而且流通这个法定数字货币的系统一定不是重新构建的，而是现在就已经建成的各种支付系统。第三，对于这些已经建成的支付系统，它们的商业模式和支付流程不会改变，但是它们将不再记账，而是直接把央行发行的法定数字货币字符串作为支付单位。

数字货币的概念从根本上改变了物理货币的形态和远程货币流通的流程。数字货币不是实体货币以数字化记账和支付指令、清算结算来完成远程

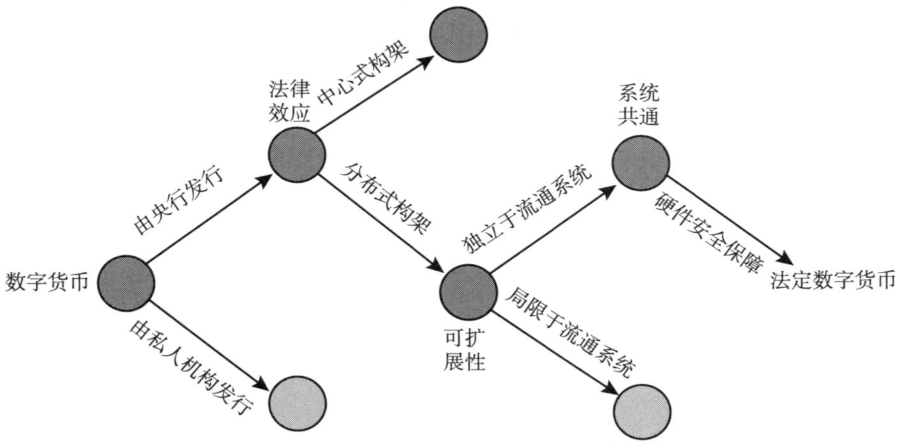

图 3　央行发行法定数字货币的必要条件

流通的。数字货币是通过数字安全技术实现的在数字世界中的实体货币。它是通过加密硬件来保证数字货币单元的唯一性，通过计算机网络的安全身份认证和安全传输机制，数字货币可以在数字世界安全认证的基础上实现类似于实体货币在物理世界一样的实时结算（instant settlement）。

（四）法定数字货币发行和流通模式

金融体系是一个非常复杂的基础设施，关系到一个国家的主权、对外贸易、经济政策、人民福利、商业繁荣等。它不但由多层的技术来支撑，也由不同的商业实体、不同的监管机构及不同的商业和个人用户构成。大部分人只能了解金融体系对他们日常生活有影响的那些技术、商业机构和监管部门。金融体系的功能和本质不随技术的革新而改变，技术的革新必须用来解决现有体系中的问题，而不是以技术为基础，提出一套封闭的沙盒系统，来颠覆现有的法律、制度和监管框架。

本文提到的法定数字货币是基于对目前金融系统中现金作用的理解，通过利用现有金融体系作为法定数字货币流通的管道，在维持现有法律、监管和金融创新技术的基础上，实现的一种全新的数字货币形态的改变。如图 4

所示，央行在这个模式的第6层，它的功能是按照央行已确定的M0的管理和政策，通过法定数字货币的技术，安全地发行本国所需的所有法定数字货币。通过法定数字货币技术和接口，第5层的商业银行可以接入央行法定数字货币系统，提供法定数字货币的批发及流动性风险管理等服务。第4层的网联和银联将不同的零售银行和其他第三方支付系统连接起来。目前的银联和网联需要通过清算、结算和对账完成支付，如果这些由银联和网联连接的第三方支付系统和零售银行流通的都是央行发行的法定数字货币，那么这种方式将具有及时清算的特点。第3层的支付和汇款服务公司将法定数字货币直接提供给他们的用户。第2层的应用开放商除了提供用户支付界面以外，还可以向用户提供法定数字货币的认证和防伪功能。第1层的服务商提供数字社会最基本的服务：身份认证。

数字金融是一套复杂的系统。类似互联网的7层服务模型（根据OSI模型）图4的多层法定数字货币的发行和流通模式提供了一种切实可行的构架，既保证了目前法律和金融监管的完整性，充分利用了现有的金融基本建设的投资，还给现有金融科技公司（支付宝，微信支付）和创新技术（基于区块链和分布式账单的支付系统）提供一个公平竞争的平台。

层	责任者	功能	安全措施	安全目标	技术提供公司
6	央行 财政部	发行和 监管	法律和 政策	M0 控制	法定数字货币
5	金融 机构	流动性 风险	金融 风险	安全 流通	HSBC　BARCLAYS　RBS
4	银联 网联	交易 平台	交易 安全	兼容的 安全性	VISA　M-PESA　PayPal
3	收单 公司	支付 收单	硬件及 设备安全	支付及 收单安全	First Data
2	应用 开放商	接口	应用 安全	防伪	支付宝　pay　Pay
1	服务商	身份 认证	用户 安全	身份 安全	fido alliance

（箭头：发行　批发　流通　使用）

图4　法定数字货币发行及流通的多层模式

六　法定数字货币展望

目前国际电信联盟（ITU）已设立法定数字货币焦点组，对数字货币特别是法定数字货币进行更严格的定义、归类，并对过去近十年的数字货币技术进行整理和分析，并将从监管、法律、构架和安全等方面和标准化的角度提出建议和可实行的方案。目前欧洲央行、国际清算银行、中国人民银行、前印度储备银行等商业银行，前肯尼亚央行行长等专家，金融科技公司、互联网安全公司，以及普惠金融及消费者保护协会等组织积极参与这项标准制订的重要工作。人类正在以飞快的速度进入真正意义上的数字化社会。参与数字化社会经济活动的对象不但包括个人、企业、政府，也将包括一些新的个体和群体，包括自动驾驶汽车、机器人等。一种无成本、无摩擦、无风险，可以在所有数字通信系统安全流通的真正意义上的法定数字货币将是人类数字社会中最为重要的一项基础建设系统。

B.6
我国环境管理的现状及发展趋势

李金惠　张 姣*

摘　要： 通过梳理我国环境管理政策体系和发展现状，本文展示了近年来我国环境状况取得的积极进展，并识别了我国环境管理在资源权属及市场机制、治理模式、行政和部门分割管理、审核监督机制方面存在的问题。基于相关问题和最新政策发展，本文指出了我国环境管理的发展趋势和对策，包括逐步实现资源高效利用、完善管理制度、推进多主体治理、推动科技创新等。

关键词： 环境管理　政策制度　管理现状　发展趋势　措施建议

改革开放以来，我国经济建设工作取得了举世瞩目的成绩。2016 年，我国国内生产总值（GDP）为 74.4 万亿元①，位居全球第二②。目前，资源环境对经济发展的约束效应正在加剧，如果继续传统的发展模式，资源的枯竭及生态环境的破坏势必将反过来制约我国经济的发展。在这种形势下，国家逐渐把资源和生态环境保护放在突出的位置。一方面，国家提出“绿水青山就是金山银山”“保护生态环境就是保护生产力”，明确了生态环境保

* 李金惠，清华大学环境学院教授，博士研究生导师。张姣，清华大学环境学院助理工程师。

① 《2016 年国民经济和社会发展统计公报》，http://www.stats.gov.cn/tjsj/zxfb./201702/t20170228_1467424.html，最后访问日期：2017 年 8 月 14 日。

② 世界银行网站：“Gross domestic product ranking table”，http://databank.worldbank.org/data/download/GDP.pdf，最后访问日期：2017 年 8 月 14 日。

护对经济发展的重要性。另一方面，国家正在积极完善环境管理制度、加强环境管理，以缓解资源环境与经济发展的矛盾。

一　我国环境管理政策框架

（一）我国环境管理政策的发展历程

新中国成立初期，我国重点开展各项基础设施的建设，消耗了大量资源；为了保护各种自然资源，国家制定了一些资源保护法规政策，如《森林保护条例》。随着1972年首届联合国人类环境会议的召开，我国对环境管理的认知发生了转变，认识到需要通过运用法律、经济、技术等多种手段管理环境。在此背景下，1973年我国举行了全国性的第一次环境保护工作会议，并先后制定了一系列的环境管理政策，如《工业“三废”排放试行标准》。

1978年后，我国环境管理立法步入了快速成长期。1978年的《中华人民共和国宪法》明确提出“国家保护环境和自然资源，防治污染和其他公害”。1979年，我国首部环境管理方面的综合性法律《中华人民共和国环境保护法（试行）》正式颁布，标志着我国环境管理政策走向正规化。其后，国家分别针对海洋环境管理、固体废物污染防治、水污染防治等环境及资源保护领域制定了相关法律。自此，覆盖面较完整的我国环境管理法律框架体系日渐形成。

20世纪末，我国开始参与全球环境治理，如签署《保护臭氧层维也纳公约》《控制危险废物越境转移及其处置巴塞尔公约》《关于持久性有机污染物的斯德哥尔摩公约》《生物多样性公约》等国际公约；并成立环境保护部环境保护对外合作中心、巴塞尔公约亚太区域中心等机构。在政府支持和相关机构努力下，我国履约能力不断提升，在国际环境治理中发挥日益重要的作用。

近年来，为了适应新形势下环境管理和生态文明建设的要求，国家进一步制定或调整了相关政策文件。如2013～2016年先后制定了《大气污染防治行动计划》（简称《大气十条》）、《水污染防治行动计划》（简称《水十条》）、《土壤污染防治行动计划》（简称《土十条》）三项行动计划以推进水、气、土壤三个领域的环境管理，并对《中华人民共和国环境保护法》（以下简称《环境保护法》）进行了修订。

（二）我国环境管理政策体系

目前，我国环境管理政策体系包括法律、行政法规、部门规章及科技政策四个层级。其中，环境保护法律包括：(1)《环境保护法》，作为我国环境管理基础性法律，明确了我国环境管理的基本原则和制度。(2) 各类环境保护单行法，针对特定的生态环境保护及污染防治而制定，包括《环境影响评价法》《固体废物污染环境防治法》等。各类行政法规就相应的行政管理制度、程序等做出了规定，以规范相关机构的行政管理活动。此外，各项部门规章和标准（包括技术导则）进一步完善了我国环境管理政策体系。

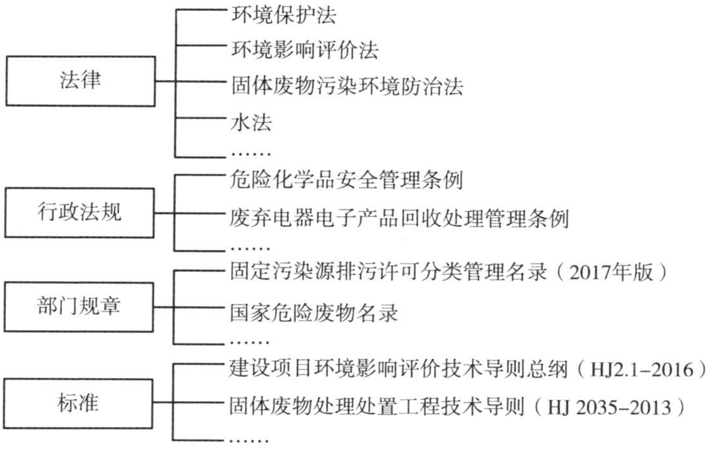

图 1　我国环境管理政策框架

（三）我国环境管理制度

基于环境管理实践经验，我国前期形成了包括环境影响评价等在内的环境管理“八项制度”①，并在积极地探索生态保护红线等管理制度。

（1）已形成的“八项制度”

①环境影响评价制度

环境影响评价制度指通过系统地评估计划和新建项目运行后潜在的环境影响，提出减缓、避免这些影响的解决方案。在项目规划过程中综合考虑了环境因子，有利于平衡经济建设和资源环境保护二者的关系。

②三同时制度

三同时制度指新建项目的主体工程在进行设计、施工和投产使用时须同时同步进行污染物防治设施的设计、施工和投产。该制度体现了源头治理，通过在项目建设过程中配备污染防治设施，有利于从源头控制污染物的产生。

③排污收费制度

排污费制度指排污者依据法规政策，为其排放的污染物或者超标排放污染物缴纳排污费。该制度直接体现了《环境保护法》中确定的“污染者付费”的原则，通过挂钩排污者的环境保护责任与经济利益，实现环境保护和经济利益的统一。

④排污许可证制度

排污许可证制度指排污单位在向环保主管部门申请并获得许可证的情况下，才可向环境排放污染物。主管单位通过对排污单位/个人的排污活动进行审核规定排放污染物种类、许可排放量等，并对其排污行为进行监督，可有效地控制和约束排污行为。

⑤限期治理制度

限期治理制度指须在一定期限内就造成严峻环境污染的污染源及在特别保护区内超标排污的污染源进行治理，并消除污染。该制度可有效地控制污染源，解决突出的环境问题。

---

① 蔡美芳、李开明、杜建伟等：《我国水污染源点源环境管理政策与制度研究》，《环境科学与技术》，2012 年（s1），第 415 ~418 页。

⑥城市环境综合整治定量考核

城市环境综合整治定量考核（简称“城考”）指将城市作为一个整体，综合考量各制约因素对城市总体环境的影响，对城市环境进行综合性的规划和管理，并基于建立的考核体系，对整治情况进行考核。该制度实现了城市环境管理从定性向定量化的转变；并通过考核和评比，提高了政府部门对环境管理的重视程度，促进城市环境质量进一步提升。

⑦污染集中处理制度

污染集中处理制度指在特定的范围内，在不降低污染源单位污染防治的前提下，将同类型污染源排放的污染物进行集中治理。该制度有利于集中社会资源解决重点污染问题，对比各企业均投资建立处理设施的情况，可有效节约污染防治的总投资。

⑧环境保护目标责任制

环境保护目标责任制指地方政府和污染产生单位通过签订责任书承担在所处行政区域内的环境保护责任。该制度明确了区域内承担环境保护的责任主体及承担目标等情况，使各级政府对环境管理更加重视；并通过责任的逐级分解，将环保责任落实到各个行业，推动整个社会的参与。

（2）正在探索和形成的管理制度和监管体制

①生态保护红线制度

生态保护红线指某些区域由于具有重要水源涵养等特殊生态功能而必须得到严格保护，且该保护为强制性要求①。通过对重点区域划定生态保护红线，加强资金支持，开展生态环境保护和修复，以保护其生态功能。

②排污权交易制度

排污权交易指在规定的交易范围内由双方自行确定交易价格进行排污权

① 《关于划定并严守生态保护红线的若干意见》，http：//www. gov. cn/zhengce/2017 - 02/07/content_ 5166291. htm，最后访问日期：2017 年 8 月3 日。

的交易。目前我国在积极地推进该制度①②，通过市场交易的方式，控制污染物的排放。

③环境保护税制度

环保税指排污者依据法规政策，为其排放的应税污染物缴纳环境保护税。《环境保护税法》将于 2018 年开始实施，届时该制度将取代排污费制度，以解决目前执法刚性不足等问题③。

④环保垂直管理制度

环保垂直管理指的是省环保厅负责全省（包括所辖市县）的环境监察工作；市县级环保部门主要由上级环保部门直接领导和管理，重点执行相应区域内的执法监测功能。该制度可积极解决地方保护主义问题，推进跨区域环境管理的协调④⑤。

⑤河长制

河长制指由各级党政主要负责人担任“河长”，负责辖区内河流的污染治理。该制度有助于解决多部门、跨区域情况下的协调困难等问题，从而实现河流的综合管理⑥。

⑥生态补偿制度

生态补偿制度指对开发利用自然资源而导致生态功能破坏的单位及个人

---

① 《国务院办公厅关于进一步推进排污权有偿使用和交易试点工作的指导意见》，http：//www. gov. cn/zhengce/content/2014 - 08/25/content_ 9050. htm，最后访问日期：2017 年 8 月 3 日。

② 《国务院关于印发“十三五”生态环境保护规划的通知》，http：//www. gov. cn/zhengce/content/2016 - 12/05/content_ 5143290. htm，最后访问日期：2017 年 8 月 3 日。

③ 《财政部　税务总局　环境保护部三部门联合部署要求全面做好环境保护税法实施准备工作》，http：//www. mep. gov. cn/gkml/hbb/qt/201708/t20170814_ 419678. htm，最后访问日期：2017 年 8 月 15 日。

④ 孙佑海：《推行环保垂直管理，破解地方保护难题》，《环境保护》2016 年第 22 期，第21 ~ 24 页。

⑤ 《关于省以下环保机构监测监察执法垂直管理制度改革试点工作的指导意见》，http：//www. gov. cn/zhengce/2016 - 09/22/content_ 5110853. htm，最后访问日期：2017 年 8 月3 日。

⑥ 贾绍凤《决战水治理：从“水十条”到“河长制”》，《中国经济报告》2017 年第 1 期，第 36 ~ 38 页。

收取经济补偿费，对进行生态功能保护的单位及个人进行经济补偿。该制度有助于对生态环境的保护，避免各类资源的过度消费。

除以上提及的制度外，其他环境管理制度也在积极地构建中，如为了落实地方政府环境管理责任而就领导干部执行的环境损害责任终身追究制、为实现自然资源管理而开发设计的资源负债表编制制度、针对企业设立的损害赔偿制度等①。

二 我国环境管理现状

（一）我国环境管理发展概况

本节将从资源、区域和产业三大领域对我国环境管理现状进行分析。

1. 资源环境管理

资源管理指通过对自然资源的开发过程、使用方式、保护手段、修复行为等的管理，实现资源的高效率利用和可持续利用。资源管理包括对水、土地、森林、海洋、矿产等各类自然资源的管理。考虑到水对生命的重要性、我国人均水资源保有量较低及目前我国水环境问题突出等情况，本节以水资源为案例分析我国资源环境管理现状。

我国水资源总量较为丰富，高达28000亿立方米；但人均拥有量仅为2200立方米，列全球第82位②。随着人口的持续增长及城镇化的不断推进，我国每年消耗大量的水资源；不合理的开发利用方式导致水资源严重短缺及各类环境问题多发。

为了缓解水资源开发利用过程中的环境问题、实现水资源的可持续利用，国家先后制定了多项水资源管理方面的法律规章。如《中华人民共和

① 《国务院关于印发“十三五”生态环境保护规划的通知》，http：//www. gov. cn/zhengce/content/2016 - 12/05/content_ 5143290. htm，最后访问日期：2017年8月3日。

② 张挺元、吴海龙、魏晓源：《我国水资源管理现状及存在问题的分析》，《中国水利学会学术年会论文集》，2015，第120～123页。

国水法》明确规定水资源由国家所有，流域管理机构和水行政主管部门共同开展对水资源开发利用的管理；取水执行许可证制度，严禁无证取水，并需缴纳水资源费。国家通过制定水资源战略规划进行水资源开发、利用、保护等的总体部署。在用水方面，国家提倡节约用水，鼓励企业进行节水技术的研发、使用和推广。为了确保水资源管理的执行效果，法律也明确了对政府部门玩忽职守、企业拒缴排污费等违法行为的惩治措施，强化了其法律责任。此外，为了改善水环境质量和保护水生态，政府于2015年发布《水十条》，在污染物控制、经济结构转型、水资源节约、完善市场机制、严格环境执法等方面做出了新的规定。在相关政策的指导下，我国水资源及水环境质量的管理取得了积极进展。以黑臭水体整治为例，2016年全国共开工1285个整治项目，达全国总数的62.4%①。

2. 区域环境管理

区域环境管理指根据不同区域的资源环境、社会发展状况，选择适宜的发展模式，开展有针对性的环境管理。区域环境管理的内容包括地区、流域、城市、农村环境管理等。

目前我国区域环境，如大气环境、流域等面临严重的挑战。如2013年京津冀地区空气质量平均达标天数比例仅为37.5%，重度及严重污染率高达20.7%；此外，包括黄河、松花江等在内的流域遭到不同程度的污染，流域生态环境被严重破坏②。

为了应对区域环境问题，相关政府制定了一些政策文件，并成立了相应的环境管理机构。如2013年发布的《大气十条》明确提出了利用五年时间明显改善京津冀地区空气质量的目标。在此背景之下，京津冀大气污染防治协作小组得以成立，初步形成了在区域管理信息共享、紧急情况下的联动响应、区域联合监督执法等方面的合作机制。在相关政策的指导、政府监管及

① 《2016中国环境状况公报》，http://www.zhb.gov.cn/hjzl/zghjzkgb/lnzghjzkgb，最后访问日期：2017年8月1日。

② 《2013中国环境状况公报》，http://www.zhb.gov.cn/hjzl/zghjzkgb/lnzghjzkgb，最后访问日期：2017年8月1日。

行业调整下，京津冀地区空气质量得到改善，2016 年优良天数比 2015 年上升 4.3%[①]。此外，包括香港、澳门、福建等在内的泛珠三角区域环境合作已进行十余年。在整个过程中，合作机制不断得到完善、合作内容持续得到深化，对区域污染联合防治相关机制进行了积极的探索，制定了《泛珠三角区域环境保护合作协议》等相关政策文件，为我国该领域的发展做出了良好的示范。如依托编制区域环保规划，实现区域的共同发展；积极开展跨区域污染防治合作，探究建立联合防控的各类管理机制；强化监督检查领域的合作，并注重提升整个管理过程中的信息共享。

目前我国正在逐步开展农村环境管理。2013 年颁布的《畜禽规模养殖污染防治条例》规定了政府部门应合理规划畜禽养殖规模和编制污染防治计划，养殖场需自行配备相应的污染防治措施，并鼓励通过制造沼气等方式进行养殖废弃物的综合利用。2015 年发布的《农药包装废弃物回收处理管理办法（试行）》（征求意见稿）对农药包装物的设计，废弃物的收集、运输和处理处置等行为做出了规范。该政策规定了生产商负责包装废弃物的回收处理，经销商负责包装废弃物的收集、暂存，而消费者则被要求将废弃物返还经销商，不得随意丢弃；体现了生产者责任延伸制。2015 年公布的《关于全面推进农村垃圾治理的指导意见》对开展农村垃圾治理提出了一定的要求，如建立依靠村民轮流打扫的村庄保洁制度，推进垃圾的源头减量和规范化处理等。此外，中央财政也在加大对农村环境管理的资金投入，如 2016 年的资金安排为 60 亿元[②]。

对比农村环境，我国城市环境的管理工作开展较早。1989 年城市环境综合整治定量考核（简称“城考”）被确定为环境管理八项制度之一。为了实现城市环境质量的进一步提升，我国目前正在积极开展重点行业的节能减排，推进城市环境基础设施建设。如《水十条》明确提出要积极推进污水

① 《2016 中国环境状况公报》，http：//www.zhb.gov.cn/hjzl/zghjzkgb/lnzghjzkgb，最后访问日期：2017 年 8 月 1 日。

② 《2016 中国环境状况公报》，http：//www.zhb.gov.cn/hjzl/zghjzkgb/lnzghjzkgb，最后访问日期：2017 年 8 月 1 日。

处理设施的建设，因地制宜地对现有的设施进行改造。严格取缔造纸、制革等行业内环保水平低的小型企业，对造纸、焦化等行业开展专项治理工作，进行生产技术清洁化的改造。此外，国家在积极构建环境监督执法机制，加强执法。如 2016 年全国环保部门下达 12.4 万份环境处罚决定，比 2015 年增长 28%[①]。

3. 产业环境管理

产业环境管理指根据不同产业的产业属性和污染要素，选择适宜的环保技术和管理模式，开展有针对性的环境管理。产业环境管理包括对工业、农业、商业、医疗等各主要行业的管理。

作为生产大国，我国每年制造大量的产品，以满足社会经济发展的需求。如 2015 年我国原煤产量为 37.47 亿吨，家用电冰箱产量为 7992.75 万台[②]。整个工业生产体系消耗了大量的水、电、原材料等资源和能源；不规范的生产过程，可导致各类严重的环境问题，如污染地下水和土壤、危害人体健康等。

为了规范工业生产过程，保护环境和生态，实现资源的可持续开发，国家先后颁布了多项法律政策。于 2012 完成修订的《清洁生产促进法》指出，企业应使用清洁生产方案进行技术提升，如选用低毒低害或（如有可能）无毒无害的原材料进行生产；采用可实现资源节约和高效利用、污染物产量低的工艺和设备；综合利用产生的废弃物及余热。2014 年颁布的《企业突发环境事件风险评估指南（试行）》规定了包括风险识别、完善风控及应急计划等在内的环境风险评估的具体程序和内容，对企业环境风险的防控具有重要意义。2016 年发布的《绿色制造工程实施指南（2016～2020 年）》明确了绿色制造对工业转型和资源环境保护的重要意义；并指明了近期我国绿色制造的工作重点，包括产业升级改造、资源循环利用、技术革新及绿色制造等几个方面。

针对不同行业，环境保护部科技标准司分别制定了相应的环境保护标准，

---

① 《2016 中国环境状况公报》，http://www.zhb.gov.cn/hjzl/zghjzkgb/lnzghjzkgb，最后访问日期：2017 年 8 月 1 日。

② 《中国统计年鉴 2016》，http://www.stats.gov.cn/tjsj/ndsj/2016/indexch.htm，最后访问日期：2017 年 8 月 11 日。

以更好地引导和规范各行业的环境管理。以钢铁行业为例，该行业现有的技术标准涵盖环境影响评价、清洁生产、循环经济和污染防治等方面。如《环境影响评价技术导则钢铁建设项目》（HJ 708－2014）规定了钢铁行业新建项目进行环境影响评价的基本原则，并明确了开展环境现状调查、环境影响预测、环境风险评价等具体内容的技术要求。《清洁生产标准钢铁行业》（HJ/T 189－2006）明确了生产工艺中设备、资源能源、污染物等六项指标的评级标准，为钢铁企业开展清洁生产提供了技术支持。《钢铁工业污染防治技术政策》对钢铁生产过程中可采取的污染防治技术路线做出了指导性的规定，并提出注重产业结构的调整。《钢铁工业水污染物排放标准》（GB13456－2012）明确了行业企业生产过程中的水污染物类型及浓度限值，测定方法和监督管理等。

（二）我国在环境管理上取得的进展

在相关政策的指导下，近年来我国在环保产业投资、主要污染物减排、环境状况改善等方面均取得了很大进展。

（1）环保产业投资

2008～2015年，我国环保产业投资额整体上呈现上升趋势。2015年投资额为8806.3亿元，对比2008年增长约80%。

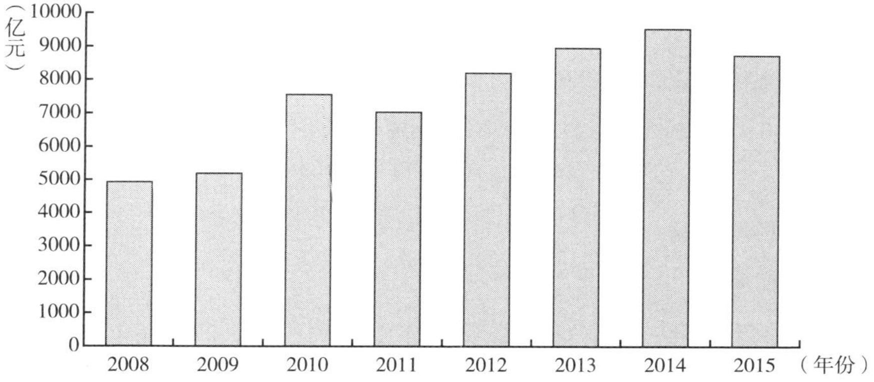

图2　我国环保产业投资情况（2008～2015）

本节中环保产业投资相关数据来自历年《中国统计年鉴》，污染物排放、环境质量相关数据来自于历年《中国环境状况公报》信息整理。

（2）污染物减排

2011～2015 年，我国废气、废水中主要污染物的排放量逐年下降。2015 年全国废水中化学需氧量排放量为 2223.5 万吨，比 2011 年下降约 11%；废水中氨氮的排放量为 229.9 万吨，比 2011 年下降约 12%；废气中二氧化硫的排放量为 1859.1 万吨，比 2011 年下降约 16%；废气中氮氧化物的排放量为 1851.8 万吨，比 2011 年下降约 23%。

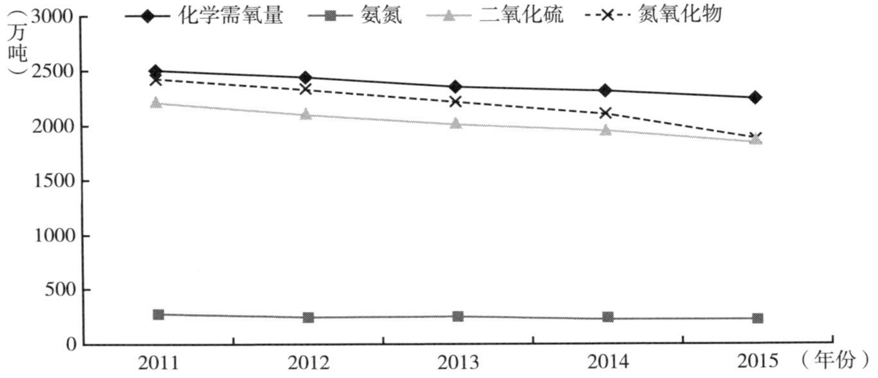

图 3　我国废水、废气中主要污染物排放情况（2011～2015）

2008～2014 年，我国工业固体废物产生量和综合利用量均呈现先增长、后趋于稳定的情况。2014 年产生量为 325620 万吨，比 2008 年增长约 71%；综合利用量为 204330.2 万吨，比 2008 年增长约 65%。综合利用率在2008～2010 年较高，处于 64%～68%；后出现一定回落，2014 年为 62.13%。

（3）环境状况

①河流水质

2008～2013 年，我国河流水质整体上得到改善；2013～2016 年呈现基本稳定的状态。2016 年我国河流断面中达到Ⅰ－Ⅲ类水质的比例为 71.2%，比 2008 年上升 11.7%；劣Ⅴ类水质的比例为 9.1%，比 2008 年下降 9.0%。

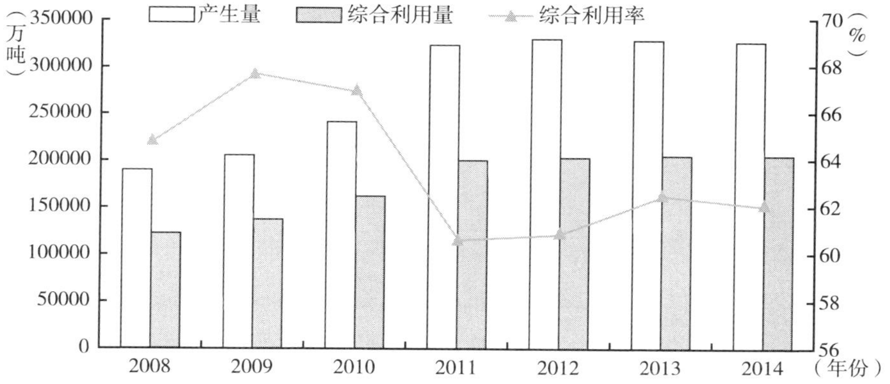

图 4　我国工业固体废物产生及综合利用情况（2008～2014）

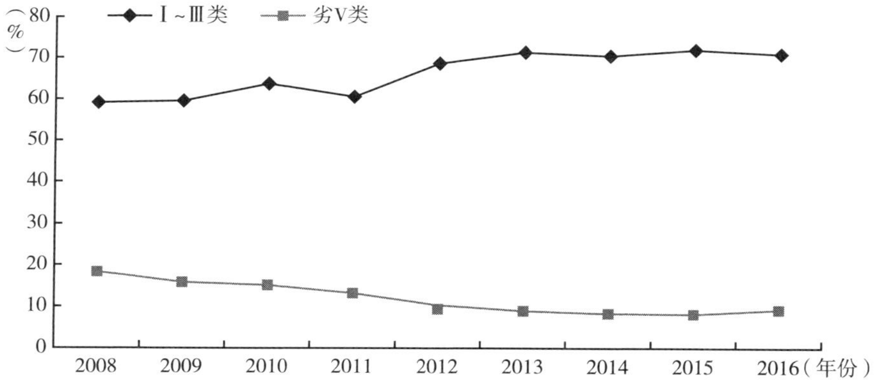

图 5　我国河流水质发展状况（2008～2016）

此处河流水质指的是七大流域和浙闽片河流、西北诸河、西南诸河的水质。

②近岸海域水质

2010～2016 年，我国近岸海域水质逐步改善。2016 年近岸海域国控监测点中满足一、二类水质的比例 73.4%，比 2010 年上升 10.9 个百分点；劣四类的比例为 13.2%，比 2010 年下降 5.6 个百分点。

③空气质量

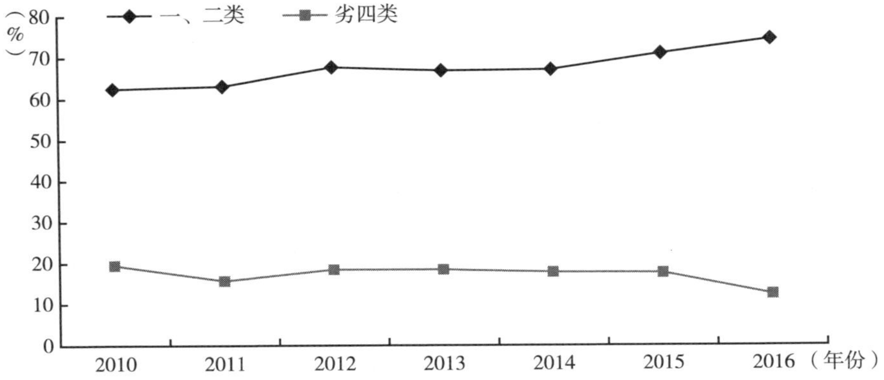

图6　全国近岸海域水质状况（2010～2016）

2013～2016年，新标准第一阶段实施城市①的大气质量，除臭氧浓度在增高以外，整体呈现改善趋势。2016年这些城市二氧化硫年均浓度的平均值为21μg/m³，比2013年下降约48%，下降比例最高，其次是细颗粒物（31%），最低为二氧化氮（11%）；而臭氧浓度增加约为11个百分点。

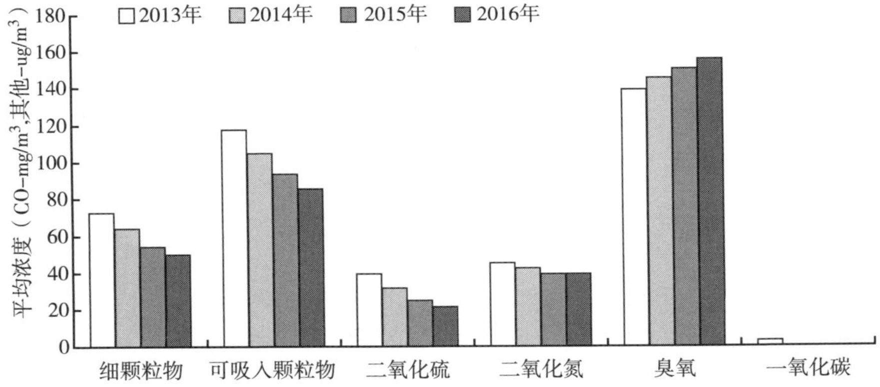

图7　新标准第一阶段实施城市大气污染物浓度（2013～2016）

① 《环境空气质量标准》（GB3095－2012）于2012年制定，比旧的标准新增加了细颗粒物等指标。新标准通过逐年增加监测城市的方式分期实施，于2016年起在全国范围内执行。基于数据的可得性，报告仅就包括京津冀等在内的74个新标准第一阶段实施城市的数据进行分析。

④森林资源

1993～2013 年，我国森林面积和森林覆盖率均呈上升趋势。2013 年我国森林面积为 2.08 亿公顷，比 1993 年增加 0.74 亿公顷；森林覆盖率为 21.63%，比 1993 年上升 7.71 个百分点。

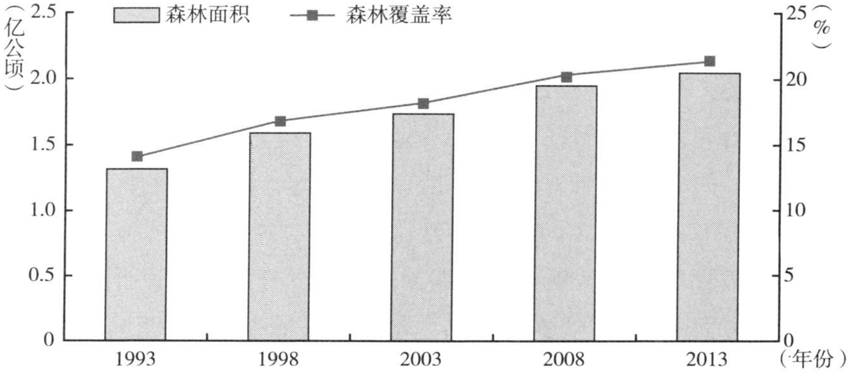

图 8　我国森林资源状况（1993～2013）

（三）我国环境管理存在的问题

我国环境管理虽取得了长足的发展，但仍存在一定问题。

（1）资源权属不清，价格机制和资源税不完善

在资源环境管理领域，政府部门一方面代表全民执行各类资源的出让，另一方面负责开发利用过程的监管。在盲目追求经济利益的情况下，各类资源的出让和开发方式较为粗放。如政府占用大量耕地，出售土地使用权，不符合保护耕地的国策。同时存在某些公职人员利用公权力贱卖国家资源资产，或从利益关联者处收取私人利益的情况。此外，在资源转让过程中，资源所有者未得到应有的红利①。

目前我国未建立灵活的资源价格形成机制，当前的价格只体现了包括勘

① 白永秀、李伟：《改革开放以来的资源环境管理体制改革：历程梳理与后续期盼》，《改革》2008 年第 9 期，第 26～36 页。

探、开采等在内的开发成本，未包含环境破坏方面的费用，也未体现资源的稀缺度①。资源税的征收对象只包括原油、天然气等七类，未涉及其他类型的资源，覆盖面较窄。较低的成本/资源税在一定程度上导致我国资源消耗迅速，衍生了大量的环境问题。此外，较低的资源成本难以倒逼企业进行绿色技术创新，导致产业升级较缓慢。

（2）以末端治理为主

我国虽然正在积极地推进绿色制造、清洁生产，但目前整个工业环境仍处在以末端治理为主的阶段，且重点企业污染物检测不能稳定连续达标的情况仍然存在。如 2013 年针对包头市 20 家国控重点污染源进行的废气监测中项次超标率为 12.4%②。由于环境管理认知有限，或经济水平有限，工业企业进行的环境管理主要是集中于末端治理，较少开展绿色设计/制造方面、再生利用等方面的尝试。此外，清洁生产、绿色制造方面缺乏具体的执行办法、鼓励措施，在一定程度上影响了执行效果。

（3）区域环境管理缺乏专门立法，行政区域分割管理

目前我国缺乏区域环境管理专门立法，仅在相关法律有所涉及或针对具体问题出台了政策文件。如，《环境保护法》中提出建立区域、流域的联合防治机制，以应对发生的环境污染，但并未规定具体的实施细则，如机构设置、责任机制、沟通机制、监督机制等，操作性较差。前文所提到的京津冀大气污染区域合作管理及泛珠三角区域环境管理也多是针对具体问题或区域出台了相应的政策文件，就我国区域环境管理整体而言，地方政府仍面临无法可依的情况。此外，目前各项政策文件的级别较低。

根据《环境保护法》，各级政府承担所辖区域内的环境质量管理工作。在缺乏区域环境管理相关规定的情况下，各行政区域没有动机，也难以形成跨区域管理的大局观念。此外，各行政区域一方面缺乏良好的协调机制，难

① 陈军、成金华：《完善我国自然资源管理制度的系统架构》，《中国国土资源经济》2016 年第 1 期，第 42～45 页。

② 王鑫：《包头市工业企业环境污染管理问题与对策研究》，内蒙古大学，硕士论文，2015。

以平衡各自的利益点和诉求；另一方面各自为政，执法力度有差别，为区域环境管理造成了一定的障碍[①]。

（4）政府部门各自为政，责权存在交叉

环境管理涉及多个部门。各部门一方面各自为政，缺乏沟通机制，易产生管理盲点，并出现信息矛盾等情况；另一方面责任权利存在一定交叉，导致执行困难。如，一些土地管理部门为了保护耕地，曾鼓励开发利用沿海滩涂等未开发土地，导致严重的生态破坏[②]。我国的稀土管理过程中，稀土开采指标、生产指标及出口配额分别由几个部门下达，各控制指标存在不一致的情况[③]。在海洋环境管理领域，环保部门和海洋部门虽分别负责陆源污染物和海洋污染物的污染防治工作，但二者均涉及海洋环境的监督，职责划定不清晰，存在交叉[④]，导致跨区域环境管理中易出现互相推诿责任的情况。

（5）审核及监督机制不完善

由于历史原因，政府部门重点关注经济发展，忽略了资源环境的管理，导致一些新建项目未经批准审核就先建立（未批先建）[⑤]。且目前的监管机制存在频次不明确、处罚力度较小等问题，间接导致环境管理效果大打折扣。如根据调研经验，有些企业仅在环保部门检查时才运行污染控制装置，未进行真正意义的环境管理。公众受限于缺乏合适的沟通渠道和参与方式，难以发挥对环境管理的积极作用。此外，相关法规规定了政府部门的权利，但缺乏就其责任的规定，规范性要求较为薄弱。

---

① 李庆瑞：《我国区域流域环境管理机构现状及改革思考》，《中国机构改革与管理》2016 年第 11 期，第 33 ~ 35 页。

② 黄小虎：《把所有者和管理者分开——谈对推进自然资源管理改革的几点认识》，《红旗文稿》2014 年第 5 期，第 20 ~ 23 页。

③ 汪光焘：《加强法治建设，深化资源环境管理改革》，《中国机构改革与管理》2012 年第 2 期，第 14 ~ 17 页。

④ 全永波：《海洋环境跨区域治理的逻辑基础与制度供给》，《中国行政管理》2017 年第 1 期，第 19 ~ 23 页。

⑤ 赵春丽、许红霞、杜蕴慧、李元实、吴铁：《关于推进我国钢铁行业绿色转型发展的对策建议》，《环境保护》2017 年（z1），第 41 ~ 44 页。

三　我国环境管理发展趋势及对策

为了解决上文提及的我国环境管理存在的诸多问题，进一步完善环境管理机制，促进经济和环境的和谐发展，近年来政府先后颁布多项政策法规。2015 年颁布的《关于加快推进生态文明建设的意见》（下称《意见》）就我国近期生态保护及资源环境管理提出了全面的规划建议，指明了接下来的工作方向。其后发布的《生态文明体制改革总体方案》（下称《方案》）定义了 2020 年我国生态环境管理相关制度的改革目标及具体的行动方案。此外，2013 ~ 2016 年颁布的《大气十条》《水十条》《土十条》《关于加快发展节能环保产业的意见》《关于进一步推进排污权有偿使用和交易试点工作的指导意见》《关于加强环境监管执法的通知》等政策法规进一步规范了污染防治、产业发展、排污权交易及监管执法等相关领域。相关政策法规定调了我国环境管理的发展趋势，并在一定程度上给出了目前问题的解决对策。

（1）逐步由末端治理向资源高效利用发展

党的《十八大报告》提出实现资源的高效利用是我国到 2020 年全面建成小康社会的重要内核和要求。《意见》明确指出通过发展循环经济，推进全社会改变资源的开发利用方式，实现资源的高效利用。

上文分析显示，目前我国主要通过末端治理进行环境管理，在一定程度上减少了污染物的排放。但是由于污染控制设备投资运营成本高，未进行资源的有效利用，末端治理难以从根本上解决污染。推进全过程的资源高效利用和污染控制，将完善末端治理在环境管理方面的局限性。通过在重点行业加强节能管理、选择合适的节能减排措施及应用可再生能源，将有效提升产业能效，推进产业节能减排。通过加强资源节约、发展再制造产品、完善再生资源的回收利用体系、开展循环经济试点等方式，积极发展循环经济，将促进资源的节约和污染物的减排。

（2）积极完善各项管理制度

《意见》明确提出到 2020 年基本确立生态文明的重要制度；并指出通

过健全目前的法律法规体系和各项管理制度，积极地引导各类资源的开发过程，保护生态环境。《方案》明确了产权界定、总量及规划、市场领域、政府考核等方面的管理制度的构建目标。

目前，我国环境管理相关法律及机制与现实存在脱节，通过完善相关政策或制度，将有助于解决相关问题，为我国环境管理提供制度保障。如完善生态保护红线制度，加强相关区域的环境保护和修复，将促进特殊生态功能区的生态保护。健全自然资源资产产权制度，进一步确定各类自然资源的产权拥有者、监督管理者和各方责任，完善政府组织架构等方式，将从制度上解决目前自然资源管理部门兼具产权的拥有者和监督者以及监管部门交叉效率低下等问题。完善经济政策，如深化自然资源定价改革，使定价涵盖生态环境损害成本，将完善现有的定价机制；推进资源税改革，逐步扩展征收对象和种类，将改进目前征收面有限的问题。健全政绩考核机制，把资源消耗等生态指标纳入征集考核的综合性指标，将改善政府部门过去存在的唯经济论调。积极推进垂直管理制度，将有助于打破目前地方保护的情况，更好地实践环境监督监测。此外，征收环境保护税将改善目前排污费征收刚性不足的问题。

（3）推进多主体参与环境管理

《方案》提出构建以政府为主导、社会多元共同参与的环境管理制度。《关于加强环境监管执法的通知》明确了将进一步强化环境监管，包括推动监管全覆盖、加大惩罚力度及规范监管行为等。《意见》提出到2020年绿色环保意识得到全面提升、绿色低碳的生活方式得以推行的要求，并鼓励公众参与环境管理。《环保“领跑者”制度实施方案》指出，通过制定环保“领跑者”指标、发布名单及给予政策奖励等方式，倡导绿色生产和绿色消费。《环境保护税法》则规定了环保税计税依据、应纳税额、税收减免等情况。

目前我国主要依靠政府进行环境管理，存在滥用职权、执法不严等情况，社会各界发挥的作用有限；有必要建立多主体参与的环境管理制度，并加强发挥各方的积极作用。通过加强环境监督执法，如加大现场检查和随机抽查力度、严格打击违法行为及规范环境监督执法，充分发挥政府在环境管理领域的主导作用，提升执法效果，规范污染物排放行为。对环保先进单位给予政策奖励和设立环保税等方式将鼓励生产企业进行绿色设计、绿色生产，选择节能少排的工艺及设备，从而节约能源消耗，降低生产过程中的污染物排放。通过开展宣教活动，促进公众形成生态文明价值观并选择绿色的生活方式，如杜绝浪费、选购绿色产品。完善公众举报、听证等制度，将为公众参与环境管理提供制度保障和反馈渠道，进而发挥其监督作用。

（4）注重科技创新及产业升级

《关于加快发展节能环保产业的意见》明确了绿色低碳的产业发展模式对经济发展意义重大，将支持我国实现经济的稳定增长和产业结构的调整。《关于加快发展节能环保产业的意见》定义了科学技术创新对环境管理及生态文明建设的重要作用，并提出了要推动科技创新、优化产业结构、发展环保产业等。

绿色科技是实现环境管理的重要支撑。目前我国生产方式整体上较为粗放，能源消耗大、污染物排放高、科技创新有限；开展科技研究，突破能源节约、资源高效利用、污染防治、绿色能源开发等技术难关是我国全面开展节能减排的技术前提。此外，通过在传统产业采用环保技术、积极化解产能过剩问题、加速淘汰落后产能及不断提高可再生能源的使用，将有助于产业升级，从而实现整个产业的节能环保。

B.7

精准治理下我国体育特色小镇的建设

王　进*

摘　要： 通过对我国体育特色小镇的演变进行梳理，从主导产业、区位优势、要素集聚和复合消费四个方面对体育特色小镇的内涵要素进行了总结，并据此提出体育特色小镇的概念；在分析体育特色小镇建设国际经验的基础上，认为我国体育特色小镇建设过程中主要存在产业引领不足、要素资源制约、市场主体薄弱和功能叠加不足等问题，同时提出精准治理下我国体育特色小镇的建设需设计建设流程、搭建资源平台、链接参与力量、促进产业融合和建立评估体系的思路。

关键词： 体育产业　体育特色小镇　精准治理

一　体育特色小镇的演变与内涵

（一）体育特色小镇的演变

2006年，国家体育总局为了更好地发挥体育产业集群的聚集效应、规模效应和区域辐射效应，促进不同细分领域的体育产业发展，开始在全国开展支持创建体育产业基地，各地依照当地经济社会发展水平、自然人文环境

---

* 王进，南京体育学院副教授、硕士生导师，江苏省体育赛事研究中心专家，江苏省体育产业协同创新中心专家委员会委员。

和体育资源禀赋等条件，创造对体育产业发展、企业创新和多层次体育产业人才聚集有益的特殊区域空间。

2011 年，国家体育总局以《国务院办公厅关于加快发展体育产业的指导意见》为指导，出台了《国家体育产业基地管理办法（试行）》。在国家体育产业基地的建设管理和我国体育产业发展中均发挥了重要作用。其中强调在体育产业基地建设过程中需要注重在全国范围内的合理布局，兼顾区域分布和产业结构升级，依据资源禀赋，因地制宜，突出特色。① 这在相当程度上，与特色小镇的建设发展要求一脉相通。

2014 年 10 月，国务院正式颁布《关于加快发展体育产业促进体育消费的若干意见》（46 号文），本《意见》把全民健身上升为国家战略，并明确提出要“打造一批符合市场规律、具有市场竞争力的体育产业基地”，以此为抓手进一步加快发展体育产业，促进体育消费。

2016 年国务院办公厅颁布《关于加快发展健身休闲产业的指导意见》，其指出加快发展健身休闲产业是推动体育产业向纵深发展的强劲引擎。同时本《意见》突出强调了健身休闲产业发展中对促进体育消费至关重要的四大运动休闲产业，包括水上运动、航空运动、户外运动和冰雪运动。同年，国家体育总局相继颁布了《冰雪运动发展规划（2016～2025 年）》《水上运动产业发展规划》《山地户外运动产业发展规划》和《航空运动产业发展规划》，对这四大运动休闲产业的发展分别进行了全局规划，而这四大运动休闲产业的发展需要有包含体育产业基地在内的拥有明确产业定位、文化内涵和体育资源禀赋等条件的特殊区域空间。这些建设、发展需求为体育产业与特色小镇的融合创建提供了重要的内在动力。

2017 年 5 月 9 日，国家体育总局办公厅发布《关于推动运动休闲特色小镇建设工作的通知》，表明运动休闲特色小镇建设工作正式启动，国家体

① 国家体育总局网站：《国家体育总局关于进一步加强国家体育产业基地建设工作的通知》，http：//www. sport. gov. cn/n315/n331/n403/n1957/c785282/content. html，最后访问日期：2017 年 1 月 12 日。

育总局也加入创建特色小镇的行列。[①] 同时，值得注意的是本文件间接创造出“体育特色小镇”这一全新的产业概念。2017 年 8 月 10 日，国家体育总局公布了遴选的 96 家运动休闲特色小镇示范性试点名单。[②]

由此可知，体育特色小镇的形成是伴随全国特色小镇发展政府政策要素的强势推进和社会资本与资源的活跃导入，以体育产业为主导特色产业的特色小镇逐步成为中国经济转型和消费升级的价值风口。同时在全民健身运动的有力推动下，休闲、运动、旅游、养生等元素不断与特色小镇建设的融合以及我国经济发展和体育消费的升级态势下逐步融合而成。

当前在体育产业、特色小镇双重利好政策的推动下，体育特色小镇不断与旅游、文化、地产、互联网等元素聚集及融入，已逐步成为推动经济发展的新兴力量。目前，体育特色小镇的发展具备以下特色。

1. 运动休闲业态占据主要比重

以运动休闲、体育健康为核心产业，以体育场馆服务、体育竞赛表演、体育培训与教育、体育健身休闲、体育用品制造等产业形态为支撑，体育特色小镇的产业结构凸显运动休闲特色。

2. 彰显热烈浓郁的体育氛围

通过成熟的体育赛事组织运营体系，开展品牌全民健身赛事和活动，并结合当地的文化传统，以特色彰显的运动项目或民间民俗传统体育项目为引领，形成运动休闲特色名片。

3. 与旅游等相关产业融合发展

以运动休闲产业为核心，强调体育相关业态与旅游、文化、教育、养老、通用航空、健康、林业、交通运输等业态融合发展，打造产业融合程度较高的旅游目的地。

---

① 丰佳佳：《体育特色小镇为什么这么火》，《中国体育报》2017 年 5 月 15 日。

② 国家体育总局网站：《体育总局办公厅关于推动运动休闲特色小镇建设工作的通知》，http：//www. sport. gov. cn/n316/n336/c802334/content. html，最后访问日期：2017 年 5 月 11 日。

4. 禀赋资源的合理有效利用

体育特色小镇依托自然地理优势发展山地户外、冰雪、水上、航空等运动项目；民族文化资源丰富的小镇依托人文资源发展民族民俗体育项目。

（二）体育特色小镇的概念

随着特色小镇在我国的快速发展，特色小镇已不再是建设在某一传统行政区域内，具有一定特色产业、人口规模和经济体量的行政镇，而是拥有主导特色产业、人文环境良好和社区自治功能明显的空间发展综合体。特色小镇的建设发展逐步形成以政府顶层设计为先导，企业市场运营为主体，社会社区多元参与的发展模式。①

而伴随全国特色小镇发展的政府政策要素的强势推进和社会资本与资源的活跃导入，体育特色小镇逐步成为中国经济转型和消费升级的新价值风口。

从产业定位来看，体育特色小镇要因地制宜结合山地户外、水上、航空、冰雪等消费引领性强、覆盖面广的时尚运动项目，形成消费链和服务网；从建设主体来看，体育特色小镇是政企协同推进，以政府引导和企业为主来进行项目建设；从发展目标来看，体育特色小镇是集产业功能、健身休闲功能、运动体验功能、体育赛事功能、旅游及文化展示等功能于一体的体育产业和其他业态融合的产业集聚区。从发展要求来看，体育特色小镇是以体育元素和功能为核心，在一定区域内形成相对集中的以体育为特色的项目群、产业链和消费圈。从空间布局来看，体育特色小镇规划面积原则上控制在3平方公里左右，其中建设面积原则上控制在1平方公里左右。而体育特色小镇就是体育产业内生发展和适于休闲运动的生态资源要求，必然是“体育+”，而不是“+体育”。② 以体育运动为核心，才会带动一定区域空间的赛事、健身、培训、康复、户外产品销售的整个体育产业服务链发展，以及研发、制造、仓储、营销、物流等生产型产业链的共生发展，最终形成

① 陈炎兵等：《特色小镇——中国城镇化创新之路》，中国致公出版社，2017。

② 陈刚：《未来江苏体育特色小镇更注重“体育+”》，国际时尚体育暨健康特色小镇建设论坛，宿迁，2017年4月22日。

相对集中的以体育产业为重点的产业群（镇）。

综上所述，体育特色小镇是在空间区域相对独立于城市市区，以体育产业为主导，具有体育文化影响力和社区功能的发展空间载体，是随着我国体育旅游产业、新型城镇化与社会生活形态的发展出现的新兴业态，也是地区发展中以体育产业为主体的聚集区域和“产、城、人、文”四位一体的综合功能空间。①

（三）体育特色小镇的内涵

1. 核心主导产业

体育特色小镇在一定的区域空间内必然有与众不同的特色产业或项目，其产业链主导效应明显。力求产业“特而强”，每个小镇要选准最有基础、最有优势的特色体育产业，锁定产业主攻方向，延伸产业链、提升价值链，形成集聚。要因地制宜规划和植入山地户外、水上、航空、冰雪等消费引领性强、覆盖面广的时尚运动项目。② 同时应当具备相当的经营规模、制造技术、赛事策划能力、场馆规划设计水平，能够依据地区资源，打造小镇的体育产业核心企业和构建特色体育产业的态势。

2. 特色优势区位

体育特色小镇大多数是作为产业主导的小镇，在空间位置上更多考虑产业区位的因素。现阶段的体育特色小镇是对地理区位非常敏感的特殊空间聚居区。由于大力发展运动休闲小镇，在项目选择方面对自然资源和交通便利的依存度较高，为此，不但需要这个空间内部有符合条件的资源和要素，还需要周边及相邻的空间有更多的匹配要素。因此，一、二线城市周围的体育特色小镇可选择在这些城市周围，具有较好自然人文环境且基于地域体育产业特色的，可接受一、二线城市的经济辐射、体育人文影响，承担这些城市

① 陈炎兵等：《特色小镇——中国城镇化创新之路》，中国致公出版社，2017。

② 陈刚：《创新打造体育健康特色小镇助力“强富美高”新江苏建设》，http://www.jssports.gov.cn/art/2017/4/22/art_79_119245.html，最后访问日期：2017 年 4 月 22 日。

的特定体育功能；三、四线城市周围体育特色小镇的选址、建设和开发受其所在区域经济发展容量的较大影响，应当与所属城市保持一定的距离，同时兼顾所在地区的体育产业优势。相对经济欠发达地区的体育特色小镇应当更多利用以当地优异自然环境为基础的体育资源禀赋来进行发展。①

3. 体育要素聚集

体育特色小镇应以体育产业链的整合为主，发展“体育＋”，打造赛事、体育休闲项目等吸引点，融合高科技元素强化服务，推动体育用品的供应，最终将体育与制造业、科技、文化、传媒、旅游等有机结合，形成以体育产业为核心，以体育旅游、体育影视等为特色，以体育产业服务为有效延伸的产业发展体系和产业聚集。体现“小”而“特”，统筹生产、生活和生态空间布局，实现产业、资源、服务等有效集聚，形成宜业宜居宜游的体育健康特色区域。

4. 多元复合消费

坚持精准规划、科学布局和多元建设，彰显体育健康主题特色，融入文化特色、建筑特色、生态特色，推行差异化多元体育消费。随着居民消费逐渐从基本消费、功能消费过渡至健康消费、体验消费，以健康为本、具有高度参与性及体验性的体育产业，面临巨大的消费释放机遇。在业态上，体育特色小镇带动的不仅仅是体育赛事的发展，而且带动了整个家庭的消费，是融合了赛事、户外运动、教育培训、餐饮、购物、休闲、娱乐、健康、养生等多种消费业态，唯有形成适合不同人群的消费业态和多层次的消费结构，体育特色小镇才能可持续发展。

5. 产城人文融合

体育特色小镇在体育产业的发展过程中，因为主导侧重各有不同，有以生产制造为主体的体育制造业小镇，还有以休闲消费体验为主体的健身休闲体育特色小镇，逐步融合体育产业、旅游产业和相关产业，聚集大量就业及健身休闲消费人口，这些人口与当地居民结合，产生对城镇居住、交通、金

① 陈炎兵等：《特色小镇——中国城镇化创新之路》，中国致公出版社，2017。

融、文化等的需求，形成了产业、文化、旅游、社区功能的叠加，逐步发展为以体育核心产业为驱动，以基础设施配套和服务为依托，以管理、金融和运营为相应保障，以提高人们生活质量与幸福指数为目标的产城融合发展模式。最终在体育主体功能的基础上，提升产业功能，融合旅游、休闲、文化等功能，形成内聚成核、外联成网的小镇生态系统。

二　体育特色小镇可借鉴的国际经验

与我国的特色小镇相比，国外的一些特色小镇发展不仅具有优越的自然环境、浓厚的人文气息和深厚的历史文化底蕴，还集中了很多大城市也无法比拟的资源优势。通过对国外部分有代表性的国外特色小镇和体育特色小镇的案例进行分析，以期其开发经验能对我国体育特色小镇的发展产生一定的借鉴价值。

（一）国外的特色小镇

1. 法国沙木尼体育旅游小镇——运动休闲型特色小镇

沙木尼小镇位于法国中部东侧，坐落于阿尔卑斯主峰勃朗峰（4807 米）脚下的山谷里，毗邻意大利和瑞士，目前已经成为高山户外运动的目的地。1821 年，沙木尼开始发展登山服务业，小镇由本地 34 名向导组成的一个向导公司，为各地游客提供各项登山服务。经过仅百余年发展，高山运动项目及专业服务方面已逐步成熟，沙木尼小镇成为欧洲乃至全世界最吸引人的高山运动圣地。1924 年，第一届冬季奥运会在沙木尼小镇举办，还专门增加滑冰和冰球比赛场地，同时世界级的滑雪教练训练中心也在这里落户。冬奥会推动了沙木尼小镇高山冰雪场地设施和接待服务设施的完善，带动了户外培训、服务接待等服行业的发展。

案例剖析：

（1）以专业的高山运动教育培训机构为保障

沙木尼小镇形成专业高山运动教育培训体系。在此建成世界上第一所登山向导学校——法国国家滑雪登山学校（ENSA）、高山军校、高山警察培训中心、高山医学培训等相关的高山项目培训机构。

（2）以多元化的休闲体育项目及国际赛事为核心

沙木尼小镇运动项目丰富，特别是攀登资源集中，勃朗峰、大乔拉斯峰一共拥有5000多条攀岩路线和众多不同的攀冰、登山路线。另外高山滑翔伞、滑雪、溪降运动也开展得非常广泛。

沙木尼小镇的赛事资源包含登山、滑雪国际特色赛事，目前还开发UTMB高等级越野比赛。

（3）以完善的配套服务为补充

沙木尼小镇服务配套设施齐全，有大量的餐馆、酒店、度假屋，还有超级市场和娱乐场所，每年要接待超过200万的登山滑雪者和普通的游客。除此之外，还提供专业的向导服务，建立了完善的综合医疗体系。

2. 意大利蒙特贝卢纳镇——产业特色型特色小镇

蒙特贝卢纳镇位于意大利北部特雷维索省，有着悠久的手工制鞋历史，20世纪70年代便成为世界著名的冰雪运动有关的运动鞋生产基地。

目前，全球约80%的赛车靴、75%的滑雪靴、65%的冰刀鞋和55%的登山鞋等运动鞋产自此镇。大量生产企业的聚集，促进了居住、商业及公共服务等城市功能的配套完善，形成了“运动鞋生产集群+城市服务功能”的小镇发展架构。

案例剖析：

（1）产业集群联动发展

蒙特贝卢纳镇已经形成了一个庞大的运动鞋生产集群。围绕运动鞋生产，蒙特贝卢纳镇聚集众多研发、设计、配件生产、模具制作、制鞋机器及塑胶等产前配套企业，以及商业协会、中介、营销和配送等产后服务产业，形成产业集群联动发展态势。

（2）产城结构

各类鞋企在蒙特贝卢纳镇地理空间上并不是绝对集中，而是以镇区为中心，在半径约5千米范围内伸展，形成多个功能差异化的产业集聚区。相关企业如设计、研发和配件生产等企业围绕核心生产企业分布，商业、居住等城市配套功能设施则主要集聚在镇区。

大型鞋企、配套企业及城市配套服务功能交错分布，通过产业链间的沟通和便捷的交通网络打造一个“大分散、小集中”的布局，核心体育用品的生产推动上下游企业的完善，促进服务业集聚，推动小镇特色化发展。

3. 网球特色小镇：温布尔登——赛事驱动型特色小镇

温布尔登是位于伦敦西南部的小镇，其知名度来自温布尔登网球公开赛。温网是全球四大网球公开赛中历史最为悠久的赛事，由全英俱乐部于1877年举办，赛事于每年6月最后一周的星期一至7月初定期举行。温布尔登缺乏强大的工业支持，因此自温网举办起，就以巨大的吸引力带动小镇相关产业的发展。

案例剖析：

温网办赛及其带来的人流、餐饮活动等成为小镇的重要收入来源。赛事的持续举办，使新的餐馆和训练场馆不断建成；此外，每年温网消耗50000余个网球、超过350000杯茶和咖啡、超过28000公斤草莓等，刺激了小镇经济增长。

赛事旅游方面，温布尔登网球博物馆、球场是游客必须参观的重要景点；同时赛事期间的温布尔登手巾可以卖出约28600包，推动周边产品的售卖。另外，迷你型小球场可供球迷们在排队间歇打球娱乐，还有大牌球星候场较量。出租房屋也是温布尔登居民的重要收入。据英国媒体报道，温布尔登住户如果选择在温网赛事期间出租房屋，收入约为其一年工资。因此，小镇由于赛事驱动，整体收入水平较高。

（二）可借鉴的经验

1. 关注禀赋，尊重历史

上述案例中的体育特色小镇发展依靠的是禀赋资源。我国应根据自身的产业特点、资源分布，选择适合我国的特色小镇的发展路径。

2. 体育特色小镇可采取“主导产业＋多元化模式”

体育特色小镇依据自身资源确定实力较强的主导产业或产品，各个地区由于各具特色的发展禀赋、条件和阶段特征，特色小镇的建设呈现出不同的面貌，世界各地体育特色小镇差异化的发展路径充分表明，采用多元化发展道路能够获取更大发展空间。

3. 优化行业标准，构建情感基础

体育特色小镇落脚点在于顾客的消费体验，体育产品必须打造情感基础，而该情感来源于高端的行业标准，因此掌控标准为体育特色小镇的必经之路。

4. 特色小镇发展的要处理好近远期关系

特色小镇应根据自身资源禀赋、政策环境、经济发展等特征，制定发展策略。要考虑特色小镇的长远利益，实现社会、经济与生态环境的可持续性发展。

三　我国体育特色小镇建设存在的问题

我们知道，体育特色小镇是集生态、生活、生产为一体的“三生综合体”，是集自然生态、社会生态和产业生态为一体的产镇生态圈，是实现产业聚集、重构和创新的新平台，是推动产业升级和城乡统筹的创新实验区。[①] 随着大众消费结构升级，体育消费越来越成为人们的诉求。政策、资

① 杨乐渝：《以“产业＋金融”推动特色小镇发展》，第二届全经联特色小镇投融资模式研讨会，北京，2017 年 8 月。

本、需求共同发力下，体育小镇作为特色小镇的重要形态之一，也是区域活力和绿色发展的集中体现。从体育产业业态和体育小镇特征来看，体育特色小镇目前可以有三种类型，分别是：体育制造小镇、体育赛事小镇、体育旅游小镇。体育制造小镇是以体育用品或设备的生产制造为基础，纵向上延伸发展研发和设计，横向上与文化和物流产业融合发展，打通上下游产业链，最终形成二、三产融合发展的产业聚集区。体育赛事小镇是以单项体育活动或赛事为核心，依托优质景区资源，以户外运动为主，吸引爱好体育项目的群体性客户，集聚周边产业资源，打造单项体育活动项目的产业集群和产业生态链的体育特色小镇。体育旅游小镇是以良好的生态环境为基础，以多样化的、极具参与性与体验性的体育休闲运动（山地运动、水上运动、球类运动、冰雪运动、传统体育运动、特种运动等）聚集为特征而形成的、面向大众消费的体育小镇。

而发展体育特色小镇，江苏、浙江两省的反应积极。2016 年 7 月，浙江出台《关于加快发展体育产业促进体育消费的若干意见》，指出将“建设环杭州湾、环舟山群岛、环太湖和环浙南等运动休闲发展带”“培育创建一批体育特征突出、产业基础较好、产业融合潜力较大的特色小镇”，力争培育 3 ~5 个以体育产业为主要载体的特色小镇。2016 年 9 月，江苏体育局印发《省体育局关于开展体育健康特色小镇建设工作的通知》《省体育局关于做好体育健康特色小镇共建推荐工作的通知》，启动江苏体育健康特色小镇建设工作，2017 年 4 月就与 14 个体育健康特色小镇所在县（市、区）政府签署了共建协议，以省地共建模式启动体育健康特色小镇建设。

2017 年 5 月，国家体育总局办公厅下发《关于推动运动休闲特色小镇建设工作的通知》，正式启动了运动休闲特色小镇建设工作。2017 年 8 月国家体育总局公布第一批运动休闲特色小镇试点项目名单，全国共有 31 个省、自治区、直辖市的 96 个运动休闲特色小镇入选，在发布名单的同时，体育总局针对“运动休闲特色小镇”提出突出体育特色，形成产业链和服务圈。要因地制宜地植入山地户外、水上、航空、冰雪等消费引领性强、覆盖面广的项目；同时在项目设置上与邻近区域其他运动休闲特色小镇有所区别；要把健身休闲和旅游、文化、康养、教育培训等项目融合起来，形成产业链、服务圈。

虽然体育特色小镇在创建和发展过程中取得了较大的进展与成效，但由于还是初建阶段，还存在一些不足与困难，主要表现为定位模糊、产业引领不强、要素资源制约、功能叠加不足等。

（一）定位模糊，产业引领不足

第一，在体育特色小镇建设的定位上，必须明确它既不是行政区划单元上的“镇”，也不是产业园区、风景区的“区”，而是具有明确产业功能、文化功能、旅游功能和社区功能的重要功能平台；第二，体育特色小镇能够实现运动休闲体验，满足个性特色需求，能够成为经济发展过程中的新产业和新动能的引擎；第三，体育特色小镇是集聚了资本、技术、人才等各类要素，逐步构建利益主体多元、公众积极参与的现代社会治理体系和实现产城融合发展道路重要载体。无论是何种产业为主的体育小镇，其体育特色均根植于自身的禀赋资源，体育特色小镇发展的根本动力来自产业驱动。而现阶段体育特色小镇发展定位模糊和产业引领不足的原因是：一方面，体育特色小镇的建设目前总体上仍处于起步阶段，缺乏在全国有影响力、有竞争力的产业和项目，体育产业在产镇互促共生、融合发展的局面还未形成；另一方面，体育产业总量不大，存在分散式布局和粗放式发展等问题，体育产业的品牌效应和辐射带动效应不明显，还没有形成贯通上下游的消费链和互联互通的服务网络。因此，体育特色小镇定位模糊，且产业引领不足。

（二）要素资源制约，发展效应不大

体育特色小镇建设最大的制约就是资金、土地和人才。体育特色小镇的建设中强调了宜居宜业宜游，对基础设施和公共服务的要求较高，这需要有较大的资金和较长的周期加大对基础设施和公共服务的投入；同时，由于体育特色小镇的建设具有较强的行业特色，一方面对人才的需求必须

具备复合型的特征，另一方面，具于体育产业发展的阶段性特征，行业的吸引力和人才的储备还不充分。我国体育特色小镇发展在资金和人才的集聚和吸引力效应较弱。同时，目前不少体育制造小镇和体育旅游小镇的建设，多简单地复制工业园区和旅游景区发展模式，注重物理空间的建设，在产业定位、项目布局等方面引导不足，由于小城镇吸纳人口的能力更加有限，如果不结合产业分布和人口分布特点实际进行开发，必然导致建设过程中土地资源紧张。

（三）市场主体薄弱，集聚能力不强

2017 年中国体育特色小镇建设进入一个井喷期，体育主管部门的推动作用明显。主要是政府负责管控好体育特色小镇规划定位、建设规划方案与实施标准、企业入驻审批等事项；企业则按照政府认可的规划建设方案和体育特色小镇产业培育方向，在项目的投资、建设、运营等方面发挥主体作用。然而，体育特色小镇规划面积是 3 ~5 平方千米，一般不超过 10 平方千米，在这样一个小而美的范围内，如果不能充分发挥企业主体作用，让企业全程参与特色小镇的设计、规划、建设、管理等过程，就会弱化企业的主体作用。在此过程中，要能够发挥体育特色小镇在培育多元体育市场主体、增加体育市场供给等方面的作用，需遵循企业主体、市场化运作的思路，以社会资本为主，引入符合体育小镇发展定位的龙头企业，发挥其企业本身市场网络强大、布局产业能力强的优势，借其推动小镇产业的转型升级。政府应扮演好“引导员”的角色，以配套化服务推进小镇建设，让企业成为体育特色小镇开发运营的主体。尤其加强赛事资源市场化配置的力度，加大体育资源要素流动及配置的市场化力量，将社会体育消费需求与市场供给对接起来，激发市场活力，吸引具有较强实力的企业参与体育投资和体育项目管理，逐步提升体育特色小镇市场聚集水平。

（四）融合关联较窄，功能叠加不足

国家发展和改革委员会《关于加快美丽特色小（城）建设的指导意见》

中指出，要延伸产业链、提升价值链，促进产业跨界融合发展的要求；江苏省在打造体育健康特色小镇中也指出体育小镇要在体育主体功能的基础上，提升产业功能以及融合旅游、休闲、文化等功能。因此建设体育特色小镇就是要因地制宜，通过资本融合、营销融合、媒体融合等方式，促进体育产业与旅游、文化、健康、科技、金融、养老、教育等产业进行跨界融合。目前从以国家体育总局命名的试点运动休闲小镇来看，它们大多以运动项目为特色的小镇，主要是围绕冰雪、水上、航空、足球、攀岩、马拉松等时尚、热门项目建成的，体现当前体育特色小镇的建设要有鲜明的运动休闲业态、浓郁的体育文化氛围和与户外旅游相关的产业融合发展理念。但仅仅在禀赋资源上进行嫁接，在配套的产品研发、装备制造、技能培训及售后服务等方面比较分割；同时围绕体育旅游和时尚运动项目，在产业融合方面还没有做到功能上的叠加，没有实现共融共生。因此，在产业融合背景下，企业之间不但要开展跨行业互动合作，积极拓展体育服务领域，提高企业竞争力。同时，企业内部的人才、资金和信息等也要进行资源整合，在战略布局和业务拓展方面进行创新。体育业态融合按照区位优势及资源禀赋促进体育与制造、旅游、文化、教育等产业融合，使体育特色小镇真正成为体育产业跨界融合的新模式。

四　精准治理下的我国体育特色小镇的建设

体育特色小镇的治理，主要包括政府各层级、各部门，规划建设主体、运营主体、企业、就业人员及社区主体等都需要对体育特色小镇的发展战略、发展规划、治理结构、运营管理等建立共识。因此，要实现上述目标，体育特色小镇需要在治理体制、治理结构和模式上进行创新，要充分挖掘“利益相关者”的资源和潜力，提升各方参与体育特色小镇治理的积极性。

（一）设计体育特色小镇精准治理建设流程

体育特色小镇作为我们经济发展过程中的一个新的城镇业态，体育特色小镇的精准治理，既有国家宏观的规划，省市层面中观的推动，也有具体的体育特色小镇层面微观发展建设。因此，体育特色小镇精准治理既是一个共建、共治、共享的工程，也是一种新型城镇化的产、城、人、文一体化的新实践。体育特色小镇精准治理应在项目规划、建设和运营之前，建立政府主导、社会协同、公众参与、法治保障的多元精细的社会治理体制，目的是推动社会市场协作的多元精准治理，加强对体育特色小镇规划定位的统筹引导和指导，进而在体育特色小镇建设中明确产业定位。

一方面，可在省级层面组建专家委员会来审核各地体育特色小镇的规划定位和建设，将体育特色小镇的发展目标与具体项目相结合，以可操作为前提，依据各自产业基础和资源特色，明晰产业定位，提高精准治理的针对性；另一方面，在精准治理过程中，明确政府、企业、社会组织和居民责任，落实体育特色小镇所有利益相关者沟通参与制度，在体育特色小镇建设共识的基础上，遵循因地制宜、特色凸显、市场可行、城镇可容等原则，扎实稳健地推动体育特色小镇的产业发展、项目建设和市场运营，从宏观、中观、微观层面构建体育特色小镇精准治理的科学流程。

（二）搭建体育特色小镇精准治理资源平台

体育特色小镇的产业定位、规划、建设、运营、企业、就业等每一个环节的相关参与者都可能影响体育特色小镇的可持续发展，因此，建设体育特色小镇，就是发挥政府作用，搭好资源平台，实现功能叠加。

由于建设体育特色小镇是一个复杂的系统工程，涉及体育、旅游、文化、发改委等多个部门，因此需加强统筹协调工作和整合资源要素。政府管理部门和体育职能部门需对各地区体育特色小镇的规划、申报、建设等工作进行服务与指导，实行错位发展，为体育特色小镇提供个性化服务，避免千镇一面，以提高小镇建设中精准治理的质量和效率。

搭建体育特色小镇精准治理资源平台，首先，应创新体育特色小镇运营方式，探索建立由多方参股的发展基金，扶持重点产业，采用 PPP、众筹等方式解决资金瓶颈以推进小镇建设。其次，可以根据体育产业定位，各地量身定制各类政策，在项目审批、土地征用、财政资金、基础设施、人才引进等方面出台相关制度，特别是对于体育赛事、运动休闲、体育场馆、体育人才等项目要给予优惠政策。在体育产业复合型人才的培养方面，一方面，应加强体育小镇规划人才、运营人才的培养；另一方面，在体育赛事管理、运动健康管理上应加强人才培养和引进，实现各种要素充分开放、流动、共享，特别是人才要素的集聚。再次，政府要在传统体育项目的保护与传承、基本公共体育服务供给、生态资源要素保护等方面发挥作用，就要协调国土部门给予支持，尤其在体育特色小镇的建设中，核心区要保证国家建设用地的足够面积，拓展区要用好山地开发。最后，地方政府要在水通、路通、电通等方面整合相关资源，体育部门能够配置与当地资源和市场协同发展的赛事项目，从而打造体育特色小镇精准治理资源平台，使之成为聚合资源、提升特色产业的新载体和谋划项目、集聚创新要素的新平台。

（三）链接体育特色小镇精准治理参与力量

体育特色小镇的发展是在居住者、创业者、投资者以及多方成员共同参与下进行的，为此，体育特色小镇精准治理需要从上而下，把体育特色小镇的目标设定、行为规范、规章制度和政策策略等渗透于日常治理活动之中和融会于公共服务之中，同时，体育特色小镇的成功与否取决于社会的参与度，而社会的参与度又取决于认同度。

体育特色小镇具有宜居、宜业和宜游的特征，因此，体育特色小镇的精准治理需要鼓励和支持社会各方面参与，建立与体育色小镇精准治理相适应的社区治理体系，不断激发社会活力，促进政府、社会、居民三者的良性互动，建成自我管理、自我服务、自我监督的小镇精准治理的自治体系。在体育特色小镇的精准治理过程中大力推进和发展信息化，做到不同部门能够实现数据共享技术，形成体育特色小镇发展的精准治理局面。一是通过培育社区社会组织、志愿者组织以及商协会行业组织，共同制定经济目标和履行各自的契约承诺，夯实社会力量参与小镇精准治理的基础。二是通过不断学习，提高居民协同参与小镇建设和社区治理，强化自我管理、自我服务和自我监督的公民自治，实现承接政府转移职能、满足居民个性需求，才能实现特色小镇的精准治理，达到构建和谐社区的目的。三是在体育特色小镇建设中，努力为居民创造就业机会和提高发展能力的机会，集聚创业者、风投资本、孵化器等要素，促进产业链、创新链和人才链的耦合，提升社区的服务功能，构建便捷的生活、运动和商业圈。四是建立小镇相互交流和合作的网络平台，建立对小镇和地区发展目标共同认知和普遍认可，使体育特色小镇发展成为全部利益相关者长期共同目标和任务，促进政府治理和群众自治的良性互动。五是通过社区治理活动的充分参与、社区文化的共同培育，增强体育特色小镇从业者的主人翁意识，增强从业者对小镇的感情认同，凸显社区自治与自我服务能力，提高体育特色小镇精准治理质量。

（四）促进体育特色小镇精准治理产业融合

以国务院2014年颁布的46号文为标志，我国的体育产业飞速发展，随之而来的是政策频出，大量的企业、机构、资本介入体育产业行业，体育与文化、旅游、健康、养老、教育培训等成为融合中新的体育产业力量。为发展体育特色小镇产业，各地方都在“体育+健康”“体育+旅游”“体育+教育”“体育+文化”以及“体育+互联网”等方面进行产业融合。但是，不同发展阶段对体育特色小镇的要求不同，要根据其区位条件和地区发展基础，以及周边地区发展关系是否有利于体育特色小镇发展，其业态融合也必然要在精准治理理念下体现地域和发展阶段的特征。因此，在体育特色小镇发展的初期阶段，可考虑体育特色小镇的能力基准、要素基准和就业基准，可选择自然资源和文化遗传等要素的产业进行融合；在成长期的体育特色小镇，在考虑潜力基准、空间关联和可持续能力方面，可选择与创意产业进行融合；在成熟阶段的体育特色小镇，多考虑科技型和创新型的要素，可在国际化和全球化进行产业联动和融合方面进行体育特色小镇的精准治理建设。

（五）建立体育特色小镇精准治理评估体系

体育特色小镇建设和运营是一个长期动态的过程，不同产业类型的体育特色小镇，其发展目标也不尽相同，要对体育特色小镇进行精准治理，实现体育特色小镇的功能，就需要在体育特色小镇的建设和管理中实施动态评估，以满足多方利益需求。针对不同项目类型的体育特色小镇，通过设置不同的评价标准，实施动态管理和评估机制，进行阶段或年度考核。一方面，需要考核评估体育特色小镇的产业特色。产业特色主要基于体育特色小镇内部产业是否具有某种体育产业的集聚度，是否已形成一定的影响力以及在一定区域范围内的产业特色化发展形态，是否具有特色竞争力和特色产业的品牌影响力。另一方面，要评估体育特色小镇的运营能力。从企业创新能力、产业发展容量、市场趋势等做出基本判断，同时也需考核生产、生活、生态、文化等相融指数，从而评估出特色小镇的规划、发展、运营、治理的综合水平。同时还需要依据体育特色小镇发展不同阶段进行考核。一般在初期阶段，可以用发展基础和发展潜力这两个指标进行考核；在成长期，可以用知名度和达标度这两个指标进行基础考核；在成熟期，可以用融合度和高端化等指标进行考核。通过运用产业特色、运营能力及阶段特征等指标对体育特色小镇的精准治理进行多维度的评价，才能针对体育特色小镇多样化的功能实现精准治理的目标。

当然，建设体育特色小镇也不是一朝一夕的事情，但是，面临正在如火如荼推进的中国体育特色小镇建设浪潮，更需要建立体育特色小镇发展新共识，通过体育特色小镇精准治理的建设和创新，推动更多地区找到一条健康、可持续的体育特色小镇发展之路。

总之，只有在制度设计、产业引领、平台建设、融合发展的理念下，围绕体育内容丰富、文化内涵鲜明和产业定位明确来建设体育特色小镇，才能通过发展体育特色小镇实现重构地区经济框架、提升区域经济潜能和提高精准治理水平的目标。

人　物　篇

Characters

B.8

在改革创新中寻求管理学的重生

——专访中国工程院院士郭重庆

敏捷智库

2016年中国主办G20杭州峰会，为应对全球危机，完善经济金融治理，实现包容和联动式发展，推动全球创新增长，会上中国提出了“中国方案”。中国工程院院士郭重庆先生一直致力于推动中国管理的发展，其撰写的《中国管理学者该登场了》一文引起强烈反响，文中敏锐地指出，中国经济与社会发展中所取得的历史性突破和所面临的挑战，需要中国管理学家发现规律、解释现象并指导实践。《皮书·中国管理发展报告（2017）》（以下简称“皮书”）特邀郭院士做了书面专访报告，力图站在学术前沿，通过学术视野，审视当前中国管理学发展面临的机遇与挑战，寻求改革创新中管理学重生的良方，为肩负起复兴“中国梦”的伟大使命和构建“人类命运共同体”的历史责任贡献中国管理智慧。

（一）皮书：最近几年，一些管理学者从不同角度提出构建“中国管理学”，是否存在“中国管理学”？您是如何看待“中国管理学”这个问题的？

郭重庆：一般科学规律都是普适的，放之四海皆准的，所以就没有中国物理学或美国物理学的学科分类，就连人文社会科学领域也没有中国哲学与美国哲学之分，但由于存在文化差异，观察事物的方式和视角不同，如中国人偏整体论，西方人偏还原论，也不好说孰优孰劣，所以在哲学研究中存在“中国哲学思想”的提法，同理，在管理学领域存在一个“中国管理思想”的分支也不是不可以的。

（二）皮书：当前，人工智能、云计算、大数据等新技术风起云涌，新技术革命浪潮扑面而来，面对新科技革命的挑战，管理如何变革？您有怎样的展望与预言？

郭重庆：中国管理学者致力于在纯学术理论推理中寻求一个在人为过分简化了的，已无法还原事物原貌的模型或系统中的“精确解释”，不如拥抱大数据、云计算和人工智能，在被还原了事物原貌的基础上“发现规律，解释现象，指导实践”。具体路径可以有以下几个方面：（1）认知管理学。基于人工智能，在脑外部以机器模拟人脑的感知—认知—决策过程，让数据通过机器获得一个解决方案。（2）行为管理学。基于心理学和行为科学突破“理性人”的假设，使决策更接近实际。（3）计算实验管理学。基于计算机模拟仿真技术实施“沙盘推演”预估决策成败。（4）神经管理学。基于脑科学和管理科学从脑内部将脑神经网络的感知—认知反应通过传感器与人的行为的关联性研究，以期管控人的行为。传统管理科学研究如能在上述四个领域突破，中国管理学界定能实现从“跟着说”到“接着说”的蜕变，中国管理科学就算成熟了。

（三）皮书：您一直以来非常关注中国管理的发展，曾提出：“中国管理学者该登场了。”2016 年 G20 杭州峰会召开，这是中国首次主持与主导“全球治理顶层设计”，这是否预示着中国管理已经登场？

郭重庆：中国提出全球治理理念是中国管理走向世界的一个标志。2013 年博鳌论坛和 2015 年联合国大会上习近平主席首次提出了“人类命运共同体”（伙伴关系、安全格局、发展前景、文明交流、生态体系）。这是共商、共建、共享、共治的中国价值观的体现，这也是哈佛约瑟夫·奈强调的“软实力”的中国表现，反映了中国价值观的感召力，美国人是站不到这样的高度提出全球治理的。

（四）皮书：中国经济社会正面临转型变革，在这个过程中，管理如何才能更好地为国家发展服务？

郭重庆：管理学是致用的科学，其主旨应是“发现规律，解释现象，指导实践”。中国正处在一个伟大的历史变革时期，正面临着人类历史上不论以任何尺度来衡量，都是规模空前的经济转型和社会公平的挑战，中国一方面取得了最快速的经济增长，另一方面又面临着各种社会矛盾的激化，社会焦点和热点问题的涌现。现在的问题是：中国管理科学研究队伍中真正发现规律和指导实践的人较少，多热衷于套用西方的价值观和知识体系去解释中国现象，这种研究成果往往导致“南橘北枳”。我们自己的中国特色管理研究的学者们还缺乏积累与底气，自说自话，没有建立起自己的知识体系和价值观。中国管理学界面临的挑战是如何在新的科技革命、产业变革和中国经济转型的交汇点上展现自己的智慧，肩负起历史使命和责任。

（五）皮书：中国管理科学学会及其主办的东沙湖论坛已连续举办了四届，今年将举办第五届。您对东沙湖论坛和中国管理科学学会的工作寄予怎样的期望，有什么指导性建议？

郭重庆：面对人工智能将重新定义，传统的管理理论将受到挑战，管理学研究将向何处去？

中国管理科学学会要有危机感，要引领广大学者以批判性思维改革创新，要拥抱大数据、云计算和人工智能，在改革创新中寻求管理学的重生。

（皮书编委会注：以上文稿为书面采访整理。）

B.9 新形势下中国管理本土化研究与实践的探索

——专访天津财经大学校长李维安*

敏捷智库

现代管理科学发端于西方，成熟于西方。我们20世纪引进西方管理学时曾提出要“与美国同步”，但中西方的文化土壤和制度环境是有差异的，这也注定西方理论不能直接拿来套用中国实践，因此近年来学界开始关注“中国情境下的管理学研究”。天津财经大学校长李维安教授在三十多年的管理学研究生涯中见证着中国管理学理论与实践的发展，《中国管理发展报告（2017）》（以下简称皮书）特邀李校长做了书面专访报告。中国管理学还是应当用心观察中国的管理现象，总结提炼背后的科学规律，构建中国的管理学体系，解决中国情境下的现实问题，推动中国管理科学发展，提升中国管理水平。

一　中国管理学建立与学科体系建设探索

（一）皮书：目前构建中国管理学成为管理学发展的热点之一。作为中国管理科学学会以及其他管理社团的资深成员或核心人物，您如何看待“中国管理学”？对于当前中国管理学学科体系建立与建设问题，您有哪些前瞻性的思考和建议？

李维安：我本人三十多年的管理学研究生涯见证了中国管理学理论与

* 本文为书面采访整理。

实践的发展，现也担任中国管理现代化研究会联职理事长、中国管理科学学会的常务理事，我想这些研究会、学会的宗旨、我们这些中国管理学研究者的使命都在于，推动中国管理科学发展、提升中国管理水平，并形成真正的“中国管理学”。对此，我认为中国管理学要进一步发展需要做到以下几点。

1. 明确中国管理学要走“国际化背景下的本土化发展之路”

现代管理科学发端于西方，成熟于西方，因此我们20世纪引进西方管理学时曾提出要“与美国同步”。但现代管理科学主要还是根据西方的经验实践用科学方法抽象出理论。我们知道，一方面，任何理论都有其前提假设和解释边界，中西方的文化土壤和制度环境都有差异，这也注定西方理论不能直接拿来套用中国实践，因此近年来学界开始关注“中国情境下的管理学研究”。另一方面，理论总结的科学规律也是不分国别、具有一般性的，比如从日本管理实践提炼出的“丰田模式”，就被美国学者总结为“精益生产”用以指导全世界企业。因此我认为中国管理学要走“国际化背景下的本土化发展之路”，用国际先进的科学研究方法研究中国现实问题，并从中提炼出一般性的管理理论。我本人毕业于南开大学，20世纪二三十年代，以何廉、方显廷等为代表的南开学人就提出了“知中国、服务中国”的发展方针，一批“洋博士”做起了“土货化”的研究，并成就斐然。我们当代的学者也要沉下心来，用心观察中国的管理现象，总结提炼背后的科学规律，构建中国的管理学体系。

2. 要打造管理学研究的学术平台，并营造良好的学术氛围

我觉得这包括学术团体、学术期刊、学术评价三个方面。其一，要让中国管理学的学术团体发挥好中国管理学学术组织作用，将其打造成中国管理学研究的平台，并通过管理学年会等形式促进管理学者和实践者之间的交流。其二，要办好中国的管理学术期刊，营造出良好的学术氛围，比如《南开管理评论》发起成立的中国管理学期刊联盟，已有五十余家中国管理学学术期刊及出版单位加入，成为中国管理学学术的高端协同创新平台。该平台将进一步完善期刊的同行评审，提升学术研究水平，并为中国管理学术视野和管理实践的发展服务。其三，要完善学术评价体系，改片面强调“以论文为纲”、“唯 SCI”的做法，鼓励中国管理学者做出有利于解决中国实际问题的研究。一来国内外都出现管理学理论研究与实践“脱节”的趋势，实践者已经看不懂管理学论文，管理学者也不了解管理实践而只做“黑板上的管理学”；二来国内学者多以发表外文论文为目标，不重视管理学研究的“落地”。因此，只有逐步把中国管理学学术评价方式与体系转变为“国际化背景下的本土研究”，才能真正促进“中国管理学”的形成与完善。

3. 培养更多高质量的管理学研究人才

管理学是门实践性很强的学科，也涉及社会经济的方方面面，需要大量的实践人才，“中国管理学”也需要大量高素质的研究人才。我认为在管理学研究人才培养方面，要注意这几个问题：其一，要培养出真正的中国管理问题研究人才，通过科学严谨的研究方法训练管理学研究人才，扎实研究中国管理问题，同时“洋博士”们也要做好“土货化”研究；其二，针对理论与实践的脱节现象，要尝试让成功的管理实践者参与管理学研究，比如，被视为中国管理学最高奖项的“复旦管理学杰出贡献奖”也开始颁发给任正非、张瑞敏、马云、柳传志等在中国企业管理实践领域做出杰出贡献的企业家或企业管理者，这些实践者是创建“中国管理学”的重要力量，应该鼓励学术界与实务界的交流合作，提炼出“中国管理学”；其三，要让管理学人才培养及教育“插上互联网人工智能的翅膀”，新技术条件下管理学知识的传播普及更加快速，学术与实践交流更加方便，也应促使管理学人在独立思考和思维创新上的能力更强，真正有效地利用好这些新技术。

（二）皮书：有人说在中国现在的经济社会发展中，都是经济学家谈管理。管理学学者是缺位的。中国工程院郭重庆院士曾提出“中国管理学者该登场了”。您是如何看待这个问题的？从肩负起责任的角度，中国管理学者做了哪些努力和工作，进一步还需要做些什么，如何来做？

李维安：我基本认同郭院士的观点。我想“经济学家谈管理，管理学者缺位”这一问题可能跟先前管理学科发展及学科门类划分有关系。首先，早期管理学发展特别是工商管理基本沿袭经济学中“理性人”假设下的理论框架和分析方法，如企业理论、合同理论、机制设计理论等构成管理学的重要理论是源于经济学的，但心理学、社会学、行为科学等也为管理学提供了大量重要理论与方法。再者，在我国学科门类划分上，管理学是 1997 年后才单独成为学科门类，此前工商管理属于经济学门类，公共管理属于政治学，图书馆、情报与档案管理属于文学，管理工程属于工程学等。此外，在对中国经济发展奇迹原因的解释上，经济学家多从宏观角度进行阐述、预测，容易形成“显学”，引起高度的社会关注；而管理学者更多基于企业行为决策的微观层面进行解释，难以成为公众话题，因而显得“默默无闻”。这些历史和现实原因可能造成了管理学学者在中国管理问题上的“缺位”，但管理学成为独立的学科门类在我国已经二十年了，也培养出一大批专门的管理学研究人才，他们“该登场了”。在这方面，我认为中国管理学者主要做了这几方面工作。

1. 管理学术研究方面

在老一辈管理学家成思危先生等的努力下，1996 年国家自然科学基金设立了管理科学部，将管理学与数理化生等自然科学放在同等位置，这极大地推动了中国管理学研究，特别是管理学的基础研究。二十余年来，国家自然科学基金对中国管理学研究的资助力度不断加强，面上项目、重点项目、青年项目等的数量和经费都在快速增长，使得中国管理学也出现了一批优秀成果，比如在工商管理领域，我国学者在电子商务、物流与供应链管理、行为金融、公司治理、创业管理理论、组织学习与知识创造、组织创造力、领导与决策科学及中国特色管理等研究领域都取得了突破进展，一些成果达到了国际先进水平，获得国际学术界声望，也出现一大批优秀的研究团队。下一步要做的工作主要是，瞄准学科前沿、实现重点突破，让世界逐步接受认可中国管理学研究，并通过各领域的深入研究与学科交叉，形成中国管理学研究体系。

2. 管理学人才培养方面

据教育部发展规划司 2017 年的统计数据，我国目前在校本科生总计

1612.95余万人，其中管理学本科生约296.67万人，在13个学科门类中仅次于工学；硕士生共计163.9余万人，其中管理学硕士约24.09万人，排在13个学科门类中的第二位；博士生共计34.2余万人，其中管理学博士约2.49万人，排在13个学科门类中的第四位。可以说，我国多年的管理学教育，已经也正在培养着大批管理学人才。下一步要做的工作在于，进一步提高管理学教育的质量，培养出更多高素质的人才。需要强调的是，管理学研究生中很大一部分是专业学位学生，比如MBA、EMBA，这些学生有一定的管理实践，如何让我们的管理学教育与管理实践更好地结合，不仅是国际管理学教育要解决的问题，更是中国管理学教育面临的难题。

（三）皮书：您是以经济管理等为主要学科的天津财经大学的校长，身兼管理学者和管理学教育家，您如何看待当前的管理人才培养？天津财大有哪些好的经验可以借鉴和分享？

李维安：天津财经大学是一所培养高级经济管理人才的重要学府，以"努力建设特色突出、国际知名的高水平财经大学"为自己的发展目标。我担任天津财经大学校长后，和全校师生一起确立了"学思达信"的校训，并以之作为我们的办学宗旨和培养人才的根本理念。我们对这四个字的理解分别是——"学：学为根基、不忘初心"，"思：思乃关要、善思创新"，"达：明礼通达、立业达观"，"信：诚实守信、言行合一"。

1. 在"学"方面

我们勉励同学们要找准自身定位，从知识传授更多转变为知识创造。进入天津财经大学的同学都是同龄人中的佼佼者，因此我们勉励同学们首先明确自己在大学中的定位——"学生"，以学习为立身之本，不断从阅读、听讲、研究、实践中获得知识和技能，在新领域、新知识、新思想中不断寻求突破。我们努力围绕"自由之大"、"眼界之大"、"胸怀之大"、"责任之大"这"四大"，营造"学生、学者、学术"高度融合的学习环境，在经、管、文、理、法、工等多个学科门类为同学们配备海内外名师，实现学科间的打通，并创新性地推行主辅修互换制度，以培养全面发展的经济管理人才；围绕对接国家重大战略需求建设了如中国滨海金融协同创新中心、天津市自贸区研究院、天津市京津冀协同发展研究院、科技金融学院及研究院、国合天财发展战略研究院等一系列研究基地，让同学们更快地了解国家战略，并立志服务于国家战略。

2. 在“思”方面

我们鼓励同学们在飞速发展的互联网时代“以思促学”，在思维创新中享受新知识带来的快乐。“学而不思则罔”，我们希望同学们能够在信息爆炸的时代，学会独立思考，从思考中寻找所学；要提升管理知识和处理信息的能力，才能在不断思考、不断创新中适应这个快速变化的“自组织”时代。为培养“颠覆性创新”的能力，我们提供了丰富的经济管理实践机会，让同学们在实践中锻炼创新能力，比如学校专门成立了创新与创业研究中心，自 2007 年开始组织大学生志愿者深入农村参加调查，迄今共搜集整理民间创新项目 6000 余项，并建立了集创业教育、创业实践、创业服务为一体的创新创业实践基地“思达众创空间”等。

3. 在“达”方面

我们希望同学们明确自身使命，“明智达理”、“修身立业”以成就人生。“自我做出有意义的选择”的能力，便是“达”的境界。我们希望同学要有一颗达观之心，以自信和勇气面对可能的挫折和困难，树立良好的价值追求，端正事业观、金钱观、幸福观。因此，学校不断优化培养方案，打通学科专业壁垒，筛选涵盖财经类学科各主要领域的主干课程作为各专业的“核心课”，以优化“宽口径”，并将数学、外语、信息技术、中文四门课程摆在重中之重的位置，以强化“厚基础”，并不断优化提升，建立“平台 + 模块”的课程体系以满足社会需求和学生个性发展需求；设立“思信创新人才培养实验区”，促进创新拔尖人才脱颖而出，并设立“教学与学业发展中心”为同学们在大学生活不同阶段进行学术研究能力培养、学习技能培训、学业素质拓展、学业诊断等服务；提供了大量网络课程教学资源，将网络视频资源与反转课堂教学有机结合，引进“超星尔雅”网络教学资源，为同学们提供更多资源和选择。

4. 在“信”方面

我们要求同学们以之为立身之本，做到胸怀理想、持之以恒、敢于担当、守住底线。现代经济的核心，实则是信用经济。诚信缺失会危害和谐的人际关系，危害经济社会发展。天津财经大学作为财经类高等学府的专业特殊性，决定了“信”成为同学们必须坚守的“底线”，即“不做假账”的职业底线和“言而有信”的做人底线。对此，我们与北京大学、中国人民大学和大公国际信用评级集团等发起成立“信用教育联盟”，既进行信用管理方面的学术研究，也对同学们进行“信用教育”，让同学们从点滴之处不断完善个人信用，为社会信用的建立做出积极贡献。

二　中国管理理论与实践的协同发展研究

（一）皮书：在疾速变幻的互联网时代，新技术、新产业、新模式层出不穷，各种新的问题也接连不断地产生。很多管理者感叹：不是我跟不上时代，而是这个社会变化太快。您觉得当前管理理论是否很好地在管理实践中发挥作用？管理理论应该如何发展才能更好地服务于管理实践？

李维安：我是国内学者中较早开展公司治理与网络组织方面研究的，我们在2000年左右就提出“网络治理”概念，并对其做了基本定义，即网络治理包含两个层面内容：在治理工具上，通过网络手段进行治理；在治理对象上，对网络组织进行治理。我们知道，在互联网技术发展中有着著名的网络三定律，即摩尔定律、吉尔德定律和迈特卡夫定律，描述的是计算机硬件技术与用户数量、使用费用等的关系。而我们经过多年网络治理研究，也总结出“网络治理定律”，即“在移动互联网时代，管理落后于技术，治理落后于管理”的关系。

具体而言，互联网技术推动着企业特别是高技术网络公司的管理实现“扁平化”、“网络化”，也促使其治理模式由“垂直型”向“扁平化”转变。比如，阿里巴巴等网络公司正在实施的“事业合伙人制”就是对传统“股东大会—董事会—经理层”这种“垂直型”治理模式的一种创新，以马云为代表的核心高管在仅持有百分之十几股权的情况下，却要求有超过半数以上董事的提名权，获得了控制权的优先，也出现了“股东大会—董事会、经理层”这样“扁平化”的治理模式。任何权利都是对称的，现行优先股制度在收益权上获得优先，却需要让渡控制权，而马云等在控制权优先后并未放弃收益权，而其大股东软银、雅虎也并未提出异议。这是因为当前网络组织的治理模式正在发生重大转变，相比于工业经济时代更为稀缺的货币资本，网络经济时代高管所掌握的知识和技术成为更为稀缺的资源；而现有公司治理安排下的权力配置、治理机制和决策方式（“垂直型”治理模式）已经很难对知识技术持有者进行有效激励，难以保持企业发展所需的持续动力。故而需要调整持有知识技术资源的管理层在整个治理链条中的位置，但这种治理模式创新却有悖于香港交易所秉持的“同股同权”、平等对待所有股东原则，使得阿里巴巴不得不赴美上市。

任何理论都是对已有实践的总结、提炼和抽象，管理理论落后于管理实践是正常现象。但在移动互联网时代，技术发展的日新月异使得企业实践（企业管理和公司治理）变化更快，常常是新的理论尚未提出便又出现了新的实践，特别表现在关系到制度层面的公司治理上。从阿里巴巴的案例，我们可以看出，涉及公司根本制度的“同股同权”原则并非是短期就可以撼动的；目前可行的方案是开放“控制权优先股”，让需要获得超量控制权的持股者在收益权上有所放弃，这与现行优先股制度是同一思路，具有一定的可操作性，也是管理学理论界可以呼吁实施的。

因此，我们认为在管理实践快速发展的移动互联网时代，处理好管理学理论与实践的关系，一方面需要学者们更加关注管理实践发生的变化，基于现有理论对其加以解释分析，提炼出变化中的要义，在不对现有制度进行重大变动的前提下，提出可行的实践方案；另一方面，更了解现实情况的管理实践者也要主动参与到管理学研究中来，与学者们深入研讨，形成产学研的良性互动，尝试进行管理理论创新，近来各大企业集团纷纷成立自己的研究院、商学院、管理学院等，便是一种好现象。

三 深化国企改革进入公司治理模式的探讨

（一）皮书：国企改革和产业转型是现在最为重要的课题之一，作为公司治理理论研究领域的专家，您如何看待当前的国企改革问题？这个改革过程已经取得了哪些成果，还有哪些方面需要继续深化或提升？

李维安：我国企业改革的总目标是建立“产权清晰、权责明确、政企分开、管理科学”的现代企业制度。现代企业制度就是公司制，而公司治理改革也是中国企业改革的先行者和核心。2017 年 7 月，国务院办公厅印发《中央企业公司制改制工作实施方案》，要求按照全民所有制工业企业法登记的中央“企业”全部改制为按照公司法注册的“公司”。虽然有些“姗姗来迟”，但它标志着国资委监管的全部央企将全面进入公司时代，而深化国企改革也将全面进入公司治理时代。我们对当前深化国企改革的主要观点如下。

1. 坚持深化国企改革的治理总逻辑：从行政型治理向经济型治理转变

全民所有制企业是计划经济下的企业形态，行政型治理是其典型的治理模式；而作为现代企业制度的公司则需要市场经济下的经济型治理与之匹配。从“企业”到“公司”的历史转变，再次完证了深化国企改革的根本目标在于建立现代企业制度，实现从企业治理模式向公司治理模式的转型，以加快形成有效的治理机制和灵活的市场化经营机制；也是再次重申了我国企业治理改革的逻辑在于从行政型治理向经济型治理转型。

2. 把握深化国企改革突破口：发展混合所有制

首先，解决国企治理的“内部治理外部化、外部治理内部化”困境，需要引入混合所有制，以更好地将国有资本的资本优势与民营资本的灵活市场机制优势合二为一，从而产生“1 +1 >2”的治理效果；其次，只有将混合所有制改革推进到集团层面，形成“母子并进”、“母子协同”，才能取得真正的效果；最后，要平等保护混改企业各类股东的利益，在明确国资与民资的持股比例后，就要在经济型治理的框架下进行市场化运作，而不仅仅是行政型治理的“一家独大”。

3. 抓住深化国企改革的关键：完善董事会治理

从我们坚持连续十五年发布的“中国上市公司治理指数”（CCGINK）的评价结果来看，2011 ~2017 年，民营控股上市公司的董事会治理已经连续七年好于国有控股上市公司。其中，国企董事会治理在董事会运作效率、组织结构等方面一直好于民企，反映出国企在整体合规性方面更好；而民企在董事权利与义务、董事薪酬等方面一直好于国企，反映出民企在激发董事参与董事会运作方面更好；独立董事制度方面，两类公司相差不多。因此进一步完善国企董事会治理主要在于：一是，行政放权与授权，实现董事会的决策与监督职能；二是，理顺治理流程，让“自下而上”的治理机制流畅运转；三是，提升董事的履职能力，合理化董事的薪酬激励，建立完善董事绩效的考评问责制度，并通过外部的市场声誉机制加以补充。

4. 提升国企治理能力：外部治理从“演习”到“实战”

首先，政府要摒弃计划经济体制下经济行为只是行政干预“演习”的做法，将企业真正推向市场，去接受“实战”考验，实施市场化的并购、控制权争夺、股东诉讼等治理较量，让治理行为在市场的“阳光”下而非行政的“黑箱”中进行。其次，社会主义市场经济本质上是法治经济，治理主体都要树立法治思维，在依法治国、依法治企框架下寻求经济型治理的办法，进行“实战”时也必须具有合规意识。最后，外部治理更需要敬畏市场力量，按照市场规律实施，尊重市场的多元治理主体，保障其在市场中公平、公开地博弈，才能真正发挥市场在资源配置中的基础性作用。

5. 加大深化国企治理改革的保障：导入分类治理与配套治理改革

做好国家治理体系中三类组织的分类治理，避免治理模式的套用，真正做到用公司治理、政府治理、社会组织治理的办法分别治理公司、政府、社会组织。还要推动三类组织治理转型的配套与协同，实现齐头并进以形成治理合力，为深化国企改革提供良好的保障，并向着“推进国家治理体系和治理能力现代化”的全面深化改革总目标不断迈进。

四　新技术革命下的管理变革思考

6. 皮书：中国的发展正走在改革与转型的攻坚路上，为实现两个百年目标而执着努力，与此同时，以人工智能为代表的新兴技术也在酝酿一场新技术革命，在这样的大变革背景下，管理学的发展将会面临哪些机遇和挑战？

李维安：前面我已经说到，移动互联网时代下，“管理落后于技术、治理落后于管理”，人工智能技术作为一种新兴技术，已经在很多领域得到应用，也带来了一系列管理革命，比如机器人不断地大量取代简单重复劳动，也更加“任劳任怨”和“吃苦耐劳”，大数据技术也对管理信息的生成、分析、预测及公司决策等产生了重大影响。对此，我简要谈几点看法。

1. 对互联网人工智能时代的看法

互联网、人工智能、大数据等新科技正以前所未有的深度和广度影响着人类社会，我认为互联网人工智能时代带来的最大冲击便是“人类不能被取代的优势愈来愈少了”。一来，学习知识将变得更加容易，创造知识将变得更加重要。古人“学富五车”、“博闻强记”的知识量，与电脑硬盘、互联网、“云端”等存储的信息量显然不可同日而语。学习知识已经不难，但创造知识（拥有“智慧”）却很难，就比如，不知道、不记得的知识可以轻松通过互联网搜索出来，但前提是必须会使用搜索引擎。二来，人类社会可以通过网络实现“自组织”，足不出户就可以实现与外界的交往，乃至完成任何事。在享受着智能时代所带来快捷方便的同时，人类是否会陷入思考、体能等的全面退化？人类是作为主体支配自己创造出来的互联网络，还是仅仅成为电脑网络中的一个配件？三来，人工智能再发达，也无法在情感和人格方面超过和取代人类，人类创造性思维、情感、情商等将成为驾驭机器人的关键。但问题是，习惯了“键对键”交往的人们是否还具备“面对面”交往的能力？

2. 从管理的主要对象——人、财、物、信息，谈谈人工智能对管理的影响

正如拥有超强存储记忆能力和运算能力的AlphaGo可以轻松战胜人类顶尖棋手，人工智能机器人也可以轻松胜任对物料的优化配置、对财务资源的高效利用、对海量信息的快速准确分析，其唯一不能进行有效管理的是拥有复杂情感和难测人格的人类（也是不能被取代的!!），未来管理最重要的方面可能就是管理可以凭借智能机器人强大知识和运算进行辅助决策而变得更加复杂的人。我们知道，人工智能机器人是人类智慧的结晶，是由众多人构成的“网络”，而单个人只是这“网络”中的一员，这就决定了一个人的力量和能力是不可能超过机器人的，故而，人与人之间的合作协同就将更加重要。再考虑到人类“自组织”程度越来越高，因此我们认为，在人工智能时代对人的管理将会越来越复杂。

3. 从管理学的研究方法上简单谈一下人工智能对其的可能影响

比如，管理学研究一般采用案例研究、大样本实证研究等方法；比如，大数据技术就可能使得这些方法变得“过时”，大数据分析技术可以使得“样本 = 总体”，对于管理规律的抽象提炼可能不再需要通过传统的统计抽样、寻找典型案例来进行；又比如，对于复杂的网络组织关系，凭借人工智能强大的运算能力便可理清，可以得出更加准确可靠的研究结论等。

4. 人工智能、大数据等新技术所将推动的治理转型

我们认为，互联网人工智能时代将从信息、权力、风险等三个维度带来治理的转型与变革：一来，新技术将推动治理扁平化，降低治理成本。信息传递更加快捷、低成本，将打破科层制的束缚，让众多治理者参与到治理中来，比如中小股东将会通过电脑、手机等多个终端，更加低成本地参与股东大会投票等治理活动。二来，新技术将破除信息垄断，推动治理现代化。信息传递成本的降低、信息不对称的弱化，将使得更多治理参与者获得治理权力，形成治理者与被治理者之间的实时、不受地域限制的交流，真正推动了公司治理的“现代化”。三来，新技术将推动治理精准化，缓解治理风险。信息源的丰富、信息量的激增、组织的扁平化，将会使公司的治理风险点更加分散泛化，而借助大数据等技术可以充分挖掘分析数据信息、发现组织变动规律、识别多元利益主体间关系，进而对可能存在的风险实施“精准治理”，以缓解治理风险。

B.10 全球治理变革与社会智库建设方略

——专访CCG创始人王辉耀

敏捷智库

2016~2017年，中国与全球化智库（CCG）举办了一系列研讨会，发布了一系列的研究成果，包括在特朗普上任前夕发布的《特朗普时代的机遇、挑战与中国应对》研究报告，该报告为紧张时局下中美关系的稳定发展发出智库的理性声音。在“习特会”前夕，CCG发布了《中美基础设施领域合作前景广阔，为中美关系提供新机遇》报告，报告认为中美在基建领域存在较大的优势互补，并从不同层面提出了加强中美基建合作的具体建议。在“一带一路”国际合作高峰论坛开幕前夕，CCG发布了《“一带一路”的国际合作共赢方案及实现路径》报告，阐明在全球化面临停滞与挫折的时期，“一带一路”国际合作共赢方案将成为有效推进全球化的新方案。《皮书·中国管理发展报告（2017）》（以下简称“皮书”）特邀CCG创始人王辉耀先生做了书面专访报告。以CCG为代表的社会智库呈现出在当前不断变化的国际形势下，中国智库为进一步完善对外开放战略布局，促进包容性全球化的发展做出的贡献。

一 推进包容性全球化发展的全球治理体系改革新思考

（一）皮书：当前全球经济乏力，局势动荡，秩序调整，各种不确定因素纵横交织，西方出现逆全球化的声音。作为全球化专家和全球化智库领导人，您如何看待这个问题？

王辉耀：客观认识“逆全球化”现象，全球化大趋势并未发生逆转。

2016 年，世界范围内“逆全球化”现象此起彼伏，英国脱欧，欧洲多国民族主义、民粹主义和保护主义政党势力上升；美国总统大选中两党候选人均反对《跨太平洋伙伴关系协定》（TPP），并且反对自由贸易的特朗普最终当选；德国 10 万人示威反对《跨大西洋贸易与投资伙伴关系协定》（TTIP）；世界贸易增长缓慢，贸易保护主义兴起；发达国家和发展中国家跨境资本流动下降。探究“逆全球化”现象的基本原因，英国脱欧主要是由于地缘政治灾难导致难民涌入超出其承受力，以及欧盟相关体制约束影响了其利益；德国反对 TTIP 示威主要是反对食用转基因食品和反对单方面采用美国标准。而特朗普对自由贸易和中国的攻击从数据来看基本上站不住脚。虽然世界贸易、投资和人才移动发展势头减弱，但并没有发生转折性改变，通过回顾世界前三次工业革命，我们的结论是全球化趋势并未发生逆转。

（二）皮书：在推进全球化的发展过程中，您觉得存在哪些亟待解决的问题?

王辉耀：关注全球化伴生的三大问题和七个趋势。在全球化条件下，资本运动无国界，因此也在国际和国内不同程度地带来同样的问题，也是我们需要关注并积极应对的全球化伴生的三大问题：技术进步带来就业相对减少；资本和劳动间的收入差距不断拉大；金融资本的全球化运作带来巨大风险。全球化将在第四次工业革命时代获得新的大发展，第四次工业革命可能给全球化带来以下七个趋势：第一，可能既加速全球化，又分割全球化；第二，世界贸易的规则将相应发生重大变化；第三，跨境投资增长的主要指标不仅是规模和金额，更是技术等无形资产投资；第四，传统跨国公司面临全球全要素的重新布局和配置；第五，人工智能、机器人和无人驾驶等技术的广泛应用，将带来众多失业问题；第六，各国之间、一国内部不同群体之间的收入差距将进一步拉大；第七，第四次工业革命使金融创新层出不穷，大规模工业革命将带来世界资本市场的巨大发展，从而带来新的全球金融风险。

（三）皮书：对上述提到的这些问题，有什么解决方案？

王辉耀：积极推进包容性全球化。G20 杭州峰会为推进全球化制定了全面的战略蓝图和行动计划。包括《二十国集团峰会公报》《二十国集团创新增长蓝图和行动计划》《全球贸易增长战略》《全球投资指南》《金融治理框架》等。这些文件正确地反映了全球化的经济规律。但在积极推进全球化的同时，必须科学认识资本运动必然带来的负面后果。因此，在多边、区域和国内，制定的战略和政策体系要既反映和适应全球化，又要科学地解决就业问题和不平等问题，控制金融风险。

1. 以解放和发展生产力为中心

无论是创新驱动还是坚持自由贸易，其目的都是解放和发展生产力。所有财政政策、货币政策、科技政策和工业政策必须围绕实体经济的结构改革、新技术的开发和应用制定。生产力要有全球视野，要充分利用世界一切优质资源（如产品、技术、服务、人才、资金等）。因此应当坚决反对关门主义和保护主义。

2. 捍卫和发展自由贸易体系，但贸易规则的制定要与时俱进

首先，以 WTO 为代表的多边贸易体制为中心，所有跨区域、区域、次区域和双边贸易安排为辅。多哈回合谈判，除了第一步尽快完成《巴厘岛协议》的批准程序，尽快获得早期收获外，还要分类梳理剩余的议程，分清轻重缓急和难易程度，有区别地推进，争取不断获得小步前进的早期收获。在 WTO 框架下完成的《信息技术协定》扩容谈判和取消农产品补贴等，都是早期收获的成果。应继续积极推进环境产品谈判、服务贸易谈判和《政府采购协定》谈判。

其次，鼓动以 TPP、TTIP、RCEP 等为代表的各类区域自贸协定谈判。只要向 WTO 通报，不违反 WTO 的基本原则，就应当鼓励这些谈判并乐见其成。

最后，WTO 本身应当与时俱进。要及时反映世界最新技术进步、产业进步所体现的新的商业模式和对新规则的要求。努力跟踪并研究制定大数据、互联网、物联网、智能生产、新能源、新材料、生物技术贸易中需要的新规则。如果 WTO 不能跟上全球化的最新成果，就会被自己边缘化。

3. 与联合国《2030年可持续发展议程》融合，推进包容的、共同但有区别的自由贸易投资规则和区域一体化，实现效率和公平的统一

联合国《2030 年可持续发展议程》是今后 15 年乃至更长时期推进全球化的基本路径。要把更多的资源、公共产品投入到消除贫困、饥饿，加快低收入国家和最不发达国家发展的方向上来；要把世界市场的拓展和技术的进步更多地投入到非洲和最不发达国家工业化上来。全球化的基础是效率，但国际社会和各国政府在上层建筑领域应推进公平，力求效率与公平的相对统一，确保全球化的稳步发展。

4. 严格区分战乱难民和人才流动

在正确处理难民问题的同时，务必保证人才流动充分自由。建议举办全球高端人才流动高峰论坛，论坛定期在有代表性的地区轮流举办。综合分析世界科技发展的最新成果和趋势，并据此分析高端人才的分布，提出鼓励流动的政策建议。在管理难民的同时，不要拦住人才。

5. 技术进步和充分就业并重

在鼓励和推进科技创新和第四次工业革命的同时，要充分研究新技术应用的经济效果和社会效果，特别是对就业可能的冲击。我们的着眼点是推动社会生产力提高、推动社会进步的科技创新，而不是仅仅为了资本增值更快、牺牲劳工利益的创新。对那些虽然带来生产率的提高，但明显带来失业增加，从而增加社会成本，部分抵消生产率提高效果的新技术（如机器人、智能生产等），要制定审慎的政策，或要求采用这些新技术的同时安排一定数量的其他领域就业。

6. 节制资本，扶持劳工

各国政府要实施合理的社会政策，以调节全球化进程中资本效率带来的收入差距拉大。对高收益的资本收入者征收高额累进税，并要求其承担必要的社会责任。对以劳动收入为主要收入来源的群体征收较低的所得税，并对其提高社会保障（如住房、教育、医疗、养老等）。

7. 全面、长期地治理国际金融体系

全球化进程最大的风险莫过于全球系统性金融风险。在G20杭州峰会拟定的全球金融架构基础上，G20国家和国际货币基金组织等应进一步研究制定管控国际投机资本的一系列规则，包括限制原油和其他大宗商品投机的交易规则，大幅提高外汇投机的成本，加强对冲基金和衍生品的管理，完善各类区域性国际收支应急安排等。只有有效防止全球系统性金融风险，全球化进程才能顺利推进。

（四）皮书：中国与全球化智库（CCG）秉承“国际化、影响力、建设性”的专业定位，坚持“用全球视野，为中国建言；以世界眼光，为中国献策”，在中国参与全球治理的过程中，CCG具体做了什么？发挥了哪些有成效的作用？有什么新的设想和规划？

王辉耀：全球化智库（CCG）是中国第一个以“全球化”命名的研究机构。从成立之日起，CCG就坚持不间断地研究和宣传全球化对中国的重大意义，连续多年举办系列全球化论坛和全球化圆桌研讨，为全球化在中国布道。近两年，在全球化面临重大挑战、逆全球化思潮出现的关键时刻，CCG汇集政、商、学界精英举办了几十场专题研讨会，为中国应对新时代下的世界秩序，积极参与全球治理建言献策。

在长期跟踪研究的基础上，CCG推出了逆全球化思潮下的中国方案系列报告，如《客观认识逆全球化，积极推进包容性全球化》《FTAAP：后TPP时代的最佳选择?》等，并出版了中国第一本系统、深入研究全球化与逆全球化的原因、本质、规律及趋势的图书《全球化VS逆全球化：政府与企业的挑战与机遇》。在特朗普上任前夕，CCG发布了《特朗普时代的机遇、挑战与中国应对》研究报告，为紧张时局下中美关系的稳定发展发出智库的理性声音，在国内外引起广泛反响。在特朗普有意收紧移民政策，“用美国货、雇美国人”之时，CCG发布了《抓住美国移民收紧机遇，更加开放国际人才政策》报告，为提升中国国际人才的竞争力提出十项具体建议；在“习特会”见前夕，发布了《中美基础设施领域合作前景广阔，为中美关系提供新机遇》报告，报告认为中美在基建领域存在较大的优势互补，有广阔的合作共赢空间，可在特朗普治下的中美关系中发挥积极意义，并由此从不同层面提出了加强中美基建合作的具体建议。在“一带一路”国际合作高峰论坛开幕前夕，发布《“一带一路”的国际合作共赢方案及实现路径》报告，阐明在全球化面临停滞与挫折的时期，“一带一路”国际合作共赢方案将成为有效推进全球化的新方案。在G20汉堡峰会前夕，CCG发布了关于全球化形势分析的新书《大转向：谁将推动新一波全球化?》，阐述了在新的全球化背景下，中国如何在全球治理中积极发挥大国作用，如何妥善处理中美关系。

一系列研讨会以及研究成果的发布，为政策制定、企业发展和社会认知提供了参考，为不断变化的国际形势下中国继续推进经济全球化，进一步完善对外开放战略布局，促进包容性全球化贡献了中国智库的智慧。

二　促进国家软实力建设的社会智库发展新探索

（一）皮书：作为中国较早的社会智库的建设者，您见证了中国社会智库的成长与发展。作为世界智库的新生力量，中国智库与西方智库相比较，具有哪些共性与异性特征？出现这些特征的深层次原因是什么？

王辉耀：中外智库的共性特征是影响公共政策、大众的“思想者”、人才的蓄水池与引力场。

1. 影响公共政策

智库本质上是公共政策研究机构，具有社会公共属性。智库不是政府机构或其职能机构，并不直接制定相关政策，但是影响政策制定和制度创新。智库的影响力不在于出版的著作的多少或是举办会议的多少，这些不过是载体，真正的影响力在于通过这些载体对媒体、公众和政府决策者产生影响，最终直接推动政策的制定和执行。

2. 大众的“思想者”

一个合格的智库应当具有强烈的社会责任意识，担负起社会进步与发展的公共责任。承担社会责任是智库服务公众的一个重要方向。一方面，智库可以连接公众与政府，为两者的互动提供平台。智库可以通过举办研讨会、论坛等形式，为社会公众、智库专家、政府官员建立一个直接沟通的平台，既可以加深公众对公共政策的理解，又可以为公众发表自己的意见提供一个渠道。另一方面，智库可以宣传自己的思想、观点，影响政府做出对社会、对民众有益的决策。

3. 人才的蓄水池与引力场

作为高智力研究机构，智库的人才集聚效应不言而喻。随着智库建设的日益成熟，其人才集聚效应必将日益强大，形成的人才群体的整体竞争力也势必得到不断强化。比如“旋转门”机制就在一定程度上沟通了学界与政界、思想与权力，实现了两者的相互渗透，增加了智库对国家制定政策的影响。

中外智库最大的差异是影响政策的方式和途径。因为不同国家之间政治体制有别，决策过程存在诸多差异，这就决定了各国智库拥有独特的发挥政策影响力的途径与方式。

（二）皮书：随着中央《关于加强中国特色新型智库建设的意见》的印发和25家机构入选首批国家高端智库建设试点单位，中国特色新型智库建设进入了由国家统筹协调推进的新阶段。对此，您认为中国特色新型智库建设的现状如何？进一步发展需要注意哪些方面？

王辉耀：党的十八大以来，习近平主席多次提出加强中国特色新型智库建设，强调治国理政必须善于集中各方面的智慧，凝聚最广泛的力量。中国特色新型智库是党和政府科学民主依法决策的重要支撑，是中国协商民主的新模式、新力量、新发展方向。伴随着中央一系列文件的出台，中国智库迎来了最好的发展机遇，同时也开始了新型智库建设的探索。中国特色新型智库未来发展需注重以下几个方面。

1. 为各类智库创造平等竞争平台，形成多元发展格局

官方智库、高校智库与民间智库处于不均衡发展态势，从智库的可持续发展来说，应该给予民间智库更大的发展空间与政策环境支持，为体制内外智库创造竞争平台，形成真正的百花齐放、全局发展的思想市场。

2. 鼓励智库加强国内外交流与合作

智库要为经济、社会、军事等方面的政策制定提供理论支撑与政策建议，很重要的一点就是智库要能够汇聚不同领域的学者、专家运用集体的智慧为决策服务。从这个角度出发，智库应该是一个研究共享平台，“开放”是打造高质量有国际影响力智库的关键。中国特色新型智库建设需要知己知彼，既要立足中国国情，也要追踪国际智库发展经验。在全球化时代，智库必须打破闭门造车的现状，加强国际交流与合作，参与国际智库思想市场的竞争与合作，实现信息的互通有无，提高研究成果的科学性和专业性，用国际社会能够听懂的逻辑和语言发出中国声音，为全球的安全、稳定与繁荣做贡献。

3. “跟风”现象亟待规范与引导

《关于加强中国特色新型智库建设的意见》出台后，在媒体的强势传播下，中国智库成为最受关注的社会发展现象之一。有关机构曾统计，仅 2014 ~ 2015 年，中国新挂牌的各类智库就达到了 5000 家。“智库热”的出现，一方面，增加了我国政策市场的供给力量，另一方面，也确实存在某些机构以智库为名获取社会资源的情况。这种“跟风”现象亟须规范和引导。建议充分利用大数据资源，加强智库评价工作，通过提升社会公众对智库的认知度与认可度，创造智库发展的良性外围环境；同时催生中国新型智库的行业自觉，使大家可以客观认识自身水平，知己知彼，在比较学习中不断发展。全面、系统的智库评价将有利于建立中国智库的行业标准，推动中国特色新型智库建设，促进中国智库体系的健康发展。

（三）皮书：体制内（官方）智库和社会智库两者相比较，各自具有哪些特点？两者各自的发展现状、趋势以及具体表现主要体现在哪些方面？各自应当如何发挥作用？

王辉耀：以下分别从体制内（官方）智库和社会智库两个类别回答这个问题。

1. 体制内（官方）智库

就中国目前的状况来看，官方智库仍是中国智库力量的主力军。按照软科学机构的统计进行估计，中国各类智库机构将近2500家，其中官方智库的数量占95%。由此可见，官方智库依托其政府背景和资金支持，承担了政府委派绝大部分的课题，占据着绝大部分的资源，几乎垄断了国内的智库领域。它们是中国最主要的决策支持机构，也是当前中国智库最普遍的存在形式。同时，官办智库对中国重大决策与改革的进行也起到了重大的影响作用，从社会主义市场经济建立到推进农村改革，官方智库都为决策者提供了决策参考。国务院发展研究中心向中共十八届三中全会提交的“383”改革方案就是一个很好的例证。

2. 社会智库

中国社会智库的真正发展始于20世纪90年代，尤其是党的十四大之后，随着市场经济体制的建立和中国政府职能的转变，一批社会智库涌现出来，但社会智库并没有获得足够的生存空间和良好的发展环境，一直处于比较弱势的地位。最近几年，随着政府高层对智库的日益重视，社会智库开始迎来了一个新的发展机遇期。社会智库身处体制之外，经费独立、人事独立，具备市场基因，运营机制更为灵活，可以反映来自民间的最直接、最现实、最紧迫的公共需求，所提出的政策建议往往可以超越部门利益、行业利益或地方利益。就像改革开放初期，发展民营经济搞活了中国的市场经济一样，社会智库恰似思想市场的一群鲶鱼，是搞活思想市场的关键力量。鼓励社会智库的发展，为各种类型的智库创造同台竞技的机会，将大大提升中国智库的整体水平，促成可持续的国家繁荣。

（四）皮书：对于社会智库的进一步发展您对政府和智库机构本身分别有哪些建言？社会智库在推动社会发展层面还有哪些可以努力的方向？

王辉耀：社会智库应充分发挥自身体制机制灵活的优势，要充分发挥“辅弼国政”的重要作用。

1. 社会智库应充分发挥自身体制机制灵活的优势，进行大胆的创新与探索

第一，搭建灵活的用人机制，用好智库“内脑”的同时，加强与外部的交流与合作，通过访问学者机制、战略合作机制、实习生机制等凝聚世界范围内的优秀人才。

第二，明确智库定位并在对捐赠者群体进行深入了解的基础上，建立专门的筹款战略，探求多元化的筹资渠道。

第三，保持一种开放与学习的心态，在立足国内问题研究的基础上，密切关注全球性问题，深挖国际资源，通过人员交往、学术交流、联合研究等方式建立国际研究网络；充分利用网络媒介实现智库成果的全球传播；主动设定国际议题，在国际热点问题上积极发声，引导国际舆论。

2. 社会智库要充分发挥“辅弼国政”的重要作用，除了要从自身做文章，提高自身的研究能力、传播能力等外，还需要外部政策环境的支撑

第一，建立公开、可问责的信息使用机制。智库的核心竞争力在于政策研究的前瞻性，而进行战略性预测的重要前提是能够在第一时间获取决策相关的信息资源。建议加大对非涉密信息的公开力度，健全社会化的政策信息网络，提升社会智库参与公共政策制定的权限。

第二，完善政策咨询外包机制，将社会智库政策研究产品纳入国家政策研究课题采购计划中。社会智库的研究成果能否在第一时间到达决策者的案头，关系到社会智库的良性发展以及整个智库市场的繁荣。建议为各类智库搭建公平竞争的平台，加大政府购买服务的支持力度，将社会智库政策研究产品纳入国家政策研究课题采购计划中。

第三，扩大社会智库的建言献策渠道。对于成绩优异和在权威指标体系中表现突出的社会智库，可以直接将其纳入相关部门咨询和政策建议来源渠道中。此外，积极邀请社会智库代表人士成为各界别两会代表人选。

第四，完善社会智库的人事制度与人事流动规定。智库的研究人员在职称评定和人事流动方面，应享有和大学及科研机构同样的待遇，方便与体制内单位对接，以吸引更多的人才充实到社会智库的行列中来。

第五，完善公益捐赠制度。研究制定针对社会智库多层次的支持办法，完善公益捐赠制度，鼓励企业、社会组织、个人捐赠资助社会智库建设。

第六，建立旋转门机制。建立社会智库与政府之间常态化的旋转门机制，鼓励政府、事业单位、科研院所的人员和智库的交流，政府相关部门的人可到智库挂职交流，智库的人员也可以到政府机关挂职或任职。

第七，重点扶持一批国家高端社会智库。选择一些研究基础扎实、具有一定国际影响力的社会智库纳入国家高端智库建设试点，重点扶持，以此带动中国智库市场的发展。

（皮书编委会注：以上文稿为书面采访整理。）

B.11

共享经济模式的创新与治理

——专访 ofo 小黄车创始人兼 CEO 戴威

敏捷智库

2016～2017 年，ofo 小黄车基于物联网、大数据、人工智能技术等，实现了单车共享的开创性创新。ofo 小黄车的横空出世，使被诟病多年的交通拥堵、尾气污染问题，似乎一下子得到了有效解决，“绿色出行”也变得容易起来。绿色、便捷的短途出行体验解决了城市交通出行的许多痛点。ofo 小黄车创始人兼 CEO 戴威由此提出“城市大共享”计划。“共享经济”是一种经济模式的改变，ofo 在“共享经济”领域呈现了独特魅力。《皮书·中国管理发展报告（2017）》（以下简称“皮书”）特邀 ofo 小黄车创始人兼 CEO 戴威先生做了专访报告。通过以 ofo 为代表的企业呈现“互联网＋”浪潮下的创新创业过程的共性问题，展望“共享经济”的发展前景和未来，思考“互联网＋”经济新生态带给中国管理的发展机遇和挑战。

一 “互联网＋”时代背景下的创新创业新模式

（一）皮书：ofo 共享单车想法是怎么产生的？

戴威：在北大读研时，我买车丢车反复五次，周围同学也有类似遭遇。据粗略统计，我发现每位同学平均丢车三辆。苦恼不已的情况下，我就产生了“不一定非得拥有自己的自行车，需要时随时随地能用就好”的想法，这是一种机缘巧合。ofo 创立最早的实验开始于北大校园。当时，ofo 向北大师生征集了 1000 辆私人自行车，加装上特订车锁，挂上 ofo 统一车牌，立刻引起不少同学试骑。在我看来，尽管当时这些自行车五颜六色、品牌杂乱，维修起来不那么容易，却是分享单车的一次有益的尝试。

（二）皮书：在“互联网 +”创新创业浪潮中，ofo 能够生存并壮大的原因有哪些？

戴威：2010 年，欧美 social bicycle 公司提出单车共享计划。这个计划由于需要找路灯、停车桩等立柱停放自行车，操作不便，计划进展缓慢。近几年，国内兴起有桩公用自行车，但占地面积大，只能在指定地点用车还车，也十分不便。怎么让用户想骑就骑、想停就停，取用方便、收费便利，从而使骑行更轻松，这是一个大问题，也是成功的关键。我认为，自行车的最大属性是能“顺利到达”，最大限度地满足用户“到达”的需求是关键。后来我们团队经过反复思考、推敲，最终首创无桩共享单车模式，即用户在微信服务号或 APP 输入车牌号或扫码解锁用车即可骑用，也可随时停放。小黄车不仅色调统一，醒目亮丽的黄色也便于用户辨识找车。我们能够总结前人的经验，具备客户体验的本位意识，加上“互联网 +”创新创业的社会大浪潮的推动，综合下来这就是 ofo 最初能够成长起来的几个方面的因素。

（三）皮书：ofo 在逐渐壮大的过程中遇到了哪些困难和挑战？

戴威：与许多初创企业一样，ofo 也是以问题为主线，在解决不同时期出现的不同问题过程中成长壮大起来的。刚成立时，在封闭的校园内推广共享单车，ofo 主要工作是装车牌、车锁，张贴宣传海报，为微信服务号编写小程序，成本不高，六七个人就能干起来。标准小黄车设计出来后，需要询价、采购，于是成立了采购部。车辆投放点从北大校园扩大到更多大学，再快速推广到国内外各大城市，工作量、员工数量与日俱增。特别是城市空间广阔，人口数量庞大，人员素质不一，在用车量暴涨的同时，车辆损坏率也随之剧增。不仅布点任务繁重，为保证市民随时有车可骑，还需要对小黄车的流量、使用状况监控分析，适时调车到位，拖走损坏车辆……同时，非生产型采购、财务监管、风险控制等的规范性管理、财务体系建设也成为亟待解决的问题。不过我认为，所有这些问题都是初创型企业在成长过程必然会遇到的问题。如果当初选择了创业这条路，就要做好应对各种问题的心理准备。

（四）皮书：ofo 是如何解决初创企业发展过程中遇到的上述这些问题的?

戴威：在发展过程中遇到问题和困难是没法回避的，我们只能积极应对和解决问题，最具体的工作就是做了一些管理层面的调整与规制。在创业初期，公司共 4 个人各管运营、宣传、研发、市场。最初不具备正规组织结构的工作室团队如今逐步走向规范，公司的销售部、运维部都是在解决问题的过程中逐渐成型的。随后，ofo 不断扩大，市场竞争愈加激烈，为了应对市场竞争，ofo 市场部、公关部、品牌部相继诞生。随着开疆辟土速度的加快，小黄车快速进入全国 40 个城市，对车辆中转仓库、物流运输调配、回收维修的要求越来越高，物流部、维修服务部也因此建立起来。进入国内市场一个月后，海外市场的拓展也开始进行。部门增多，普通员工招聘量大幅增加，中高层管理人员奇缺……进入海外市场后，公司急需外语表达能力强，有一定经营能力，又熟悉当地市场的人才，人力资源部也开始发挥大作用。我们不仅开始建立企业文化、对新进人员进行战略培训，也加强了风险控制、内部审计、财务监管等工作。

（五）皮书：ofo 共享单车目前的市场发展现状、未来发展趋势是怎样的?

戴威：ofo 共享单车开创了共享经济的先例，因此受到投资人的青睐。获得五轮融资后，小黄车已经延伸到更多的领域，也开启了海外市场拓展战略。发展至今，ofo 已在全球连接了超过 1000 万辆共享单车，日订单超 2500 万辆，为全球 9 个国家 170 座城市近 2 亿用户提供超过 40 亿次高效便捷、绿色低碳的出行服务，迅速成长为全球最大的共享单车平台。

二 以共享单车为代表的“共享经济”治理新思考

（一）皮书：如何从 ofo 共享单车角度理解“共享经济”带来的社会价值？

戴威：ofo 小黄车的愿景是“让世界没有陌生的角落”，我们团队对此一直充满信心。在移动互联网的推动下，ofo 小黄车基于物联网、大数据、人工智能等技术，实现了单车共享的开创性创新。连接自行车的单车共享模式能让人们在全世界每个角落通过 ofo 解锁自行车，满足短途代步的需求。同时，绿色、便捷的短途出行不仅解决了城市交通出行的许多问题，更让一辆自行车的使用效率从 5 分钟提升到 76 分钟，提高了 14 倍；所服务的人从 1 人变成至少 10 人，提高到 10 倍。共享经济的方式使所有权让渡到使用权共享，自行车使用率大幅提升，势必降低城市资源浪费，减少城市交通拥堵，促进绿色低碳出行，帮助城市节省更多的空间。

（二）皮书：以 ofo 为代表的“共享经济”模式，在给社会带来红利共享的同时，也伴生了一些社会治理问题。应该采取什么样的管理措施来应对？

戴威：以共享单车为代表衍生出来的共享经济的治理问题，一直是现在社会普遍关注的问题。例如，共享无桩单车 + 现有私人单车使总车量大幅增加，自行车占道、影响市容问题十分突出。很多专家给出的一些管理建议我也非常认同，包括：一是企业加强与政府的合作，以便在重点商圈、学校、单位，特别是地铁、公交车站投放共享单车。二是对共享单车每个站点的分布、区间流量、用车量、损坏车回收量进行精确的数据统计分析，通过建立数学模型，合理调配和管理车辆。三是针对因物理空间不足、停车位建设不够导致自行车乱停乱放、影响市容的问题，建议由企业出钱回收自行车，政府给企业适当补贴，用共享单车替换原有的自行车，既可减少自行车存量，避免社会资源过度浪费，也便于政府加强对共享单车的管理。

结语：ofo 呈几何级数增长，几乎月月一小变，3 个月一大变，这也带来了管理的改变和运营方式的革新。初创期，愿景、战略、文化、价值观对一个小创业型企业来说，似乎是镜花水月，ofo 成长壮大起来后，领导层才越来越感到其重要性。戴威也坦言，他还来不及静下心来总结先前的管理和运营经验，新的发展就迫使他考虑新的管理和运营方式了。他把 ofo 的高速成长比喻为“开着飞机换引擎”。“思想不滑坡，办法总比问题多。”戴威微笑着说。

案 例 篇

Cases

B.12
以人单合一模式构建互联网时代企业

周云杰　张玉波　赵建华　郑子辉*

摘　要：互联网为企业带来前所未有的挑战，传统管理范式逐渐失效，新管理范式的建立必须立足于互联网时代的特征。本文聚焦海尔人单合一模式创新，介绍了人单合一模式创新的背景，从战略、组织、机制、工具等4个方面分析了人单合一模式如何重构起新的管理体系，并说明了人单合一模式在双创、制造、研发、营销等领域的落地实践。最后，文章指出海尔人单合一模式创新的意义，即中国企业完全可以通过模式创新超越西方企业，引领物联网时代。

关键词：互联网　管理范式　人单合一　共创共赢

* 周云杰，海尔集团董事局副主席、总裁，高级工程师；张玉波，海尔集团战略投资委员会总经理；赵建华，海尔集团战略投资委员会副总经理；郑子辉，海尔集团战略投资委员会副总经理。

一　海尔人单合一模式创新的背景

（一）互联网时代企业管理面临颠覆性挑战

网络技术的应用使得互联网时代不同于以往任何一个时代，给企业管理带来了诸多颠覆性的挑战。

美国企业史学家艾尔弗雷德·钱德勒（Alfred D. Chandler）提出，通信技术的发展和应用影响了企业组织结构和管理制度。① 与电报、铁路影响现代企业管理一样，网络通信技术的应用对当前企业组织结构也提出了新的要求。在互联网时代，爆炸式的信息以几何级速度传递，传统的金字塔组织已无法满足信息的快速传递和共享，这就要求企业必须改变组织结构。

同时，互联网新技术的发展和应用也逐渐改变了用户的消费习惯，并催生出体验经济、共享经济和社群经济等新的商业形态和市场竞争格局，冲击了企业原先的运营模式。简而言之，互联网对企业产生如下影响：商业模式从分工式变为分布式，对于企业而言，资源不再局限于企业内部，而是遍布世界；制造模式从大规模制造变为大规模定制，企业必须能够满足用户的个性化需求；消费模式从产品经济变为体验经济，企业必须创造用户体验而不能以自我为中心。企业必须适应时代变化改变传统的经营模式。

（二）传统管理范式逐渐失效，企业亟须新的企业管理范式适应新现实

一切问题都源于思维。互联网对企业管理的影响之所以是颠覆性的，主要因为互联网造就了新的社会现实，冲击了人们原有的认知，企业套用过时的管理思维和管理模式应对新的现实，注定失效。

---

① 〔美〕艾尔弗雷德·钱德勒：《企业规模经济与范围经济：工业资本主义的原动力》，张逸人等译，中国社会科学出版社，1999 年第 2 期。

管理大师彼得·德鲁克（Peter F. Drucker）曾说过，“互联网消除了距离，这是它的影响”。[①] 对于企业来讲，互联网的零距离颠覆了一切。从西方管理发展来看，弗雷德里克·泰勒（Frederick W. Taylor）的科学管理、马克斯·韦伯（Max Weber）的官僚制和亨利·法约尔（Henri Fayol）的一般管理理论奠定了古典管理理论的基础，并逐步演变为企业生产运营中的流水线、科层制以及职能部门，形成了工业革命以来企业的基本框架。如今，三大管理理论正面临被颠覆的挑战。

互联网改变了原先企业与用户之间信息不对称的局面，用户主导了消费权，企业必须满足用户的个性化需求，而传统的流水线只满足大规模制造的需求，制造模式必须转型为大规模定制。在零距离的时代，企业需要去两化：去中心化、去中介化。在零距离的情况下，科层制管理已经逐渐失效，科层制组织必须转变为网络组织，同时，自组织逐渐取代他组织或被组织。

因而，在颠覆面前，管理理论所要做的不是“常规科学”[②] 范围内的修修补补，而是一场范式革命。当前企业管理正处于新旧范式转换的节点，国际管理学界正探索企业转型之道，以确立新的管理思维和管理模式，如战略管理大师加里·哈默（Gary Hamel）通过其Mlab（管理实验室）平台上的MIX（在线管理社区）研究“后科层制”组织理论；“量子管理”提出者丹娜·左哈（Danah Zohar）提出传统管理是牛顿范式，而未来的管理模式是量子范式的。[③]

（三）人单合一模式创新是海尔持续创业创新的必然结果

海尔探索人单合一模式不是一蹴而就的，而是基于海尔战略模式和管理模式良性互动的“双螺旋”结构[④]，与海尔的创业创新发展史是一脉相承的。

---

① 原文为“The Internet eliminates distance. That is its impact”，《大师中的大师》（The Guru's Guru）2001年11月号。

② 〔美〕托马斯·库恩：《科学革命的结构（第四版）》，金吾伦胡新和译，北京大学出版社，2016。

③ 〔英〕丹娜·左哈：《量子领导者》，杨壮施诺译，机械出版社，2016。

④ 曹仰峰：《海尔转型人人都是CEO》，中信出版社，2017。

自1984年创业以来，海尔始终致力于成为“时代的企业”，根据时代变化不断调整发展战略，已经历了名牌战略阶段、多元化战略阶段、国际化战略阶段、全球化品牌战略阶段，目前正处于网络化战略阶段。其间海尔坚持“人的价值第一”，不断探索管理创新，激发员工的创新活力和自主创造力，为员工发展提供平台。

在名牌战略阶段，海尔推行“员工命名创新”和建设自主管理班组，激发员工个体和团队的自主管理、自主创新能力，这阶段既有“启明焊枪”“晓玲扳手”等员工创新，也涌现了冰箱二厂门封条韩美丽班组等“自主管理班组”。

在多元化战略阶段，海尔提出OEC管理模式[①]，提倡的“日事日毕，日清日高”“事事都经营，人人都创新”。

在国际化战略阶段，海尔实施“市场链”流程再造，打破传统企业内部组织之间的壁垒，推进人人SBU（战略事业单位），鼓励每个人成为自主创新的主体。因而，海尔流程再造的本质是人的再造。[②]

在全球化品牌战略阶段，海尔于2005年正式提出人单合一的管理模式，其目的是激发每个员工的潜能，使每个人都面向市场。在此阶段，海尔组织结构从正三角转变为“倒三角”，自主经营体成为海尔组织的基本单元。

在网络化战略阶段，海尔持续推进人单合一模式创新。2012年，海尔提出“企业无边界、管理无领导、供应链无尺度”的“三无战略”，2014年，进一步提出“三化”战略——“企业平台化、员工创客化、用户个性化”，驱动人人创客，打造个性化的用户体验生态圈。2015年，“人单合一双赢”模式升级为“人单合一2.0——共创共赢生态圈模式”，即打造后电商时代基于用户价值交互的共创共赢生态圈，实现攸关各方的共赢增值。人单合一模式在升级，原来的自主经营体也演变为小微。

---

① 英文Overall Every Control and Clear的缩写，即全面质量管理法

② 王安喜：《海尔“市场链”再造了什么?》，《中外管理》2004年12期。

二　海尔人单合一模式的创新内涵和主要做法

（一）人单合一模式的基本内涵

“人单合一”中，“人”是指员工，“单”是指用户价值，“合一”意味着员工和用户的零距离连接。“人单合一”的目的在于，使每个员工都成为自己的CEO，并组成直面市场的自组织，员工通过为用户创造价值实现自身价值。在“人单合一2.0——共创共赢生态圈模式”阶段，“人”从员工升级为利益攸关的各方，“单”从用户价值升级到用户资源，“双赢”升级为共赢，最终目的是实现共创共赢生态圈的多方共赢增值。

与大多数企业将员工与用户二分不同，海尔坚持“人单不二[①]”的理念，“不二”意味着本质的相同，即员工和用户都是价值创造的参与者。海尔探索人单合一模式就是要将员工与用户融合起来，打破企业与用户、员工与用户之间的“围墙”。依托人单合一模式创新，目前海尔已从传统制造家电产品的企业转型为面向全社会孵化创客的平台，驱动员工、创客以用户为中心，搭建共创共赢生态圈。

概括来说，海尔人单合一模式就是要解决传统的线性管理怎么样过渡到物联网时代非线性的管理的问题。从隐喻的角度看，线性管理很好地解决了一个企业从“沙漠”变成“绿洲”、从“荒地”变成“花园”的问题。在互联网时代，线性管理不再适用，必须转向非线性管理，探索怎么样让用户、资源方融合建立开放的生态系统，实现从“人工花园”向“热带雨林”的转变。

（二）海尔人单合一模式创新的主要内容

1.战略创新：从以企业为中心到以用户为中心，创造共创共赢生态圈

互联网时代，网络技术的应用使得单边市场（传统经济）转向多边市

① 佛教用语，《佛学大辞典》：“一实之理，如如平等，而无彼此之别，谓之不二。”意思为无彼此之别。

场（平台经济），企业与用户之间的线性关系发生改变，迫使企业必须调整战略，适应市场变化。

法国诺贝尔经济学奖得主让·梯若尔（Jean Tirole）提出：传统时代市场是单边的，而互联网时代则是双边市场。单边市场就是一手交钱一手交货。但互联网时代，多边市场、平台经济兴起，平台上至少有三方，并不仅仅是钱货交易。

市场由单边向双边的转型，意味着企业与用户之间关系的转变。单边市场中，企业对用户是线性管理，企业主导消费，而双边市场则打破了这种传统的线性关系，消费主导权回归用户，用户可以参与到企业的运营中。

传统经济时代企业追求的目标，要么是规模很大，要么是范围很广①。但在互联网时代，企业即使做到了规模大和范围广，也不一定有竞争力。因而，战略上，顺应互联网时代特征的变化，海尔由传统的以企业为中心转变为以用户为中心，变传统的零和博弈为共创共赢，从规模型企业转变成平台型企业，搭建共创共赢生态圈。

案例：海尔社区洗：从海尔洗衣机到海尔洗衣再到创业平台

海尔社区洗小微从校园洗衣切入，通过一款APP，搭建起校园洗衣平台，解决了大学校园里找洗衣机难、等洗衣机难、付款找硬币难等洗衣痛点，把海尔洗衣机转向海尔洗衣，并吸引了外部的洗衣液等资源方加入，共建校园洗衣生态。在此基础上，社区洗小微又把洗衣平台升级为大学生创业平台——海尔·海狸大学生创业平台，帮助学生自主创业。目前，海尔社区洗已经进入了650所高校，覆盖了500多万大学生，超过万名大学生在平台上勤工俭学和创业。

---

① 〔美〕艾尔弗雷德·钱德勒：《企业规模经济与范围经济：工业资本主义的原动力》，张逸人等译，中国社会科学出版社，1999。

2. 组织创新：由传统的封闭科层制，转型为互联互通的网状节点组织

战略和组织是从属关系：战略跟着时代走，组织跟着战略走。[①] 战略上海尔要变成一个无边界的平台，组织就必须把封闭的科层制的企业变成互联网的一个节点，甚至企业里的所有人都要变成节点。

海尔颠覆了传统组织结构，将企业从金字塔式的科层组织颠覆为互联互通的网络节点组织。组织颠覆后，海尔平台上没有传统的管理者，只有平台主、小微主和创客三类人：平台主是平台服务者，小微主是小微的负责人，创客是小微的成员、创业者，三类人不是传统的上下级管控关系，只是掌握的用户资源不同，他们都在为用户的最佳体验服务。创业小微作为海尔平台上的基本单元，以用户需求为中心，开放连接、整合外部资源，搭建共创共赢生态圈。

与此同时，海尔颠覆传统的“市场分析——技术研发——工业设计——采购——制造——营销——服务”串联流程为并联流程，建立起以用户为中心的开放并联平台，让研发、生产、制造、销售等环节围绕用户需求并联起来，组成生态圈，协同为用户提供整体解决方案。

案例：海尔馨厨首创了全球第一代互联网冰箱

传统的冰箱是一个硬件，而海尔馨厨首创了全球第一代互联网冰箱，除了具备传统冰箱的功能外，馨厨更成为互联网的入口，连接菜谱、娱乐、电商等服务，构建厨房场景下的生态系统。

馨厨的创造者是一群不懂冰箱的人，但正因为不懂冰箱，所以他们更专注于用户的交互体验，更开放地整合全球一流资源，参与到冰箱的全流程设计制造中。实际上，不仅小微成了一个节点，小微产品也成了服务用户的节点。通过构建馨厨生态圈，馨厨冰箱也成了服务用户生活的平台和载体。目前馨厨生态圈已吸引了中粮、欣和、金龙鱼、古井贡、雪花、统一、瞄上生

---

① 〔美〕艾尔弗雷德·钱德勒：《战略与结构：美国工商企业成长的若干篇章》，北京天则经济研究所北京江南天慧经济研究有限公司选译，云南人民出版社，2002。

鲜、蜻蜓 FM、爱奇艺等众多资源方入驻平台。

3. 机制创新：三权让渡给小微，首创创客所有制，驱动人人创客

在科层制企业中，员工往往唯上是从，听从上级的命令和指挥，被动执行，往往会丧失创造力、创新性。硅谷的创业企业一旦规模扩大，也采用科层制，原来的创业创新精神逐渐消失。如何激发员工创业创新活力和精神，已成为当前全球企业面临的重要现实问题。

海尔颠覆传统的“选育用留”式人力资源管理，驱动员工从雇佣者、执行者变成创业者、合伙人，实现“人人创客”。海尔不再给员工提供工作岗位，而是提供创业机会，把决策权、分配权、用人权“三权”让渡给小微，小微、创客不是和企业、用户博弈，而是与自己的能力博弈。在实践中，小微“竞单上岗、按单聚散”，以人力、资本社会化为原则，实现“自创业、自组织、自驱动”的“三自”机制的动态循环（如图 1 所示）。

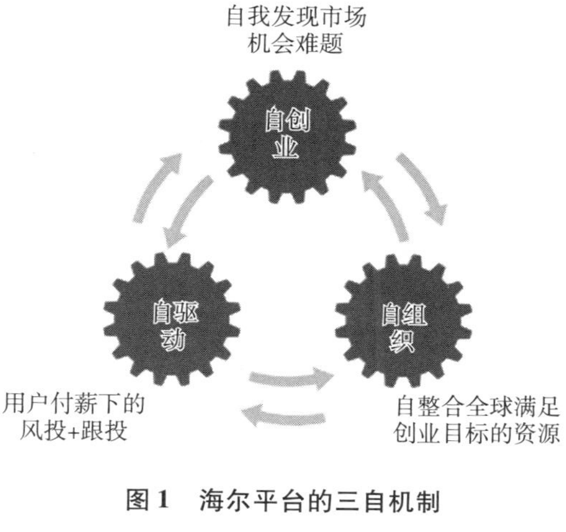

图 1　海尔平台的三自机制

在激励方面，不同于西方的委托代理激励机制，也不同于社会上一般的股权激励，海尔首创了创客所有制。创客所有制有 3 个特点：1. 用户付薪。创客的薪酬不是由领导决定的，而是由用户决定的，每个创客的薪酬和自己创造的用户价值一一对应。2. 资本社会化。创业小微一定有外部风险投资，即社会资本的参与，同时创业者参与跟投，跟投多少与创客自身能创造的价值相对应，并以跟投股本做对赌，实现创客、小微、风投等的利益共享、风险共担。3. 动态优化。创客的股权是动态的，创造价值大，股权就多，没有创造出价值，股权就没有价值。

通过创客所有制，海尔解决了诺贝尔奖经济学奖获得者奥利弗·哈特（Oliver Hart）的难题——每个人的所有权和每个人的剩余控制权不可能一一对应。海尔驱动员工（创客）与用户零距离，不是向上级而是向用户负责，围绕每个具体的用户需求、用户价值（单），每个小微、每个创客都可以定制一个契约，通过创造用户价值实现自我价值，这个过程中，每个人的收益和他创造的价值是一致的，这避免了传统模式下所有人吃企业的“大数”，个人贡献和收益不匹配的问题，同时资本社会化的原则有助于创客与小微企业、社会资本实现利益共享、风险共担。

案例：海尔雷神游戏笔记本小微团队

海尔雷神游戏笔记本小微团队由3个“80后”李艳兵、李宁和李欣创建，他们利用互联网交互平台深入挖掘了3万条用户数据，自主发现市场机会，并开放连接、整合工厂和设计资源，实现雷神品牌的从无到有，逐渐成为游戏笔记本行业第一。

此外，创业过程中，小微实现自驱动，以资本社会化为原则，积极探索“第二曲线”，由硬件产品向搭建共创共赢生态圈的方向演进，探索“硬件引爆→周边引爆+软件→竞技引爆→直播电竞生态平台引爆”的战略和转变路径。目前，雷神小微已实现向海外用户市场的拓展，2016年，雷神小微的销售收入为12亿元。

4. 管理工具创新：二维点阵与共赢增值表

管理思维和模式的改变要求企业需要使用新的管理工具以支持新战略新模式的落地，海尔提出了纵横轴匹配的二维点阵表和共赢增值表，帮助创客更好地锁定创业创新的战略方向、差异化路径，以新标准衡量绩效并驱动迭代优化。

纵横轴匹配的二维点阵表

二维点阵表（如图 2 所示）上接海尔战略损益表，下连创客的对赌承诺，是全流程闭环的单与绩效管理工具。二维点阵表承接战略损益表中的“战略与目标”，包括横轴和纵轴两个维度。横轴是企业价值（如收入、利润、平台交易额、市值等），体现企业在市场上的竞争力。纵轴是网络价值，是实现市场竞争力的驱动机制和具体路径，聚焦的不是短期而是长期的持续发展。

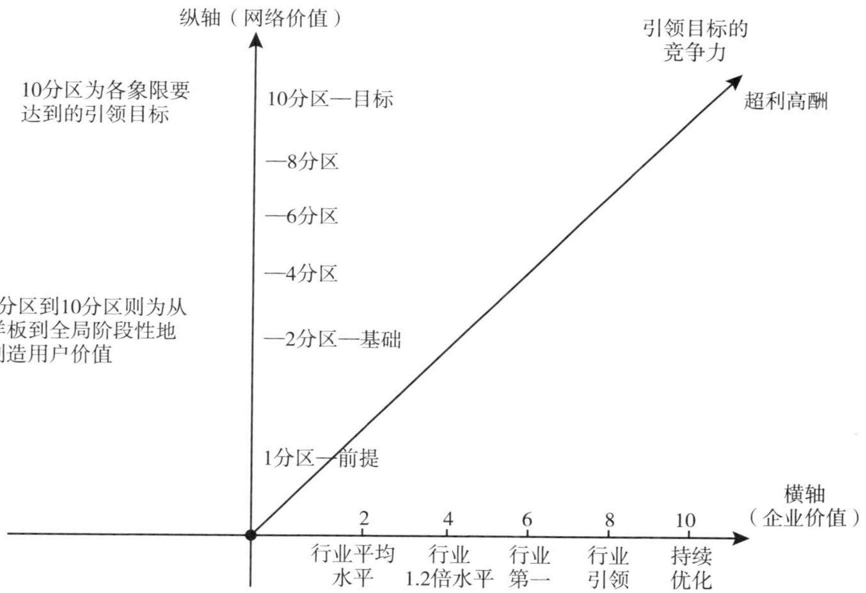

图 2　二维点阵表示意图

二维点阵表的创新性体现在 4 个方面：一是横轴目标设定，不是和自己比，比的是在行业中的竞争力。横轴划分为 2、4、6、8、10 这 5 个分区，分别代表“行业平均水平、行业 1.2 倍水平、行业第一、行业引领、持续优化”，分区越高，表示目标在行业中的竞争力越强。二是纵横轴互为验证：纵轴是对横轴的校验，纵轴承接战略的因，产生横轴市场竞争力的果。横轴区位和纵轴区位相互匹配，例如横轴实现6区位的目标，纵轴不会达到8区位的水平。三是自主抢单，摒弃传统组织自上而下分配任务的模式，通过竞单上岗鼓励员工主动挖掘用户需求，抢更大的单。四是体系开放：单目标是开放的、动态优化的，体现的是行业竞争力水平。①

海尔的二维点阵表体现了“过程+结果”的结合。传统企业通过做广告就能在市场上获得不错的表现，企业的财务状况也不错。但在海尔，任何产品的价值都是横轴和纵轴交叉匹配后最终确定的，比如一个横轴市场盈利很好的产品，如果纵轴没有体现用户交互，或者用户交互水平很低，其价值也很小。

共赢增值表

传统企业都有三张表，即损益表、资产负债表和现金流量表。传统损益表反映的是收入－费用－成本＝利润，以数字损益为导向，只有冷冰冰的数字，见数不见人，所有人的薪酬都吃企业的“大数”。

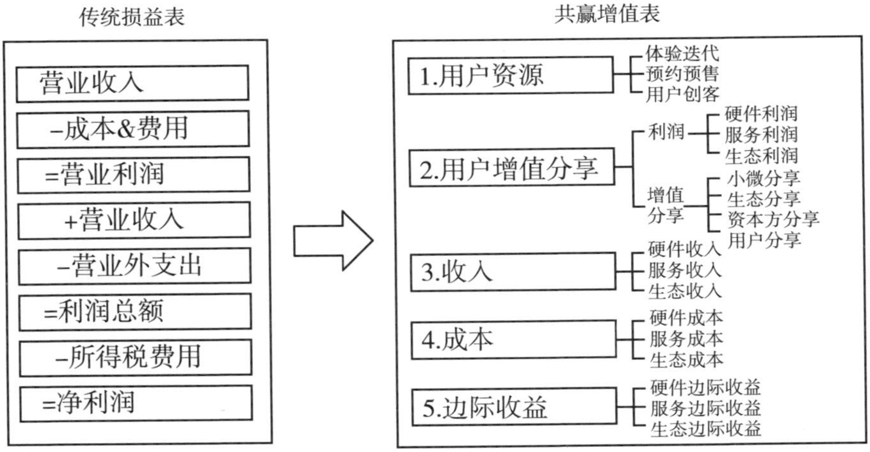

图3　海尔共赢增值

① 参考海尔集团人力资源平台《按单聚散——海尔生态平台上的人力资源管理新模式》，《企业管理》，2015年3期。

为实现创客收益与其创造的价值的匹配，海尔提出了共赢增值表。共赢增值表主要包含 5 个部分，即用户资源、用户增值分享、收入、成本、边际收益。

用户资源：全流程参与设计，最佳体验迭代升级，形成生态圈的用户；

用户增值分享：差异化模式让生态利益各方按创造的增值共赢共享；

收入：用户资源价值转化的直接体现，包括硬件及生态收入；

成本：为实现用户价值所投入的资源成本，包括硬件及生态成本；

边际收益：每单位（产品/用户/资金）所创造的收益。

共赢增值表的目标是促进创客建立多边市场，创造出共创共赢的平台。与传统损益表见数不见人不同，共赢增值表以用户增值为核心，目的是使生态圈中的所有利益攸关方共赢增值。它驱动小微实现由封闭到开放的、有用户和资源方参与的模式，将消费者从产品购买者加速转化为用户资源，并持续驱动小微从边际效益递减的同质化竞争泥潭转入边际效益递增的自演进生态。

共赢增量表是海尔探索的互联网时代企业新的衡量标准和工具，目前已吸引了传统损益表规则的制定者——美国管理会计师协会的关注、认可和研究。

三　海尔人单合一模式创新的落地实践

人单合一模式是海尔持续创业创新的重要保障，在具体实践领域，目前人单合一模式下，海尔在包括双创平台建设、制造模式创新、研发模式创新、营销模式创新等方面取得了阶段性成果。

（一）双创平台建设：提供创业创新全流程全要素服务，建设国家级双创示范基地

目前，海尔双创平台已经在全国各地普遍展开，但也存在诸如创业资源分散，没有规模优势，个人或小微企业创业成功率低、风险性高、科技成果

不易转化等问题。以人单合一模式为战略指导，海尔转型开放的创业平台，面向社会创客，开放大企业资源，着力搭建一个开放的、可复制推广的双创平台，建设成为国家级双创示范基地。

海尔依托32年的用户、管理、服务、供应链、研发及品牌等资源，建设了“众创—众包—众扶—众筹”的智慧生态圈，为创业者提供“创意→设计→制造→销售”全产业全要素的专业服务，形成了专业、开放、共享三大特点。海尔双创平台下设创客学院、创客空间、创客工厂、创客服务、创新资源5个子平台，实现创新与创业、线上与线下、孵化与投资的系统结合，提供创客培养→创意落地→创业支持→产品市场化→小微引爆全流程的一站式孵化服务，如图4所示。①

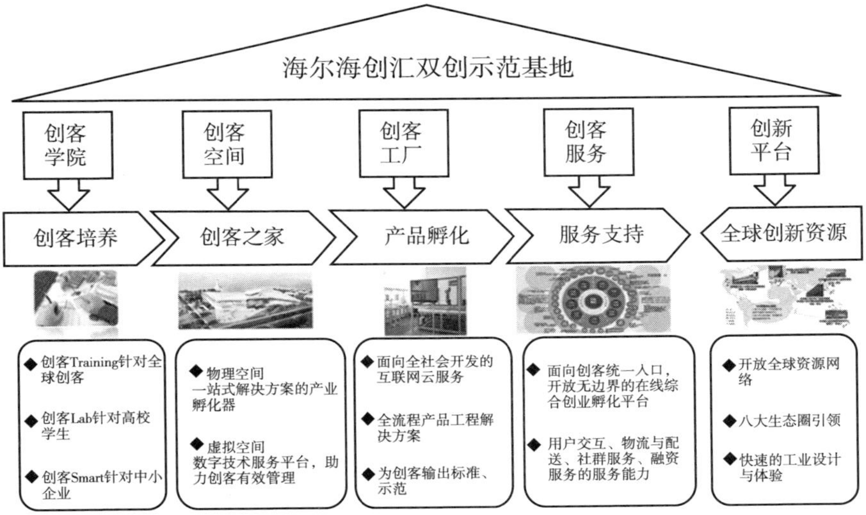

图4　海尔海创汇双创示范基地

与此同时，海尔平台提供了企业内部孵化、脱离母体孵化、产业整合模式、大众创业模式、万众创新模式5种孵化模式，帮助创客实现创业梦想。

① 曹仰峰：《海尔转型人人都是CEO》，中信出版社，2017。

案例：海尔平台孵化创客

2014 年，海尔家居脱离海尔走上创业之路，通过实践人单合一模式，借助海尔资源实现自身收入和利润的持续增长，并孵化出互联网装修的开创者——有住网，目前该品牌位居互联网家装行业第一名。

2016 年，海尔家居、有住网等发起成立引领高端智能生活的智慧住居生态圈——少海汇，目前该生态圈成员企业已有 36 家，年产值过百亿元。2017 年，海尔家居完成 B 轮融资，估值 29 亿元，继续朝着 IPO（首次公开募股，Initial Public Offerings）的目标一步步迈进。

海尔双创平台是首家以大企业创业转型为依托，全面开放大企业资源的开放式创业加速平台。2016 年，海尔双创平台入选国家首批双创示范基地。截至目前，海尔平台上已经汇聚了 4300 多家双创资源，1333 家风投机构，搭建了 15 个双创基地以及超过 120 亿元创投基金，超过 100 个创业小微企业年营业收入过亿元，52 个小微企业引入风投，其中 18 个小微企业估值过亿元，具备了创业板上市资格，海尔直接和间接创造了 160 万个就业机会。

（二）制造模式创新：建设 COSMO 平台，打造工业互联网世界第三极，抢占全球制高点

互联网时代，传统的大规模制造模式已不能满足日益个性化、多元化的用户需求。同时，新一轮科技革命和产业变革浪潮下，美、德等发达国家纷纷布局工业互联网平台建设，争夺智能制造话语权，中国制造业亟须转型升级。

承接“中国制造 2025”国家战略，海尔打造行业首个自主知识产权的工业互联网平台，探索建设 COSMO 平台[①]。有别于目前西门子 MindSPhere（西门子工业云平台）构建的面向工厂管理与服务的工业生态系统和 GE Predix 构建的面向资产制造与管理的工业生态系统，海尔 COSMO 平台既可

---

① Cloud Of Smart Manufacturing Operation，智能制造云平台

以面向企业，也可以面向客户，该平台实现全流程信息的无缝对接，由用户信息驱动企业的生产制造、迭代优化，实现高精度下的高效率，探寻出工业互联网世界第三极。

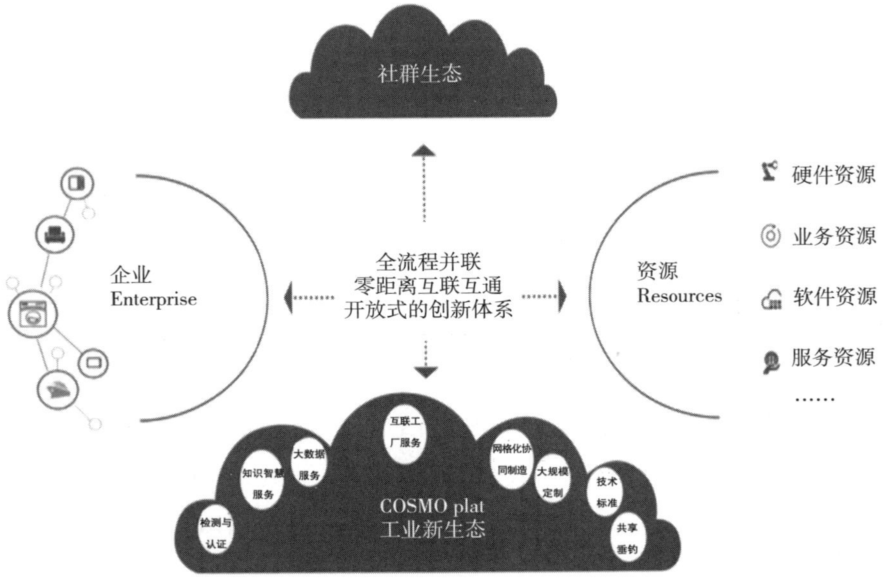

图 5　海尔 COSMO 平台

海尔 COSMO 平台（如图 5 所示）打通交互、定制、研发、采购、制造、物流、服务的全流程环节，并输出为相应的 7 个可以社会化复制的系统应用，帮助企业由大规模制造转型为大规模定制。目前海尔 COSMO 平台已被列为国家级“中国制造 2025”示范基地，在该平台支撑下，海尔已建成 8 家互联工厂，聚集了上亿的用户资源，聚合了超过 300 万的生态资源，形成了用户与资源、用户与企业、企业与资源的 3 个双边市场，已初步构建互联工厂服务、大规模定制、大数据服务、网络化协同制造、知识智慧服务、检测与认证等八大生态服务板块，并已在七大行业实现跨行业应用，创新设计出非家电类产品 19 类，为近 100 家外部公司提供了智能制造转型服务。

（三）研发模式创新：开放整合全球资源，“世界就是我的研发部”

研发领域，海尔以“世界就是我的研发部”为理念，颠覆传统的“需求分析—产品设计—开发验证—产品交付”逐级推进的瀑布式研发方式，探索围绕用户体验的迭代式研发，建立起线上线下融合的开放式创新体系，吸引全球资源和用户参与，开放连接世界一流研发资源，形成自驱动的创新生态系统，持续产出颠覆性创新成果。

目前，海尔在全球布局了十大研发中心，通过内部研发接口人，实现全球一流资源的连接。开放式创新体系下，研发中心不再是传统的封闭的资源聚集区，而成为研发资源的连接器和放大器，可以和当地的创新伙伴合作，搭建起一个遍布全球的研发网络；同时海尔建立了线上平台 HOPE（海尔开放创新平台，Haier Open Partnership Ecosystem），实现用户需求和创新资源的有效匹配。目前 HOPE 平台可触及全球一流资源达 380 万，平均每年产生创意超 6000 个，累计成功孵化 220 个创新项目，研发源匹配周期从过去的 8 周缩短到 6 周。

依托开放式创新，海尔在技术创新、标准引领方面取得了显著的成果：截至目前，海尔的技术创新成果累计获得国家科技进步奖 14 项，占家电行业获奖总量的 67%；累计获得 iF、红点等国际著名设计奖项 117 项，是行业获奖最多的企业；通过专利布局和专利池组建，海尔将无线电力传输等技术输出到其他国家和企业，专利运营收入过亿元；海尔的发明专利占比达 65%，专利授权率达 91%；标准引领方面，2015 年，海尔牵头组建了冰箱保鲜国际标准工作组，主导制定全球冰箱保鲜标准，这是中国冰箱行业在国际标准组织中的第一个工作组，海尔拥有 47 个 IEC（国际电工委员会，International Electro technical Commission）国际标准专家席位，主导的国际、国家标准数量在行业内遥遥领先。①

在产品方面，依托开放式创新，海尔持续产生了众多颠覆性创新成

① 周云杰：推进互联网时代企业制度创新，《人民日报》，2016 年 8 月 16 日第 7 版。

果，如行业首创的免清洗洗衣机、净水洗洗衣机、全球首款真正静音的固态制冷酒柜、全球首款组合式智能空气产品空气魔方、最安全的无一氧化碳燃气热水器，此外还有海尔双子云裳洗衣机、吹出“自然风”的天樽空调等。

（四）营销模式创新：搭建三元化品牌社群，创新 OSO 模式

海尔认为，互联网时代，企业最重要的资源是用户资源。以人单合一模式为依托，海尔将传统的一次性交易的顾客转变成为价值交互的用户，致力于搭建用户社群，创造用户终身价值。

传统工业时代，企业要么是名牌企业，要么是名牌的代工企业；互联网时代，企业要么拥有平台，要么被平台拥有；而物联网时代，只有社群平台才能不被时代淘汰。从企业品牌的角度讲，品牌 1.0 时代，企业与用户是单向的关系，企业局限在以产品为中心；互联网时代也是品牌 2.0 时代，互联网消除了企业与用户的信息不对称的情况，出现了不少电商品牌，但电商是价格交易平台，而不是价值交互平台。

迥异于与传统品牌概念，海尔探索搭建品牌社群，建立企业、用户、社群之间的三元化关系，通过社群交互，实现用户体验迭代，创造用户最佳体验和用户终身价值。在实践中，海尔颠覆传统的 O2O 模式，创新 OSO 模式（O——offline，S——social network，O——online），如图 6 所示，即线上店、线下店和微店融合的模式，实现线上线下融合、资源共享，解决了传统电商与实体店互相抢用户资源、互相比价的矛盾。

OSO 模式以用户的全流程最佳体验为核心，将顺逛微店、线上电商店以及线下实体店融合在一起，建设物联网时代的社群平台：顺逛平台是社群交互的平台，搭建与经营一个个的社群，以产品的话题为传播点，在社群中交互、发酵、传播。线上实体店是流量的入口，社群的交互结果在线上电商店实现销售，并通过用户的评价驱动全流程的节点进行优化改善，提升用户的满意度和口碑。线下实体店是用户的体验中心，为用户提供产品的体验、设计的体验、营销现场的体验以及配送、安装等服务。

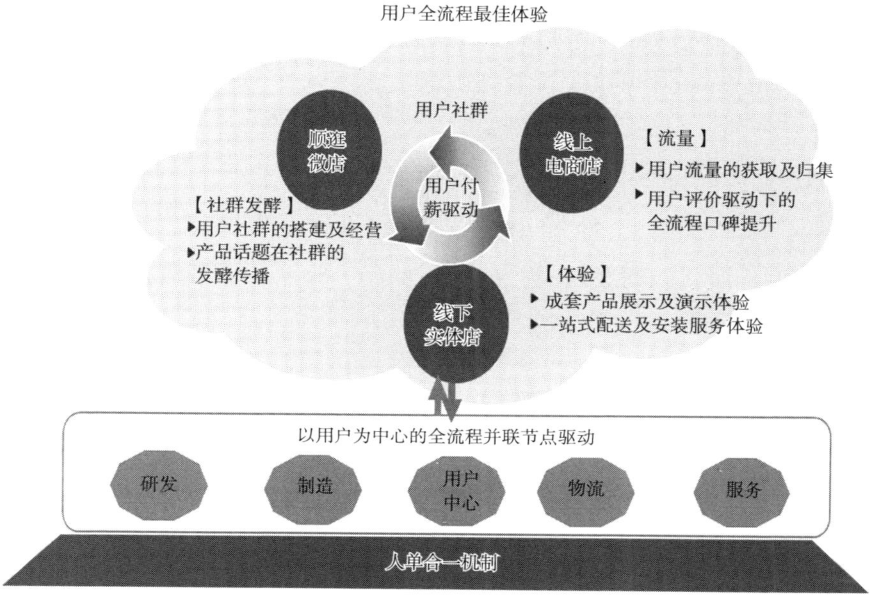

图 6　海尔以用户全流程最佳体验为核心的 OSO 模式

四　海尔人单合一模式创新的意义

自 2005 年提出到现在，海尔公司对人单合一模式的探索已经历 12 年。通过探索和实践人单合一模式，海尔的营业额实现了稳步增长。2016 年，海尔全球营业额实现 2016 亿元，同比增长 6.8%；利润额达 203 亿元，同比增长 12.8%，利润增速是收入增速的 1.8 倍；近十年收入复合增长率达 6.1%，利润复合增长率达 30.6%。据世界权威市场调查机构欧睿国际（Euromonitor）的数据显示：海尔大型家用电器 2016 年品牌零售量占全球市场的 10.3%，居全球第一，这是自 2009 年以来海尔第八次蝉联全球第一。

与此同时，人单合一模式也得到了全球著名商学院和管理学者的肯定，被认为是第三次工业革命以来首创的颠覆性管理模式。目前，包括哈佛商学院、沃顿商学院等众多国际顶级商学院已将海尔收入案例库进行教学研究。2016 年，Thinkers 50 思想实验室（中国）将海尔作为在中国的首个研究基地。

面对物联网时代背景下的企业管理范式变革，海尔人单合一模式以其“时代性、普适性、社会性”，树立起全球企业管理新坐标，为中国企业实现引领互联网时代、物联网时代探索新路径，为全球企业管理变革贡献出“中国方案”。

（一）海尔人单合一模式的“三性”属性

1. 时代性

时代性重点突出的是人单合一模式彻底颠覆传统工业时代的管理理论基础，并从战略、组织、机制等方面重构起适应互联网时代特征的管理体系。正如美国未来学家阿尔文·托夫勒（Alvin Toffler）所说，“落后的思维方式，过时的规则、信条和意识形态——无论它们过去多么重要——都已经不再适用了”。传统经济下的管理理论面对已然发生改变的社会现实逐渐失效，终究要被新的管理理论所取代。人单合一模式正是海尔在新旧管理范式转换之际做出的探索和创新。战略管理大师加里·哈默（Gary Hamel）认为，“海尔是全球先驱型公司中的执牛耳者，正在为后科层制时代和互联网时代重新塑造着管理学的面貌”。宾夕法尼亚大学马歇尔·梅耶（Marshall W. Meyer）教授谈到，“人单合一模式开创了后科斯时代”。

2. 普适性

普适性强调人单合一模式本质上体现康德的“人是目的而非工具”，探索解决工业革命以来人的劳动异化问题，真正体现人的价值。创业以来，海尔始终坚持“人的价值第一”的理念，人单合一模式本质上就是把人当作目的，让每个人的潜能得到发挥，让每个人都成为自己的 CEO，在为用户创造价值的过程中充分实现自我价值。

人性假设是西方管理理论发展的重要支撑，曾先后有“经济人”“社会人”等模式，对应了不同了管理理论和方式。从这个意义上讲，“人单合一”模式正催生出不同于“经济人”“社会人”的第三类“自主人”。

3. 社会性

社会性表现为人单合一模式在跨行业、跨领域、跨文化以及跨地区超强的可复制性。在学术层面，人单合一模式的社会性已得到国际管理学界的积极关注和研究。伦敦政治经济学院克里斯蒂安·布施（Christian Busch）、量子管理学提出者丹娜·左哈（Danah Zohar）等认为，海尔模式会成为下一个社会模式。哈佛商学院教授约翰·科特（John P. Kotter）则提出，海尔在创建的模式不仅在创造一个伟大的公司，而且可以帮助整个国家。

在实践层面，人单合一模式已突破家电行业实现跨界复制，成功在医疗、农业、服务等多个行业落地；而依托“沙拉式”的多元文化融合体系，人单合一模式在大洋洲新西兰、日本、南亚印度、欧洲等国家和地区，正不断结出硕果，展现出其全球性特征。

（二）抓住时代机遇，以模式创新实现换道超车

2017 年，习近平总书记在哲学社会科学工作座谈会上，指出：在解读中国实践、构建中国理论上，我们应该最有发言权……要善于提炼标识性概念，打造易于为国际社会所理解和接受的新概念、新范畴、新表述，引导国际学术界展开讨论和研究。[①]

长期以来，中国企业一直在借鉴和模仿国际上先进的管理思想和模式，但互联网时代，在探索企业管理变革、建立互联网时代的管理模式方面，全球企业都处于同一起跑线上，这为中国企业引领物联网时代提供了机遇。

海尔相信，互联网时代中国企业完全可以超越西方，但途径不是弯道超车，而是“换道超车”——突破传统的、过时的范式的束缚，以模式创新引领时代。物联网时代，不同于以往任何一个时代，企业必须突破传统经济

① 引自：《习近平：在哲学社会科学工作座谈会上的讲话（全文）》，新华网，2016 年 5 月 17 日，http：//news. xinhuanet. com/politics/2016 -05/18/c_ 1118891128_ 4. htm。

时代的路径依赖，探索新的理论范式和发展路径。从这个意义上讲，海尔人单合一模式为中国企业推进互联网转型提供了切实可行的借鉴，同时也为全球企业的管理变革提供了具有自主知识产权的“中国方案”，树立起新时代全球管理模式的新坐标。

B.13

技术与商业模式创新的耦合

——中国新能源汽车产生发展之路

郑 刚 陈 靖 杨宇威*

摘 要: 本文分析了中国新能源汽车产生的发展现状，论述了新能源汽车产生的技术创新与商业模式创新的现状、特点与类型，从耦合视角分析了两者的互动关系，提出了新能源汽车产业的“引发—驱动”创新耦合框架，阐述了制造服务化与生态圈两种创新举措。

关键词: 新能源汽车 技术创新 商业模式 创新耦合

一 中国新能源汽车产生发展概况

根据2012年国务院印发的《节能与新能源汽车产业发展规划（2012～2020年)》，新能源汽车指的是采用新型动力系统，完全或主要依靠新型能源驱动的汽车，规划中所指新能源汽车主要包括插电式混合动力汽车、纯电动汽车及燃料电池汽车。随着国家的大力支持，近些年我国新能源汽车产业得到快速发展。

（一）政策环境

作为我国战略性新兴产业，能源汽车产生的快速发展受到了社会各界的

---

* 郑刚，北京新能源汽车股份有限公司党委书记、总经理。陈靖，北京新能源汽车股份有限公司办公室发展研究室主任。杨宇威，北京新能源汽车股份有限公司工程研究院新技术部部长。

持续关注。2009年以来，中央领导人多次亲自调研考察指导新能源汽车发展，国务院及相关部委陆续出台了一系列支持新能源汽车产生发展的政策文件，涉及宏观导向、财政补贴、税收优惠、推广应用、基础设施、行业管理、技术创新和交通管理8个方面，共计60余项政策。[①] 同时，地方政府高度重视新能源汽车的推广和应用工作，各地纷纷出台细化配套的政策措施，协助新能源汽车企业进行市场开拓，并取得了明显进展。

伴随行业的超高速发展，进入2016年，政策面由产业初期的大力扶持逐步转化为规范管控、完善体系工作，以实现引导全行业实现平稳健康发展，如2016年12月29日，我国财政部、科学技术部、工业和信息化部（简称工信部）、国家发展和改革委员会（简称国家发改委）联合发布了《关于调整新能源汽车推广应用财政补贴政策的通知》；2017年1月16日，工信部正式发布《新能源汽车生产企业及产品准入管理规定》；2017年6月13日，工信部发布《乘用车企业平均燃料消耗量与新能源汽车积分并行管理办法（征求意见稿）》；2017年6月28日，国家发改委、商务部发布了《外商投资产业指导目录（2017年修订）》，明确从2017年7月28日开始外商在华建立生产纯电动汽车整车产品合资企业将不受国家发改委和商务部的限制。

（二）行业现状

在国家及地方政府配套政策的支持下，我国新能源汽车产生实现了产业化和规模化的飞跃式发展。中国汽车工业协会发布的数据显示，2011年我国新能源汽车产量仅0.8万辆，占全国汽车产量的比重不到1‰；2016年我国新能源汽车产量已达到51.7万辆，占全国汽车产量的比重已达1.84%。2014年是我国新能源汽车发展的元年，2014年、2015年我国新能源汽车产销量同比增长均超过300%。2017年上半年，我国新能源乘用车零售15.83万辆，同比增长31.37%，实现了近5年来的同期最高值。

① 智电车评：《2017年新能源汽车产业最新政策分析》，搜狐网，http://www.sohu.com/a/157900294_560094，最后访问日期：2017-7-17。

面对如此火爆的市场，近3年国内外汽车企业纷纷把新能源汽车作为重要发展方向，社会资本也不断涌入新能源汽车产业及相关领域，并积累探索和养成了如“分时租赁”“换电运营”等多种商业模式。目前，我国新能源汽车产业集群初步形成长三角产业集群、泛珠三角产业集群、京津产业集群、西南产业集群、中部产业集群和河北、河南及山东地区产业集群等六大产业集群①。

具体产品方面，公开数据统计，2016年众多本土品牌厂商全年累计推出十余款全新纯电动乘用车与数款插电式混合动力乘用车，加上对往年的热销车型进行的改款与升级，全年在售的新能源乘用车多达60余款。新上市的多款产品不仅配备了如驻车雷达、倒车影像、360度全景影像、胎压监测系统、大尺寸电子显示屏等传统电子电器配置，还在智能网联、遥控驾驶、辅助驾驶、远程控制、无人驾驶等领域实现了先于燃油汽车的技术创新，以满足消费者多样化的需求。与此同时，以北京汽车工业集团总公司（简称北汽）的“E系”为代表的车型已经跻身全球新能源汽车热销车型，国内具有竞争力品牌正在形成。

在产业链方面，作为战略新兴产业，新能源汽车产业涉及的产业环节较多，呈现出跨产业、跨学科、跨领域交叉融合的特征，既涵盖了传统汽车产业的大部分产业链条，又新增了电池、电机和电控等重要的产业环节，生产方式、配套关系以及产业布局都在不断发展。具体来看，新能源汽车产业链上游包括锂、稀土、石墨等矿产资源，中游包括动力电池、电控系统、驱动电机等核心元器件，下游包括整车制造和围绕整车制造形成的销售、租赁、金融、保险、维修保养、充电基础设施等服务以及应用。

伴随新能源汽车产业成熟度和市场景气度的不断提升，上、中、下游企业的商业布局开始呈纵向延伸态势，尤其处于产业链下游的整车制造和中游的核心元器件生产的企业，开始向上游矿产资源领域延伸，以增强针对原材料的掌控能力。

---

① 李溯婉等：《三大产业集群比拼谁是中国车界硅谷》，一财网，http://www.yicai.com/news/5280702.html，最后访问日期：2017-5-9。

（三）发展动力

新能源汽车产业进入全市场化之后，产业主管部门将继续完善政策环境，整个市场的巨大份额以及企业间的直面竞争将是推动产业后续发展的最主要动能。有数据统计①，从2015年至2017年上半年，国内共有202个新能源汽车整车生产项目落地，涉及投资金额超10000亿元人民币，已公开的产能规划超2000万辆。

目前，新能源汽车行业企业纷纷在“三电”、材料科学、车联网、制造装备、制造工艺等相关领域研究攻关，抢占技术制高点。同时，协助政府推动充电桩、换电站等基础设施建设，建立新能源汽车二手车流通市场，完善蓄电池梯级利用和回收管理体系，提升新能源汽车相关行业配套服务能力。

在市场机会与政府政策的双重引导下，我国新能源汽车产业的需求条件不断被激发、生产要素持续完善、产业链协同程度不断提高、企业竞争密度合理加剧，产业竞争优势正在形成。

未来，服务化转型将是新能源汽车产业企业发展的必由之路。相关企业不再局限于研发、制造和销售产品，还将提供个性化定制、智能信息服务等高附加值服务，通过创新优化生产组织形式、运营管理方式和商业发展模式，不断增加服务要素在投入和产出中的比重，满足不同细分客户群体日益多样化和个性化的用户需求，即通过技术创新与商业模式创新的耦合，实现以加工组装为主向“制造+服务”转型，从单纯出售产品向出售“产品+服务”转变，最大限度地延伸和提升价值链，提高全要素生产率、产品附加值和市场占有率，最终实现企业效益的最大化。

不难发现，无论是总结近几年快速发展的经验，还是审视未来发展提出的新要求，新能源汽车产业的发展都离不开“创新”，不仅包括技术创新，也涉及商业模式创新，更需要两者的耦合和相互促进。

---

① 刘晓林：《202个新能源汽车整车生产项目落地产能规划达2124万辆》，《经济观察报》2017年7月12日。

二　中国新能源汽车的创新之道

（一）技术创新

在全球化的背景下，技术创新能力是竞争能力的一种体现。通过研究国内外各产业的发展状况可以看出，技术创新在提升产业自身竞争力的过程中发挥着巨大的作用。

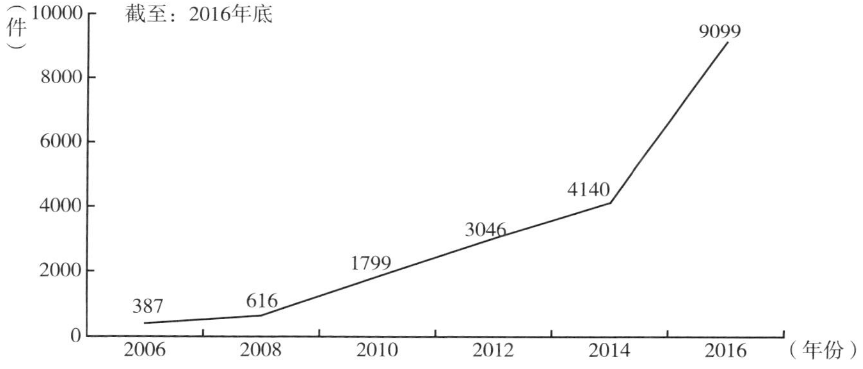

图1　中国新能源汽车专利申请态势

1. 基于专利信息的中国新能源汽车技术创新现状

如图1所示，通过检索新能源汽车领域在中国范围内申请的专利数据（2006～2016年），新能源汽车领域的专利申请量呈现快速增长的态势，具体分为3个阶段，其中2006～2009年为缓慢增长的第一阶段，2010～2013年为快速增长的第二阶段，2014～2016年为爆炸式增长的第三阶段，2016年专利申请量达到最高的9099件。新能源汽车领域专利申请态势的增长与国务院、地方政府制定的相关推动新能源汽车发展规划、补贴政策和市场份额等因素密切相关。截至2016年底，关于新能源汽车领域在中国范围内申请的专利数量总计约为34000件，在政策和市场的驱动下，中国新能源汽车领域的技术创新不断涌现，呈现出百花齐放的态势。

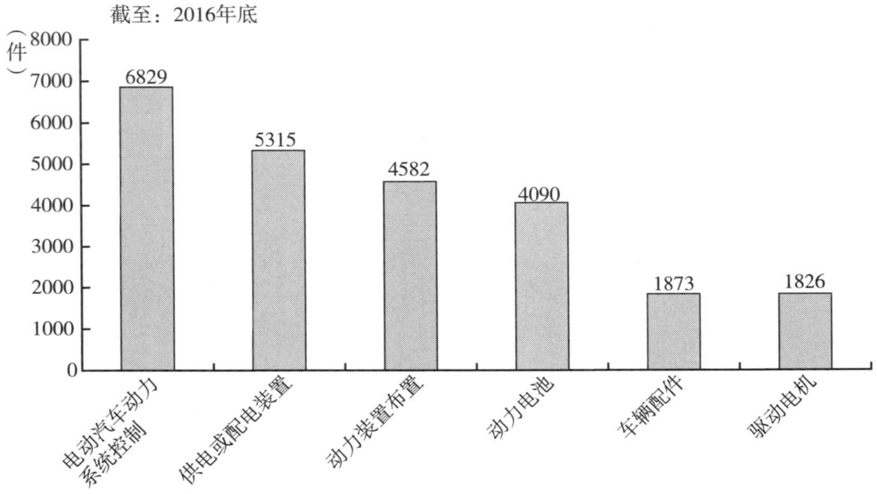

图 2　中国新能源汽车专利申请技术分布图

图 2 为中国新能源汽车专利申请的技术分布情况，其中专利申请主要集中在电动汽车动力系统控制、供电或配电装置、动力装置布置、动力电池、车辆配件和驱动电机等领域。目前新能源汽车领域专利申请量最多的是电动汽车动力系统控制领域，为 6829 件。电动汽车动力系统的控制技术是新能源汽车产业的重点研究技术领域，各大厂商企业均非常重视该技术领域的研

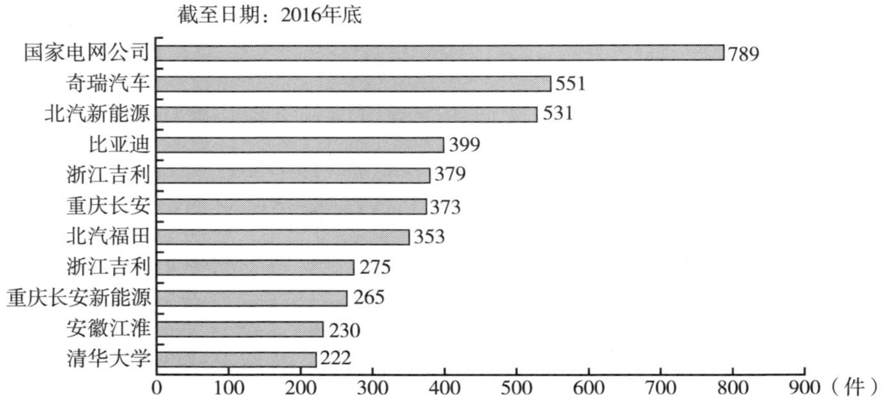

图 3　中国新能源汽车领域专利申请人分布图

发投入。供电或配电装置领域的专利申请量为5315件，说明目前电动汽车的充电技术也越来越成为技术研发的重点。动力装置布置和动力电池领域的专利申请量分别为4582件和4090件。综上所述，目前新能源汽车的技术研发重点集中于电动汽车动力系统控制、充放电技术以及动力电池相关的领域。

图3为中国新能源汽车领域专利申请的申请人的分布情况，值得注意的是国家电网公司申请了大量电动汽车的充电或配电装置相关技术领域的专利，其专利总申请量排名第一，国3中的电动汽车厂商是国内主要的电动汽车生产厂商，这说明了目前中国新能源汽车的关键技术主要掌握在汽车制造企业的手中，而清华大学作为其中唯一的一所高等院校，作为专利申请人排名第10位。

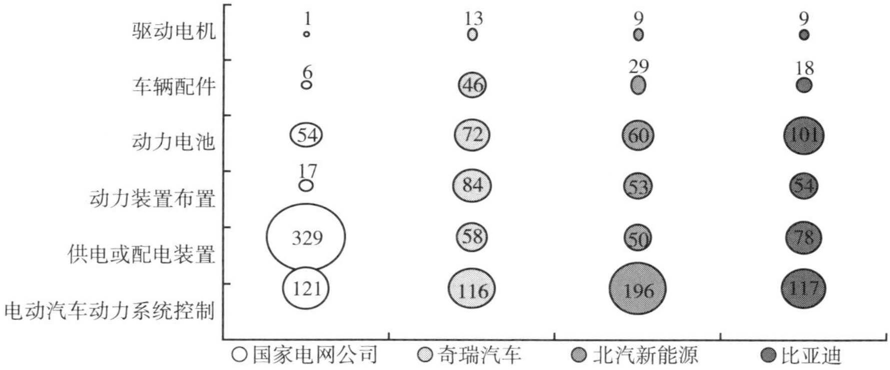

图4 中国新能源汽车专利主要申请人的技术分布

如图4所示，气泡的大小表示在该企业在该技术领域的专利申请数量，明显可以看出，国家电网公司的研发重点集中在供电或配电装置领域，而奇瑞汽车和北汽新能源、比亚迪等汽车制造厂商，均是注重在电动汽车动力系统控制及动力电池上的投入和研发，另外，在动力电池领域中，比亚迪是专利申请量最多的汽车制造厂商。

上述专利数据的分析表明，在“三纵三横”的技术创新路线和相关政策的支持下，中国新能源汽车产业的技术创新能力日渐提升，生产企业已成为中国新能源汽车产业技术创新的主体，且各个主体的专利均聚焦于各自的优势技术。这有利于中国新能源汽车产业的技术创新向产品和市场的转化，进一步促进了中国新能源汽车产业的蓬勃发展。

2. 中国新能源汽车技术创新特点

就专利情况来看，我国新能源产业的专利申请量增加较快，其技术创新能力在逐步提高，并呈现出独占性、累积性和开放性等特点。

（1）独占性

技术的独占性，是指创新者可以从创新中获利多少，或者创新者能够保护创新、防止模仿的整体水平①。在新能源汽车产业发展初期，各企业纷纷采取多种策略保护自己的创新成果。这主要是由于新能源汽车产业还是一个新兴产业，很多企业技术不成熟，大部分处于技术的探索和研发阶段，且为了在激烈的竞争中保持竞争优势，企业大多选择独占性策略组合来保护自己的创新成果。而随着新能源汽车产业的技术逐渐成熟，技术独占性的程度可能会有所降低，但一些企业仍会在关键技术上继续保持独占优势。

（2）累积性

技术累积性是指企业持续累积经营过程中的小发明、小改革、员工的知识、技能及生产经验，进而实现较大程度的甚至是根本性的技术创新②。很多企业会基于前期研究成果开展新的创新活动，这种前期积累及经验教训不仅能使企业在新的研发过程中少走弯路，提高创新活动的成功概率，而且能使企业了解原有技术创新的不足及改进方向，从而更容易形成创新思路。同时，新能源汽车产业作为一个新兴产业，在很多关键技术上，我国企业还处于探索阶段，短时间内很难有颠覆性的突破，因此，依靠积累性创新不断总结教训，积累创新经验，最终可实现巨大的、根本性

---

① 周馨怡：《技术创业企业技术创新与商业模式创新的互动关系机理研究》，东南大学，2016。

② 常景铎：《中小企业应实施积累性技术创新》，《现代企业》2007 年第 2 期，第 34 ~ 35 页。

的技术创新。

（3）开放性

2003年，切萨布鲁夫教授（Dr. Chesbrough）教授提出了“开放式创新”的概念，他认为在开放型创新模式下，企业边界是多孔、可渗透的，一些有价值的想法、知识和创新资源可以通过孔隙在企业间流动。在目前竞争日益激烈的新能源汽车市场中，企业只有通过加强与高校、科研机构以及优秀企业之间的合作，才能实现创新资源的快速流动和有效整合，在较短时间内实现技术创新。除了企业以外，新能源汽车的发明专利还来源于高校、科研机构等，因此，很多企业选择与这些科研机构建立长期合作关系，为研究者提供实践、科研平台，研究者为企业提供技术改进方向及想法，这种合作能够缩短创新成果转化的时间，增强其实用性。

3. 中国新能源汽车技术的发展模式

通过分析我国新能源汽车的专利情况及技术创新特点，我们可以总结出该行业的技术轨道。明确技术轨道不仅能使先进入企业明确自己在本行业中位置，而且能为后进入该行业的企业找准技术发展模式提供依据。

目前在新能源汽车行业中存在两种技术轨道：一种是追赶模式，行业中的后进入企业通过加快技术创新的进程，逐步缩短与先进入企业之间的差距，甚至可能在一定条件下超越行业领先者；另一种是跨越模式，后进入企业以一种非连续方式跳过一些步骤或阶段超越先进入企业。这主要是由于后发企业拥有一定的后发优势，在掌握一定技术的前提下，能够直接运用未成熟的技术，并以新技术为基础，在某些领域实现技术赶超或跳跃式发展。

（二）商业模式创新

商业模式是指企业与顾客之间、企业与政府之间、企业与企业之间以及企业与渠道之间存在的各种交易关系与连接方式的集合，是企业创造、传递以及获取价值的基本原理。在激烈竞争与高信息化背景下，商业模式与技术同等重要，甚至有学者（Teece，2012）呼吁商业模式是电动汽车产业化的先决条件。在2012年12月召开的中央工作经济会议上，政府针对新能源汽车产业的发展倡导“加强产品创新、品牌创新、产品组织创新、商业模式创新”。

1. 中国新能源汽车商业模式创新现状

自2009年我国科技部、国家发改委、工信部、财政部四部委联合开展节能与新能源汽车示范推广试点工作以来，尤其在2014年新能源汽车产业化元年以后，各地方政府、制造商、服务商等多类主体积极探索新能源汽车的商业模式，试图在现有技术特别是电池技术短期内难以取得重大突破的情况下，通过采用以商业模式创新为核心的一揽子解决方案促进新能源汽车产业的发展。

从价值主张、客户细分、客户关系、渠道通路、核心资源、关键业务、重要合作、收入来源和成本结构等方面来看，新能源汽车商业模式呈现出多样与整合的发展特点，如图5所示。

具体来看，在私家车出售市场，新能源汽车的现有商业模式并未突破传统汽车。在公交车、出租车出售市场，主要有“整车销售+自充电”模式和“裸车销售+换电”模式①。在新能源汽车租售市场，有三种模式：融资租赁模式、电池租赁模式以及整车分时租赁模式。

2. 中国新能源汽车商业模式创新类型

从整体角度审视商业模式创新，在新能源汽车市场，主要存在新颖导向、整合导向以及关系导向三种类型。

（1）新颖导向

新颖导向的商业模式本质上是运用全新的方式开展经济活动，主要表现在开发新的价值和创建一个新的市场，或者在已有的市场中创新。新能源汽车相对传统汽车，消费者有安全、性能等方面的顾虑，目前在使用新能源汽车的过程中也存在充电设施不健全、充电耗时长等问题，因此市场出现了更

① 张洁晶：《中国纯电动车商业模式分析》，《汽车工程师》2007年第12期。

图 5　中国新能源汽车商业模式画布

多的租赁、裸车出售等新颖导向商业模式。

（2）整合导向

整合导向的商业模式的本质是整合设计、制造和分销的环节，将新技术嵌入新产品中，并通过新产品导入市场来获得收益。一方面，我国新能源汽车制造多为传统制造企业转型升级的重要举措，多依托已有生产线，将新能源汽车生产技术转化为产品。另一方面，我国新能源汽车产业在国家深化改革时期快速发展，这一时期互联网技术、智能技术也得到迅速发展，新能源汽车产业化的过程中融入了最新的技术。因此，可以说我国新能源汽车产业是在不断整合中实现了井喷式发展。

（3）关系导向

关系导向的商业模式注重的不仅是产品本身，还注重为客户提供解决方案。新能源汽车在产业化过程中，一开始就定位于向消费者提供整套的出行方案，以弥补技术不成熟的劣势，吸引与维护客户。重视用户真正需求的产品性能和服务，以有形产品为载体向顾客提供与产品相关的服务，秉持

“产品 + 服务”的价值主张，企业角色由产品制造商向服务提供商转变，定义新的用户价值，与客户保持实时互动关系。

（三）技术与商业模式创新的耦合分析

回顾中国新能源汽车产业的发展历程，其技术创新与商业模式创新并不是泾渭分明的，而是存在明显的双向互动关系。

一般来说，技术创新能力较强的企业会率先研发出新技术和新产品，技术创新特点的差异会促使企业采用不同的商业模式。同时，企业还需要借助商业模式将新技术和新产品推向市场。由此可见，技术创新和商业模式创新是相互影响、相互作用的。

可以说，技术创新与商业模式创新的耦合促成了中国新能源汽车产业的起步与发展，技术创新引发商业模式创新，商业模式创新驱动技术创新。

1. 技术创新与商业模式创新耦合的“引发—驱动”框架

根据不同企业的资源和各方面业务板块的特点，不同的技术创新路径会引发不同的商业模式：独占性技术创新会促使企业采取新颖导向的商业模式，依靠累积性技术创新的企业倾向于整合导向商业模式，而采取开放性技术创新的企业更愿意选择关系导向或整合导向的商业模式。

与此同时，商业模式创新会驱动技术创新，这主要体现在新颖导向商业模式创新为技术创新提供更强动机；关系导向商业模式创新为技术创新提供更多的信息；整合导向商业模式创新为技术创新提供更好的资源保障。因此，新能源汽车的技术创新与商业模式创新形成图 6 中的“引发—驱动”的耦合框架。

2. 技术创新引发商业模式创新

新能源汽车企业技术创新对商业模式的影响主要体现在三方面，即独占性技术创新影响新颖导向商业模式，累积性技术创新影响整合导向商业模式，开放性技术创新影响关系导向商业模式。

（1）独占性技术创新影响新颖导向商业模式

新能源汽车企业技术创新的独占性越强，使得该企业的新技术和新产品

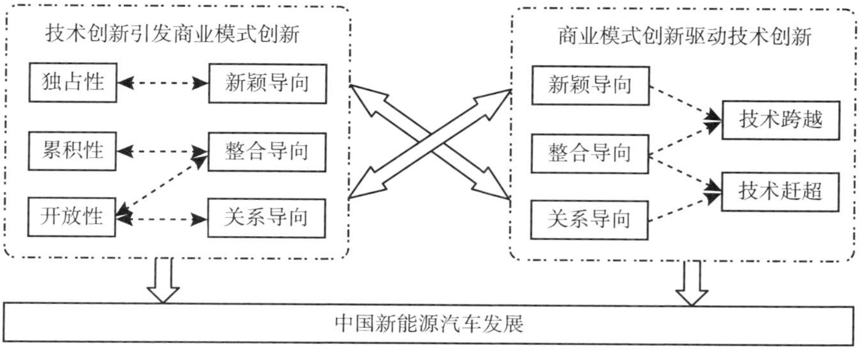

图6　中国新能源汽车“引发—驱动”创新耦合框架

拥有比其他企业更大的差异性和选择性，同时企业保护创新成果的能力也变强，从而增加了竞争企业的模仿成本。在此情况下，企业越有可能采取新颖导向的商业模式，这主要是由于技术独占性能够使企业在消费者和利益相关者之间建立起较高的转换成本，很容易垄断市场，从而获得更高的企业议价能力，进而促使企业倾向于选择各种新的营销模式以最大限度地获取创新利益。如北汽新能源公司与其战略合作伙伴上海电巴新能源科技有限公司合作开发的换电技术，通过攻克换电车的电器元件、高压插接件、集装箱式换电设施等难关并取得相关专利，于2015年在率先实现了纯电动出租汽车的大规模换电运营。

（2）累积性技术创新影响整合导向商业模式

企业通过挖掘和累积全体员工的才智及技术经验，开展全员化的小发明、创新活动，以此不断积累并有效整合的员工知识、技能及创新成果，进而提升企业的整体创新能力。这种积累性技术创新要求企业采取整合导向的商业模式，不仅要善于整合企业内部的员工及创新资源，使其发挥最大效用，同时还要将设计、制造和分销等环节作为一个整体，使其发挥整个价值链所具有的功能，并能把创新资源有效嵌入其中，通过生产出新产品来获得市场收益。

（3）开放性技术创新影响关系导向商业模式

新能源汽车技术创新的开放性越强，企业利用内外部技术、资源创新的能力也就越强，通过建立与其他企业、科研院所或消费者之间的长期联系来更深入地挖掘创新潜力，因此，这也促使企业采取新的组织协调方式，重新注重与合作伙伴及消费者之间的关系，针对不同的利益主体采用不同的模式，从而有利于创新活动的开展和消费者需求的充分挖掘。同时，开放性技术创新促使企业选择整合导向的商业模式。这主要是由于开放性创新使企业同时掌握内外部的各种创新资源，如知识、人才等。企业不仅需要将这两种资源有效整合，还要系统地收集和整合来自消费者的信息，整合价值链，从而获得市场利益。如北汽新能源公司的业务拓展模式，初期是以三电核心技术掌控为目标，整合全球优质产学研资源，形成创新链、产业链、生态链进行协同发展，这种业务拓展模式为产业的培育与可持续发展提供了原始动力。

3. 商业模式创新驱动技术创新

（1）新颖导向商业模式创新的驱动作用

新颖导向的商业模式主张运用新方式开展经营活动，如设计新的价值主张、创建新市场等。新颖导向的商业模式容易发现新的“技术窗口”，从而倡导一种新的技术范式，以新兴技术为起点，实施技术赶超，重新发现顾客新需求，构建新价值曲线，实现技术换轨。如北汽新能源公司为打造其差异化竞争，整合电商、采购、生产三大信息系统，推出的 C2M（Customer - to - Manufactory，简称“客对厂”）商业模式，就是以新颖导向商业模式拉动技术创新的典型案例。

（2）关系导向商业模式创新的驱动作用

关系导向的商业模式不仅注重产品本身，更关注为客户提供整套解决方案。企业通过“产品 + 服务”与消费者保持持续紧密的互动关系，这有利于企业发现消费者难题、挖掘消费者需求，从而在原有的技术体系中寻找技术创新机会，促进技术的不断优化甚至突破换轨。如北汽新能源通过打造全媒体用户互动中心，多渠道倾听用户声音，在更好地支持其服务业务发展的同时，为现有产品进行不断的升级与优化，并为新产品的研发提供需求输入。

（3）整合导向商业模式创新的驱动作用

整合导向商业模式通过整合研发、设计、制造和分销，将新技术嵌入新产品，将新产品导入市场。在整合导向中，企业一般依靠独特的整合资源，包括生产资产、营销资产、政策保护等，在主导的价值网络不断提高技术创新效率，以赢得竞争优势。如比亚迪通过其在电池领域多年积累的资源优势，纵向整合业务，为其新能源汽车发展奠定了基础，使其产品的消费者认可度显著提升。

三　北汽新能源汽车的创新举措与成效

创新是我国新能源汽车产业发展的不二选择，而有效整合技术创新、商业模式创新，使其耦合协同是加快创新的秘诀。为此，企业做了诸多尝试，现以北汽新能源为例，阐述“制造服务化”与“生态圈”战略的具体举措。

（一）市场导向，布局制造服务化战略

为顺应市场发展的趋势，新能源汽车企业通过技术创新与商业模式创新的耦合，逐步从“重生产、轻服务”的产品制造商转变为“产品＋服务”的系统方案提供商。作为产品制造商，新能源汽车企业需要向消费者提供标准化的产品，生产工艺比较固定，这显然不能满足消费者多样化及个性化的需求。而“产品＋服务”的系统方案提供商则会根据消费者的需求提供定制化产品，并随时调整产品性能。为了解顾客需求，企业需要建立一整套的产品售后、疑难问题解决等服务系统。在2014年中国汽车产业发展（泰达）国际论坛上，北汽新能源公司在行业内第一个提出了“以制造业服务化战略实现新能源汽车的市场化突破”，公布了北汽新能源的“服务化”发展战略。

北汽新能源认为，新能源汽车产业是制造业更是服务业。与传统汽车产业不同，新能源汽车产业具有极强的“外部性”。为更好地推行服务化策略，北汽新能源采取了两大举措，即“保障式服务”与“增值式服务”。

“保障式服务”的重点在于解决用户“痛点”，而“增值式服务”的重点在于抓住用户的“兴奋点”，提供多样的出行解决方案。为解决客户的“痛点”，打消他们对于新产品续航里程、电池寿命等因素的顾虑，北汽新能源为消费者提供实时全面的服务模式。

在保障式服务方面，为更好地解决消费者在使用产品遇到的问题，北汽新能源提供了“智·惠管家”服务品牌，为消费者提供实时全面的服务保障，形成需求与反馈双向沟通体系。借助此模式，北汽新能源于2006年共收集需改善信息5900条，其中1700条被立项整改，使25000余辆已销售的电动汽车性能得到了优化。

在增值式服务方面，北汽新能源率先实现了C2M运营模式。C2M是基于社区SNS平台以及B2C平台模式上的一种新的电子商务模式，通过互联网将不同的生产线连接在一起，按照客户的产品订单要求，设定供应商和生产工序，最终生产出个性化产品的工业化定制模式。北汽新能源通过网站建设（线上触点）、体验店建设（线下触点）、电商平台建设（消费互联网）、生产系统建设（工业互联网）四方面工作，让用户可以在线上完成从配车到支付的全购买流程，同时系统自动对接北汽新能源BOM（Bill of Material，物料清单）管理系统、DMS（Dealer Management System，经销商管理系统）与MES（Manufacturing Execution System，制造执行系统）系统，实现C2M订单生产。

由此可见，北汽新能源的技术创新具有开放性特点，以顾客需求为创意和新想法的来源，这种技术创新特性促使北汽新能源选择关系导向的商业模式。通过商业模式创新，为顾客提供多样化的解决方案，收集顾客的需求信息，进而形成新想法、新理念，为技术创新提供思路，最终促进技术创新能力的提升。

（二）资源整合，打造新能源汽车生态系统

消费者对续航里程、充电设施等方面的忧虑，是制约新能源车快速发展的重要障碍。为了让更多用户能踏实安心地把新能源汽车买回家、开上路，

北汽新能源通过与各方企业合资合作、交叉持股、战略联盟等方式构建新能源汽车“生态系统”，在这一系统内各企业共生共演、协同发展。北汽新能源打造的生态系统将汽车生产制造、消费使用和用户生活三大圈层通过商业模式创新整合起来，从而为用户提供“产品+充电+运营+服务”的一体化解决方案，最终成为城市绿色智能出行解决方案的提供者。

为打造生产研发制造“生态圈”，北汽新能源积极与戴姆勒、麦格纳、西门子、奥地利AVL公司（李斯持内燃机及测试设备公司）、宁德时代等国内外著名企业展开合作，形成战略合作关系，并在美国硅谷、美国底特律、德国亚琛、德累斯顿、西班牙巴塞罗那等地建立了多方联动、资源互通的优质平台，在设计、动力研发以及智能化等领域实现新能源汽车技术的不断突破。

为创造消费使用“生态圈”，北汽新能源已携手30多家企业，共同成立了充电场桩联盟、分时租赁联盟以及电动物流联盟三大联盟，让新能源车企从过去单一的B2C模式迈向了多元化产业链生态圈，更加方便了消费者的使用。一方面通过“你出场地我建桩”的利益众享模式，打造（B+B）2C（携手开发用户、经营用户、服务用户）的车、场、桩的分布式智能充电系统；另一方面通过全面实行社群时代的B2C2C（商家—渠道—顾客）商业模式，打造了卫蓝合伙人计划，形成店商、电商、微商三商渠道的全面覆盖。北汽新能源以社群为基本单元，创建全新的用户共赢平台，成为推进绿色出行理念和方案的中流砥柱。

由此可见，北汽新能源的技术创新具有开放性、累积性特点，通过借助外部的优势创新资源，加速创新进程，实现创新成果共享，这种特点促使其采用整合导向的商业模式。通过整合消费者的需求、整合内外部优势资源、整合产业链，提升了北汽新能源在行业中的竞争优势，使其率先成为我国纯电动汽车领域市场规模最大、产业链覆盖最广、产品线最丰富、技术水平一流的领军企业。

B.14

乐视生态项目管理实践

乐视控股 PMO 项目组 *

摘　要：　本文回顾了互联网时代下，乐视在 2014～2017 年对互联网生态型项目管理体系的探索与实践。本文根据乐视互联网生态商业模式的实际要求和发展状况，梳理出基于强矩阵模型的项目型组织双核负责制，并围绕项目型组织双核制这个核心思路，构建从战略到执行，再由执行反馈战略优化的闭环项目管理体系，促进乐视生态体系的发展。

关键词：　互联网　生态　项目管理　项目型组织　项目管理体系

一　乐视生态体系概述

2004 年，乐视网正式成立，这标志着乐视开始启动互联网业务模式的探索，乐视网作为一家视频内容网站，经过八年的努力，开始盈利。2008 年乐视影业成立，乐视打通了内容端的业务。另外，为满足市场和用户的需求，乐视推出智能视频盒子产品，它是乐视跨界业务创新的一次典型探索。

---

* 吴亚洲，乐视战略项目副总裁（时任）、乐视云计算有限公司 CEO
李鹏，乐视控股 PMO 总经理（时任）
刘刚，乐视控股 PMO 项目运作中心总监（时任）
董宝国，乐视控股 PMO 项目控制中心总监（时任）
侯方园，乐视控股 PMO 战略项目总监（时任）
郑昕，乐视控股 PMO 战略解码中心总监（时任）

乐视智能视频盒子一经推出便大获成功，为后续乐视构建自己的软硬件一体化生态体系打下了重要的基础。

2012～2013年，在不被所有人看好的情况下，乐视推出了自有品牌的互联网智能电视。随着“超级电视”的推出，乐视同时发布了自己的互联网生态理念，即高度集成的“平台+内容+硬件+软件+应用”的模式，其中的各个要素全部由乐视自己独立打造，这种从用户体验出发、软硬件体验的商业模式立刻成为乐视的核心竞争力，并使乐视的超级电视机品牌快速成为互联网智能电视机的第一品牌。

随着业务的发展，乐视将自己的商业模式复制到其他领域，在2016年乐视成了以大屏（智能电视）、手机、体育、影业、金融、云计算、汽车七大生态为核心业务的跨界型企业。这宣示乐视正在走一条与众不同的、独特的互联网生态体系创新探索之路。

那么，乐视生态体系真正的内涵是什么呢？简单地说，乐视生态体系由一纵一横两个主轴构成。

纵轴是垂直闭环的生态链，它是从为用户提供极致的体验出发，通过构建“平台+内容+硬件+软件+应用”这样一条垂直整合的业务链，突破业界已形成的产业边界，形成一种前所未有的协同创新态势，通过对垂直产业链上不同要素的有机组合，提供与众不同的极致体验和更高的用户价值。

横轴是强调要素完备性并全面开放的生态圈，乐视生态全部要素都向用户、友商、合作伙伴开放全部资源，并乐于引入外部与乐视生态体系相关的资源，最终创造与社会共生、共赢、共享的生态圈，如图1所示。

从图1可以看出，乐视的生态模型以用户为中心，包括终端、应用、内容、平台四层架构，是以超级手机、超级电视、超级汽车三大终端为核心的终端硬件构建的全面的生态体系。

乐视生态圈有3个主要的特点，

第一个特点是价值重构，通过打造乐视生态圈，重塑乐视所涉足的各个

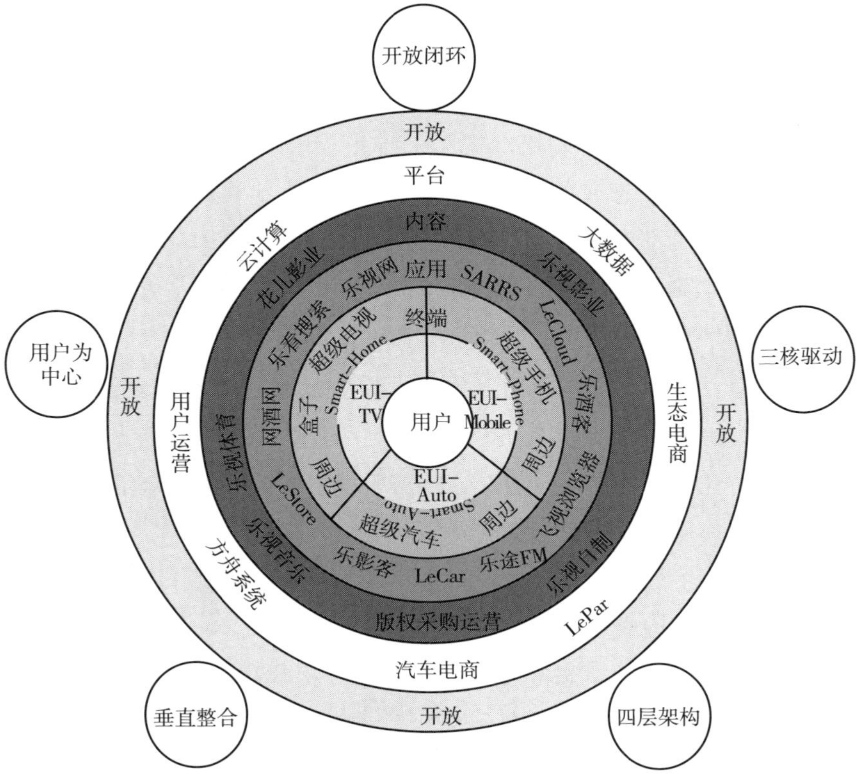

图 1　乐视生态模型（2014～2017 年）

产业。

第二个特点是共享，对用户、合作伙伴、乐视的员工充分共享资源和收益。

第三个特点是全球化，即打破地理空间的限制，为全球用户提供全新的体验和价值。

2016 年乐视形成了大屏生态（智能电视）、手机生态、体育生态、影业（即内容生态）、互联网金融生态、互联网及云生态、汽车生态七大生态，如图 2 所示。这七大生态横跨了完全不同的领域，势必对组织的运作和管理能力提出巨大的挑战。

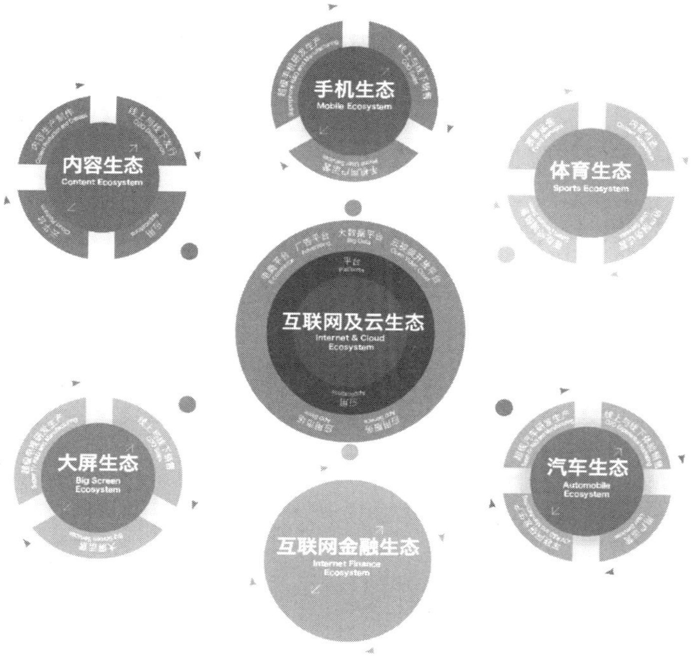

图 2　乐视七大生态

二　乐视生态体系的管理创新

（一）乐视生态协同发展面临的巨大挑战

随着乐视生态的高速发展，从 2004 年起，基于互联网视频网站的特性构建的原有架构已经远远不能满足业务发展的要求。主要表现在以下几方面。

1. 资源稀缺

乐视内部资源有限，不足以支撑乐视生态的跨界扩张，同时外部优质资源无法被有效调用。

2. 时间紧，任务重

学习永远比创新容易，不同领域的竞争对手快速学习乐视生态体系的经验，抢占市场；乐视组织自我完善的节奏远远跟不上业务发展的速度，打造完善的生态闭环需要的时间，生态跨界复制也需要时间，只靠乐视自身很难全面、快速满足用户需求；旧有思想、传统思维形成路径依赖，随着乐视商业模式逐渐成熟，组织惯性倾向于按照以往模式扩张，可持续发展的内驱动力在趋于平稳；创新突破难，基于原有业务模式的创新突破性日益困难，新的创新增长点难于识别和应用；管理型组织及职责分工无法满足业务扩张及模式创新的需求。

3. 跨界组织的协同难于突破

首先是合力难：各大生态乃至各生态下的组织发展不均衡，条块思维出现，业务边界逐渐固化；其次是合利难：合作伙伴利益引入较少，尚未成熟构建的合作伙伴利益分享机制，并且伴随组织扩张，员工持股覆盖率和激励强度下降；最后是合智难：缺少整合型的平台和机制，无法有效挖掘内部群体智慧的潜力，而且无法与外部组织或个人协同产生强烈的“化学反应”，难以达成共赢。

（二）乐视的应对方案

如前所述，在充分了解乐视所处的历史时期以及业务总体发展成熟度所达到的状态的基础上。乐视控股 PMO 认为乐视到了一个通过快速引入业界项目型组织体系思想及方法论，提升组织能力以满足创新高效系统发展要求的时间点。

经过对不同层面业务人员的深度访谈，以及内部讨论。乐视确定需要在现有管理型组织的体系内，引入重量级与重要性和管理型组织体系等量齐观的项目型组织框架。

通过对项目管理全生命周期、组织内外管理层级、管理要素的统一整合，形成适合乐视体系要求的项目管理体系（如图 3 所示）。运用系统化的思想，以系统整体优化和满足组织战略目标达成为目标，使系统各要素集合成一个有机整体，并以系统为对象综合性地解决管理系统问题。其最基本的特点是整体优化性和动态发展。

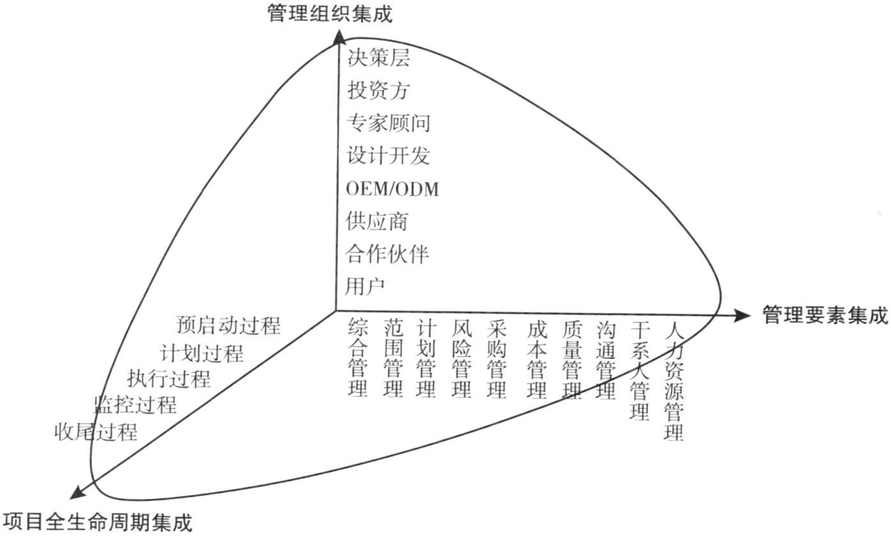

图 3　整合化的项目管理体系

基于上述指导思想，团队在乐视体系内决定引入矩阵型管理方法，并对业界流行的矩阵式管理的思路进行了评估，见表 1。

表 1　矩阵型组织评估表

项目特征＼组织形式	职能型组织	弱矩阵式组织	平衡矩阵式组织	强矩阵式组织	项目型组织
组织战略目标达成	各部门承载各部门目标，整合度低	整合度低	通过跨部门协调承载组织战略目标，整合度高	项目方式承载组织战略目标，整合度高	项目方式承载组织战略目标，整合度高
职能经理角色	业务团队管理	业务团队管理	业务团队管理，与项目经理共同管理项目	业务团队领导，项目中专业问题顾问	无
项目经理角色	项目行政人员	项目行政人员	与职能经理共同管理项目	项目管理者	项目管理者
跨组织资源利用效率	职能部门自行管理，利用率低	职能部门自行管理，利用率低	职能经理和项目经理通过协商调配资源	统一管理，便于集中优势资源	统一管理，便于集中优势资源

续表

组织形式 / 项目特征	职能型组织	弱矩阵式组织	平衡矩阵式组织	强矩阵式组织	项目型组织
项目预算管理	职能经理管理，业务需求优先	职能经理管理，业务需求优先	职能经理和项目经理共同管理，沟通确认资源投入	职能经理和项目经理共同管理，项目资源优先	项目经理掌控
项目绩效考核	职能经理	职能经理	职能经理与项目经理共同考核	项目经理	项目经理
项目成员承载	兼职	兼职	全职和兼职	全职	全职
跨组织协同难度	高	高	高	低	低

经过仔细评估，管理层建议在乐视体系内采取类似于强矩阵的项目型组织体系，如图4所示。

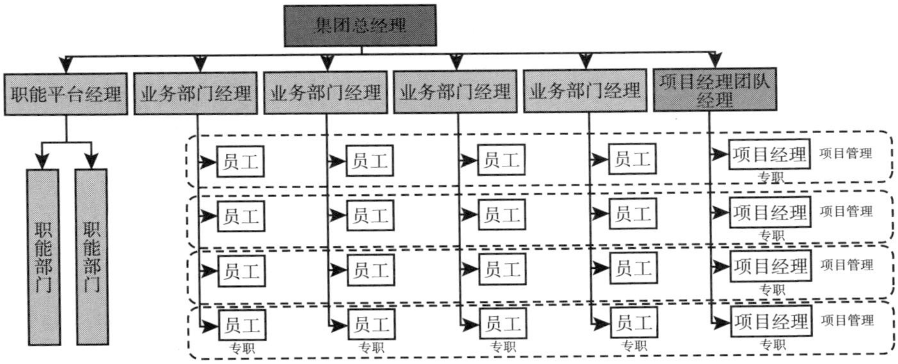

图4 强矩阵的项目型组织

乐视体系项目型管理组织的要点在于：

（1）它是去中心化的，以目标为导向的组织架构。

（2）项目团队只对项目目标负责。

（3）项目成员直接向项目经理汇报。

（4）项目经理对项目组成员有项目考核权。

（5）项目经理由集团直属项目管理部门统一管理。

这样的组织形式被认为是符合乐视发展预期的项目型组织体系，能够很好地和原有管理型组织体系协同运转。当然，运行这样一个组织体系并使其真正发挥作用，是需要在实践过程中进行不断的修正和优化的，也是需要和业务领域的员工进行反复沟通、磨合才能够达成的。为保障项目型组织在乐视体系内顺利成长，乐视提出在专责副总裁领导下，由项目经理（Project Manager，简称PM）+项目负责人（Project Owner，简称PO）双核推进项目的针对性措施。

在双核制体系内，项目经理负责制订项目计划和关键里程碑，推进项目决策，把控项目团队按照规范化的推进项目，确保项目的质量，同时对项目的风险、变更进行记录和追踪，对项目的预算进行控制。项目负责人代表业务运营方或项目发起方，理解和分解项目目标，并对项目的推进进行科学的规划，从业务角度保证项目成果或交付物合乎业务期望，识别项目风险和变更，优化项目投入产出比，使项目成果或交付物可衡量，从而使项目价值最大化。

项目双核运行机制是构建以“PM + PO”双核心共同驱动项目运作的模式，其中PO侧重对项目结果和经营目标负责；PM侧重对项目过程及资源调配负责。“PM + PO”共同驱动项目团队执行项目规划，达成项目目标。同时，双核应管控跨组织业务部门的协同，并孵化符合乐视生态战略的新业务模式。在人力资源、财务等相关部门支持下确保项目资源最优化配置和使用，并主动进行能力建设和人才培养。

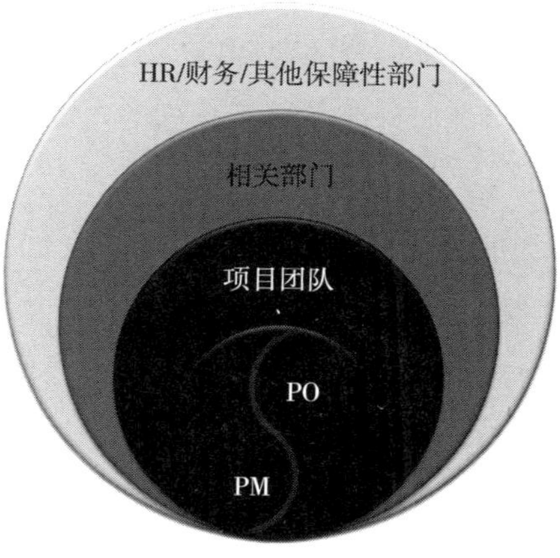

图5　项目双核运行机制

从图5可以看出，双核在运行中并不过分强调彼此的分工，而更强调彼此的协同与补位。借助中国古典的太极阴阳鱼思想构建一个动态的、互相联系的运行体制，并通过推动项目目标的成功达成，更好地支持业务的发展。

实践证明，双核制的思想非常符合乐视当时的发展状况，并且很好地解决了高速成长期创新类项目的成功交付问题，并在过程管理上极大提升了组织效率。双核制一经提出，便在极短的时间内普及到乐视七大生态所有的战略项目之中，获得了从决策层到执行层各层面员工的认可。

（三）乐视生态项目型组织在重点战略项目“2016·414生态硬件免费日”中的成功应用

进入互联网时代，线上销售以其独有的平台优势和信息优势，在交易额上迅速超越线下商城的同期交易额，已经成为人们日常消费的优先方式。领先的互联网电商企业都在打造属于自己的“电商节”以实现短期内的巨额交易，从而带来现金流的高速成长和用户口碑的爆炸性传播。以阿里的“双11”、京东的“6·18”为代表，标志着电商节已经成为当今电商领域的一个流行趋势。

一个成功的电商节，背后是一个企业战略布局、资源调动协同、全员作战的综合实力体现，乐视基于自身的业务发展需要，充分发挥管理型组织与项目型组织的整合优势，成功打造了属于自己的电商节——“2016·414生态硬件日”。

2016年，结合市场的变化及乐视自身战略的发展，乐视明确提出，本期“414”的主题是：“生态硬件免费日”，即从用户体验的角度，以购买会员资格送硬件的方式，让用户只为高价值的内容服务付费。

“2016·414生态硬件免费日”项目在乐视语境下，确定了以“引领行业进入硬件免费时代”为主题，以“发布颠覆行业的新品”为引爆点，以“售卖会员、硬件免费”为核心策略，结合全生态产品供应情况，定义项目目标，统筹全生态产品、营销资源，调整免费日期间的市场营销活动节奏，整体协调新品的仓储及供应，合理安排垂直业务线自有活动的策划，层层铺垫免费日项目的工作。

这个项目不仅涉及“硬件免费”这种理念上的突破，同时还对线上线下渠道整合、自有渠道与第三方渠道协同提出了非常高的要求。

项目的复杂性具体表现在：

（1）复杂的市场环境：抓住时机，抢占五一之前的市场需求；研究友商（包括电商型友商，以及互联网硬件品牌的友商等）同期活动及乐视的优势竞争方案。

（2）乐视新品发布、产品供应的节奏及与本项目目标的匹配：落实引爆颠覆日可发布的新品是什么，以及由此引致的新品供应规划；还有乐视其他垂直业务线自有活动的节奏是否与免费日有冲突，如果有冲突则当如何调整，等等。

（3）硬件免费的实现方式：渠道方面，自有商城的产品分仓及订单跟进以及技术实现；第三方线上渠道的渠道资源合作与货品区隔；线下渠道的货品区隔及协同活动时间，还有返点问题等解决方案；会员绑定的策略和方法，包括非会员如何参与活动，如何保证会员价格体系不被破坏。

为达成项目目标，乐视体系内共有22个管理型业务组织的员工加入项目团队，其中涉及手机、大屏、云计算、体育、影视、车等生态，以及法务、会员、电商、人力资源等平台型部门，还包括游戏、智能硬件等当时正在孵化的业务部门。

可以说，项目的复杂程度是非常高的，时间点也是非常紧张的。基于此，由控股PMO团队牵头，成立了由时任乐视O2O销售平台总裁与控股PMO高级PM组成的双核架构，并快速构建项目型组织。

对于“414”这样典型的跨组织大型项目，乐视将其定义为战略级生态型项目。生态型项目的最核心要素就是要求乐视七大子生态及平台部门共同发力产生最大的价值，实现1+1>2的组织期望。

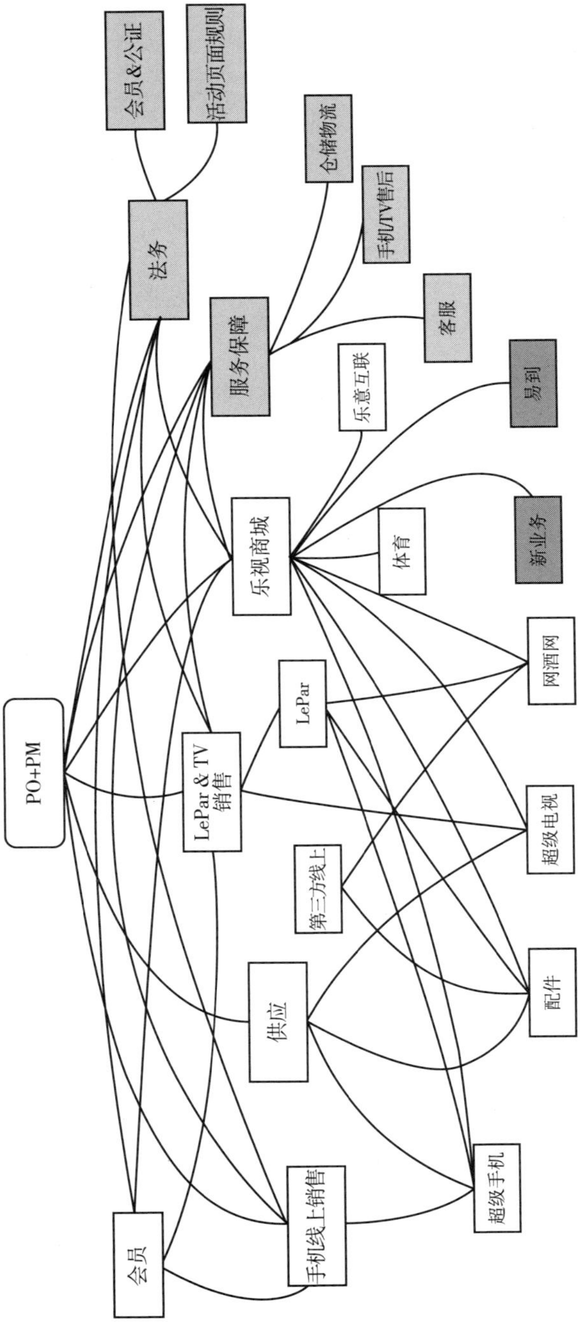
PO+PM
法务
会员&公证
活动页面规则
服务保障
仓储物流
手机/TV售后
客服
乐意互联
易到
乐视商城
体育
新业务
网酒网
LePar
LePar & TV
销售
超级电视
第三方线上
配件
供应
超级手机
手机线上销售
会员

图6　项目组织网络

在项目立项阶段，所有生态型的项目都需要梳理形成网状的项目组织结构图，这种组织结构图（如图 6 所示）有两个重要的作用：一是去层级化；二是理清各生态组织之间的强关联关系，这些强关联关系大部分是业务层面的关系，同时 PM 会形成一个生态化反矩阵，进一步说明各生态组织在项目中的化反点和协同点。

组织架构图中每一个业务单元根据其在项目中承担的职责来确定是以项目方式还是工作任务包方式来运作。如果按照项目方式运作，则必须任命子项目的 PO 和 PM；如果按照工作包方式运作，则需要明确接口人。子项目 PM 和工作包接口人要分别组织下级单位人员分解项目目标，形成进一步细化的项目目标和工作任务，最后自下而上进行汇总，形成项目全景图，通过项目全景图来展示项目进展全貌。项目全景图就是项目高层领导进行决策和指挥的作战指挥图（如图 7 所示）。

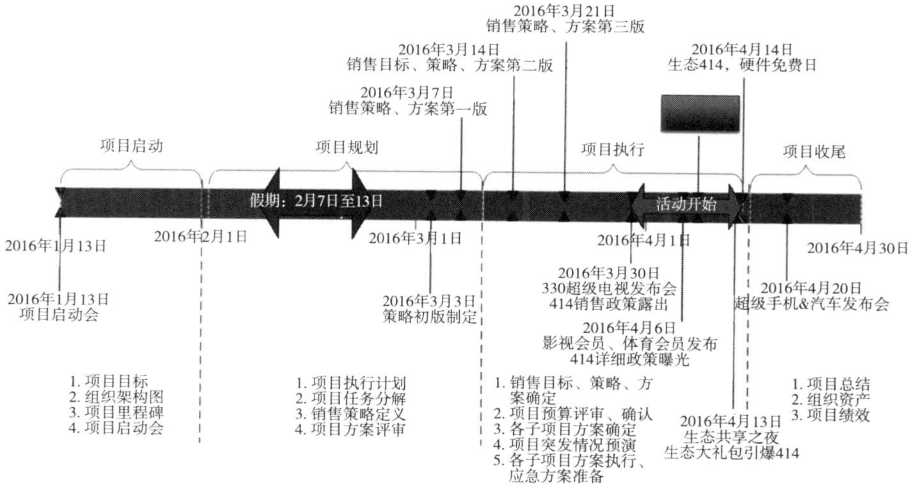

图 7　项目计划全景

“414”项目同时需要建设快速的反应和决策能力。在乐视生态体系中，实践证明跨组织协同会议是当前最有效的跨生态沟通方式之一。因此在项目立项之初，PM 便制定了严格的项目会议机制，整个项目组织会议分为 4 个层级。

1. 总裁会：即乐视控股常规例会，参会人员包括乐视控股下辖所有生态和平台型部门的各位 VP（Vice President，副总裁）及核心总监以上成员，在整个项目执行期间，以上人员每周都需要向总裁会成员汇报项目进展、问题和风险，以及对需要高层决策的重大议题，需要开总裁会汇报 11 次，完成十余项重大项目决策议题。

2. 业务讨论会：由于项目涉及众多销售政策、方案的制定工作，而且牵扯到自身、第三方等多方面，为此项目组每周会集中业务方案专项会议，共组织了 8 次业务专项讨论会议，最终形成销售策划方案。

3. 子项目会议：在临近“414”前一个月，要求组织每日例会，高效同步信息，跟进子项目任务进展。

4. 项目例会：项目组核心成员每周固定开一次的项目例会，作为每周参加总裁会的预备会议，提前讨论各项议题，论证各项方案，形成决策议题。

“414”作为售卖类项目，需要对项目的销售收入目标进行逐级分解，以分配到不同的业务部门和产品线上，每一个指标落实到具体的组织和个人，进行量化的管理和监控，因为项目组织结构复杂和庞大，在短时间内 PM 及项目管理团队确实无法跟踪每一个具体事项，所以，PM 牵头制定了一系列业务单元的工作原则，业务部门在“目标 + 原则”的双重指导下，按照 SMART 原则（目标管理）有条不紊地开展自己的项目管理工作。

例如，“针对本次会员权益，我们要准确、快速地让用户知道可以获得什么权益？”会员业务部门的各项目负责人要制定相关的业务方案、传播方案以及对应的技术解决方案等。

在项目动态管控的过程中，PM 制定并输出了诸多项目管理工具以方便对项目进行全过程精细化管理。这些工具包括但不限于如项目变更鱼骨图这样的工具，其用于对项目推进过程中出现的变化的根本原因进行研究，以便为项目变更管理及决策提供充分的依据；项目干系人责任矩阵（如图 9 所示），用于对所有与项目发生关系的干系人的责权利进行管理，明确各方责任边界，以及需要强调协同和合作的任务中各方的职责；项目风险管理列表，清晰列出项目推进过程中的风险及责任人，并对风险的处理以项目化的方式按照时间点和任务项进行追踪。

例如，通过鱼骨图的方式对项目变更进行管理，如图 8 所示。

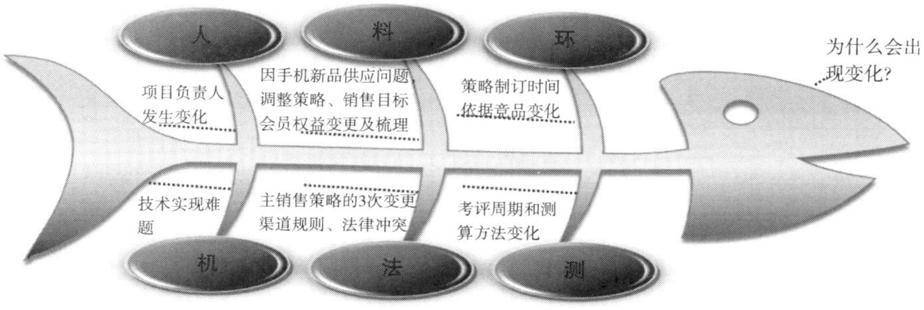

图8　项目变更管理

项目名称	子项目PO	主要职责	具体执行负责人
全生态销售	总指挥,副总指挥	生态产品销售负责人，负责将生态产品串起来，进行二次包装，使生态套包产品化	
各子生态	子生态执行PO	· 负责牵头理出各渠道的销售目标、销售政策、供应计划	
销售渠道	各渠道负责人	· 负责牵头根据渠道目标和销售政策、供应计划制定销售方案	
PMO	负责人	· 管理项目进度，负责项目相关决策信息管理、发布 · 协同资源确保项目按计划达成目标 · 识别项目风险，推动负责人落地执行 · 协调、保障项目执行过程中各环节按序进行	
法务	负责人	· 负责牵头根据销售政策，提供法律指导，制定应对法律风险的措施	
产品供应+服务保障	负责人	· 负责超级电视、超级手机及配件的供应 · 负责全生态产品服务保障体系	

图9　项目干系人责任矩阵示意

2016年的“414”项目最终实现乐视会员总销售额23.2亿元，并打破诸多乐视单日销售额、日流量、会员日充值额度等历史纪录。

本次“414”对于乐视、对于整个行业的意义：“这是时代的拐点——互联网内容由免费时期进入付费时期，硬件价值衰减，产业价值链正在重构，用户的生态消费观逐渐形成，传统互联网时代迈向ET时代，共享生态世界，让每个人拥有自己的生态理想国。”

对于项目团队来说，“414”的项目复盘是乐视生态项目管理环节中最后一个环节，也是最重要的一个环节，不仅仅是对销售收入等目标数据的统计和分析，更是对项目经验教训的一个盘点，回顾项目执行过程，可以发现

风险识别和跟踪

基本信息											措施			
编号	风险描述	风险分类	风险影响分类	危险度	发生概率	优先级	生存期	识别日期	跟踪频率	风险缓解措施	责任人	开始日期	结束日期
1	销售政策露出时间定义在3月底还是小米粉节之后而引发的销售效果的风险； 1. 时间早于小米发布政策的时间，可能引起对手调整策略应对，造成我方销售被动 2. 发布政策时间过晚不易于销售传播，影响热度	商业风险	进度风险	严重	中	中	销售政策发布之前	2016/1/17	每周	策略逐步放出，在3.30上发布销售策略但不细讲内容，在4.06会		2016/1/17	2016/1/30
2	用等额购物券购买全生态任意产品： 1. 会员价格体系因此导致的市场乱价问题 2. 商城上虚拟资金账号体系的问题 3. 产品供应及调配的及时性能否满足订单交易的顺利完成	技术风险	全部	致命	高	高	销售方案执行至所售卖会员失效期间	2016/2/29	每周	设定固定套餐包，使用购物券购买		2016/2/29	2016/4/14
3	会员权益相关问题： 明确说明会员的官方销售渠道有哪些，否则用户很难识别出权益中注明的官方渠道指的是哪里（电视，商城，乐视网？）	商业风险	质量风险	严重	高	中	活动政策开始露出至414结束	2016/3/21	每周	梳理列表，并在官方渠道标识		2016/3/30	2016/4/14
4	会员权益相关问题： 针对本次以卖会员为主的相关服务保障，与之前主销硬件有所不同，公关和客服、售后方面的应对策略。 1. 基于“硬件免费日”主题的操作执行问题，包括京东等销售渠道的售卖方式宣传与实际销售类目不符，第三方渠道无法开具会员发票而引发的虚假宣传风险攻击的应对 主责人：销售，战略，法务，公关 2. 基于销售的逆向流程问题，本次主销产品是会员而非硬件，与之前的操作原则完全不同。需制定退换货的流程和原则用于给客服的原则，各方公示的说明的一致性、专业性、公关的应对主责人、客服、公关、销售、法务	项目管理风险	工作风险	严重	高	高	整个项目周期	2016/3/21	每周	各相关方准备应对方案，法务支持		2016/3/23	2016/4/14

图 10　项目风险管理工具示意图

亮点，总结不足，梳理形成类似项目的固定打法和模式，注入组织过程资产。

“2016·414 生态硬件免费日”项目复盘持续了约一个月，由 PM 组织各条业务线负责人，集中回顾项目执行过程和业务方案执行过程，自下而上地进行了总结，项目组内部对复盘报告进行了集中宣贯。

项目组在项目结束当日，举行了项目全体的庆功宴，集团总裁及主要 VP 全部出席主会场的庆功仪式，PM 组织并策划简单且隆重的庆功宴为优秀团队及个人颁奖。

三　乐视生态体系建设的成效

通过对乐视生态体系的梳理和近两年的实践，乐视生态项目管理体系基本形成（如图 11 所示）。它是一个从战略到执行，推动跨组织协同，以目标和结果为导向的，互联网时代的项目管理体系。

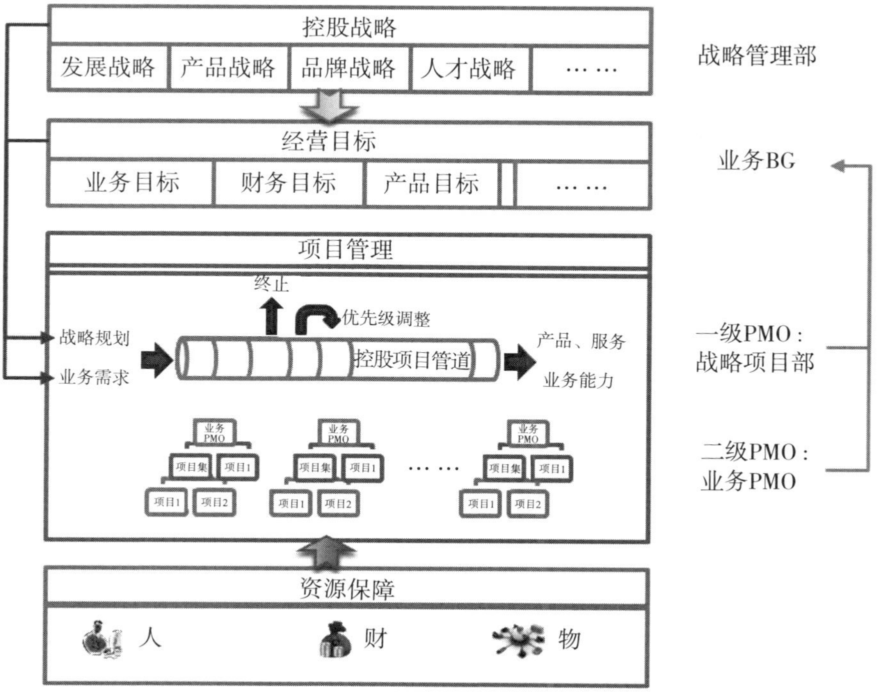

图 11　乐视生态项目管理体系

乐视生态项目管理体系通过对保障控股战略目标达成的关键举措的建设与优化，形成符合乐视生态的项目工作机制和方法论，对未来新业务拓展和老业务优化提供支撑。

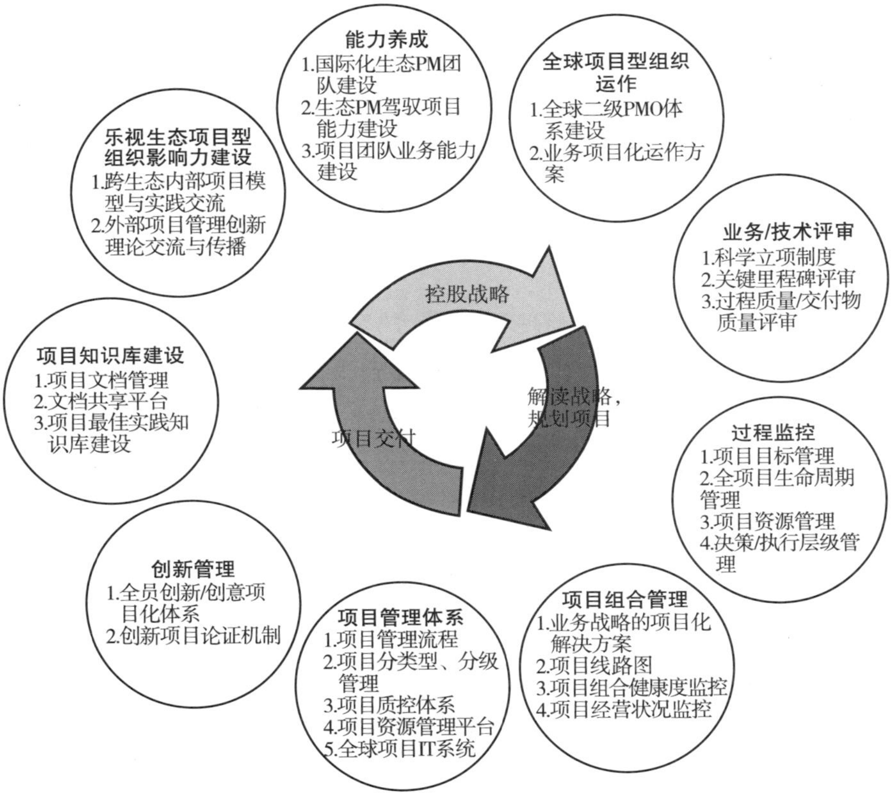

图 12　乐视生态项目型组织重点任务全景图

乐视生态项目管理体系的视野超越了单位项目周期，放眼于组织长期的成长。它非常重视打通从战略到执行的路径，并建设了以项目为载体，从战略到执行持续优化的闭环（如图 13 所示）。

乐视生态项目管理体系对变化的态度是积极的，结合组织战略，它对项目的管理是动态的、敏捷的（如图 14 所示）。

乐视生态项目管理体系强调的是对项目全周期、全维度的无缝管理与监控。

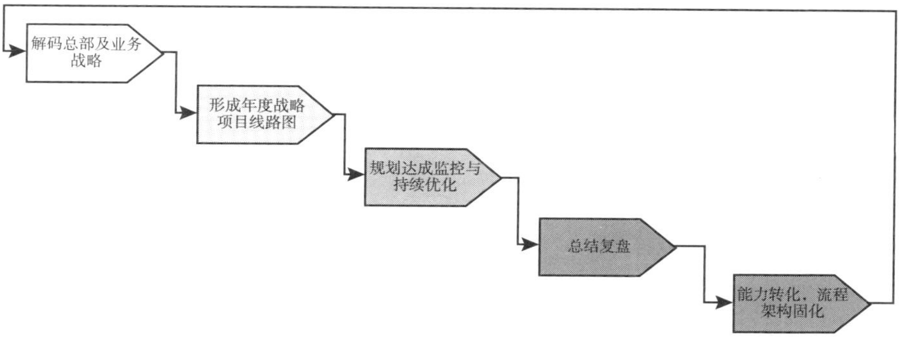

图 13　乐视生态从战略到项目管理优化闭环

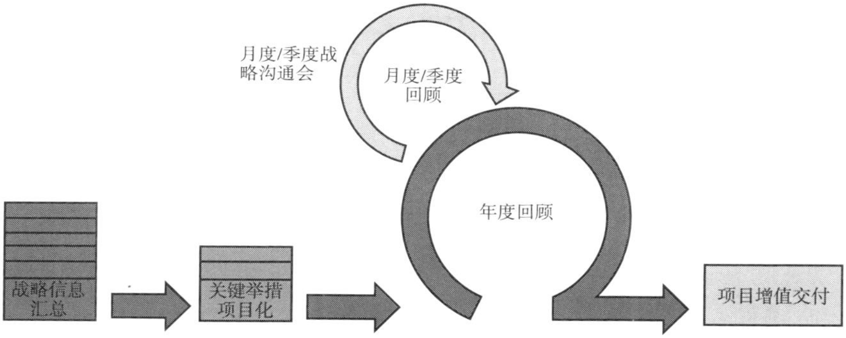

图 14　乐视生态战略优化动态管理机制

乐视生态项目管理体系注重项目管理信息化系统的建设，以及业务部门项目管理文化氛围的塑造（如图 15 所示）。

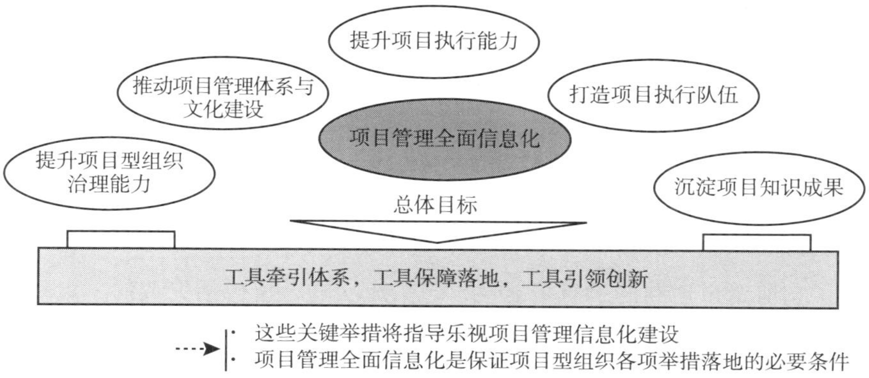

图 15　乐视生态项目管理信息化核心举措

从愿景和使命出发，乐视生态项目管理体系构架了符合乐视生态发展要求，并且具备足够创新性和独特性的项目管理组织形态（如图 16 所示）。

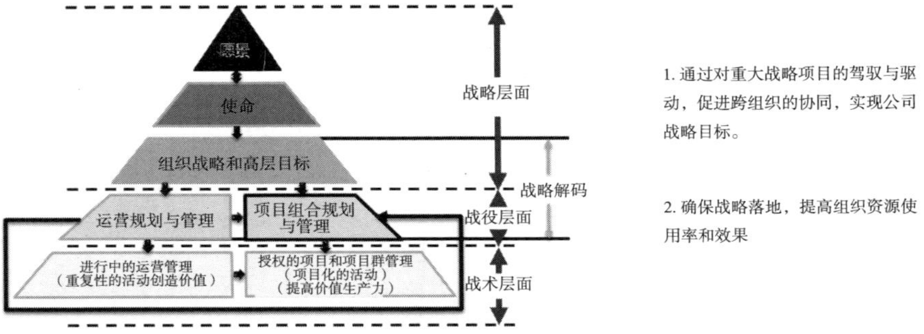

图 16　乐视生态项目型组织的愿景与使命

四　总结

从 18 世纪下半叶开始，伴随第一次工业革命，现代企业管理制度出现并走向成熟。在近二百年的发展历程中，诞生了无数全球型企业巨头。在互联网时代，更好地满足用户需求的互联网企业（如 Google、Facebook，阿里、腾讯、百度、京东）、消费电子类企业（如苹果、三星）市值突飞猛进。

顶级企业的成长，离不开打破一切、勇于创新的勇气，独特且不可复制的气场，卓越的领导力，开放的胸襟，清晰的战略，强大的执行力。企业的发展还与所在国的国运息息相关。

如果想成为全球领先的、独特的企业，注定不能走别人走过的道路。因为那些曾经的成功者已经集中了他所在领域的优势资源、优势人才，并几乎穷尽了它所走过道路的所有可能性，包括成功的，也包括失败的。走别人走过的路永远不可能成为那个领先者。

从零到一是一个艰巨的过程，也是一个充满风险的过程。乐视现在面临巨大的困难，2014～2016年所构成的乐视生态体系几乎面临灭顶之灾。但这仍不能否认乐视在互联网生态领域的探索与实践。结合乐视生态体系构建的乐视生态项目型组织已经证明它是互联网时代领先的项目管理体系。它必然也会为其他企业提供有价值的参考和借鉴。

乐视仍在路上，乐视生态型项目管理体系也仍然在不断地发展和提升。回顾两年来的发展，乐视的项目管理体系未来的进化之路较为清晰。一方面，乐视引入项目可行性论证机制，并作为公司级重大战略项目的必备环节，从技术可行性、投入产出、竞争性分析以及商业前景等方面对项目的发展路径进行预判式研究，在科学论证的基础上进行科学决策，尽可能降低非理性立项和非理性决策。另一方面，乐视更紧密地结合战略，充分解码战略，从专业和逻辑出发设计出支持战略的项目组合管理体系。通过对目标不同、专业要求不同但是服务于一个整体战略的项目组合进行系统化和动态化的管理，确保战略目标的成功达成。

乐视在发展过程中不乏旁人质疑的声音。但乐视坚信，99%的人不看好的事情，才可能成就颠覆。

B.15

以智慧制造云模式推进区域产业升级

——贵州工业云平台建设

杨灵运　陈　建*

摘　要：工业作为国民经济、国计民生和国家安全的重要基石，正面临全球新技术革命和产业变革的挑战，特别是新一代信息通信技术、智能科学技术与（大）制造技术的深度融合，正引发制造业制造模式、制造手段、生态系统等重大变革。以贵州省经信委为云长单位，由贵州航天云网科技有限公司承建的贵州工业云，以“云制造”为理论基础，基于INDCIS平台打造了云制造服务、工业品商城、工业物联网、云资源服务、创新创业、增值服务以及专区服务等板块，提供以“线上与线下相结合、制造与服务相结合、创新与创业相结合”为特征，打造适应互联网经济业态与新型工业体系的制造业云端生态系统，为企业提供覆盖工业制造全过程和全要素的云端服务，以技术创新、商业模式创新和管理创新为重要战略举措，帮助贵州企业实现转型升级，是企业获取政策信息、行业资讯、云制造资源的信息资源平台，也是帮助企业去库存、去产能、降成本、树品质、扩市场，实现制造业与互联网融合发展的应用服务平台。经过近两年建设，贵州工业云注册用户突破了7万户，形成了一批企业应用案例，并产生良好的成效，成为加快推进贵州省

* 杨灵运，贵州航天云网科技有限公司总经理，贵州大数据“政产学研用”联盟副理事长，中国网络协同制造联盟执行秘书。陈建，贵州航天云网科技有限公司产品运营中心负责人，高级咨询顾问，公司战略和产业发展管理委员会委员。

互联网+工业深度融合，助力实体经济加速发展，促进信息化和工业化融合发展的主平台、主抓手。

关键词： 智慧云模式　云制造　工业物联网　工业品商城　工业大数据　贵州工业云

贵州航天云网科技有限公司成立于2015年12月，注册资本5000万元，是中国航天科工集团公司下属单位，是由航天云网科技发展有限责任公司、中国航天科工集团公司第十研究院、云上贵州大数据产业发展有限公司共同出资成立，是贵州省人民政府、贵州省经信委、贵阳国家高新区引进的重点高科技大数据企业，是国家大数据（贵州）试验区首批重点大数据企业和贵州省科技型种子企业。

一　智慧制造云模式简介

智慧制造云以用户为中心，人、机、物、信息融合，形成了互联化、服务化、协同化、个性化（定制化）、柔性化、社会化的智慧制造新模式。其中，在互联化、服务化、协同化的基础上，进一步突出了以用户为中心，随时随地按需构建与运行的个性化、柔性化、社会化智慧制造模式。其中，典型的智慧制造云模式有社会化协同制造模式、个性化定制模式、服务型制造模式、柔性化生产模式和智能产品/服务模式。

1. 社会化协同制造模式

社会化协同制造是充分利用互联网技术为特征的网络技术、信息技术，实现供应链内及跨供应链间的企业产品设计、制造、管理和商务等的合作，最终通过改变业务经营模式与方式达到资源最充分利用的目的。

社会化协同制造可以打破时间、空间的约束，通过互联网络，使整个供应链上的企业和合作伙伴共享客户、设计、生产经营信息，实现从传统的串行工作方式转变成并行工作方式，从而最大限度地缩短新品上市的时间，缩短生产周期，快速响应客户需求，提高设计、生产的柔性。社会化协同制造的典型特征如下。

（1）企业间的协作是去中心化的，不需要中央仲裁机构的决策。

（2）社会化协同相对于协同的主体具有弹性可伸缩的含义，合作方不是固定不变的。并且，社会化协同是基于主体的松耦合联合，临时建立合作关系，合作随着需求的满足而终止。

（3）协同发起方面临更多资源选择。服务提供者既可能是企业组织也可能是自由职业者，如设计师或以个人身份提供服务的专家。

2. 个性化定制模式

个性化定制模式是指通过产品结构和制造过程的重组，利用信息技术、柔性过程和组织结构，以接近大规模生产的成本和时间向顾客提供范围广泛的产品和服务，来满足顾客的个性化需要。其核心内容是尊重用户的个性化需求，通过对每位用户开展差异性服务，最大限度地满足用户需求。通过虚拟化技术、服务计算技术、智能科学技术、物联网技术与制造技术的融合，个性化定制能帮助用户随时随地按需获取智慧制造资源和能力，支持其实现个性化、定制化的制造。

个性化定制是企业以人为本经营理念的体现，它的优势主要体现在以下几方面。

（1）提高了用户的忠诚度。生产前用户可以通过便捷的信息渠道，及时地与产品提供或设计部门进行沟通和联系，极大地缩短了选择产品的时间；同时生产过程中，用户也可以通过网络系统及时关注生产进程，有任何问题可以直接协调解决，从而提高对成品的满意度。

（2）降低库存成本。之前企业都是先生产后销售，产品不一定能全部售出，所以剩余产品产生了库存成本。通过个性化定制模式，用户可以先定制，企业后生产，需求多少就生产多少，降低了库存积压，很大程度上提高了产品周转率，资金使用效率大大提高。

（3）可以降低销售成本。其一，个性化定制使得生产厂家直接面对消费者，省去了中间渠道商和销售的费用；其二，在定制服务中，产品是根据用户需求或者是根据用户自身设计生产的，只要保证质量和合理定价，这些产品自然就会到达用户手中，因而基本可以省略销售费用和产品推广的费用。

3. 服务型制造模式

服务型制造是基于生产的产品经济和基于消费的服务经济的融合，是制造与服务相融合的新产业形态，是一种新的制造模式，是制造业转型升级的重要方向。在这种形态下，制造业企业通过创新优化生产组织形式、运营管理方式和商业发展模式，不断加大服务要素在投入和产出中的比重，从而实现由以加工组装为主向“制造+服务”转型，从单纯出售产品向出售“产品+服务”转变，有利于延伸和提升价值链，提高全要素生产率、产品附加值和市场占有率。

在价值实现上，服务型制造强调由传统的产品制造为核心，向提供具有丰富服务内涵的产品和依托产品的服务转变，直至为顾客提供整体解决方案。在运作模式上，服务型制造强调主动性服务，主动将顾客引进产品制造、应用服务过程，主动发现顾客需求，展开针对性服务。服务型制造可分为以下三种类型。

（1）通过对智慧云资源/能力的聚合服务，实现分散资源/能力的集中使用服务；

（2）通过对智慧云资源/能力的拆分服务，实现集中资源/能力的分散使用服务；

（3）实现产品的增值服务。在生产领域，为企业客户提供设备状态监测、产品质量监测、在线技术支持、生产运行分析等服务；在消费领域，为终端消费者提供基于硬件产品的增值服务和个性化服务。

4. 柔性化生产模式

柔性化生产是针对大规模生产的弊端而提出的新型生产模式，根据客户订单和市场需求进行组织生产，以小批量、多品种的产品高效地满足顾客的个性化需求。柔性化生产通过系统结构、人员组织、运作方式和市场营销等方面的改革，使生产系统能对市场需求变化作出快速的适应，同时消除冗余无用的损耗，力求企业获得更大的效益。柔性化生产不仅是机器或设备的柔性，还包括管理、组织、人员和软件的柔性。网络通信技术、物联网技术、智能科学技术与制造技术的融合是柔性化生产的技术基础。

柔性化生产包括两个方面的含义：一是“质”的柔性，即生产系统能适应不同的产品或零件的加工要求。生产系统能加工的品种（种类）越多，则生产制造的柔性越好。二是指“时间”上的柔性，即生产系统在不同的零件之间的转换时间越短，生产系统的柔性则越强。

柔性化的生产方式的优势主要体现在以下几个方面。

（1）柔性化生产以顾客的需求为导向，利用其强大的智能生产能力，适当地进行生产工序调整和资源的优化配置，缩短产品的生命周期，推动生态化产业链的高效运转。

（2）柔性化生产更加注重产品的质量检控力度，以保证产品的生产质量和顾客的满意度。

（3）柔性化生产需要对产品的生产过程进行实时控制，提升单件产品的小批量生产的效率和成本控制能力。

5. 智能产品/服务模式

智能服务是指能够自动辨识用户的显性和隐性需求，并且主动、高效、安全、绿色地满足用户需求的服务。智能服务实现的是一种按需和主动的智能，即通过捕捉用户的原始信息，通过后台积累的数据，构建需求结构模型，进行数据挖掘和商业智能分析，除了可以分析用户的习惯、喜好等显性需求外，还可以进一步挖掘与时空、身份、工作生活状态关联的隐性需求，主动给用户提供精准、高效的服务。智能服务需要的不仅仅是传递和反馈数据，更需要系统进行多维度、多层次的感知和主动、深入的辨识。

智能服务可以帮助企业实现商业模式的变革，主要表现在以下几个方面。

（1）基于物联网应用的预防性维修维护服务。通过传感器与物联网技术，及时采集设备数据、监测设备状态，为客户提供预防性的主动服务，确保用户的关键设备正常运行。此外，通过分析产品运行的状态，还可以为客户带来一些新的商业机会。

（2）个性化服务。通过开发面向客户服务的 APP，促进客户购买除智能硬件产品本身以外的附加内容与服务，实现产品功能的升级，并通过随时跟踪客户的需求，为客户提供个性化服务。

（3）基于互联网的外包服务。通过将企业闲置的设计、制造、检测、试验、维修维护、工程仿真和个性化定制等服务借助互联网平台发布出去，承接外包服务，使资源得到充分利用。

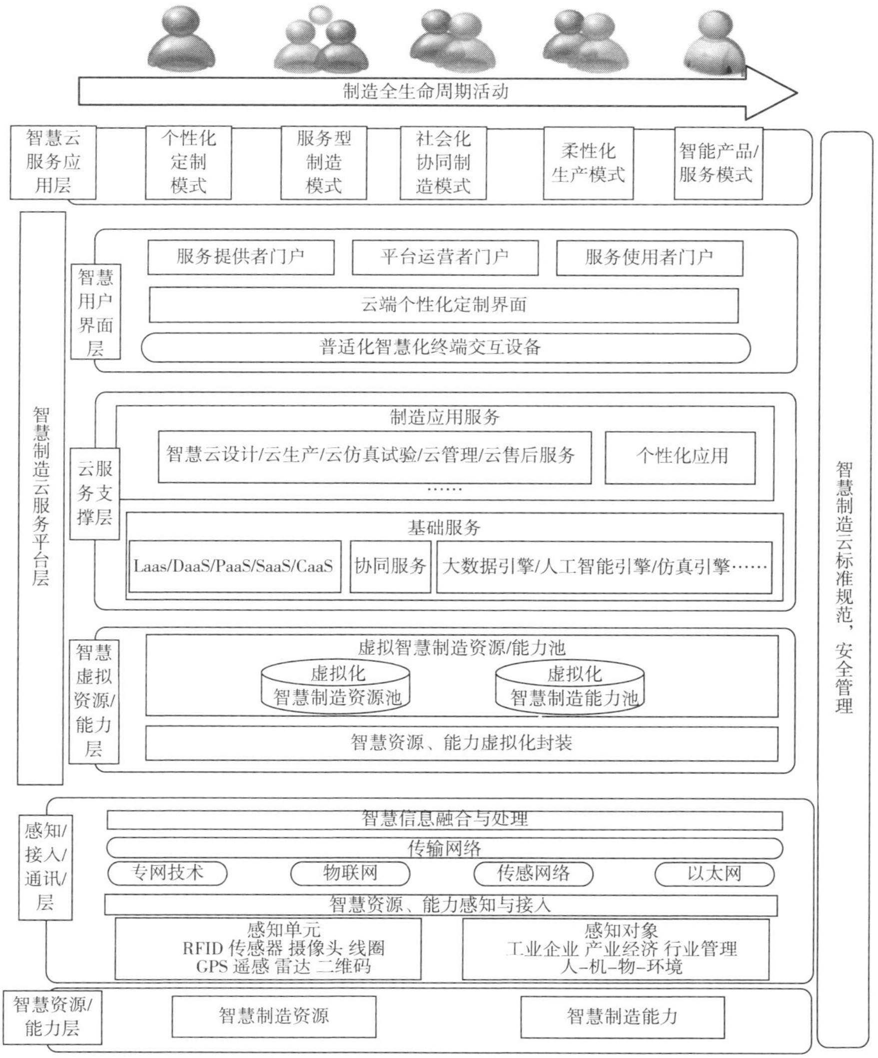

图1 智慧制造云体系

二 贵州工业云平台建设背景

贵州省工业作为全省经济发展的重要支柱产业，经过50多年的发展，产业门类齐全，产业链较为完整，为贵州经济的发展提供了坚实基础，但目前贵州工业企业存在整体信息化水平较低，政府的管控能力也比较弱的问题。随着科学技术的迅猛发展，贵州传统制造业比重过高、产业结构不合理的问题日趋严重，企业市场竞争能力差，总体经济效益低，已成为制约贵州省工业发展的瓶颈之一。随着全球经济一体化和市场竞争的日益加剧，运用高新技术改造和提升传统制造业，已成为促进和加快制造业发展，提高创新能力和经济效益，参与国际市场竞争，走可持续发展道路的紧迫任务。

2013年以来，国家密集发布支持新技术、新产业、新业态发展政策百余条，先后出台了“促进云计算创新发展　培育信息产业新业态”、“发展众创空间推进大众创新创业”、“智能制造”行动计划、“互联网+”行动计划、“中国制造2025”等一系列政策。这表明，工业化和信息化深度融合将进一步加快，以云计算、物联网、大数据为代表的“互联网+”技术将渗透到制造业的所有关键领域与环节，亟须建立能够支撑复杂研发链、生产链、供应链和服务链顺畅运转的社会化网络大平台，以充分发挥互联网在生产要素配置中的优化与集成作用。

为加快推动大数据产业应用，促进贵州省信息技术产业集聚和经济社会跨越发展，推动贵州工业结构调整、加快贵州新型工业化和城镇化进程，为此，贵州省政府相继出台了《关于加快大数据产业发展应用若干政策的意见》《贵州省大数据产业发展应用规划纲要（2014~2020）》等政策文件，并规划了“云上贵州”、“宽带贵州”、“7+N”云工程等重点工程，以科学、系统地推进贵州大数据产业的发展。

其中贵州工业云作为“7+N”云工程的重点示范云之一，将整合优势资源，打造具有贵州特色的大数据云制造服务平台，并面向贵州全省企业开展全生命周期云制造服务，是对贵州省大数据产业发展应用的重要实践，将推动贵州省大数据产业的应用和发展，推进企业借力大数据应用和资源共享，提高创新能力，降低研发和管理成本，加快企业从生产型向生产服务转型发展，推进贵州省两化深度融合工作开展，从而促进全省工业企业的转型升级。

贵州工业云平台由贵州航天云网科技有限公司建设、运营与技术支持，依托于航天云网公司在互联网＋相关技术领域的技术成果及先进思想，基于全国首个工业互联网平台 INDICS 打造，将新一代信息技术与贵州省工业企业结合，以智能制造、工业互联网、工业大数据、供应链等为突破口，提供涵盖 LaaS、DaaS、PaaS、SaaS 的完整工业互联网功能，全面整合全省范围的产业配套需求与能力，从系统总体架构、板块功能框架设计、行业应用板块设计、集成方案设计、平台安全建设五大方面建设贵州工业云平台，平台建成后将充分发挥互联网在生产要素配置中的优化与集成作用，高效整合、共享贵州省工业领域的高、中、低端产业要素与优质资源，打造结构合理、功能配套、竞争力强、数字化、网络化、智能化、协同化的工业体系、开放平台与产业生态。

贵州工业云以贵州省内优势产业与龙头企业为依托，针对产业链的各个环节，设计个性化、标准化的金融服务产品及体系，为整个产业链上的所有企业提供金融综合解决方案，并结合“互联网＋”理念，让互联网金融以一种投融资的常态融入企业内部以及企业所在生态链的日常运转中，全面支持企业全生命周期内的营销能力、制造能力、服务能力、创新能力和资源整合能力。同时，贵州工业云以紧紧围绕服务于贵州企业、产业、区域经济，加速发展、加快转型、推动跨越为主基调，带动工业企业在产品设计技术创新、经营管理过程优化和生产制造加工能力等方面的综合提升，不断增强贵州省工业企业的核心竞争力。

最终，贵州工业云将建设成为立足贵州、辐射西南、面向全国的贵州工业云公共服务平台，牵引生产性服务业并辐射国民经济领域的基于“互联网＋”的新兴产业云端生态圈。

三　贵州工业云主要功能阐述

贵州工业云围绕服务工业企业，助推企业提升核心竞争力，加快产业转型升级，促进经济跨越发展，面向企业及公众用户提供“三类服务”：企业云服务、产业云服务以及区域云服务。其中，企业服务云平台主要提供各类云资源、云软件、云咨询服务，帮助企业构建智能工厂、智能车间，开展协同制造，助力传统企业改造提升；产业服务云平台为企业用户提供各类研发链、供应链、生产链及营销链、服务链上的跨企业协作服务，活化工业云平台的各类数据，为企业提供产业级大数据增值服务，以及金融、物流等配套服务；区域服务云平台主要是结合大数据及人工智能技术，为企业提供智能化的区域性配套与供求撮合服务。因此，贵州工业云打造了云制造、工业品商城、工业物联网、云资源、创新创业、专区及增值服务等7大板块。

1. 云制造服务

云制造服务板块主要包括协作大厅、云排产、云MES、云供应链、虚拟工厂等内容，整合制造活动中所需要的各类制造服务（制造资源和制造能力），有效打通企业内外数据流、业务流、资金流、知识流的协作链条，建立产业横向与纵向的集成优化网络，资源共享，促进企业间需求与能力的智能优选和对接，对企业设备及生产运行数据进行云端管理，提供包括制造数据管理、计划排程管理、生产调度管理、库存管理、质量管理、人力资源管理、工作中心/设备管理、工具工装管理、采购管理、成本管理、项目看板管理、生产过程控制、跨企业生产计划排程、底层数据集成分析、上层数据集成分解等功能，为企业打造一个扎实、可靠、全面、可行的制造协同管理平台。同时，云制造服务还根据企业需求提供“互联网+智能制造”系统解决方案及个性化增值服务，全面优化供应链管理与产业链布局，大幅提高采购效率与质量水平，同时也促进企业生产效率与利润的提升，解决信息化系统缺乏、不合理调度、采购和生产效率低以及生产质量低等问题，使企业在透明化生产、敏捷性生产、生产可追溯、生产质量改善、及时预警和绩效分析等诸多方面管理水平得到改善和提升，释放企业能力，加快技术创新与进步，助力企业经营腾飞，实现跨越发展。

2. 工业品商城

工业品商城提供包括产品中心、采购中心、易物中心和租赁中心等服务内容，企业可以通过平台实现产品和采购需求的精准对接。产品中心将会员企业的所有产品进行统一管理，对产品的描述、价格以及库存信息进行动态管理，以客户查询最方便最快捷的方式展示产品，前端向客户提供产品检索、产品浏览功能，后端提供以会员为单位的产品管理功能，根据用户的习惯进行个性化产品推荐。采购中心包括三大类：低值易耗、大宗物资、项目招投标。采购中心将整合供应商目录，形成多数会员供应机制，引入供应商竞争机制，实现线上一体化采购、深度在线交易，实现采购价值最大化，还可以利用网络视频系统实现远程网络招标。易物中心与租赁中心，可将会员企业的闲置设备、场地及存货进行网上易物或租赁，为会员企业清理库存、闲置资产及设备。同时，平台合作引入电子发票、电子合同、金融支付等服务，提供安全、高效的交易服务。随着业务的不断拓展与沉淀，贵州工业云在深入研究工业企业的供需关系、工业品采购与销售的特点和痛点的基础上，基于工业互联网企业综合能力，对现有产品做出持续性改进建议和措施，与航天云网平台进行数据互通与信息交换，优化商品、需求、能力等全平台搜索功能，协助企业拓展市场业务，并以平台产品交易数据分析为驱动，促进企业产品战略调整与管理优化、质量提升与技术进步。

3. 工业物联网

工业物联网服务以航天云网自主研发的INDICS平台为核心，提供包括设备联网接入、设备远程管理、工业大数据应用等核心服务。贵州工业云工业物联网服务平台基于互联网，将人、智能机器、数据、智能分析系统等连接在一起，打造开放平台，为个性化定制、服务型制造、社会化协同制造、柔性生产、智能服务产品等新型智能制造系统提供平台支撑，形成开放的平台生态系统，大大提高制造业的创新能力和生产能力，促进制造业转型升级和重大变革，从而实现工业的再次革命。工业物联网服务提供工业设备的通信互联能力，支持OPC－UA、MQTT、Modbus、Profinet等主流工业现场通信协议的通信互联，支持工业现场总线、有线网络、无线网络的通信互联。提供云资源基础设施管理、大数据管理和数据建模与引擎、流程建模与引擎、服务引擎等公共服务，以主流的PaaS云平台Cloud Foundry基础架构作为底层支撑，有效支持贵州工业云的能力扩展。贵州工业云工业物联网服务以价值服务为前提，以企业应用为基础，以云端资源协同为手段，建设贵州工业云工业大数据应用分析平台，向企业提供工业设备的远程管理、工器具的远程管理、设备监控报警与故障诊断、基于机器学习的设备预测性维护、设备及产品的云检测与云监测、生产状态监测与智能决策优化分析、动态报表与三维仿真可视化大屏展示等应用服务，以数据驱动企业变革，以服务缔造公司价值，贵州工业云平台是设备联网接入推动贵州省内重点工业企业的设备接入与互联、工业大数据应用工作。

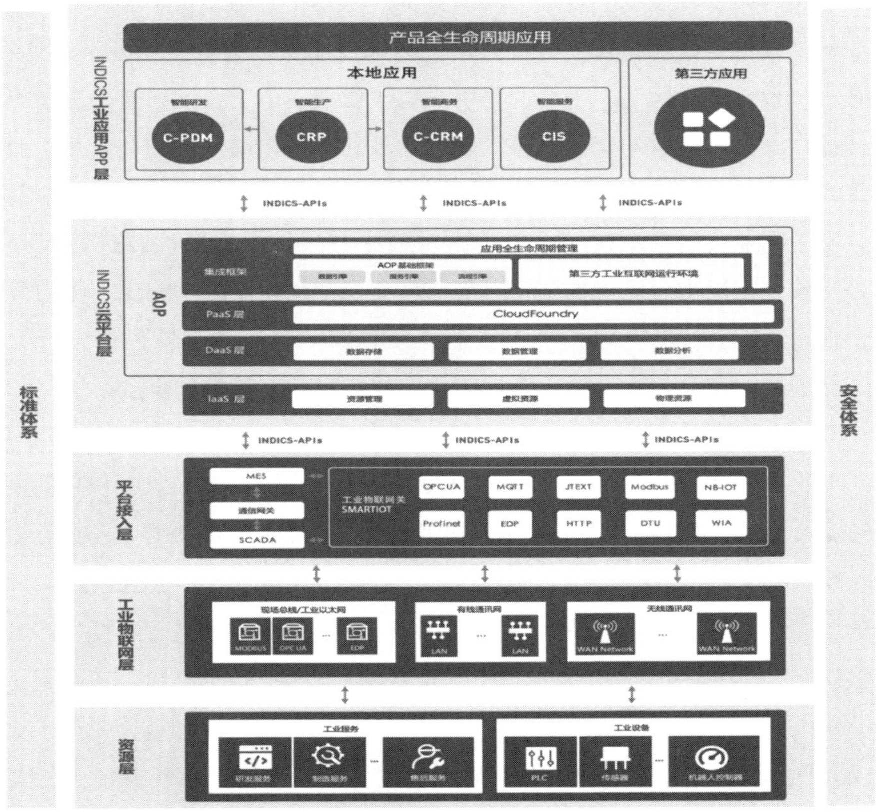

图 2　INDICS 平台体系图

4. 云资源服务

云资源服务汇聚众多云计算资源、国内外优秀软件、专利及标准，优强 IT 服务企业、解决方案和案例，以及知名院士为代表的专家服务团队，在产品、技术、服务等方面为智能制造和工业互联网提供立体式、全方位的支撑，促进企业转型升级、创新发展。平台通过拓展与国内外优强 IT 企业的合作，优选资源，建立、健全覆盖贵州省主要工业企业的咨询服务体系，根据贵州省工业情况分类建立解决方案库和案例库，涵盖主要的企业信息化建设应用；平台与中国航天科工集团、云上贵州大数据产业发展有限公司等企业的合作与数据、信息互通工作，拓展与知识产权管理、标准化管理的部门与相关企事业单位联系，建立贵州工业云专利及标准数据库，利用大数据等手段拓展数据应用场景，提升企业技术研发、质量管理等综合能力；平台通过合作拓展与贵州省内外高校、研究机构、行业协会、联盟团体的合作，通过贵州工业云丰富专家团队为贵州省工业企业发展建言献策；通过不断的企业市场调研和分析，与国内外知名管理软件、工程类软件、工具类软件企业的联系与合作，整合社会专业化行业领域的软件资源，根据市场需求，提供优于市场价格，多方式、灵活的授权（租赁）使用方式，为贵州工业云用户提供软件产品选型、使用和增值服务；建立贵州省云计算资源统一门户，整合贵州优质云计算资源，提供在线咨询、遴选、交易对接、售后等全方位服务，释放贵州云计算资源能力，加速大数据产业发展。

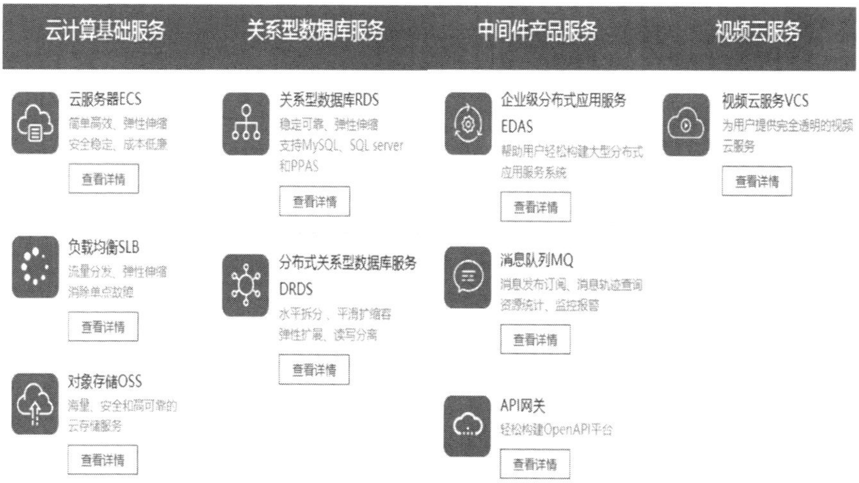

图 3　云计算资源服务

5. **创新创业**

双创是国家基于转型发展需要和国内创新潜力提出的重大战略，是基于我国经济进入新常态的发展需求，致力于打造经济发展的新动能，贵州工业云把创新创业作为促进工业转型发展的动力要素，全力打造高效快捷的服务体系，进一步优化创新创业环境，拓宽创新创业渠道，不断推动投资拉动向创新驱动转变、资源依赖向科技依托转变、贵州制造向贵州创造转变，呈现出载体新、模式活、成果多的良好态势。

创新创业服务是以航天云网双创平台基础，整合贵州省产、学、研等优质服务，联合贵州大学、龙头企业等双创资源，发挥政府引领作用，提供线下空间、创业咨询、试制试验、设备租赁、应用推广等服务，强化工业云平台资源利用，创新思维，形成“内创 + 外创、线上 + 线下、生产 + 服务”的众创、众包、众筹、众扶的区域创新体系，以知识互联打造新型智能制造模式，配套开展金融与高效物流等服务，同时也为地方政府、行业组织提供公共服务。通过借鉴国内知名众创空间建设的成果经验，总结制定了双创服务云的“三期三池一企业”总体孵化体系建设方案，其中“三期”是指创新创业中的创意种子培育期、创新产品孵化期和创业产业加速期三个时期；

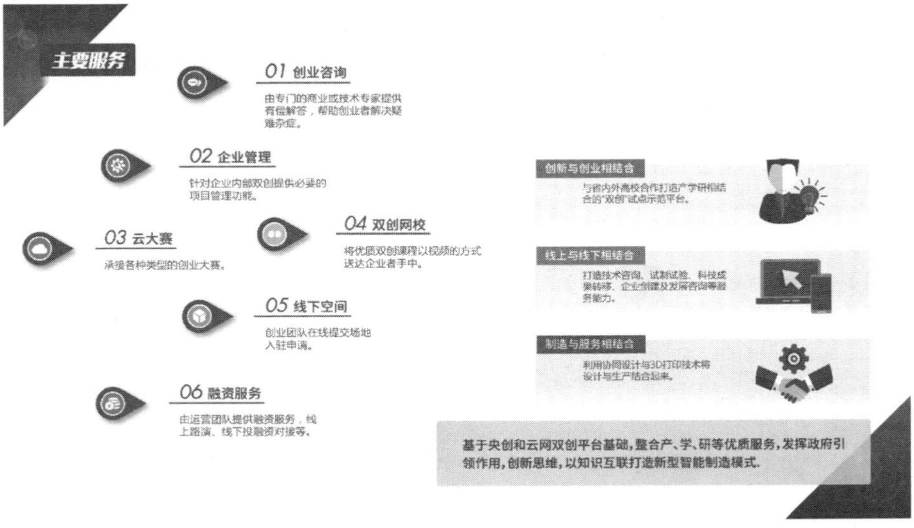

图 4　双创服务体系

“三池”是指创新创业形成的创意池、种子池和产品池；“一企业”是指孵化一批小微企业，通过构建“双创”工作运行机制解决创客从提出创意到创意落地、形成产品、催生产业等过程中找人才、找资金、找场地、找后勤、找技术、找圈子等问题，促进双创服务云良性发展。

6. 专区服务

专区服务提供产业专区、企业专区、军民融合专区、两化融合专区、专项行动等服务。这是一个公共服务模块，提供贵州省各产业资讯、企业案例与综合能力展示、军民融合与两化融合发展平台以及对省内重大行动，如大数据 + 工业深入融合、千企改造行等试点示范项目的支撑服务团队对接、实施进度跟踪、专项资金监控、项目建设过程的咨询与改进、政企交流、项目分阶段的成果/效果展示、示范推进等阶段工作的管理等，同时，也承担着工业云的应用推广，大数据、智能制造、工业互联网的知识普及与宣传。

7. 增值服务

增值服务主要是承接航天云网平台的产品及业务，进行本地化改造与设计，差异化向贵州省企业提供服务。包括工业互联网学院、互联网金融和工业企业运行指数。

（1）工业互联网学院：以服务工业互联网和智能制造产业发展、实现咨询培训价值为导向，以互联网、物联网、云计算、大数据和制造科学、智能科学、信息与通信、应用技术等学科建设为基础，依托航天云网和线下辅导中心，打造“工业互联网教育领域 + 智能制造新兴学科领域 + 应用技能训练 + 线上线下融合”的综合教育服务内容与体系。

（2）互联网金融：以贵州工业云数据中心企业生产、经营数据为依托，以大数据技术为手段，建立基于企业经营、生产状况的企业综合信用模型，积极推动工业互联网金融业务、工业互联网资本业务等贵州工业云增值服务建设。

（3）工业企业运行指数：通过航天云网平台和贵州工业云平台积累了大量企业用户的基础信息与交易数据，为深入发掘与论证平台支撑贵州制造强省战略的实施效果，结合航天云网平台经验，提出贵州工业经济运行指数的概念，并跟随平台的发展建设，不断完善该指数体系。

四　贵州工业云服务与运营模式

贵州工业云由贵州航天云网科技有限公司负责持续建设和运营，为政府、行业组织、企业等用户提供基于“互联网+协同制造”的产业服务。贵州工业云以平台上线为基础，从建立平台运营管理基础档案和运营保障体系，逐步实现运营基础数据的整合。云平台运营以实现“政府好帮手”的专区服务平台，实现“工业互联网”的云制造服务平台、工业物联网平台及增值服务平台，实现“企业云超市”的工业品商城与云资源中心服务平台及“创客梦空间”的创新创业服务平台为目标。

贵州工业云的运营由运营基础资源整合、运营管理架构体系、平台运营营销推广、为用户行为服务四个阶段组成，运营组织结构如图5。

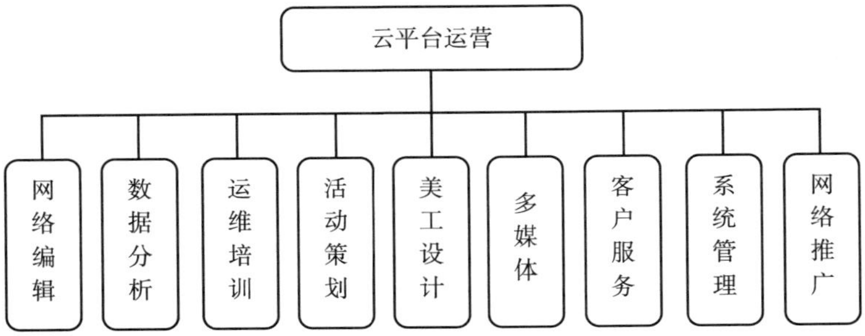

图5　云平台运营组织结构

贵州工业云运营工作的主要内容有：工业云运营可视化、服务队伍建设、专家队伍建设、云资源中心数据丰富、核心业务的建设与推广、工业云数博会推广、装备博览会推广、市州行推广、培训活动推广、媒介推广、工业云建设培训交流等。

贵州工业云不仅是提供渠道的媒介和提供交易机会的中间平台，其核心价值是建立起一个完善的“生态系统”。该生态系统以云制造为核心、以生产性服务为依托，构建一个网上企业命运共同体：采用开放的技术体系

（以便各入网企业按照统一的技术标准将自身的网络与设备接入网络，所有的网络与设备皆可在网内共享）；开放的商业模式（政府引导扶持入网，企业入网自愿、退网自由）；低成本高效的管控与支持体系（入网不收费，交易成功需付网络运行维护与安全保障费，需要云平台提供特别服务的单独付费）。其基本商业模式的生态系统包括后台支持体系和云端企业体系两部分。

（1）后台支持体系：提供入网政策支持；提供创业引导基金支持；提供产业发展规划对接服务；提供人才、技术、市场、机制支持。盈利模式包括会员服务模式、交易计费模式、中介服务模式、广告服务收费模式、金融服务收费模式、信用服务收费模式、大数据增值服务收费模式以及咨询服务收费模式等。

（2）云端企业体系：利用灵活的经营机制和较强市场渗透力，整合贵州工业云内各种要素资源，围绕改造提升传统产业和开辟新的产业，开展创新创业活动，进行线上线下业务对接融合，形成云网集群效应，共享资源和市场份额。

围绕服务工业企业，助推企业提升核心竞争力，加快产业转型升级，促进区域经济跨越发展，贵州工业云提出“一、三、一、一”的发展理念。就是打造一个环境、提升三种能力、构建一个体系、培育一个产业，构建贵州工业云产业生态圈。

一是打造一个产业资源云端聚集、产业模式云端创新、产业配套云端发展的新型产业生态环境。汇聚整合国内外先进技术、产品与服务，吸引不少于十万家企业用户使用工业云服务；本地制造企业由生产型向产品加服务型转变，实现业务、商业模式整体创新；本地金融、物流、信息、大数据等现代服务业企业在云端提供服务。

二是提升三种能力，促进贵州产业云端发展。依托工业云大幅提升政府行政服务能力、市场监管能力、产业布局和产业结构调控能力，促进贵州产业逐步登云，实现在工业云端打通产业链，优化供应链，提升价值链。

三是构建一个两化深度融合的贵州现代工业体系。推动本地制造企业在产品、服务、装备、制造全过程的数字化、网络化、智能化水平提升，制造业进一步向价值链的高端化方向发展，两化融合发展指数显著提高，高技术制造业和服务业占总产值的比例明显提升。

四是培育一个工业云大数据服务产业。培育若干以工业云服务运营和大数据增值服务为主体业务的信息服务新型高科技企业，面向贵州乃至全国提供工业云大数据解决方案设计、服务咨询、系统建设、运营增值等信息服务，培育立足贵州、辐射全国的工业云大数据服务产业。

五　贵州工业云建设成效

贵州工业云经过近两年的建设与发展，已成为省内工业企业青睐的工业互联网云服务平台，平台整体运行处于极速发展阶段，截止到2017年上半年，贵州工业云已突破7万企业用户，上架软件120余款，案例86项，解决方案220个，引进了64家优强服务队伍，核心专家团队成员23名，共发布需求12860条，发布产品22065个，发布金额16.4亿元，累计成交16712笔，累计成交金额9.2亿元。

2016年，在贵州省开展“千企改造”工程——大数据助力企业转型升级专项行动中，通过贵州工业云，组织185名企业专家团队分批来黔，到23家重点企业开展会诊服务，举办三场集中推广辅导会，实现23个项目落地。同年，围绕基于贵州工业云的贵州省经信委各类业务系统迁云工作依次展开实施，共成功完成迁云系统27个，数据共享子目录70个，梳理数据元目录1761个，开放数据集13个，支撑政府数据“聚通用”工作。同时，贵州工业云也积极与驻黔央企、贵州省行业龙头企业与知名企业开展深入合作与交流，达成战略合作协议，打造试点示范工程，拓展了贵州工业云在重点企业及上下游产业链的认知度，实现由点到面的多维布局。

2017年上半年，贵州工业云平台成功举办了2017中国贵州装备工业博览会暨全国制造业与互联网融合·工业云经验交流会，建立平台专区推动了2017贵州大数据+工业深度融合专项行动与贵阳市高新区大数据+智能制造专项行动。

通过贵州省经信委和贵州工业云有关支撑单位一段时间以来的共同努力，贵州工业云已经在帮助和引导企业提高经营效益，提升管理效能，优化供应链，强化安全生产，促进企业国际化发展等诸多方面取得了积极进展，为企业带来了实实在在的“获得感”。以下是几个贵州工业云具体应用的案例和成果。

（1）航天科工集团第十研究院有多家企业（如贵州航天电器、航天测试、航天控制等）作为首批工业云创新服务平台重点示范企业，把工业云创新创业模块的资源与航天十院在智能制造方面的先进技术深度融合，构建了行业领先的工业云 + 精密电子元器件智能制造数字化车间。同时利用工业云平台发布外协、外购和能力信息，截至目前，共发布外协需求 478 条，外购 1204 条，大部分得到及时响应，答复降低了沟通成本，提高了协作效率。

（2）中航力源液压依托工业云云供应链模块开展采购业务，实现以订单为驱动的生产采购一体化应用，采购人员减少 50%，订单执行及时率提升 90%，响应周期从原来的 15 天缩短到 1 周，供应商评价、客户管理、售后维修等环节得到系统全面的提升。实现了公开化、阳光化、及时化的采购管理，以及对大量供应商的业务管理和考评。

（3）贵航股份永红散热器公司通过工业云云制造服务提供的数字化车间一体化解决方案，实现公司人、机、物料、产品、业务协同，彻底转变了传统生产协同方式，实现生产数据的实时获取和生产追溯、设备智能改造，促进企业生产效率提高 10%，信息化设备采购成本降低 70%，管理效能明显提升。

（4）开磷集团租用工业云云端视频会议系统，实现异地实时会议沟通，大大节省了企业自主建设机房和购置设备成本，同时降低系统运维费用，显著提高企业协同效率，降低会议成本。

（5）贵州红林机械有限公司，依托工业云云制造和工业物联网服务开展设备数据采集和生产智能排产，促进企业生产、质量管理、产品交货等方面效率显著提高，实现了精确监控生产能力，释放富余产能。

（6）天义电梯成套设备公司，通过租用工业云云计算资源，显著降低系统运维成本，增强系统稳定性和安全性，保障了天义电梯物联网系统的持续安全稳定运行。

（7）中德西格姆精密制造有限公司，综合运用工业云平台多项功能模块，实施智能制造项目，把中国制造 2025 的要求与德国工业 4.0 的理念进行融合对接，完成了企业从工业 2.0 ~ 3.0 的转变，实现企业转型升级和提质增效，为推进企业国际化发展打下了坚实基础。

（8）航天林泉电机有限公司，通过工业云云制造服务，搭建企业智能质检中心，向社会释放先进质检能力，促进军民融合，提高企业经营效益。

专　题　篇

Special Topics

B.16

科技创新支撑“丝路”发展指数研究及相关政策建议

郭建峰　胡滋颖*

摘　要：本文结合2010～2016年我国“丝路”沿线省份科技支撑与发展数据本身的特点，选择了熵值法和LM－BP神经网络法来计算各个评价指标权重，采用加权平均法得到“丝绸之路经济带”的发展水平综合评价结果，以此来科学评价“丝绸之路经济带”发展水平。最后，根据指数评价结果，剖析了制约“丝绸之路经济带”协调发展的主要因素，并提出相应的对策建议。

关键词：LM－BP算法　熵值法　丝绸之路经济带　发展指数

* 郭建峰，中组部“千人计划”特聘专家，西安邮电大学教授，国家发改委国合“一带一路”研究院研究员，英国雷丁大学亨利商学院高级研究员。胡滋颖，西安邮电大学硕士研究生。

一 “丝路”发展指数研究的挑战

丝绸之路经济带国家战略的不断推进对其所覆盖的地区来说既是机遇也是挑战。然而在建设发展过程中，仍存在诸多问题与矛盾：信息数据缺失、政策法规不完善、资源过度开发、环境遭到破坏、产业结构混乱等都将成为“丝绸之路经济带”发展中的制约因素①。而建立一个“丝绸之路经济带”发展指数体系可以有效地评价其发展进程，为研究者提供研究方法，为政府各部门提供决策支持，为广大企事业单位广泛参与“一带一路”经济建设提供战略支撑，从而实现丝绸之路经济带地区合作共赢、互利互惠，实现地区间经济增长的跨越式进步。

现阶段，一方面，从国家层面陆续出台了大量的对外贸易政策及对内鼓励政策，各部委也密集出台了多项保障政策落地的实施办法与指引，尤其鼓励大量的央企“走出去”，在超过 62 个国家实施了超过 8158 个项目，合同金额超过 1260. 3 亿美元（截至 2016 年年底，国家发改委国合“一带一路”研究院提供的数据），资金支持包括注册成立亚洲基础设施投资银行（注册资金 1000 亿美元，后增资 1000 亿人民币）、金砖国家银行（注册资金 1000 亿美元）、丝路基金有限责任公司（注册资金 400 亿美元），并且通过国家开发银行、进出口银行累积为超过 1400 个重大项目提供超过 6100 亿美元的贷款，如图 1 所示。

另一方面，相关地方及企事业单位也高度关注相关政策，并且快速推进已出台的支持政策落地。很多鼓励、扶持政策都非常及时。民营企业参与度越来越高，到 2015 年参与实施的“一带一路”主要项目中民营企业已经占半壁江山，并且涉及经济特区建设、产品与贸易等多个领域，已经名副其实地成长为“一带一路”项目实施的主力军，如图 2 所示。

---

① 李宇、李泽红、董锁成、袁靓、石广义：《关于制定“基础科技支撑‘丝绸之路经济带’发展计划”的思考》，《中国科学院院刊》2015 年第 1 期，第 32 ~ 36 页。

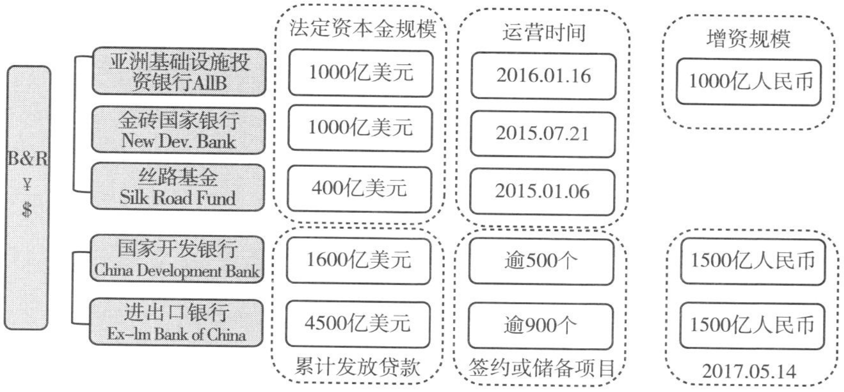

图 1　国家“一带一路”主要金融机构及直接的资金支持

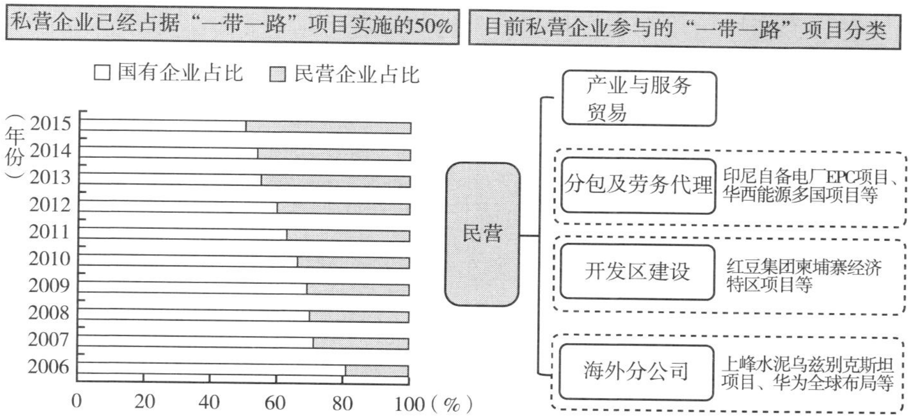

图 2　“一带一路”企业实施占比与私营企业参与项目的细分

数据来源：《2015 年度中国对外直接投资统计公报》，广发证券发展研究中心。

可以说，政府自上而下出台扶持政策很积极，地方自下而上落实政策也很热情，但是我们还是注意到这些政策在各地区落实的情况并不均衡，效果也并非设想的直接而明显，这种情况相对于以前很多只有中央主导或者地方一头热而导致政策推进实施缓慢的情况是较为罕见的。这与“一带一路”战略地域跨境内外、产业涉及面广、实施复杂、无可借鉴经验等有直接关系，同时也与决策实施过程中的政策落实、效果显现的时间滞后有关。

面对这样复杂的战略实施，如何建立一套科学、有效的评价体系来进行评价？尤其是在没有任何经验可借鉴的情况下，如何建立一套科学、无偏的评价体系？如果通过动态调整评价参数及评价算法来实现评价体系的动态调整与纠偏，那么如何评价评价体系本身？如何通过评价体系协调各地方政府，充分发挥自身资源禀赋的优势，又如何充分发挥地方的积极性共同分享“一带一路”的发展成果？如何通过这些科学评估系统与评价体系的建设，利用脱敏后的数据来更加有说服力地对接国外的政府、智库、研究机构，共同为“一带一路”建设提供智力资源，为中国取得和平崛起的普遍赞誉，进而实现打造人类命运共同体的跨民族、宗教、国家的大同世界而提供智力支持？

鉴于关于“丝路”发展指数体系的研究相当缺乏，传统区域发展评价体系不适用于跨地区、跨行业、跨境的“一带一路”新兴战略研究。结合区域发展以及“一带一路”的相关研究，构建具有“一带一路”特色的评价体系变得非常迫切。考虑到“一带一路”涉及超过世界上69个国家和国际组织[①]，评价体系构建复杂，而蓝皮书有众多优秀稿件可供筛选，我们将整个评价体系研究分成丝绸之路经济带与海上丝绸之路评价体系两个组成部分，本文着重讨论前者即“一带”的国内省份与地区评价体系的构建与评估，关于后者“一路”的研究将很快公布。显然“一带一路”的评价、评估体系不是两个研究的简单叠加，而是整合互补，是1+1>2，这是后话。

蓝皮书采用熵值法和LM-BP神经网络法来计算各个评价指标权重，这样既规避了研究者自身对于某些指标的偏爱，也避免了因为传统统计分析方法导致某些未知指标的缺失，更重要的是神经元网络算法本身具有很强的噪音数据处理能力，也就是数据容错能力与动态调整能力。当然该算法并非完美，其主要缺陷是对于有限数据计算容易陷入局部最优解，因此我们通过引

① 《发改委：中国将从五方面推进“一带一路”建设》，中国一带一路网，https://www.yidaiyilu.gov.cn/xwzx/bwdt/23842.htm，最后访问日期：2017年8月18日。

入非常成熟的 LM－BP 复合算法来实现函数逼近，避免神经元网络的指标权重计算的不足。同时，我们也关注如何评价评价体系本身，特别根据评价指标权重采用加权平均法（熵值法的一种成熟方法）得到“丝绸之路经济带”的发展水平综合评价结果，以此来有效评价“丝绸之路经济带”的发展水平情况。最后，根据丝绸之路经济带发展评价结果，我们会剖析制约丝绸之路经济带协调发展的主要因素，并且针对问题提出对策建议，为“一带一路”战略决策提供相关依据。

二 “丝路”发展研究的国内外视角

目前国外“丝路”发展研究文献还不多，内容上主要局限于“丝绸之路经济带”的内涵与功能、各国在“丝路”战略中的角色、发展策略建议等方面以及少部分实证研究。Ling Wei 等（2014）[①] 以空间维度视角，从激励、基本框架、合理性、现实基础和发展策略方面阐述了丝绸之路经济带的内涵，分析了构建丝绸之路经济带的基础理论——区位理论、空间结构和互动理论以及贸易理论。Piniugina E. （2015）[②] 分析了新型亚欧一体化战略、丝绸之路经济带倡议与欧亚经济同盟在经济和意识形态之间的差异，论述了国家领导人的政治目的以及双边合作文件内容，并探讨了中亚地缘性政治竞争。清华大学某研究机构（2014）在《丝绸之路经济带：前景和政策建议》的研究报告中认为，丝绸之路经济带覆盖了拥有约 30 亿人口和 23 万亿美元经济规模的广大区域，处于世界经济、人口、自然资源的关键位置，有着巨大的市场潜力，将成为联系亚洲、欧洲和非洲经济文化交流的陆上大动脉。丝绸之路经济带沿途国家一方面和其他地区在经济、政治、文化、战略方面

① Kheyfets B. “The Silk Road Economic Belt : New Model of Attractive Economic Partnership for the EAEU,” *Akademizdattsentr Nauka RAN Publisher*, vol. 5, pp. 39－49, 2016.

② Piniugina, E. “Eurasian Economic Union and the *Economic Belt of Silk Road*: Comparative study of Eurasian Integration's Projects,” *Institute for Scientific Information on Social Sciences*, vol. 4, pp. 99－115, 2015.

有着较好的合作基础和前景；但另一方面也面临着重大挑战。Abudureyimu A. 等（2014）① 认为丝绸之路经济带的焦点在于生态安全、经济增长、教育、能源开发、金融合作、新技术和旅游发展，丝绸之路经济带对于促进中国和欧亚其他国家的思想和技术交流一直十分重要，同时有助于新疆的发展和长期稳定。Xincai G. 等（2014）② 认为为了提高西北五省的物流能力，每个省都应该加大交通基础设施投资力度，优化相关投资结构，促进绿色物流发展，强化物流资源的合作和再分配，以促进丝绸之路经济带的发展。Zhao JF、Xian Y.（2016）③ 基于2005～2014年丝绸之路经济带沿线国家的对外直接投资数据，对丝绸之路经济带的溢出效应与中国跨国公司的创新能力进行了分析。研究结果显示，加大对外直接投资，有助于跨国公司与本地企业的知识交流，不仅能够促进当地技术水平的提升，也有利于跨国公司提高业务能力与创新水平。

"丝绸之路经济带"这一主题在国内的研究已经非常广泛深入，研究文献数量多、内容有深度且视角多元化。内容上主要从丝绸之路经济带的内涵与功能、合作机制与建设路径、发展战略及对策建议上展开。朱显平、邹向阳（2006）④ 最早提出了"中国—中亚新丝绸之路经济发展带"这一概念，强调与古丝绸之路经济带相比，"中国—中亚新丝绸之路经济发展带"更具有关联互动性。惠宁、杨世迪（2014）⑤ 认为，丝绸之路经济带的建设内容主要包括能源、通信、交通、贸易与投资、科技、文化及旅游等领域，加强各

① Abudureyimu A., Han Q. Clean Energy Development of Silk Road Economic Belt in Xinjiang, *Applied Mechanics and Materials*, 2014, 521, pp. 846–849.

② Xincai G., Xuhui D., Xinyu G. An Evaluation Research on Logistics Capability of Five Northwestern Provinces and Autonomous Regions by Fussy Matter – Element. *Social Sciences in Xinjiang*, 2014, 1, p. 6.

③ Zhao JF, Xian Y. Silk Road Economic Belt: The Analysis about Performance of Spillovers and Innovation of China's Multinational Corporations [C] //6th International Conference on Management, Education, Information and Control (MEICI). 2016, 135, pp. 477–481.

④ 朱显平、邹向阳：《中国—中亚新丝绸之路经济发展带构想》，《东北亚论坛》2006年第9期。

⑤ 惠宁、杨世迪：《丝绸之路经济带的内涵界定、合作内容及实现路径》，《延安大学学报》（社会科学版），2014年第4期。

领域的互联互通是实现丝绸之路经济带互利共赢的合作路径。马莉莉等（2014）[①] 认为，合作基础、外围陷阱、大国威胁和合作模式是摆在丝绸之路经济带建设和发展面前的四大现实问题。2016 年，北京大学海洋研究院、国务院发展研究中心、国家信息中心等单位联合针对“一带一路”沿线国家的互联互通发展水平开展了相关研究，并推出五通指数量化“一带一路”的互联互通发展。“五通指数”结合“一带一路”沿线各国的基本现状与发展态势，并从政策沟通、设施联通、贸易畅通、资金融通与民心相通五个维度基于传统统计方法建构了评价指标体系，主要是面向跨国跨境的指数研究，评估结果可为我国政府进行相关科学决策、企业投资、智库研究等提供参考。刘华芹（2014）[②] 认为位于亚欧大陆的国家多为发展中国家或新兴经济体，基于地缘和发展水平的限制难以加入像 TPP 等高水平的区域经济合作之中。丝绸之路经济带沿途国家可以借鉴上合经验，建设丝绸之路经济带。

本研究专注于国内“丝绸之路经济带”的省份发展水平评价体系，以及由此延伸的相关政策建议研究。蓝皮书通过发布基于这种熵值法结合 LM - BP 神经元网络的全新复合评价算法应用于“一带”评价体系，并且为未来延伸到“一路”评价体系，实现国内外评价体系的整合与动态调整，从而为相关政策的延伸提供坚实的依据。

三 “丝路”发展指数指标体系构建

（一）指标体系算法与样本选取

1. 指标体系的算法构建

熵值法通过衡量系统中不同情况出现的概率来定义该系统中的熵，熵值

① 马莉莉、王瑞、张亚斌：《丝绸之路经济带的发展与合作机制研究》，《人文杂志》2014 年第 5 期，第 38 ~ 44 页。

② 刘华芹：《借鉴上合经验建设“丝绸之路经济带”》，《经济》2013 年第 12 期，第 75 ~ 77 页。

越小，则其反映出的信息量越大；熵值越大，则其反映出的信息量越小①。

BP 神经网络（Back Propagation）即误差反向传播法，是各种类型的神经网络中应用最为广泛的一种，它是一种有导师学习算法，用于网络权值和阈值的学习。Kolmogorov 定理表明，在隐层节点数不限的情况下，三层前向 BP 神经网络可以以任意精度逼近非线性系统，故而本文选取含有一个隐含层的三层网络结构构建模型。其原理概括如下：其学习过程由工作信息的正向传播和误差信息的反向传播组成，正向传播从输入层收集外界信息开始向后正向计算隐含层和输出层，隐含层负责处理收集的各类信息，而输出层则负责将处理后的结果向外界输出。当输出的结果与期望结果不相符时，则将其误差进行反向传播修正节点权值，直到达到预设的误差范围。BP 神经网络的隐含层和输出层采用了 Sigmoid 函数，该函数处处可微。

BP 神经网络拥有强大的非线性映射能力，处理复杂问题不需要建立复杂模型。但 BP 算法采用梯度下降法修改网络权值，因而有容易陷入局部极小值、收敛速度慢等缺陷。为了加快收敛速度，提高测算的精度，并且减少迭代次数，我们还采用 LM 算法来对 BP 神经网络进行优化。其基本思想就是允许误差沿着恶化的方向搜索，使网络每次不再沿着单一的负梯度方向迭代，同时对网络的权值进行自适应调整优化，从而大幅度提高了网络的泛化能力和收敛速度。LM 算法相当于梯度下降法，当其值趋近于 0 时，LM 算法相当于高斯牛顿法。

高斯牛顿的修正算法会在目标接近最优解时，引导其走向理想的搜索方向，LM 算法利用了非线性最小二乘法和梯度求最大值、最小值法，有效提高了学习效率，并减少了迭代次数。

2. 样本选取与无量纲化

2015 年 3 月 28 日，根据国家发展改革委、外交部、商务部联合发布的《推动共建丝绸之路经济带和 21 世纪海上丝绸之路的愿景与行动》（以下简称《愿景与行动》）文件，将“一带一路”分为丝绸之路经济带与 21 世纪

① 徐临、姚晓琳、李艳辉：《基于层次分析和熵值法的融资担保机构风险评价》，《经济与管理》2017 年第 2 期，第 50 ~ 55 页。

海上丝绸之路。本文的研究对象为我国“丝绸之路经济带”沿线省份，主要包括：东北三省（黑龙江、吉林、辽宁）、西北六省/地区（陕西、甘肃、内蒙古、宁夏、青海、新疆）以及西南三省/地区（广西、重庆、云南）①。以上12个省份在“丝绸之路经济带”建设中起到重要作用，因此，数据样本的选取具有代表性。

研究数据主要来源于《中国统计年鉴》、《中国科技统计年鉴》、各省统计年鉴、各省科技统计年鉴、Wind宏观数据库、Wind行业数据库等，样本区间为中国丝绸之路经济带沿线12个省份的面板数据，时间为2010～2015年，对于个别缺失数据采用均值拟合代替。

由于“丝绸之路经济带”的发展指数指标体系涉及的指标较多，每个指标反映的内容也各不相同，为使指标能够客观地评价科技对丝绸之路经济带发展的支撑能力，在使用熵值法计算指标权重之前，须使指标数据具有一致性，故而先运用MATLAB软件对指标数据进行无量纲化处理。

（二）指标体系构建过程

丝绸之路经济带发展水平的强弱要通过相关指标来衡量，但单一的指标只能反映丝绸之路经济带发展过程中发展水平某个方面的情况。而政府、企业和研究者需要对其做出综合评价，所以，对丝绸之路经济带发展指数就要从多种维度、多种指标综合考虑，因此需要建立多方面反映丝绸之路经济带发展指数指标的体系。

所选指标主要源于《愿景与行动》中对丝绸之路经济带建设的指导意见。该文件中明确提出了丝绸之路经济带建设的五个维度，即政策、设施、贸易、金融及民心。建设内容除了提升五大维度的基本水平之外，还强调了互联互通这一关键特性。

总结来源，建构“丝路”发展指数指标体系的基本框架如图3所示。

---

①《〈推动共建丝绸之路经济带和21世纪海上丝绸之路的愿景与行动〉解读》，《台声》2015年第11期，第37～38页。

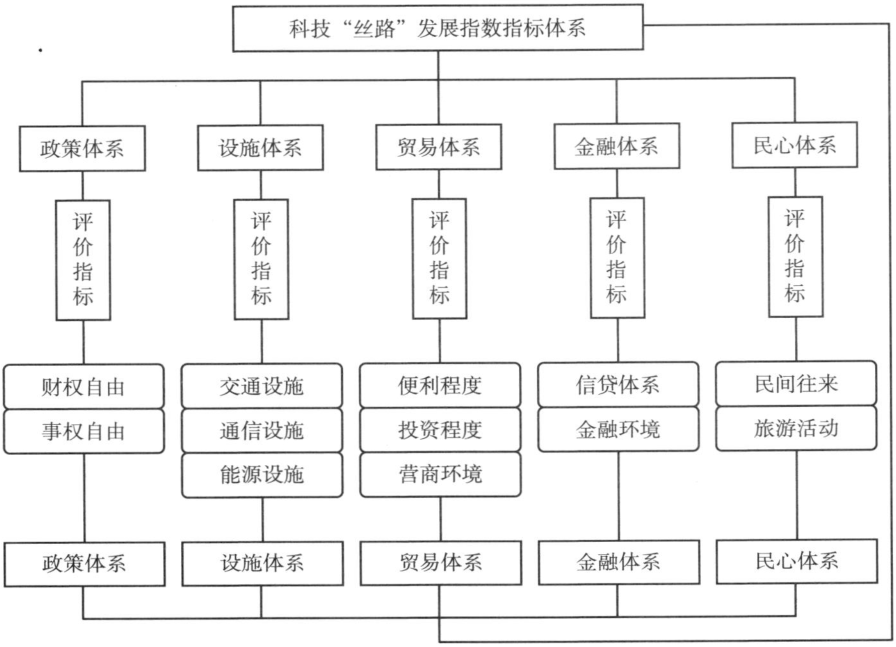

图 3 “丝路”发展指数指标体系的构建框架

综合大量文献中的发展指数体系，遵循指标体系设计的原则，即科学性原则、系统性原则、可操作性原则、结构层次性原则，构建出如表 1 所示的评价指标体系。

表 1 丝绸之路经济带发展指数指标体系

一级指标	二级指标	三级指标	考察目的
“丝绸之路经济带”发展水平 A	政策水平 B1	地方公共财政收入总额 ×1	财权自由
		地方公共财政支出总额 ×2	事权自由
	设施水平 B2	货运量 ×3	交通设施
		交通运输、仓储邮政业固定资产投资完成额 ×4	交通设施
		互联网普及率 ×5	通信设施
		电话普及率 ×6	通信设施
		能源工业固定资产投资 ×7	能源设施

续表

一级指标	二级指标	三级指标	考察目的
“丝绸之路经济带”发展水平 A	贸易水平 B3	货物进出口总额 ×8	便利程度
		非金融类对外直接投资流量 ×9	投资程度
		外商直接投资总额 ×10	投资程度
		对外承包工程合同金额 ×11	营商环境
	金融水平 B4	贷款存款比率 ×12	信贷体系
		金融机构营业网点机构数 ×13	金融环境
		银行办理跨境人民币结算金额 ×14	金融环境
	民心水平 B5	客运量 ×15	民间往来
		人均文化事业费 ×16	民间往来
		入境过夜游客总人数 ×17	旅游活动
		国际旅游外汇收入 ×18	旅游活动

本文选取丝绸之路经济带 12 省份 2010 ~ 2015 年相关指标数据，数据主要来源于科技支撑丝绸之路经济带发展对策研究项目形成的丝绸之路经济带省份科技数据库、《中国统计年鉴》、《中国科技统计年鉴》以及各省统计年鉴。

采用熵值法来测算评价指标体系的初始权重，可以分别得到从 2010 ~ 2015 年丝绸之路经济带发展指数指标体系的指标初始权重，结果保留小数点后 4 位（见表 2）。

表 2　丝绸之路经济带发展指数指标体系初始权重

一级指标	二级指标	三级指标	初始权重					
			2010 年	2011 年	2012 年	2013 年	2014 年	2015 年
发展水平 A	政策 B1	×1	0.0498	0.0572	0.0554	0.0611	0.0598	0.0552
		×2	0.0165	0.0169	0.0158	0.0195	0.0304	0.0149
	设施 B2	×3	0.0369	0.0465	0.0460	0.0475	0.0510	0.0453
		×4	0.0306	0.0349	0.0310	0.0374	0.0280	0.0231
		×5	0.0033	0.0033	0.0024	0.0026	0.0024	0.0025
		×6	0.0029	0.0031	0.0032	0.0032	0.0019	0.0013
		×7	0.0357	0.0350	0.0274	0.0396	0.0479	0.0444

续表

一级指标	二级指标	三级指标	初始权重					
			2010 年	2011 年	2012 年	2013 年	2014 年	2015 年
发展水平 A	贸易 B3	×8	0.0864	0.0933	0.0909	0.1013	0.1005	0.1000
		×9	0.1468	0.0894	0.0939	0.0754	0.0669	0.0684
		×10	0.1147	0.1390	0.1383	0.1499	0.1494	0.1283
		×11	0.0821	0.1235	0.1436	0.0947	0.0876	0.1204
		×12	0.0019	0.0021	0.0017	0.0020	0.0017	0.0019
	金融 B4	×13	0.0219	0.0257	0.0234	0.0281	0.0290	0.0283
		×14	0.1504	0.0842	0.0766	0.0739	0.0806	0.0796
	民心 B5	×15	0.0377	0.0444	0.0440	0.0453	0.0478	0.0408
		×16	0.0182	0.0142	0.0193	0.0183	0.0213	0.0183
		×17	0.0749	0.0893	0.0893	0.0844	0.0921	0.1211
		×18	0.0891	0.0978	0.0980	0.1159	0.1015	0.1061

初步分析表 2 可知，在政策水平、设施水平、贸易水平、金融水平与民心水平中，贸易水平涉及的三级指标所占权重最大，其次是民心水平、设施水平、金融水平，最后是政策水平。这表明，我国“丝绸之路经济带”沿线各省份的贸易水平、民心水平与设施水平所涉及的三级指标数据差异较大，能够反映更多的信息，说明各地区发展水平的差异主要体现在这三个方面。

由于区域发展系统处于动态的变化之中，评价“丝绸之路经济带”的发展时，不应只考虑评价年份的指标数据，这会使得评价结果局限在静态的时间区域内，而应综合以往各年数据，挖掘其变化发展关系，得到各年动态的指标权重。

根据熵值法的算法原理可知，在计算指标权重时，熵值法存在对指标数据变异性依赖过强的缺陷，只能考虑当年指标数据而容易忽略历史数据对当年数据的影响。而实际的评价过程是一个动态的非线性过程，理想的评价结果中应包括评价对象的变化发展过程，因此本文用熵值法确定初始权重，利用 LM－BP 神经网络根据综合指标数据与初始权重进行自学习、自调整以确定最终的权重。

在训练之前，需对网络参数进行如下设置：初始学习率 0.1，训练次数 5000，训练预设误差 e－4。由 LM－BP 神经网络结构设计可知，输入层节点数为 12，输出层节点数为 1。由于篇幅限制，现仅以 2015 年训练过程为例来展示采用试凑法得到隐含层最佳节点数的过程（见图 4）。

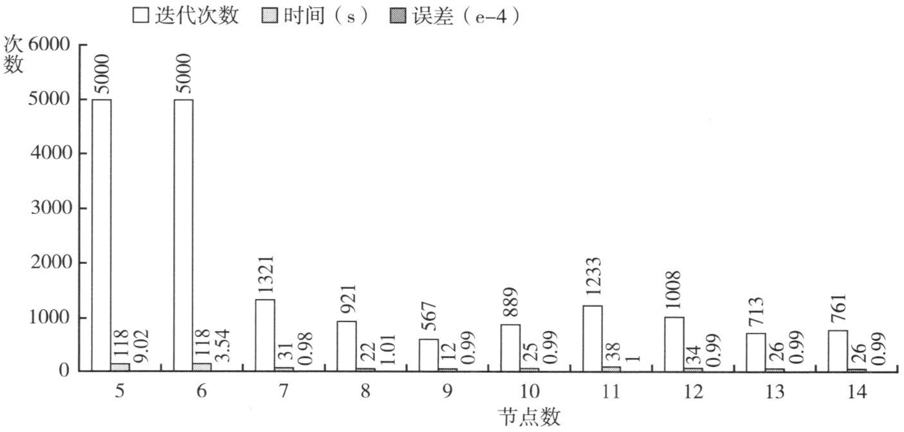

图 4 隐含层节点数对应的迭代次数、时间和误差

如图 4 所示，在达到 5000 次的预设训练次数后，隐含层节点数为 9 时，LM－BP 神经网络的训练效果最好。因此 LM－BP 神经网络在计算 2015 年的指标权重时，隐含层节点数设置为 9。

其余年份的隐含层节点数设置与之相似。图 5 为隐含层节点数为 9 时 LM－BP 神经网络的误差训练曲线。

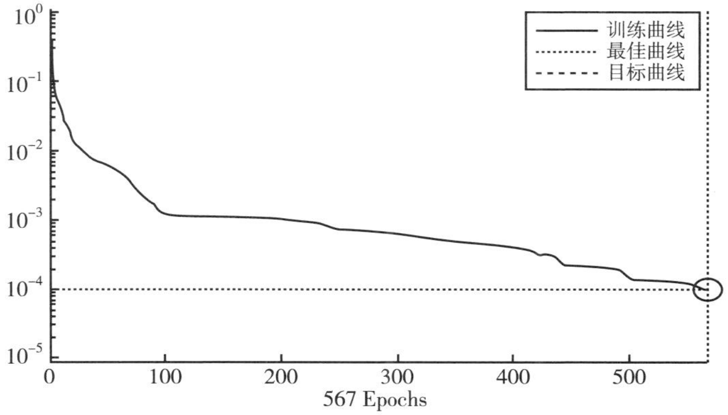

图 5 隐含层节点数为 9 时 LM－BP 神经网络的误差训练曲线

由 LM－BP 神经网络结构设计可知：输入层节点数为 12，输出层节点数为 1。采用试凑法依次训练得到隐含层最佳节点数。在训练之前，需对网络参数进行如下设置：初始学习率为 0.1，训练次数为 5000，训练预设误差为 e－4。

网络训练完毕后得到了 LM－BP 神经网络的各层连接权值和阈值，利用获得的连接权值和阈值来进行测试样本的仿真，结果取平均值，获得最终指标权重（见表 3）。

表 3 "丝绸之路经济带"发展指数指标体系最终权重

一级指标	二级指标	三级指标	最终权重					
			2010 年	2011 年	2012 年	2013 年	2014 年	2015 年
发展水平 A	政策 B1	×1	0.0490	0.0574	0.0554	0.0615	0.0598	0.0550
		×2	0.0169	0.0166	0.0158	0.0195	0.0321	0.0148
	设施 B2	×3	0.0375	0.0472	0.0454	0.0462	0.0490	0.0452
		×4	0.0306	0.0350	0.0315	0.0374	0.0280	0.0260
		×5	0.0033	0.0033	0.0025	0.0026	0.0004	0.0025
		×6	0.0016	0.0040	0.0034	0.0050	0.0033	0.0016
		×7	0.0357	0.0350	0.0255	0.0396	0.0480	0.0445
	贸易 B3	×8	0.0864	0.0935	0.0906	0.1014	0.1015	0.0999
		×9	0.1469	0.0891	0.0933	0.0757	0.0667	0.0680
		×10	0.1147	0.1390	0.1383	0.1499	0.1497	0.1285
		×11	0.0810	0.1235	0.1436	0.0944	0.0874	0.1204
	金融 B4	×12	0.0021	0.0021	0.0018	0.0032	0.0003	0.0019
		×13	0.0219	0.0231	0.0234	0.0279	0.0290	0.0282
		×14	0.1513	0.0846	0.0766	0.0741	0.0801	0.0797
	民心 B5	×15	0.0378	0.0442	0.0440	0.0452	0.0486	0.0410
		×16	0.0199	0.0156	0.0193	0.0185	0.0193	0.0183
		×17	0.0750	0.0891	0.0893	0.0844	0.0923	0.1211
		×18	0.0891	0.0976	0.0980	0.1160	0.1012	0.1061

在贸易体系中，外商直接投资总额所占比重最大，其次分别为对外承包工程合同金额、货物进出口总额、非金融类对外直接投资流量，说明各省份的投资程度和营商环境差异较大。民心体系中，指标权重由大到小依次为入境过夜游客总人数、国际旅游外汇收入、客运量、人均文化事业费，表明各

省份旅游业发展差异大。设施体系中，指标权重由大到小依次为货运量，能源工业固定资产投资额，交通运输、仓储邮政业固定资产投资完成额，互联网普及率，电话普及率，说明各省份的交通与能源设施的互联互通水平不均衡。金融体系中，银行办理跨境人民币结算金额指标的权重最高，其次为金融机构营业网点机构数、贷款存款比率，表明各省份金融环境有较大的不同。而在政策体系中，财政收入指标权重大于财政支出指标权重，表明各地区"财权"自由差异大于"事权"自由差异。

与熵值法求得的初始权重相比，LM－BP神经网络得到的最终指标权重变化幅度不是很大。但可以发现，训练数据涉及年份越多，测试样本得到的最终输出权重变化幅度越大。由于熵值法只考虑了当前数据却忽略了历史数据对当前数据带来的影响，而LM－BP神经网络强大的非线性能力和自学习能力正好可以弥补熵值法的缺陷。因此，评价指标体系采用熵值法与LM－BP神经网络算法相结合的评价方法，使评价结果更具有动态性。

四 "丝路"发展指数实证分析

通过LM－BP神经网络最终确定的指标权重，可以得到2010～2015年我国"丝绸之路经济带"沿线各省份的发展指数（见表4）。

表4 丝绸之路经济带沿线各省份的发展指数

省份	2010年	2011年	2012年	2013年	2014年	2015年
陕　西	0.3331	0.4203	0.4482	0.4671	0.5140	0.5486
甘　肃	0.1228	0.1961	0.1626	0.1769	0.1698	0.1716
内蒙古	0.2920	0.3242	0.2975	0.3633	0.4061	0.3010
青　海	0.0527	0.0570	0.0607	0.0709	0.0712	0.0718
宁　夏	0.0542	0.0678	0.0626	0.0746	0.0912	0.1102
新　疆	0.1738	0.2611	0.3139	0.3036	0.3503	0.2774
黑龙江	0.2772	0.3514	0.3064	0.3260	0.3204	0.2987
吉　林	0.2072	0.2524	0.2355	0.3111	0.2855	0.2755
辽　宁	0.9586	0.9378	0.9472	0.9419	0.8901	0.7840
广　西	0.3499	0.4356	0.3976	0.4359	0.5081	0.5153
云　南	0.3914	0.4606	0.4360	0.5053	0.5629	0.5463
重　庆	0.3280	0.4145	0.4728	0.4772	0.5591	0.5325

对各省份发展指数值采用均值法得到我国丝绸之路经济带的整体发展水平，如图6所示。

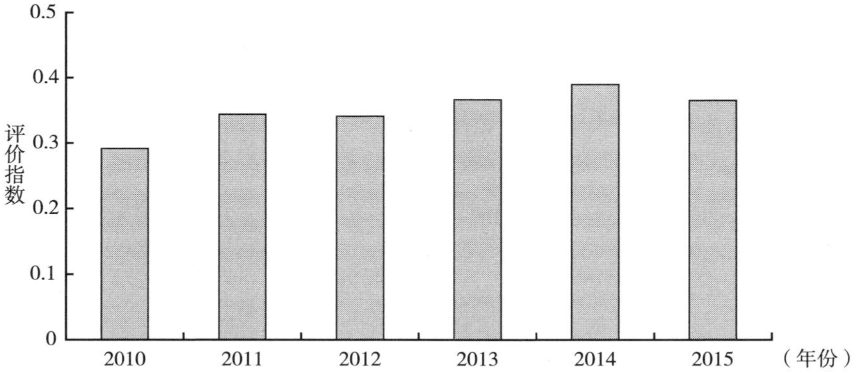

图6　2010～2015年我国丝绸之路经济带整体发展水平

由图6可知，2015年的丝绸之路经济带发展水平高于2010年的发展水平，2012年及2015年评价指数略微下降，且下降幅度极小。可以看出，我国丝绸之路经济带的发展水平2010～2015年整体上呈现波动上升趋势。从评价指数值上看，2010～2015年的评价指数值都低于0.4，而2010年的发展水平指数值仅为0.2951低于0.3，由此观之，我国丝绸之路经济带的整体发展水平较弱。

根据我国丝绸之路经济带地区的划分，分别对东北地区、西北地区以及西南地区的区域发展水平进行比较，各个区域的发展指数值由各区域省份评价指数的均值求得，我国2010～2015年丝绸之路经济带地区发展水平指数如图7所示。

2010～2015年，除东北地区外，西北地区和西南地区都实现了发展水平逐年提升。其中，西南地区的发展水平于2014年、2015年反超东北地区位居第一，而西北地区的发展水平则相对落后。

为什么同样的政策在各地区、各阶段发展的水平如此不均衡，而且有交替现象？我们认为评价体系反映了一个政策架构的贯彻执行问题。首先，

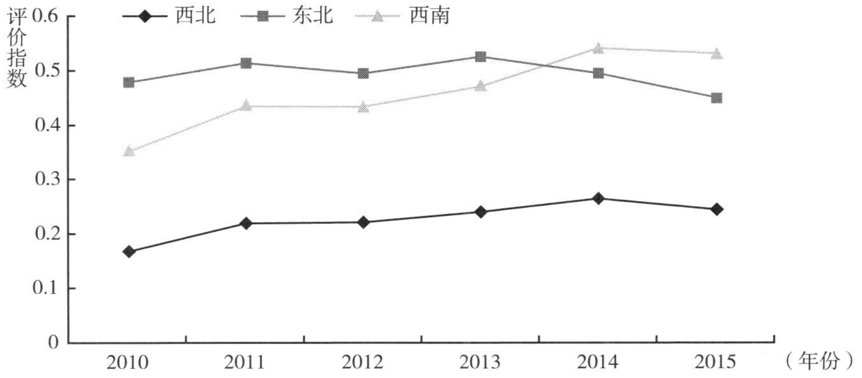

图 7　2010～2015 年我国丝绸之路经济带地区发展水平指数

“一带一路”倡议发起于中央并且由国家“一带一路”领导小组组织实施，具有典型的自上而下实施的特点，如图 8 所示。

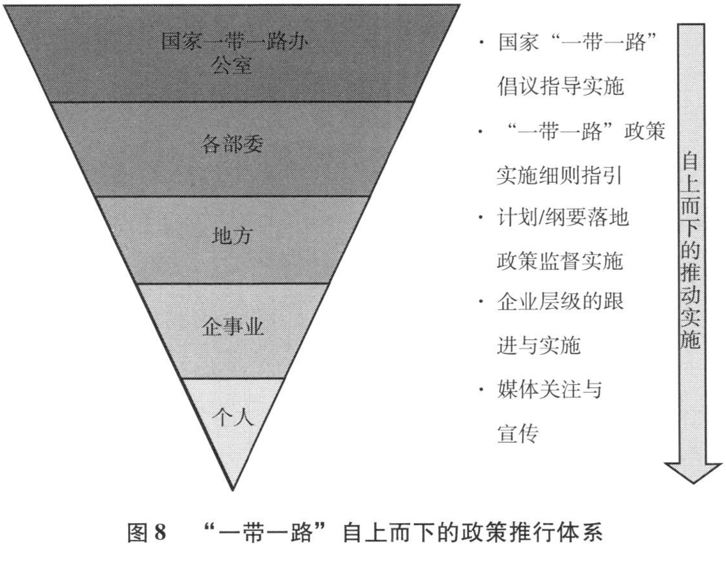

图 8　“一带一路”自上而下的政策推行体系

而具体到地方和企事业单位，在落地实施的过程中，虽然它们有很高的热情，但是由于缺乏必要的实施细则和指导（如相关的资金、财税支持政策一直没有特别明确的细则），即便有明确的贸易补贴政策，各地区受限于政策的理解程度与地区资源禀赋的差异，还是在实施过程中产生了差距。如何把这个自上而下的政策推行与自下而上的政策落实相结合，并且推进“一带一路”战略的动态调整发展，这是一个非常有价值也有意义的研究课题，如图9所示。

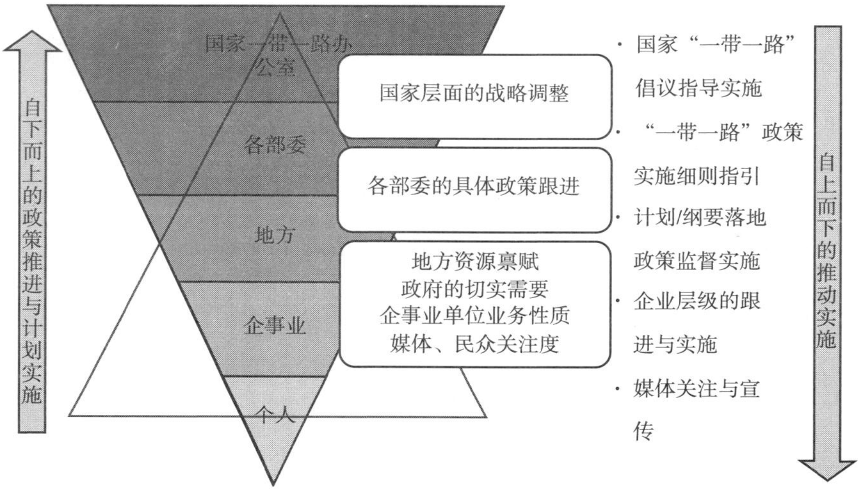

图9 “一带一路”自上而下政策推行体系与自下而上的政策落实体系重叠

我们认为这个两头“粗”的政策体系中主要的缺失是细软的“腰部”，具体来说就是负责上情下达、组织实施的中间环节，如果能够成立一个统一协调的中间执行机构，就会非常有效地解决自下而上的政策落实与自上而下的政策推行结合不紧密的问题，并且实现各地区协调发展，而不是一哄而上，重复建设与投资，出现恶性竞争（如图10所示）。

考虑到目前“一带一路”战略已经上升成为国家层面的战略，直接覆盖范围已经包括了全国18个省份与地区，虽然部分省份如山东、四川只提及了节点城市，完全未提及的只有江苏、河北、山西、贵州四个省份，因此如果国家建立相应的独立管理机构或者部门，其管理覆盖的省份就应该包括国家所有省份与地区，而不限于目前的“一带一路”建设省份。因此，我们特别观察到非“一带一路”省份、地区（如山东、江苏等省）也已经通过地区间经济合作、调整产业结构、加大“一带一路”沿线国家的项目参与力度等多种形式积极参与“一带一路”倡议中来。

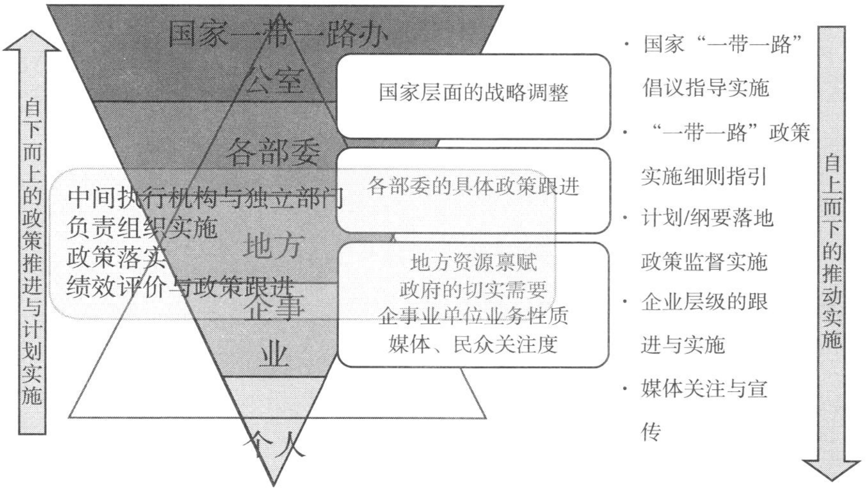

图 10　“一带一路”自上而下与地方自下而上及中间执行机构的体系叠加

五　结论与建议

总体来看，本研究使用熵值法确定丝绸之路经济带评价体系的五通初始权重，利用 LM 算法改进 BP 神经网络算法得出最终指标权重，解决了熵值法对指标数据变异性依赖过强，只能考虑当年指标数据而容易忽视历史数据对当年数据的影响的缺陷。BP 神经网络具有强大的非线性处理能力，适合处理数据与算法复杂的问题。为了解决 BP 算法本身容易陷入局部极小值与收敛速度慢等问题，我们使用了 LM 算法改进 BP 神经网络。通过熵值法和 LM－BP 神经网络算法我们科学地建立了我国“丝绸之路经济带”发展水平指标体系模型，依据实证结果分析并提供了关于“一带一路”倡议规划、实施中的政策建议。

（1）聚力“五通”建设，明确侧重点。“五通”是一个有机整体，各有侧重点，在大力建设的同时，应该明确各部分的重点进行投入与发展。根据权重表具体到三级指标的占比大小来确定政策发展的侧重点，这样可以快速提高我国的发展水平。从指标权重中可以看出，贸易体系中外商直接投资总额所占比重最大，其次分别为对外承包工程合同金额、货物进出口总额、非金融类对外直接投资流量，说明各省份的投资程度和营商环境差异较大。所以各方应该做出适当安排促进贸易投资便利化，逐步消除贸易壁垒，扩大货物贸易与服务贸易，降低贸易和投资成本，推动区域内投资合作，提高区域经济循环速度和质量等，即促进丝绸之路经济带发展的重要手段。因此，要积极推进双边即我国与经济带其他国家自由贸易区的建设，扩大区域性自由贸易范围，尤其是将“一带一路”政策覆盖到全国各省份，并且惠及各企事业单位，而不只是规模巨大的央企。

（2）建议建立独立的部门机构专门负责加强区域间合作统一协调中央与地方的关系。由“丝路”发展水平的结果剖析可知，丝绸之路经济带的协调发展水平存在区域间的不均衡现象，这说明在丝绸之路经济带建设中，区域间没有形成良性互动来共同促进各方面发展水平的提升。建议以国际大通道为基础，西南地区以重庆为中心、西北地区以陕西为中心、东北地区以辽宁为中心辐射各区域，连接国内外的综合交通运输体系，促进区域联动发展，共同推动国家区域协调发展。

（3）各省份立足于发展特色产业，明确战略定位以形成优势互补。重庆市是丝绸之路经济带与长江经济带的交汇点，具有联动东西、带动南北的区域优势，重点发展重庆可以缩小东西部差距。而陕西具有有利的区位条件、完善的基础设施、雄厚的科教实力、良好的工业基础、高质量的人力资源，为陕西建设丝绸之路经济带提供强大支撑。辽宁是沿海省份，地处东北亚腹地，是连接亚欧通道的重要出海口，为海上丝绸之路经济带打下良好的基础。总体来说，各省份需高效利用其优势发展特色产业和协同发展，扮演好不同的角色来更好地推动丝绸之路经济带发展。

（4）希望国家有关部门能够参考文中的各项指标，利用当前互联网、云计算、大数据等现代化信息技术，通过国内外的资料数据支持建立覆盖面更广的信息库，在较长周期内全面实时监控丝路的发展动态，从而建设“数字化战略”的丝路经济带，最终为国内外的决策者和参与者提供决策依据，这对保障丝路的建设和可持续发展意义更重大。

B.17

从国外项目管理的视角看“一带一路”倡议

Lennart Rudstrom　Marylise Hebrard *

摘　要：“一带一路”建设已步入实际运作阶段，它将可能对超过60个国家的经济与社会体系产生影响。中国有机会见证世界经济的转型，这要求对该领域有清醒的意识，并完成职业化进程。有关国家发展的问题，我们选择两个东道国作为例证：泰国和哈萨克斯坦。解决方案——建立生态体系，企业层面的跨国合作，推进发展，项目追随以及制定新的法律规范及其替代措施——要求有适当的项目管理方法，并且拥有利益相关人管理、企业国际化、知识管理、跨文化管理等方面的技能。

关键词：“一带一路”建设　项目管理　利益相关人的参与　企业国际化　跨国管理

引　言

有关古代丝绸之路的历史发展及其意义，以及它对于达成相互理解和实

* Lennart Rudstrom，荷兰商学院苏州国际项目中心教授。BIKMIS（一家致力于协助在中国和东南亚开展高科技业务的管理咨询公司）的联合创始人。Marylise Hebrard，教授，中法公证法律交流培训中心法方主任，中国政法大学客座讲师。

现双赢所做出的贡献，习近平主席在2017年5月14日北京“一带一路”国际合作高峰论坛的开场发言中已经做出了表述。在该发言中，他表达了通过开放式的合作平台来实现一种开放、均衡的发展模式的愿景。现有的“一带一路”建设已经为支持发展和解决全球性问题指明了方向：绿色发展，科技创新，可持续发展战略，反腐合作，供给侧结构性改革，尊重和平共处五项基本原则；“一带一路”建设甚至从一个更高的层面强调世界各文明间的联系，希望能够构建一个和谐共存大家庭。“‘一带一路’建设将由大家共同商量，建设成果将由大家共同分享。”①

应该如何以“一带一路”建设为题撰写一篇文章呢？应该如何运作这样一个无比庞大又难以把握的项目呢？这一雄心勃勃的计划的实现，将会使超过60个国家的经济发展得到重塑，并且从中直接获益。②

通过对“一带一路”建设的深入学习，我们可以更加真切地感受到它潜在的影响。除了作为这一建设核心内容的新交通网络的构建之外，“一带一路”还将为那些已经过时的经济政策以及国际合作提供一种积极的替代选择：对于那些引向失败的发展政策的替代（这些指示或者原则已经不合时宜，因为它们是由那些未能充分考虑各国现状的机构所制定的）和对于那些导致发展中国家经济出现问题的标准或者其他指标的替代。

“一带一路”作为一种更加平稳并且有效的手段，可以辅助正在进行的世界经济全球性的变革，并且为各方利益的兼顾提供了可能。金融体系、法律体系、基础设施建设以及经济文化的交流都会受到直接的影响。但是更多的主体——国家、人民、各州、大学以及企业——现在都需要有责任感地参与项目层面中去，并做出各自的贡献，以期实现最终的目标。

为了能够避免重演西方的一些组织机构以及规章所经历的失误，我们将

① 关于习近平主席发言的全文，参见news. xinhuanet. com/English/2017 –05/14/c_ 136282982. htm。

② 《一带一路建设：国家名录》，香港贸易委员会，http：//china – trade – research. hktdc. com/business – news/article/The – Belt – and – Road – Initiative/The – Belt – and – Road – Initiative – Country – Profiles/obor/en/1/1X3CGF6L/1X0A36I0. htm。

会指出其中的一些错误，并且试图解释它们产生的原因。我们也会提及一些不能够被忽视的重要领域。如果中国不能建立起一个比既有的（西方）体系更好的世界秩序，那么它将很可能会失去一些作为一个积极且值得尊敬的发展中国家合作伙伴的可信度。

为了能够更好地展示其中的利益及面临的挑战，我们将会选取丝绸之路途经的两个国家作为例证。这是两个截然不同的国家，一个在东南亚而另一个地处中亚：泰国和哈萨克斯坦。最后，我们将指出“一带一路”建设可能带来的潜在利益。

一 “一带一路”建设沿线的两个例证

（一）泰国

泰国在世界范围内是一个中等大小的国家，却是东盟中第二大的经济体（仅次于印度尼西亚），它长久以来便以少数重要国家为发展模型，并且习惯于在双边合作中获利的同时——这种获利是相当可观的——保护自己的固有利益。之前的模型，如欧洲及美国，由于其经济的衰退以及其贸易保护主义的不断强化，已经为印度及中国所取代，即便日本才是泰国第一个以及最大的投资国，后者自20世纪90年代初期便已开始在泰国修建高端工厂。尽管从未被殖民，但是泰国与外部联系紧密，并且很好地融入国际社会中，它希望能够依凭自身的能力以及其得天独厚的地理位置，成为至少是东南亚地区（越南、老挝、缅甸、柬埔寨、泰国）的中心。泰国的出口额占其国民生产总值的三分之二以上。

泰国政府在对外工业投资方面的旗舰项目是东部经济走廊发展计划（ECC）。东部经济走廊距离首都曼谷不远，为林查班深水港所环绕，目前已经拥有了该国最为先进的工业园区。它旨在使得泰国进入工业4.0时代，避免陷入中等收入陷阱之中。下列未来工业领域具有优先地位：新一代汽车、智能电子设备、旅游（医疗、健康、奢侈）、农业、生物科技、未来食品、工业机器人、软件与航天、生物燃料与生物化学、数字技术、医疗中心。①

泰国对于利用中国发展经验的期待是非常之高的：中国是目前唯一一个能够将理论上的经济发展模型转变为现实财富，并且按照既定的规划长期发展的国家（30 年）。同时，中国也有能力通过它们的创新园区产生全球性的高科技旗舰企业。泰国如今希望从中国那里学到经验。要达到这一目的，那么对于中国来说，它与日俱增的影响力需要“以质量而不是以数量”主导就显得非常重要。

泰国政府将“一带一路”建设视为其成功的关键。一列从曼谷通过呵叻的中国高铁将会经过东部经济走廊，并且成为从昆明到新加坡连线的一部分。直到现在，尽管有大量的中国游客涌入，但是当地居民还没有切实感受到明显的经济利益。如今中国的活动主要集中在交通（航运）、软件（使用当地的数据库以及客户服务）、工业机械以及建筑（楼房）的出售等方面。

泰国人对于自己的文化充满自信，他们认为泰国人的殷勤好客以及幸福感和乐趣都会对现代科技的推动有所助益。高科技产品的用户界面需要有吸引力，用户友善，辅助服务要求真诚的和富有人情味的人际交流，而调度部署计划如果采用以人为本的方式，则往往会更有效率。这些方面都可能成为一个尚待建立的次区域的王牌价值，或许泰国将成为这种模式的领军人物？在次区域的跨境交易中，泰铢的使用频率正在不断增加，它正逐步在一些地区性的货币协议中取代美元的地位，并且成为全球范围内排名第 10 位的贸易货币。

如今泰国暂时处于军人政权的统治之下，处在 2014 年发起的军事政变之中。2018 年有望通过选举成立新政府。在不安动荡局势之后，军人政权又重新使国家恢复了稳定，而政府也着手制定长期的发展规划。新宪法试图减少一些所谓的“民主陷阱”，但是人们很难预见谁将会在 2018 年的选举之中胜出。国家的意见出现分歧，甚至高层对于泰国 4.0 战略也存在异议。②

---

① 《东部经济走廊发展计划》，政府公共关系部门网站，http：//thailand. prd. go. th。

② 如联合国贸易和发展会议前秘书长素帕猜·巴尼巴滴的观点，参见《巴尼巴滴提醒警惕数字陷阱》，《曼谷邮报》2017 年 8 月 1 日。

泰国受到世界各国尤其是欧盟的压力，这主要是针对该国贩卖人口以及未能遵守可持续发展的渔业实践。这种压力包括一些贸易抵制协议的签署，泰国政府及工业界非常重视这些抵制措施，并且也引起了国际舆论的广泛关注。这可能会导致国家将注意力和财政预算从与泰国人民息息相关的领域转移出来，如洪水问题、农业耕作模式问题，以及减少贫困等。

（二）哈萨克斯坦

作为面积排名第 9 位和人口数量世界排名第 62 位的国家（中国面积第 3 位，人口数量世界第 1，泰国领土面积世界第 50 位，人口数量世界第 21 位），哈萨克斯坦是一个地广人稀的国家。它曾在半个多世纪里属于苏联，如今它已经成为一个独立的主权国家。

由于地理位置的特殊性，哈萨克斯坦必须要考虑与其在北部和东部接壤的两个大国——中国和俄罗斯——同时它又与其西面无法避免的其他中亚国家保持密切的联系，这种联系由于通用的语言以及在这一地理范围被广泛实践的伊斯兰教信仰而得到强化。

对于这个地广人稀的国家来说，丝绸之路为它在经济上摆脱对俄罗斯这一强大邻国的依赖，并且找到发展必要基础设施的途径提供了机遇。

由于历史原因，该国从苏联独立时人口数量少，城市无业人口众多，但是哈萨克斯坦也不能将其发展计划仅仅理解为是为中国经济服务而进行基础设施建设投资。它们不但能够强化哈萨克斯坦的地理优势，而且能在服务业和数字经济等领域为当地居民创造就业岗位。

二　“一带一路”建设所面临的主要事项

在本文作者以及其他一些学者看来，“一带一路”建设所面临的主要事项在不同的东道国中都是一致的。

（一）交通网络

东道国普遍担心交通基础设施的建设相比满足当事国的需求而言，更多的是符合中国的自身利益，它们担心中国会长期从技术上和经济上控制这些项目运行，并且其所产生的就业岗位以及商业机遇将首先使得中国获益。这种担心的一个间接证据便是中国普通公民取得哈萨克斯坦签证时困难重重。

“一带一路”经常被做狭隘的理解：它只是被当成了一个交通基础设施建设计划。“一带一路”的其他面向，如文化交流以及更广泛的合作或者不存在，或者仅仅沦为该项目的背景。

发展经济和保护环境在很大程度上取决于当地的社会与地理情况。例如，在泰国，发展公路与铁路交通很可能致各省的洪涝灾害更加严重。引入高铁技术要求人们对当地的交通系统有深入的了解。就目前而言，这样的交通体系是较为罕见的。其中的商机被无处不在的中巴公司所捕获。然而由于安全隐患处处存在，政府并不鼓励人们使用这种交通工具。对于地区的安全性需求是真实存在的，这必须与高铁计划一同考虑，并将两者联系起来。

（二）利益相关方的参与

“一带一路”的协商主要是在政府层面展开，民事主体（普通百姓、学者、媒体以及舆论制造者）往往被置于协议谈判之外。这对于项目的透明性以及民众的接受度而言并非好事。无论是泰国还是哈萨克斯坦，它们的政权目前都是集权统治，这都使得它们在保持与市民社会的有效关系时有代沟。

（三）项目形象

一个积极正面的项目形象对于加强合作是非常重要的。适应项目环境有利于项目的成功实现。

对于腐败以及对不道德行为的偏袒的怀疑充斥于媒体之中，我们认为这些怀疑主要因为项目不透明，同时“中国形象”长期以来没有更新。但是丝绸之路所经过的国家大多也并非这些事项上的楷模。

对于西方人而言，“一带一路”建设是很难被理解的，这不仅因为该项目规模巨大，也是由亚洲人的工作方式所造成的。这可能会造成西方媒体进行一些带有偏见性的报道和误读。英文报纸拥有比外来人口更多的当地读者，因此它们成为项目外部公关的重要渠道。

（四）国际专业知识及管理

公司企业层面的国际化在中国是一个较新的现象。除了一些与大型基础建设项目相关的中国企业经常提供成套项目以及输出员工之外，大多数的中国企业仍然处在试验阶段。企业主管在一个全新的国际环境中经常会因为一些战略和运作的事项焦头烂额。

“一带一路”建设所面临的挑战经常是一些中国企业在国际化进程中所遇到的更为普遍的问题，这些问题在既有的研究中已经有所论述。

（1）“外国人障碍”。外国市场对于中国企业而言是一个全新的事物，在国内时，企业可以从政府那里获得实质性的帮助，但是在国外，企业则需要与外国组织与企业进行交涉——这尚未成为许多中国企业 DNA 的一部分。①

（2）有限在场。中国企业在外国的数量非常有限。中国企业的国际化是一个较新的进程，并且进驻其他国家的中国公司数量也相当有限，因为与其他发达国家不同，中国经济是由一些数量有限的大型企业所维系的。这一问题是两个层次的：中国企业很难从同行业的其他中国企业处获得实质性的帮助——它们需要做一些复杂的前沿性工作——并且中国企业在与外国公司竞争时处于劣势地位。②

（3）较少的行业间交流。中国公司往往在与其他领域的本国公司合作时会遇到困难。这是因为在中国，企业主要与同领域的其他企业打交道，全国以及地区性的部门通常都是按照商业领域进行组织的。在与自己领域外的主体合作

---

① 克里斯多夫·A. 巴尔莱特、保罗·W. 彼密什：《跨国管理》，麦格劳－希尔出版社，2011。

② 王辉耀、苗绿：《中国走向全球：中国的海外投资如何推动企业的转型》，麦克米伦，2016。

时经验（行业术语、人脉关系）的缺乏成为它们在国外进行经验分享与合作的阻碍。来自另一个行业的另一家在国外经营多年的中国企业很可能已经在一些跨行业的领域，如金融、人力资源管理、信息技术等方面积累了有益的经验。

（4）在一个新的社会——经济环境之下对企业社会责任（CSR）的使用力度不够。有观察指出，在中国，相比那些在如基础设施建设以及公共设施等传统领域的大型国有企业，CSR 在一些小型、创新性的私人高新科技企业更受欢迎。[①] 而“一带一路”计划中所涉及的核心企业往往是那些传统的国有企业。CSR 已经成为可持续能力以及商业运作的社会维度方面一个有用且重要的交流与行动平台。我们看到在香港以及上海的一些能够驾驭 CRS 的小型企业中它已经得到了运用，但是我们怀疑那些已经入驻东道国的企业并没有为进行此种类型的交流做好准备。

（5）从中国带去有益的经验。东道主国家所面临的许多问题往往都属于一些众所周知的传统问题，并且它们在这些国家所引起的讨论由来已久。交通网络以及基础设施建设项目在“一带一路”建设之前便已经通过不同的方式进行了讨论。这些讨论以及所要做出的决定是直接由当地政府来负责的。对于中国政府而言，它们很难直接在这些讨论中与利益相关方进行直接接洽。因为这样做会增加东道国的忧虑。然而，更多地参与与利益相关方（学界、大众、媒体以及舆论引导者）的互动中去也同样是非常重要的。所有的案例研究以及建议都应当由具有双文化背景的团队依据天然接口做出。例如，中国与哈萨克斯坦以及泰国接壤地区的居民就是这样一种天然接口，他们与生俱来的文化以及语言都为与邻国之间的交流与理解提供了可能。

三　“一带一路”建设的潜在效益

“一带一路”建设除了通过其所创建的交通运输网络产生直接利益之

---

① Wenjing Li、Ran Zhang：《企业社会责任，产权结构，政治干预：中国的例证》，*Journal of Business Ethics*，2010（96），pp. 631 –645。

外，它还将带来社会以及经济层面的更大收益。我们在这里将列举其中的一些领域。

（一）生态系统的建立

对于外国的利益方而言，“一带一路”建设很难不被视为一项致力于与交通运输相关的基础设施建设项目。以此为出发点，把整个项目理解为将中国的商品运往一些新兴市场的手段，则显得理所当然。为了能够对抗这样一种观念，在具有较高价值的领域实现公司间的合作就显得非常重要。中国企业有时也会出现在以创新、高新技术为导向的展览会或者商业集会之中，但是这经常是以当地政府主导的机构性形式呈现，而不是源于企业对于一个特定商机的捕捉。这种制度性的形象与以新兴企业以及企业家精神为导向的公众形象并不总是相符。在没有特定的商业目标以及强烈的企业身份认知的前提下，要想在来自不同国家的公司之间形成匹配将是非常困难的。友好讨论是一回事，但是对具体的商业合作的认定以及利用是另一回事，这都要求前期进行深度研究，制定成熟的国际决策。我们看到在上海以及香港的一些专门的咨询公司已经开始为“一带一路”做出自身的贡献，而这显然是一个充满前景的方向。

（二）在企业层面的跨国合作

东盟市场竞争非常激烈，众多来自不同国家的企业都为了抢占未来的市场份额而绞尽脑汁。对于在东盟刚起步的企业来说，它们被公认的劣势就是在本土市场的份额太小。最近，东盟已经发起了“东盟起步企业启动计划”，旨在帮助这些企业直接进入一个更大的市场。这一想法来自对中国的一些新兴企业（如阿里巴巴、腾讯）的观察，当它们在更为简单的本土市场上成长起来时，它们随后将能够调动巨额资本并且形成庞大的用户基础。这些都为它们日后“进军国际”创造了可能。如果不能在早期相对容易的国内启动阶段调集重要的资源，那么要想在后期更为残酷的国际化竞争中取得成功就会变得更加困难。

像阿里巴巴以及腾讯这样的以网络平台为导向的解决方案将有可能在泰国的小型企业之间触发一个全面的生态系统。我们相信，目前关于阿里巴巴进驻东部经济走廊区域的谈判计划是关键性的，并且这一经验将会为其他更小的、在地理位置上更为分散的中泰企业合作指明道路。“一带一路”建设将成为这些高科技合作项目的触发器并为其保驾护航，从中所学到的有关企业匹配以及合作模式的经验将会为孵化器成功率低这一全球性问题提供解决方案。

（三）促进发展

适足经济哲学（sufficiency economy philosophy）是由备受尊重的泰国国王普密蓬·阿杜德最早在1974年（在孔敬大学的演讲）提出的。这一学说得到了泰国政府的推广，并且在泰国的教育领域扮演了非常重要的角色。其实质目标是通过农业生产的多样化以及地方支持并且维系的项目（自给自足以及地方主义）来支持人们获得具有弹性的自主性。适足指的是适度、理性，以及对于由内部或者外部变化而产生的影响的免疫需求。[①] 适足经济被认为是对可持续发展的重要贡献。[②] 适足经济学与佛教经济学之间存在许多关联，而后者在泰国的大学中也形成了代表性的学说。

需要指出的是，在泰国的理论界以及社会上非常流行的一些学说，如后发展主义理论、可持续发展、人类发展理论以及佛教经济学，其发展的原因及目标都与传统“西方”的视角大相径庭。诸如“现代化”这样的术语遭到了质疑，而发展的目标是“要在一个纯粹的世俗世界和一个一成不变的静止社会之间找到一条中间道路”。[③] “当人们意识到恐惧的普遍性以后，他们就会对于世界万物更富有同情心。因此，经济的这一精神性进路并不依赖

---

① 《适足经济：含义及运用》，全国经济与社会发展理事会，www. nesdb. go. th/Md/book/booksuffwork_ eng. pdf。

② 《泰国运用适足经济哲学来推进可持续发展》，牛津商务小组，www. oxfordbusinessgroup. com/overview/middle – way – applying – king% E2% 80% 99s – philosophy – sufficiency – economy – long – term – sustainable – development。

③ 舒马切尔 E. F. ：《佛教经济学》，载《亚洲：实用手册》（1966）。

于理论和模型，而是依赖于聪敏、怜悯以及自律所具有的根本性力量。”[①]

泰国人认为，植根于他们文化中的人本主义的发展模式与该国北部以及东北部许多具体经验之间的结合，已经使他们获得了如何促进发展的知识。这种经验是可以输出给相似的国家的。[②]

我们相信中国可以利用这一经验，并且在泰国的国家发展倡议中成为一个互补型伙伴。这种联合的力量对于东南亚国家而言将可能是特别成功的，尽管在文化以及经济方面存在差异，但是这些东南亚国家确实面临一些共同的问题，如减少贫困人口、对数量众多的不同民族进行管理等。

四 “一带一路”建设的项目管理对策

（一）规章制定：标准、规范以及法律

消除人们对于腐败的猜疑的解决途径就是提高透明度，并且避免企业由于私人利益而轻易地成为众矢之的。中国必须要为各种实践（产品与建设）以及丝绸之路上货物的进出口制定规范。为了满足经济框架及其发展的需求，这些规范应当由新的主体制定。

这些有关建设、产品以及贸易的规范可能针对：工作条件——员工及其亲属，以及更为广义的社会环境的保护；生产条件——原材料的可跟踪性，废物处理；环境保护（尤其是涉及原材料开采的建设工程、交通所使用的资源，产品生产过程中所使用的材料，以及废物处理）和自然资源开发的控制。

一个为了维护国家形象而对私人领域进行必要控制的例子是东南亚国家

① 帕余托、范·P. A.：《佛教经济学——市场地位的中间道路》，修订版，佛法基金会，1994。

② 关于一些有趣的方法论上的考量以及发展项目的结果，可以参见卡特琳娜麦肯农《后发展主义，职业化，参与型政治》，*Annals of the Association of American Geographers*，1997（4），pp. 772－785。

的沙漠化问题。制定标准能够防止此类事件的发生。这些标准需要对林木的来源、森林的开发条件、植被的再造等问题做出定义。这一政策兼顾了私人企业运作所需要的自由以及国家出于公共利益对此类活动进行管控的可能。另一个例子是在蒙古进行的自然资源的开发：从自然资源的开采到运输，人们很少关注这些行为对环境的影响。被开发的国家所承受的环境遭到破坏的后果也会对其邻国——在此处也就是中国——产生影响。因此，两个或者更多的国家必须通过对话来采取行动。

东南亚的湄公河委员会为我们提供了一个这样的例子，它是一个由四个成员组成的政府间组织：柬埔寨、老挝、泰国和越南。其目的是管理湄公河流域的水流及相关资源。

以合同为媒介的法律及规范对于经济以及贸易交流来说是非常有益的，在它们中间，还存在那些调整公法与私法主体合作关系的合同。公私主体的合作是在公权力机构和私人企业之间所达成的协议模式在“一带一路”建设中得到广泛的应用。这种合作关系一旦建立，就意味着私人企业正式入驻该国，从而也使这种效应在东道国变得清晰可见。由于当地主体的参与，它也将获得更为热烈的欢迎以及更为积极的形象。

因此，求助于法律（或者合同条款）所严格规定的采购程序，就可以避免使这些协议沦为腐败或者偏袒的对象，这是非常必要的，因为行政部门与私人企业之间的关系必须处于监管之下。企业选择的标准必须要遵循透明的程序，以避免灰色收益的出现和腐败现象的发生。

（二）规范的替代解决方案

恶法的制定与颁行所产生的效果，在那些强行适用与发展和社会环境不相符的法律的国家中体现得非常明显：其结果往往造成经济和社会发展减速。为了符合外国法律和标准所强加的条件，企业往往试图篡改经济分析和财政预算数据。另外，当一个弱小的国家想要参与一个国际条约或者组织中去时，它经常是不具备谈判能力的。它们的签名将会通过强制的方式得到。

一些贫穷的国家往往达不到国际组织所制定的有效身份证件标准，这对于这些国家的劳动力而言具有毁灭性的影响，他们必须要按照国外的标准来提供文件，但事实上他们又没有能力提供。这就会导致这些劳动力被海外市场抛弃，这对于员工和雇主而言都会产生经济与社会影响。或者他们就会使用诸如贿赂或者其他的非法途径来穿越国界。对于这些劳动力移民问题，规则制定者就需要考虑各经济领域的不同实践以及行政现实：各社群领袖所扮演的重要角色，以及与有能力签发诸如护照之类的国际文件的中央行政机构之间的距离，大多数人都不具有此类护照文件。如今许多边界省份已经开始承认接壤的邻国省份所签发的文件，以便于行政管理。

双边协议可以作为处理那些不符合本地条件的引入规范的解决方案。这些双边协议不应当是严格意义上的双边，它应当是一种“开放性”的关系，具有更大的区域性或者国际性视野。其中的挑战是对于数量巨大的此类协议进行管理，并且大规模地协调它们的效力。同样地，过于狭隘的协议往往没有考虑到大多数经济的重叠现象。

道德规范、宗教以及社群关系是否能够作为替代选项？“亚洲价值”可以成为“一带一路”建设涉及的一部分国家的共识基础。宗教并不是一项统一的因素，佛教、伊斯兰教、无神论等，它们都存在于丝绸之路上。相反，社会价值则在更大范围内更深层次地呈现出来：大家提供、社会互助、农业地区所发展起来的价值观、社群的传统等，几乎为各地共同秉持。在这些价值之上建立的规范与制度更加有效或许更能使社会稳定。只有当共同体无法规范其自身的关系时，国家的权力才有必要介入。国家强制力也将被用来缓和不同社群之间的矛盾。

这种替代管理途径产生效果的一个迹象，就是民商事纠纷争议解决替代机制的回归。这清楚地证明了在处理地区性利益以及争议双方的诉求时，调解是相比于法庭诉讼更为有效的解决途径，因为解决方案更容易公平地适用，并且当地人也更容易理解与接受。

（三）利益相关方的参与

在亚洲，我们时常会发现企业更倾向于使用一些新的传媒渠道，如社交网络以及有组织的社群网络。这些行为主要始于同行业者之间更好的双向了解，这些主体之间可能存在着明显的或者潜在的利益冲突。这种与外部主体的互动方式对于“一带一路”项目中涉及的重大社会议题而言无疑是非常合适的。为了能够甄别所有相关的对话者，利益相关方必须在项目发起之时就在项目层面上做出分析。

新型的合作关系可以被用来更好地连接陌生或者对立的元素。中国的行政部门习惯于和在中国的非政府组织合作，而对于项目管理层面而言，在东道国实现这样的合作并非难事。在泰国，在“一带一路”框架之外的有一个有意思的合作关系出现在泰国联合小组——一个生产世界上百分之二十的金枪鱼产品的海鲜公司与绿色和平组织建立合作关系，后者是一个旨在保护环境与和平的国际性非政府组织。在欧盟与泰国政府之间所展开的严肃谈判之中——其中包括贸易抵制的威胁——这一合作关系使绿色和平组织能够更好地理解泰国联合小组的行为，也使泰国联合小组更好地了解了欧洲在环境保护方面的期待。最终的结果是泰国联合小组计划利用绿色和平组织更好地打开欧洲鱼类产品销售市场。

中国在与非政府组织以及国际非政府组织的联系方面有着重要的经验，这些经验相比于大多数的外国政府而言，毫无疑问更为重要也结合得更好。将这一事实公之于众，并且利用这些经验来提高“一带一路”建设的效率是非常重要的。政府与市民社会之间的交流机制在一些“一带一路”的东道国内并没有完全成型。如果“一带一路”项目能够成为这一处于不断发展中的分散的区域内管理此类关系、正确考量各种因素的理想模型的话，它将可能会被长久地铭记。

（四）安全与网络管理

“一带一路”项目确实会遇到在国外偏远地区的安全问题。当然，类似麻醉品、武器以及走私贸易等问题应当由警察而并非通过“一带一路”项目管理部门来解决。然而“一带一路”既可能成为安全威胁的受害者，同时也能够为问题的解决做出贡献。因为该项目将会覆盖更广的电信网络，带来跨域兼容的数据跟踪定位设备以及产品存货清单。“一带一路”项目所具有的这一跨境性质将会有助于这一套系统的实际落实。

贸易交流的日趋复杂化将会逐步地但是必然地催生应用软件提升整体性价值链，这些软件依赖于精确的库存管理、材料管理以及区域性的会计系统。金融犯罪的侦破工作将由此迈入一个新的时代。

（五）知识共享

上面所提到的大部分建议都要求有效的知识管理。在地区举办的国际学术研讨会将使我们能够提前预见到一些阻碍：民族共同体与国家共同体之间的紧张关系，区域性的工作原则与国际或者中国的管理模式的不兼容性，有关档案材料开放的问题，与日俱增的地缘政治化。

学术研究对于文化分析而言是有益的阅读材料，而活跃的研讨会也将会提高组员之间的跨文化交流能力。由于学术习惯不同（如苏联的遗产），文献档案的开放度问题以及对于口头陈述内容的收集以及解释问题，对于相关领域的学术研究有时候是非常困难的。对于一些亚洲学者而言，取得参加学术讨论的入场券，获取在线资源以及数据库的进入权限，并且将他们的学术研究成果在国际顶级的期刊上发表，都困难重重。上述最后一个例子对于增加权威影响力、建立国际关系网络而言是非常重要的。

由于共同术语以及共同程序等因素的存在，普通信息系统的实施对于促进分散团队之间的知识共享来说是一个非常有效的加速器。

我们相信，许多人尤其是各国的年轻才俊都将对了解其他国家产生极大的兴趣。在东盟，学生获得了许多参加“东盟身份”活动的机会，但是他们需要有切实的机遇来实现自己的梦想，了解其他国家。

结　语

项目管理中的良好判断以及有效性要求对于最终的结果有一个清晰的认识。本文所提及的一些社会性效果——合作性的生态系统、国家发展、国际规则等——与具有可操作性的项目管理并没有太大差别。尽管日常决定具有一种立足现实的属性，但是项目经理需要关注并且致力于实现一个最终的更大目标。

如今的项目经理需要面对并且掌握一系列的专业领域技能，只有这样其才能完成任务。本文中谈到的一些专长领域——利益相关人管理、项目交流、国际化进程，以及跨文化管理——构成了“一带一路”项目管理的有益资产。

随着学科复杂性的不断增强以及学科之间依赖性不断增强，我们需要保持一种开放并且好奇的态度。相比分散参与者的精力，项目经理所具有的一般性技能使其能够很快地理解将要发生的事情——日常意外——并且采取正确的应对措施，如放弃、升级、委托、进一步审查，或者有时只是简单地执行。

因此，我们希望这篇文章能够帮助读者发现一些他们迄今尚未调查过的新面向。

B.18
“一带一路”建设背景下中国出境游发展的空间模式

王英杰　虞 虎*

摘　要：“一带一路”倡议是新时期中国对外开放合作的重大决策，将极大地促进中国出境旅游业发展。本文基于“一带一路”建设的时代背景，研究中国出境旅游的发展历程、特征与存在的问题，根据市场发展趋势，结合出境热点旅游地区、城市和线路发展，提出旅游文化圈、跨境旅游合作区、支点旅游城市的层级化、立体化的空间组织模式，并从交通设施建设、航空线路组织等方面提出促进空间模式实现的措施建议，以为我国出境旅游业发展的政策制定和旅游企业海外布局提供理论依据。

关键词：出境旅游　战略模式　“一带一路”

引　言

2013 年，习近平总书记提出建设新丝绸之路经济带和 21 世纪海上丝绸之路，旨在加强不同文明的交流互鉴、促进世界和平发展、推进沿线各国经济繁荣与区域合作，这是 21 世纪中国经济新秩序的伟大构想，将对全球现

---

* 王英杰，中国科学院地理科学与资源研究所，博士生导师，旅游研究与规划设计中心副主任，国家遥感中心地理信息系统部主任，中国科学院大学教授。虞虎，博士，中国科学院地理科学与资源研究所助理研究员。

代化进程产生深刻影响①。党的十八届三中全会通过的《中共中央关于全面深化改革若干重大问题的决定》，正式将“一带一路”建设作为新时期中国对外开放的国家战略。中国经济社会发展处于关键转型期，借助古丝绸之路的历史印记，倡导沿线国家共享、共赢发展，形成双边多边合作机制平台和贸易合作伙伴，对于命运共同体建设意义重大②。

旅游发展是促进贸易畅通、资金融通、民心相通的重要手段，是挖掘和展现“一带一路”历史文化资源、促进民族文化交流、建立信任友好命运共同体的重要载体。2016年，商务部、国家发展改革委员会和外交部联合下发了关于《推动共建丝绸之路经济带和21世纪海上丝绸之路的愿景与行动》，《愿景与行动》提出：“加强旅游合作，扩大旅游规模，互办旅游推广周、宣传月等活动，联合打造具有丝绸之路特色的国际精品旅游线路和旅游产品，提高沿线各国游客签证便利化水平。”这进一步明确了旅游发展在“一带一路”建设中的重要性。“一带一路”国家人口数量庞大，战略需求、文化特点、思维能力等方面差异巨大，通过旅游发展打造沿线各国人文经济交流的平台，推动“经贸唱戏、旅游搭台”，减少地域人文社会文化差异造成的沟通障碍，打破“一带一路”沿线国家之间意识形态和经济贸易的壁垒，促进相互交流和理解，推动沿线经贸文化产业融合发展，对于“一带一路”建设具有巨大的推动作用。

中国出境游历史悠久，从古代中国的张骞出使西域、郑和下西洋到21世纪的“一带一路”旅游发展，中国数千年来一直保持着与世界人民之间的密切联系。随着近年来中国经济的迅速发展，出境游逐渐成为中国文化与境外文化交流的重要途径。新丝绸之路经济带和21世纪海上丝绸之路跨越了欧亚大陆世界两大主要旅游客源地和目的地，2016年，这两个经济带的国家共接待国际入境游客5.07亿人次，占全球总量（10.35亿人次）的48.99%，实现国际旅游收入4913.47亿美元，占全球总量（10750亿美元）

① 杨思灵：《“一带一路”倡议下中国与沿线国家关系治理及挑战》，《南亚研究》2015年第2期，第15~34页。

② 於天：《“一带一路”国家战略下的中国旅游发展新思维》，《广州航海学院学报》2016年第2期，第62~64页。

的45.71%。2016年，中国出境旅游人数达到1.22亿人次，旅游花费达到1098亿美元，两个经济带上的泰国、韩国、越南、马尔代夫等国家或地区是主要目的地。国家旅游局预测，“十三五”时期，中国将为新丝绸之路经济带和21世纪海上丝绸之路经济带沿线国家输送游客1.5亿人次，将消费2000亿美元，这势将极大地促进中国出境游蓬勃发展。

新丝绸之路经济带和21世纪海上丝绸之路对中国出境游发展影响巨大，“一带一路”建设将引发中国出境游目的地选择及其线路空间组织的变化。因而探索“一带一路”建设背景下中国出境游发展的创新合作模式，寻找符合中国发展利益的出境旅游引导方式，为“政策沟通、设施联通、贸易畅通、资金融通、民心相通”提供发展动力显得十分必要。本文研究“一带一路”建设背景下中国出境游的发展特征、存在的问题和空间模式，将会对未来中国出境旅游业的全球化发展和区域旅游文化发展起到重要的理论指导作用。

一　中国出境游发展历程和特征

（一）出境游发展历程

新丝绸之路经济带和21世纪海上丝绸之路历史上就曾是中国对外交流的窗口，拥有的自然和文化遗产资源占全球总量的一半以上①，是“一带一路”建设的重要依托区域。近代随着中国经济社会的不断发展，中国出境游游客数量逐渐增大，出境目的地选择逐渐多样化，目的地辐射越来越广。中国出境游为国家经贸发展和文化交流起到了重要作用。大致可将中国出境游划分为四个阶段进行论述。

1. 古代中国出境旅游

新丝绸之路经济带和21世纪海上丝绸之路是古代中国对外交流的主要通道，从2000多年前的汉代张骞出使西域开辟了连接欧亚地区的丝绸之路

① 董锁成、赵敏燕、郭鹏等：《“一带一路”生态旅游带发展模式与对策》，《中国科学院院刊》2016年第6期，第647～655页。

之后，班超丝路贸易、唐玄奘西天取经、郑和下西洋等具有历史意义的西行事迹相继出现（见图 1），这些沿丝绸之路的古代旅行者可谓中国出境旅游的雏形，他们的西行将中国的丝绸、陶瓷、香料、茶叶等与欧洲、亚非等其他国家的毛织品、器皿、象牙等进行交换，为中外商品贸易和文化交流奠定了良好的历史基础，极大地促进了古丝绸之路的形成与繁荣。

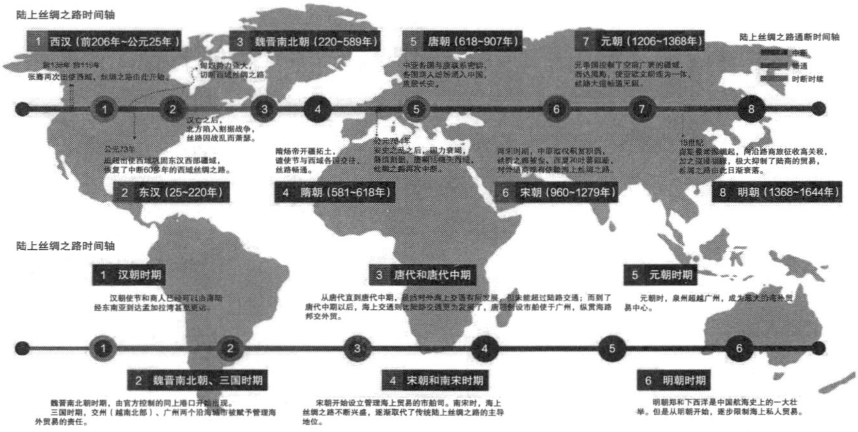

图 1　中国古代丝绸之路变迁历史

2. 近代到改革开放之前的中国出境旅游

近代到改革开放之前，中国国内不稳定因素增多，西方文明较大地冲击了中国传统文明，中国沦为半殖民地半封建社会，这个阶段出境游主体主要是文人知识分子、留学生及政府官员，出游目的主要是旅居修学、科技考察和外交旅游等。该时期的出境游使国人开阔了视野，吸收了西方先进的技术，打破了我国传统思想封闭的局面，加深了对外国历史地理和风土人情的综合认识，为近代中国人文思想的形成创造了条件[①②]。

3. 改革开放到“一带一路”倡议之前的中国出境旅游

改革开放初期，出境游由探亲旅游逐渐发展起来。1984 年，国务院批准

① 杨建：《近代中国出境旅游研究》，硕士学位论文，安徽师范大学，2007。

② 李志辉：《中国近代出境旅游发展状况的历史考察》，《兰台世界》2014 年第 3 期，第 91 ~92 页。

了港澳探亲游，首次为中国内地游客出境游提供了法律依据，出境开放的国家是朝鲜、俄罗斯、越南、缅甸等邻近国家。1988 年之后又陆续开放了菲律宾、新加坡、泰国、马来西亚等出境旅游国家。之后，随着 1997 年《中国公民自费出国旅游管理暂行办法》的颁布实施，中国出境旅游目的地签约国家增加到 140 余个，出境旅游的范围得到扩大。2007 年，提出"有序发展出境旅游"，2010 年，我国出境游游客数量超过入境游客，增长速度也明显加快（见图 2）。以我国出境游排名前三位以内的北京市为例，北京市的出境游在 2009 年之前增长缓慢，年平均增长率保持在 7% 左右；2009 年之后高速增长（见图 3）。

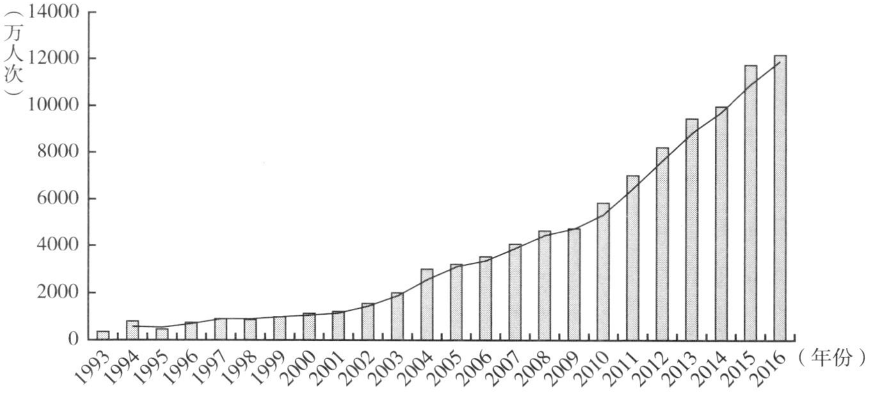

图 2　1993 年以来中国出境旅游游客数量变动情况

4．"一带一路"倡议之后的中国出境旅游

2013 年以来，中国开始开展"一带一路"建设，先后同俄罗斯、塔吉克斯坦、哈萨克斯坦、卡塔尔、科威特等多个国家签署了合作协议，区域范围涉及东亚地区、西亚地区、南亚地区、东南亚地区、中东欧地区和独联体国家，获得了 60 多个国家和国际组织的积极响应。中国国家旅游局将 2015 年确定为"丝绸之路旅游年"。大力推动出境游发展之后，中国出境游游客数量继续增长，出境旅游目的地偏向也发生一定变化，主要出境旅游目的地从传统的东南亚地区向非洲地区、中东欧地区和南美地区扩展。2012 年以来，中国出境游游客数量年增长率达到 8.16%，首都北

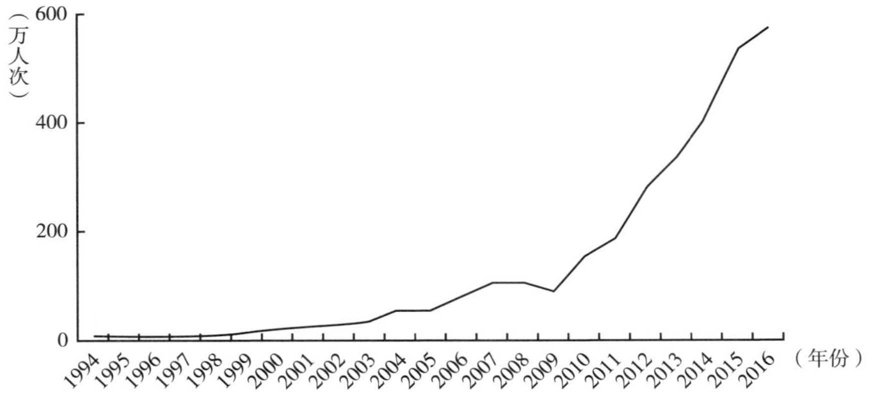

图3　1994年以来北京市出境游游客数量变动情况

京市城市居民出境游数量增长更加明显，年增长率高达12.3%。同时，诸多国家纷纷为中国公民简化签证手续或实行免签政策[①]。2016年，以新丝绸之路经济带和21世纪海上丝绸之路沿线国家为出境旅游目的地的游客数量是2015年的2.7倍[②]，沿线国家接待的中国出境游客约占全球国际游客总数量的40%。

（二）出境游发展特征

1. 中国出境游游客数量持续增长，已成为国际旅游业的重要组成部分

随着“一带一路”建设步伐的加快，中国出境游游客数量快速增长，尤其是新丝绸之路经济带和21世纪海上丝绸之路沿线国家的游客数量增速更快，成为全球国际旅游业发展的重要贡献力量。2011年，中国大陆居民出境游游客数量为7025万人次，2016年，增长到1.22亿人次，5年内年均增长率达到14.73%。2016年中国出境游游客消费总额占全球旅游消费总量

① 界面新闻，《“一带一路”出境旅游热　超20个国家对中国实现免签和落地签》，http：//www.jiemian.com/article/1324677.html。

② 人民网，《“一带一路”旅游3年热度番3倍》，http：//world.people.com.cn/n1/2017/0515/c1002－29274862.html。

的 20.9%，位列全球第一[①]。预计 2017 年，中国出境游人数和消费规模将分别达到 1.4 万亿人和 1.5 万亿元人民币，将持续加快国际旅游业的发展步伐。

2. 出境游的目的地选择范围扩大，从东南亚地区扩展到世界其他地区

中国出境游游客常选的传统目的地主要集中在新丝绸之路经济带和 21 世纪海上丝绸之路沿线国家，约占总量的 89%。欧洲和东南亚各国所占比重较大，非洲、美洲、大洋洲所占比重不足 10%。“一带一路”建设为中国出境游选择其他旅游目的地提供了新的选择，中东欧地区、地中海欧洲、非洲地区等一些新兴的出境旅游目的地国家数量正在快速增长，如加勒比海地区非常重视中国出境游市场，在旅行社、航空、酒店等行业与中国建立了合作关系[②]。2016 年，中国出境游目的地排名前十位的国家或地区仍然是前期比较热门的泰国、菲律宾、越南、新加坡等东南亚国家，而增长较快的前十位国家有俄罗斯、文莱、波兰、捷克、匈牙利、尼泊尔、埃及、塞尔维亚、土耳其、斯洛伐克，东欧地区占了 50% 以上[③]（见图 4）。

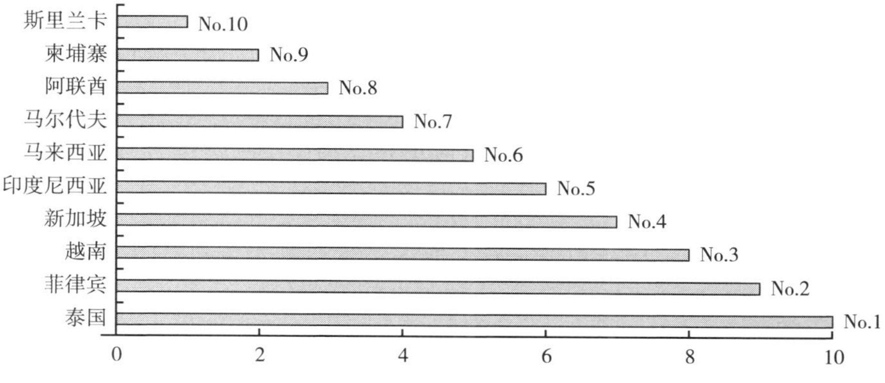

（1）排名前十位的国家或地区

① 中国网，《去年中国大陆游客境外消费总额达 2610 亿美元》，http：//www.china.com.cn/travel/txt/2017－07/12/content_ 41198732.htm，最后访问日期：2017 年 7 月 12 日。

② 吴志峰、王英杰：《加勒比海旅游基础设施发展战略规划》，中国社会科学出版社，2015。

③ 中国新闻网，《中国游客赴“一带一路”沿线国家旅游热情高涨》，http：//intl.ce.cn/sjjj/qy/201705 /10/t20170510_ 22667272.shtml。

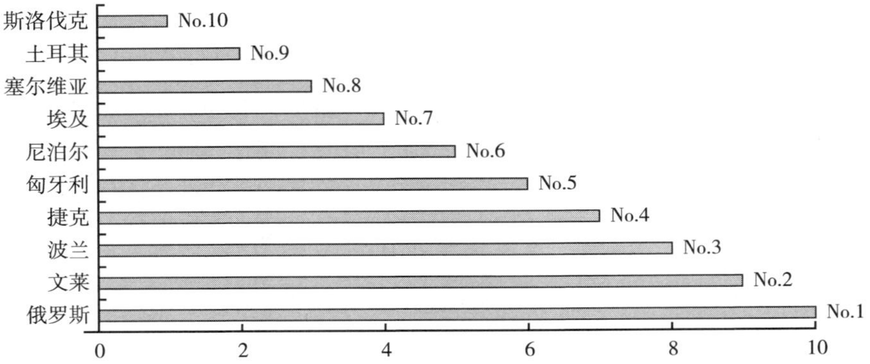

（2）增速前十位的国家或地区

图 4　2016 年中国出境游游客总量和增速前 10 位的国家或地区

3. 新兴的出境旅游目的地国家数量逐渐增多

“一带一路”建设极大地推动了中国出境游目的地的选择多样化，传统热门的中国出境目的地东南亚地区的家多数处于新丝绸之路经济带和 21 世纪海上丝绸之路范围内。随着中东欧、非洲、中亚等地区的国家对中国游客签证的便利度大大提高，开通和增加直飞中国的航线越来越多，这些国家接待中国出境游游客的数量不断攀升，成为新兴的中国出境旅游目的地国家，如哈萨克斯坦、阿塞拜疆、格鲁吉亚、土耳其、保加利亚、阿尔巴尼亚等（见图 5）。2016 年，中东地区、西亚地区、非洲地区等先前的小众出境游目的地逐渐成为广受欢迎的地区，如土耳其旅游热度上升了 106%，埃及旅游热度上升了 145%，肯尼亚旅游热度上升了 66%。2016 年选择新丝绸之路经济带和 21 世纪海上丝绸之路沿线国家作为旅游目的地的游客超过 1000 万人次，同比增长 72.5%①。

① 央广网，《2016“一带一路”年度出境报告出炉：向境外输送旅客逾千万、同比增长 73%》，http://www.cnr.cn/shanghai/tt/20170513/t20170513_523753535.shtml，最后访问日期：2017 年 5 月 13 日。

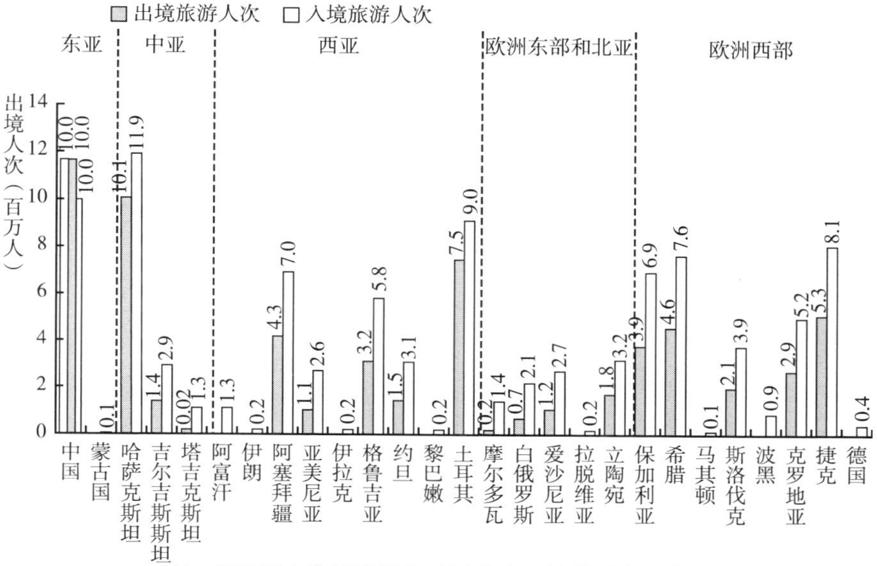

（1）新丝绸之路经济带相关国家出入境旅游发展情况

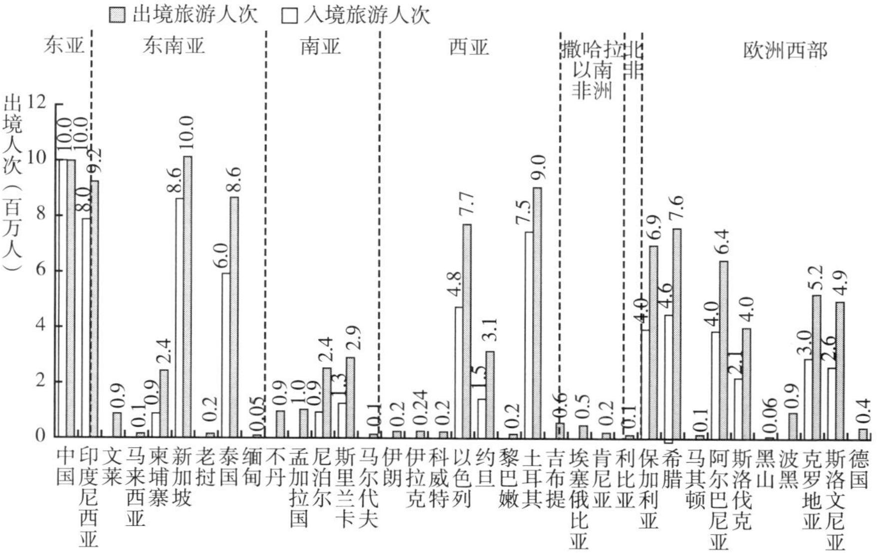

（2）21 世纪海上丝绸之路相关国家出入境旅游发展情况

图 5　新丝绸之路经济带和 21 世纪海上丝绸之路沿线相关国家出入境旅游发展情况（2015）

资料来源：世界银行数据库。

4. 安全因素、交通成本、文化景观等是中国出境游目的地选择的主要影响因素

安全因素是中国出境游游客首要考虑的因素，处于战争或恐怖主义威胁下的国家很少被中国人选择。其次是交通成本和文化景观。为了节省出游成本，大多数游客选择东南亚和亚洲其他地区，如泰国、日本、韩国等是短途出境游的三大首选目的地国家①，中国游客的主要出游目的是购物旅游、医疗旅游、海滨度假等。另外，中国游客也会通过提前购票、淡季出行游览长线欧美国家，如法国、意大利、美国等，这些属于综合型的旅游目的地，出境游目的兼具观光度假、文化体验、购物娱乐等，但占比较小。其他影响因素还包括假期长短、签证便利性、汇率变动等（见图6）。

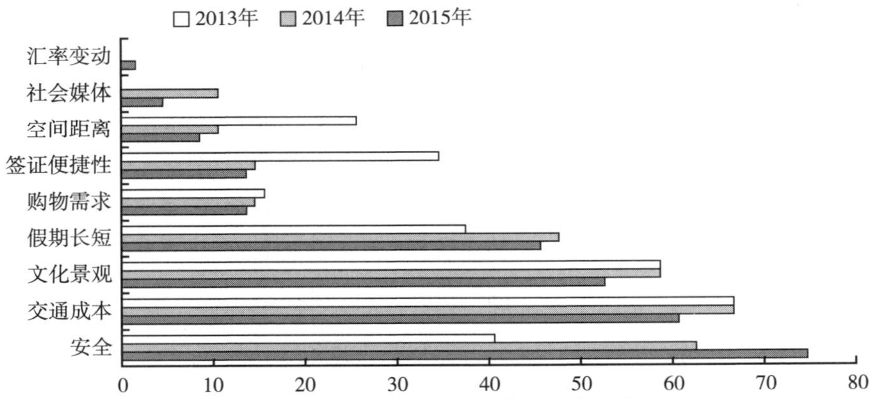

图6　中国出境游目的地选择影响因素

资料来源：中信里昂独立投资和经纪集团（Credit Lyonnais Securities Asia）。

二　中国出境游发展存在的问题

（一）出境游目的地地缘覆盖面窄，过度集中于传统东南亚地区

当前中国出境游发展存在“亚洲是首选目的地、欧洲是热点目的地”

① 中国旅游新闻网，《途牛发布〈中国在线出境旅游用户行为分析2016〉》，http：//www.cntour2.com/viewnews/2017/01/11/50XnEXWmJQAtIpVKRj9K0.shtml.，最后访问日期：2017年1月11日。

的现象，东南亚地区由于是中国最早开放的出境旅游目的地，距离中国较近、出游成本较低，因而这一地区聚集了大量的中国游客。欧洲地区由于经济社会和文化发展，历史文化特点突出，文化景观经典，并且较为安全，直飞航班较多，从而也是出境游热点区域。其他地区受到安全、交通成本等因素影响，占比还较小。

（二）出境游线路单一，缺乏新兴目的地国家的产品组合

中国出境到东南亚等热门地区的旅游产品销售商竞相压价，导致出境游线路产品售价低，大量的产品线路集中在部分比较成熟的目的地国家，新兴旅游目的地线路产品缺乏。新兴国家也由于缺乏旅游发展经验和行业融合的能力，航空线路、酒店住宿等产品组合能力很低，较难满足出境游客的需求。

（三）新兴出境目的地的联通设施、基础服务设施不足

新兴出境旅游目的地的吸引力往往在于优美的原始自然环境和人文景观，这通常与其落后的经济社会发展共存，如非洲的津巴布韦、欧洲的黑山共和国等仍处于相对落后状态，缺乏旅游基础服务设施，与中国的联通能力较弱，从而限制了出境游经济的增长。

三　中国出境游发展空间模式

“一带一路”出境游发展需要探索沿线国家经济社会、文化一体化发展创新的合作模式，寻找符合中国发展利益的出境旅游引导方式，为中国对外文化交流提供发展平台。应在同质整合、优势互补、优化结构、合理布局的原则下，整合出境旅游目的地的旅游资源和景区，促进区域旅游线路和产品的联合开发①，探索区域文化旅游圈、跨境旅游合作区、支点旅游城市和新

① 徐虹、韩静：《旅游开发与合作助力“一带一路”倡议发展》，《旅游学刊》2017 年第 5 期，第 6 ~7 页。

兴旅游目的地相结合的多层级、立体化的空间组织模式，塑造中国出境旅游发展新格局，将旅游业培育成“一带一路”国际合作的战略性先导产业。

（一）促成“一带一路”跨区域文化旅游圈

依托“一带一路”战略机遇，组建“一带一路”国家旅游发展战略联盟，签订出入境旅游合作协议，促进国际旅游地域分工合作，重点依托第一欧亚大陆桥、印中孟缅经济走廊（第三欧亚大陆桥）和海上丝绸之路，构建跨区域国际旅游文化圈和文化带，有效连接出境旅游目的地，打通中国至中西亚地区、中东欧地区、地中海欧洲地区、非洲地区、南美地区的通道网络，设计出主题分明、差异化的出境游旅游线路，形成区域性的文化旅游圈。同时在管理协调方式上构建旅游组织协调体系、旅游信息共享体系、旅游投融资体系和共享市场体系，建立公平合理的国际旅游分工和旅游贸易共同体，寻求国际旅游资源协同开发和出入境互利共赢的良好局面。

（二）打造“一带一路”跨境旅游合作区

跨境旅游合作区是指相邻两国或多国在边境地区各自划定一定面积的国土，由双边或多边共同规划、管理和建设的以旅游开发为主，在区域内自由开展旅游活动和旅游交易的国际目的地。以合作开展跨境旅游、增进与周边国家的长期睦邻友好关系为原则，选择在东北亚区域、大湄公河次区域、中巴经济走廊、孟中印缅经济走廊、图们江区域、中亚区域等重要区域联合建立跨境旅游合作区，推动满洲里、绥芬河、二连浩特、黑河、延边、丹东、西双版纳、瑞丽、东兴、崇左、阿勒泰等出入境港口建设，形成出境旅游选择的新模式。

（三）建设“一带一路”旅游支点城市

支持古丝绸之路沿线、21 世纪海上丝绸之路、西伯利亚大铁路沿线，以及中巴经济走廊、印中孟缅经济走廊等重点通道沿线节点城市和景区建设，开通连接亚太地区和中东欧地区、南亚地区国际旅游城市的高铁旅游线路，增加东亚直飞或途经东南亚，中亚飞往南美、非洲地区的航线数量，扩大与新兴出境旅游目的地之间的支线旅游线路建设，将重点地区、重要国别的城市群和中心城市连为一体，筛选出一批受欢迎的出境游重点城市或著名景区，与国内城市建立旅游联合发展关系，打通与国内一、二线城市之间的快速通道，满足出境游目的地交通信息网络和旅游线路的需求①。

（四）扶持新兴热点出境旅游目的地发展

近年来，中国出境游出现了哈萨克斯坦、阿塞拜疆、格鲁吉亚、土耳其、保加利亚、阿尔巴尼亚、冰岛、捷克、以色列、黑山、塞尔维亚、苏里南、约旦、塞舌尔等一大批新型目的地，这些国家仍有一部分处于欠发达状态。应针对新兴出境旅游目的地旅游发展的需要，选定与我国具有良好外交关系、旅游开发潜力较大、旅游基础设施相对较差的国家，以收购、参股等多种形式进行集中投资、开发建设，改善基础设施条件，配套建设旅游景区，使出境旅游目的地的设施功能完善。

四　发展对策

（一）与新兴出境旅游目的地开展合作

充分利用“一带一路”建设契机，通过合作规划、联合开发与中东欧、地中海欧洲、非洲、南亚、南美等出境游目的地国家建立互惠共赢的旅游发展合作模式，在客源市场信息共享、旅游资金投资、人力资源和人才队伍建设、旅游电子营销和景区数字化管理技术等方面开展广泛合作，使这些区域成为中国出境旅游的重要目的地。

① 陈钦：《“一带一路”背景下“海丝旅游”品牌的创建——以福建为例》，《广西民族师范学院学报》2015 年第 6 期，第 65 ~67 页。

（二）推动与出境旅游目的地国家或地区的互联互通的交通设施建设

加强与出境旅游目的地地区的交通互联基础设施建设，以支点城市为中心，增加亚太地区到欧洲地区的国际高铁线路，以及东亚地区至中东地区、非洲地区的航线数量和运输班次，协助沿线国家建设支线交通体系、旅游服务设施和信息化网络，共建旅游信息中心，提高“一带一路”旅游互联互通的能力，增加国际旅游者互免签证、落地签证和电子签证的国际空港城市数量[①]，提高出境游客输送能力和便捷性。

（三）协助部分国家或地区的旅游基础设施合作建设

在国际机场、旅游支线机场、直飞航线、邮轮港口、旅游公路、转线铁路、旅游景区和度假区等建设方面展开合作，增加新兴出境游目的地和支点城市的直航或中转航班，引导中国旅游企业“走出去”，加强非洲、南亚、南美、中东欧地区的基础设施和旅游产品建设，为打开中国出境旅游市场，提高出境旅游便捷性和旅游商贸合作提供条件。

（四）推动跨境旅游合作区和旅游线路建设

旅游业在“一带一路”建设中发挥了重要作用，要简化与沿线国家的出入境旅游手续，推动跨境旅游合作区、合作线路等平台建设。明确不同层面“一带一路”旅游发展的空间轴线、战略枢纽、合作中心的功能和定位，构建跨境旅游合作区，成立跨境旅游合作促进委员会；建立“一带一路”旅游市场营销体系，打造跨国、跨区域的联合旅游线路、旅游形象，定期举办“一带一路”国际旅游高峰论坛、招商会等品牌塑造活动，支持大型旅游企业跨国发展，在整体规划建设中实现合作共赢、优势互补，更好地服务于“一带一路”建设大局。

---

① 董锁成、赵敏燕、郭鹏等：《“一带一路”生态旅游带发展模式与对策》，《中国科学院院刊》2016 年第 6 期，第 647 ~655 页。

附　录

Appendix

B.19 中国管理2020

——第四届东沙湖论坛精华集萃*

敏捷智库

2016年10月22~23日，由中国管理科学学会主办、敏捷智库承办的2016年第四届东沙湖论坛暨《管理蓝皮书》发布会在苏州召开，本届论坛的主题为“中国管理2020”。政产学各界老中青百名管理界人士，及海内外关心、关注、关怀中国发展的广大管理工作者，通过论坛、闭门会、中国管理国际学术会议等多种形式，交流、争鸣、融慧。与会嘉宾直抒己见，畅所欲言。三位来自中国工程院的院士也从大数据、智慧云制造、新一代信息技术等方面，分别作精彩演讲，令与会者受益颇深，产生了丰硕的管理思想和成果。

---

* 《敏捷智库》（秋冬号）；《东沙湖论坛》（第十三辑）。

一 面向2020：管理的中国使命

在第四届东沙湖论坛开幕式上，中国工程院院士、中国管理科学学会学术委员会主任李伯虎在致辞中说，展望2020年，信息通信技术持续飞速发展，人工智能、量子计算、生命科学、先进材料和新能源等科学技术不断取得突破。新技术革命和产业变革正把我们带进人机物信息泛载物联的工作和生活新世界。国民经济将在逐步泛载连接的平台和场景下融为一种新的生产和消费生态。人类社会将日益呈现小众自主、动态聚散、公众共享的发展趋势。世界既有规则将被打破，新的全球规则和有效治理方式必将逐步建立。如何管理和重构这个体系是值得深思的问题，对这个问题的探讨和破解更是意义深远。

（一）大数据重新定义管理

中国工程院郭重庆院士指出："大数据"——最接近映射物理世界的宝藏，"云计算"——社会化配置的计算服务及数据分析工具，无所不在的互联网和物联网不断产生的数据，开启了管理科学研究的新范式和新工具，是管理科学发展史上最接近现代科学技术的一次"相遇"。抓住了，管理科学研究会涅槃重生，抓不住，将继续被边缘化。管理学界应在这次新科技革命激励下拥抱大数据，拥抱云计算支持下的计算实验和计算机模拟仿真技术，改变自己的学术范式，实现自己的历史使命和社会担当。

1. 中国正处于新一轮科技革命、产业变革和中国经济转型的历史交汇点上，抓住了就是机遇，错过了就是挑战

人类社会—计算机—物理世界三元融合，信息系统与物理系统的融合（CPS）使信息服务进入了普惠计算时代，这是一个划时代的大事，怎么高估都不为过。

移动互联网+云计算+大数据+物联网作为这个时代的引领性技术正在彻头彻尾地改变人们的生活，信息革命的影响远远超过了工业革命，各行各业唯有迎接变革，融入变革才能适应时代而得以生存。一个无处不在的互联网正在改变着世界。我这几年一直讲："互联网将重新定义各行各业"，而李克强总理关于"互联网+"的论述则更直观地把人们拖到了新时代的门口，明确了路径和目标。

2."互联网+"已经成为当今中国一个滚烫的热词，公众的积极性已经被调动起来

但必须提醒："互联网+"是一场破坏性的创新，过程未必轻松，甚至是痛苦的、对抗性的，但结果是一个全新的经济社会。

中国制造业面临的挑战不仅是一场技术变革，还面临着体制改革，包括国企的市场化转型和企业生产社会化、专业化、平台化、合理化的改造，降低杠杆率和提高资金周转效率的企业管理提升等。这些需要一个全面的考量。

3.必须深化界定"互联网+"的定义、范畴和内涵

"互联网+"的定义：用互联网技术（移动互联、云计算、大数据、物联网）以开放、平等、协同、分享的互联网理念改造传统产业、经济与社会，以期达到一个开放的、公平的、分享的和竞合的可持续发展的经济与社会。

互联网经济的特征：开放、公众参与、普惠、平等、公平、去中心化，弱化了空间的地理距离影响，削弱了经济活动信息的不对称性，强化了消费者的主导地位。

习近平在联大上提出的五位一体的人类命运共同体（伙伴关系、安全格局、发展前景、文明交流、生态体系）遵循了互联网时代的"平等、开放、协同、分享"的理念。这应是中国软实力的体现。

4."互联网+"将会触碰到一系列经济与社会的难点

（1）打破中国经济的封闭产业格局是开放性互联网经济的必然诉求

不借"互联网+"打破中国封闭的产业格局，让公众参与金融创新、军工突围、大学与医院改革等，中国经济社会很难有突破性的进展，智慧在民间。

（2）平台型、开放型创新是万众创新的必然匹配一个企业的竞争力不仅取决于其内生的科技资源，同时取决于其整合社会化和国际化资源的能力，竞争合作，迭代演化，已经成为世界制造业的一种常态。

Charles M. Vest（MIT 原校长，美国工程院原院长）曾说："当今国家间、企业间应保持一种竞合关系。"有意思的是他用中国古代阴阳对立统一的太极图来表述这种你中有我，我中有你的观点。

一是，创新是发展全局的核心问题。

发展要与改革高度融合，改革要与创新高度融合，创新成了全局的核心问题。所以经济学诺奖得主菲尔普斯认为：中国只有创新才能避开中等收入陷阱。

二是，理念创新是创新行动的先导。

前 30 年的改革成功得益于邓小平思想，伟大创新的根源从来不只是技术本身，而在于更广泛的历史背景下看问题的新方法，理念创新。中国后 30 年的改革也仍需要理念创新，必须承认应对重大经济社会挑战时科学技术知识的局限性。

三是，创新水平应从迭代式创新向颠覆式创新演化。

创新水平应从渐进的、增量的迭代式创新到变革性的、激进的颠覆式创新转化，颠覆性创新正在推动下一轮产业革命。

（二）管理的挑战

1. 健康界网 CEO 赵红：医疗卫生、健康领域面临的挑战，一是卫生管理。需要把医疗与健康融为一体，让医院以健康为导向，形成纵向服务体系。二是医院管理。未来公立医院为主的体系如何建立现代医院管理制度。三是临床管理。医疗条件不均衡、医疗资源分布不均、人员费用增高一直令医疗机构苦恼。全世界追求高性价比医疗，对高科技要更多考虑质量效率成本。四是健康和医疗没有在一个体系下很好融合，社会资本进入医疗领域带来逐利和公益之间的挑战。

2. 华宝控股互联网业务合伙人、58 同城原副总裁段冬：2020 的最大挑战，第一，不是创造商业价值本身，而是有效运用商业伦理约束商业价值。

一味追求商业价值，商业伦理、价值观沦丧则会给国家带来灾难。例如，滴滴打车几百万出租车司机与滴滴公司的劳动关系或经济合同关系问题。一旦政策下来，商业竞争往往受政治和文化影响，挑战是极大的。第二，要用创业者精神为国家服务，让企业创新成为国家竞争力。第三，怎么用互联网思维，开放、共享、共创、共赢。建立企业人才教育体系，进行企业管理实践，院校的研究求证应与企业一起做，才能有效形成创新驱动力。这是对创业者精神的挑战，是对整个国民素质的要求。

3.《互联网周刊》主编、中国社会科学院信息化研究中心副主任姜奇平：中国管理有一个与西方完全不一样的地方。比如，易有两个含义，一是轻松容易，即成本极低。二是千变万化，高度繁杂。世界上只有犹太和中华民族能轻松搞定复杂性。复杂性不是问题，重要的是让复杂性变得合算，才是管理面对的真正挑战。按经济学常识，不可能越复杂越轻松。但中国社会科学院数量经济与技术经济研究所用数学解决了，即越复杂而平均成本越低，是标准的智慧。智慧是人间万物唯一违反常规的事，能轻松搞定复杂性。我们进入变化时期，高风险高收益的经济含义是转型升级，转型升级是从无差异化的简单世界转移到高差异化的复杂世界。再如，中国传统文化是个性化定制文化，没有效率。如果把大规模和个性化结合起来，做到越复杂越轻松。由于知识在里面起作用，它的边际成本不断降低，有可能出现新的管理。

（三）管理的创新

1. 国家科技部原副部长张来武教授做了题为“六次产业理论视角下的中国管理”的主旨报告。在详细解释了其研究的创新经济学，即三螺旋创新理论加六次产业理论概念后，他表示管理要在实践中适应创新。创新管理是对第五产业的管理，是真正对人力资本进行的新管理。人力资本的管理更多是文化，是以人为本的管理。没有这个管理，第五产业发展将受到制约和阻碍。中国管理学的重任就是要调整阻碍中国创新的阻力。这是创意的管理、系统的管理，是开放分享条件下的管理。

2. 中国管理科学学会会长张国有在题为“对未来的管理”的主旨报告中表示，对未来进行管理时，客观趋势难以通过管理去阻止，只能顺势而为，努力减轻过程的阵痛。阵指出，对未来的管理近期是供求问题，中期是结构问题，包括产业结构、技术结构、人员结构等。短期内解决不了，必须现在投资，过三五年这个结构才会变化。远期则是人的素质和文化问题。从根本上看人是第一生产力，工具是第二生产力，其余都是借助于人和工具发挥作用的因素。其中教育是基础，没有教育就没有人的素质，没有人的素质就不会有科技的进步。没有人的作为，很多事情都做不了。但是人的作为与他的素质、知识和能力相关。未来管理，第一，要把发展教育、增强国民素质作为国策，形成共识。第二，从十四五规划开始，逐步加大对农村教育的投入，用五个五年规划提高农民受教育的水平，改善农村的面貌。

3. 北京大学经济学院萧国亮教授在题为“创新的演进与经济加速发展”的主旨报告中指出管理科学要解决中国问题，就要有的放矢，就要研究中国问题，就要改革。“十三五规划”提出“创新、协调、绿色、开放、共享”新的发展理念，其中创新位居首位，创新是引领发展的第一动力。从创新经济学角度定义，创新是人们对稀缺资源的重新配置，即通过对生产要素进行新的组合，达到帕累托最优的过程。纵观历史可以发现，人类历史上已经历了五个创新形态：传统社会的创新、企业家的创新、大公司研发部门推进的创新、国家主导的创新体系（国家实验室的技术创新）、互联网与大众创新。从历史来看，创新的队伍、创新的力量在不断壮大。到现在人类已经自觉认识到创新是社会发展的根本动力，创新是经济发展的根本动力，创新也是人类社会经济加速度发展的重要推动力。所以，21 世纪将是一个“奇点临近”的世纪。

4. 阿里研究院副院长杨健：互联时代，需要探索基于互联网的中国管理理论。一是未来的人与现在不一样。“00 后”、“05 后”被称为互联网原住民。他们一出生就接触互联网，思维观念很新潮。老一辈人或 60 年代人认为，应尽量把隐私保护好，但现在的年轻人喜欢分享传播。他们看西方世界是平视的，在他们眼里北上广深与纽约、新加坡没什么区别。而生活在科技、经济相对落后年代的人，国门刚打开时，完全是以仰视的心态看西方。所以，思考管理问题时应考虑这些因素。二是技术进步将促使世界、社会伦理关系发生变化。比如，送货机器人在路上该走人行道还是慢车道？三是伟大的实践将产生伟大的理论。经济学理论的发源地从英国转到美国，是整个科技和经济发展大环境形成的。中国随着企业管理实践的发展，有机会产生伟大的思想，包括管理思想。

二　管理的智能时代——中国制造的变革与创新

（一）智慧云制造

中国工程院院士、中国管理科学学会学术委员会主任李伯虎指出：中国目前实际上是一个制造大国，但不是强国，变成强国需要五个转型升级。第一是由技术跟随战略向自主开发战略转型，再向技术超越战略转型升级；第二是由传统制造向数字化网络化智能化制造转型升级；第三是由粗放型制造向质量效益型制造转型升级；第四是由资源消耗型、环境污染型制造向绿色制造转型升级；第五由生产型制造向生产＋服务型制造转型升级。我们国家提出了两化融合，尤其是2015年政府工作报告里面的“互联网＋”计划，总结起来是，贯彻“创新、协调、绿色、开放、共享”的发展理念，坚持走中国特色新型工业化道路，以创新发展为主题，以促进制造业提高质量增加效益为中心，以加快新一代信息技术与制造业深度融合为主线，以推进智能制造为主攻方向，协调发展自主的技术、产业和应用，通过30年/3个阶段的努力奋斗，实现从制造大国发展为制造强国的宏伟战略目标。

2009年本团队提出了“云制造”的理念，2012年提出并开始了以互联化、服务化、协同化、个性化（定制化）、柔性化、社会化为主要特征的“智慧云制造”（云制造2.0）的研究与探索。它是“互联网＋”时代的一种智能制造模式、手段与业态，是实施“中国制造2025”和“互联网＋制造”行动计划的一种智能制造模式和手段，是制造业与互联网融合发展的一种智能制造模式和手段。智慧云制造系统与以前的制造系统有什么不同，我们总结出八个特征——数字化、物联化、虚拟化、协同化、个性化、定制化、柔性化和智能化。智慧云制造的典型特征是实现全系统、全生命周期、全方位的智能化。

智慧云制造的中国特色与优势体现在围绕提高制造企业市场竞争力的目标，基于中国制造业信息化工作，有五个突出：第一突出问题导向，大国向强国迈进；第二突出新一代信息通信技术、大制造技术、产业科研技术的深度融合；第三突出核心问题，即模式、手段、业态有什么去实现总理提出的"众智、众包、众扶、众筹"的"大众创业，万众创新"；第四突出工业2.0、3.0、4.0同步发展，处于数字化、网络化、智能化不同阶段的制造企业皆能在云中获得"信息互通、资源共享、能力协同、互利共赢"的好处；第五突出发挥"政、产、学、研、金、用"的团队力量。

"智慧云制造"是正在发展中的制造新模式、手段和业态，其发展需要"技术、应用、产业"的协调发展。其发展路线应是持续坚持"创新驱动"及"工业化与信息化深度融合"。

（二）新一代信息技术及其对制造业发展的影响

中国工程院院士、中国管理科学学会大数据管理专业委员会主任杨善林指出：近年来，"新一代信息技术"这一概念被提出并广泛使用。而新一代信息技术并不仅仅是芯片技术、通信网络技术、数据挖掘、人工智能、虚拟现实等单一信息技术自身的纵向升级，更主要的是信息技术与产业的融合，从而推动信息服务平台和产业的整体代际变迁。新一代的信息技术对制造业发展的影响如下。

1. 对产品构造的影响

在产品技术方面，互联网与大数据资源不断融入传统产品中，成为产品的一个关键零部件，使产品逐步成为智能产品和互联化的智能终端。它能够提升产品的效能价值，拓展产品的应用范围。例如，在汽车产品全生命周期过程中，互联网与大数据提供了全新的技术手段以及海量数据，改变了人们对产品全生命周期各阶段的关注重点。

2. 对产品全生命周期过程的影响

在产品研发、生产、使用、维护、维修和再制造方面，互联网与大数据资源深度渗透到产品全生命周期过程中，能够形成众智设计和智能制造，能够提高产品设计的创新能力和产品生产及维护的智能化水平，降低制造过程风险。

3. 对制造资源组织方式的影响

在制造资源的组织方式方面，互联网与大数据资源广泛应用于供应商、销售商和协作商的协同过程中，能够形成全球化网络制造，优化价值链和价值网络，从而更快地发现市场需求，更好地在全球组织制造资源，显著提高制造业的资源利用效率。例如，20 世纪 50 年代，著名的波音 707 客机，只有大约 2% 的零部件是在国外生产的。目前，波音 787 客机工程量中 90% 都是由全球各地的四十多个合作伙伴共同完成的。

4. 对制造业务模式的影响。

在业务模式创新方面，互联网与大数据资源能够加速制造业服务化进程。有远见的制造商已经将各类服务纳入销售范围，用基于产品的服务销售模式取代原有的产品销售模式，使得产品与服务之间的界限越来越模糊。

（三）新工业时代下的管理变革

《工业 4.0》作者、工信部国际经济技术合作中心研究员王喜文说，新工业革命，尤其是互联网和物联网的应用，会带动制造业的一次新的变化。物联网的特征是什么，可以实时检测生产情况，采集生产数据；互联网的特征是什么，就是实时性的沟通、协同。这两个实时性，可以让未来一边生产，一边研发，一边销售，一边设计，这样会缩短工期，降低成本，提高效率，提升灵活性，满足大规模定制。在互联网和物联网的驱动下，制造业会给管理带来五大改变。

第一管理理念需要改变。当前的工业时代价值链是垂直的部门分工管理，由采购、研发，设计、测试、销售等组成。未来，是以用户为中心，并不是说这种垂直不分工管理，应该是组成一个团队，一个产品制，一个项目制，通过网络实时了解用户个性化的需求，然后小团队一边研发、设计，一边生产，给用户提供定制化的生产。

第二管理战略需要改变。未来大企业搞开放平台，开放接口，自己去柔性化生产，缩短工期，提高效率。这就不能按以前成本领先的战略，而是要搞差异化战略，要快速响应，这样才能符合未来市场的需求。

第三管理方式改变。未来中小企业非常灵活，它去面向各种用户，了解用户的个性化需求，小企业通过大企业实现大规模定制，大企业给小企业打工，资金流向也发生转变。

第四产品管理思维改变。未来尤其是制造型的企业，都要考虑产品怎么网络化、智能化，这样才符合未来新工业革命的需求。未来的产品是组成一个生态，围绕这个产品，可能有更多的服务、数据和解决方案。

第五员工管理改变。未来的工作方式不是工人在固定的场所，从事简单的重复性工作，而是借助于信息化、物理自动化的手段，通过一些数据的挖掘，形成智能的决策，快速完成工作，而且无差错，更高效，这就是未来的工业方式。

三 治理：全球与中国管理

（一）经济管理与世界关系的新改变

中国管理科学学会海外专家委员会执行主席，澳门大学教授林广志：中国管理与世界的交往可用“进出口”比喻。1900～1949 年是英国、美国、德国、日本、苏联思想进口时期，关键词为立宪、共和、革命、民主、科学、阶级、斗争，中国企业开始采用泰勒思想进行管理。1949～1979 年是革命、基建、农业、医疗等输出时期。1979～2000 年改革开放开始引进国外工贸业、服务、管理，输入大量管理技术与理念。2000～2016 年进出口为双向，地域为全球，关键词为基建、投资、收购、兼并等。从以前义务输出变为商业输出，从单向到双向、多向，从单一到多元，从逆差到平衡，未来将朝平衡方向发展，一边倒的输入模式不复存在，双向将达到平衡。在“走出去”浪潮推动下，基建、产品、服务、投资、收购都往外走，趋向全球性、全业态、全民性。全球化国与国之间贸易往来中，中国管理常遇到政策壁垒、法律冲突、商业伦理、技术含量、文化涵化等问题。中国企业到了国外是弱势文化群体，怎么与强势文化抗衡是一个挑战。文化融合是中国式管理的可行路径。

北京大学经济学院萧国亮教授：经济增长是一种指数型增长，是一种加速度运动。中国经济如果各方面调整好，21 世纪还能以更快速度增长，而不是中高速增长新常态。世界经济之所以加速度增长，是因为每个经济发展阶段都有新的主导产业。英国工业革命时出现煤炭、纺织业、冶金三个主导产业。过了不到一百年，德国和美国工业化时，又推出铁路、化工、汽车、电气化。到了日本和东亚四小龙，包括中国工业化时，汽车、电子信息产业、生物制药等更多主导产业得到发展。主导产业是推动世界经济高速发展的主要推动力。

工业革命以来，美国经济 60 年一个长周期。2008 年后，世界经济第四个长周期结束，开始往第五个周期走。美国靠新兴产业带动经济，并推动世界经济高速发展。2018 年后，美国经济将走出低谷，进入第五个长周期。现在是酝酿创新的大好时机。此外，工业革命以来，经济增长环境发生变化，政府对经济的调控能力出现翻天覆地的变化。各国政府联合起来解决经济问题，而不是互相发生战争。经济增长需要金融环境、科学技术做为后盾。技术、知识、创新是经济增长根本动力，也都会呈指数型增长。过去一个重大创新要几千年、几百年，现在几十年，甚至几年。创新的频率、规模、群体、投入呈指数型增长，社会经济会更高速发展。

（二）破解治理难题的新思路

中国管理科学学会副会长、国家行政学院教授姜平：今天中国面临经济、政治、文化、社会、生态很多难题，关键是搞清楚问题在哪里，凭着中国智慧没有解决不了的问题。今天的中国问题必须用今天的办法解决，这并非说国外理论不好，国外的好方法要我向工信部学，但国外有效的理论用到中国未必奏效，因为制度不同，历史文化传统不一样，人的思维方式也不一样。自己处于什么方位，究竟往哪里走不清楚，是中国管理面临的最大问题。解决中国目前经济发展中的问题要靠改革，改革需要研究。比如，执行力不足就是管理问题。赞成2020的目标是建立中国特色的管理体系的提法。中国管理要创新，治理要创新。当前，我们面临的很多管理问题不是技术问题，而是技术和方法问题，关键是管理。中国管理任重道远，解决了这个问题就能产生中国特色的管理理论体系。这个体系不能封闭起来搞，一定要在全球化前提下，站在新的起点搞，千万不能用以前的管理理论和方法。

（三）谋划环境治理的新角度

中国管理科学学会理事，同济大学循环经济研究所教授杜欢政：环境关系到人类的可持续发展。工业化大生产、大消费、大废弃方式使环境遭受严重破坏。生态文明环境下应合理生产，节约消费，循环利用。物质消费以满足人的生产、生活需要为标准，不是越多越好。通过循环利用，可延长资源为人类服务时间，为此提出建立资源循环利用新产业意见。一是从生态设计到绿色制造，再到消费结束，产品如何回到原点。比如，汽车生产者要负责资源回收。汽车销售出去，所有权并没有转移，只是使用权转移给了消费者。将来汽车不是卖给消费者，而是租出去，所有权仍归生产者，由他们拖回去循环利用。二是从原来单纯企业管理转向公共管理，公共事务越来越多。三是从农业文明时代转向城镇一体化建设，我国城市化率已达50%。城市管理问题凸显，城市病成为令人头痛的问题。城市让生活更美好，很大程度上取决于管理。

住建部开始建立城市管理局，重点加强废弃物和交通管理。上海是国际化城市，又是特大型废弃物工厂。上海定位为经济中心、贸易中心、航运中心，以服务业为主，制造业基本转移出去。6300平方公里土地上所聚集的2400万人口消费后会产生大量废弃物。不把废弃物管理形成体系循环管理起来，整个城市将出现很大问题。2016 年，我国已发生七八起由焚烧建筑垃圾引发的烧车伤人事件。牵涉的问题都与制度缺失有关。

减量化、无害化、资源化，全域、全生命周期管理和监督，涉及多元化利益主体，需要找到利益交叉点，将政策、技术与商业模式结合形成创新管理体制才能解决。树立人人都是垃圾产生者，人人都是垃圾受害者，人人都是垃圾治理者观念。城市环境管理不仅需要技术、资金，更要科学管理。管理科学应研究内容、方法、手段，把管理与文化、政治、经济融合起来破解这些问题。

（四）互联时代媒体的新变化

1. 人民在线首席战略专家翟静宜：知识经济时代，跨行业、跨地区、跨界经营。今天，无论公共管理、政府职能，还是企业经营，环境都变得非常复杂。涉及技术带来的天地物人无缝联通。大众麦克风时代，每个人都能公开发表意见，信息四处传播。人人皆媒体。自媒体传播发声，能在第一时间、第一现场做过去记者才能做的事，导致舆情泛滥，带来的致命问题是，碎片化浅阅读都是秒读，甚至不读就秒传。当信息刺激程度足够强时，会造成当事机构秒杀局面。这种环境中，信用和声誉同等重要。网民公认声誉不好的人会淹死在唾沫中。这是一种通过比差实现汰劣的模式，传播影响非常大，特定舆情事件的发生会超常规放大，给当事者致命打击。

今天，大数据、云计算、智能终端、移动互联网、感应器正在重构一切。技术将人类社会导入繁杂莫测的风险模式。人与自然关系恶化，人与机器日渐融合。个体力量变得非常微弱，但每个个体能通过互联网发声表达情绪，导致今天的意识形态领域非常复杂、敏感、躁动。评价组织信誉的好坏，过去是客户、媒体说。大量自媒体进来后，传统媒体影响力被严重稀释，面临组织、企业信誉谁来公正评价的窘境。纸媒大幅度滑坡趋势明显，大量数据已不在传统媒体手中，党媒需要领先探索新模式，以适应互联时代发展。

国际上，怎么化解互联网舆情负面被放大，是否只能被动被第三方力量解读？有无能力评价其他国家信誉？今天，中国的话语、评价标准已能影响其他国家态度，中国的声音也能让国际舆论认同。关键是要进找到合适的方法和路径。

《参考消息》副总编辑、中国管理科学学会理事汤华：俄罗斯对外宣传与我国不同。俄罗斯媒体对重大事件、重大主题刻意淡化，西方媒体认为更具有疑惑性，让受众在无形中被洗脑，潜移默化地接受其观点。俄罗斯媒体历来注重真理、诚信、真实性，尤其强调消息来源于政治机构。按西方传播方法，重大事件以丰富的信息予以报道，容易提升受众信任程度。俄罗斯宣传量很大，能引起西方包括美国观众的注意力，甚至淹没压倒其他信息。俄罗斯有很多渠道显示消息来源，这样既能增加受众阅读信息的机会，也能增加可信度。俄罗斯媒体会突出人们熟悉的消息、具有吸引力的信息。虽然信息真假参半，但受众相信时会从真的角度接受。所以，俄罗斯宣传口径连西方媒体都认为很有成效。俄罗斯拥有党控、民营等多种不同的宣传媒体。不同媒体不一定传播相同内容，不同渠道不一定传播同样事件，但不同渠道交替配合宣传，一个信息被质疑时，其他渠道第一时间可以推出新的不同解释，特别是重大事件的处理。中国媒体国际传播值得借鉴俄罗斯经验。

（五）“走出去”赢得他国信任的好办法

中国管理科学学会旅游管理专委会主任、中科院地理所主任、研究员王英杰：中国与巴基斯坦是铁哥们儿，中巴走廊铁路、公路、矿产、水利等协议没签下来的原因是缺乏了解。我们阅读大量文献，采用空间分析、实地调研方法和大数据，对中巴走廊进行定义。在哥斯达黎加搞中加经济特区，说服国外决策者非常困难，必须有让人信服的决策方案和依据。我们用美国人口、经济、社会、灾害、资源、交通等数据搞了很多模型算法。听了我们编制的哥斯达黎加经济特区规划报告后，格林纳达政府邀请我们原班人马做其国家发展战略与总体设计。我们的很多标准是按西方标准改进而来的。“走出去”首先要输出软实力，没有软实力很难与这些国家打成一片。

新编的“一带一路综合地图集”内有380多幅图片，是我们建立的综合库之一。所有建有孔子学院的国家很欢迎我们传播中华文明。欧洲、东亚、北美三大制造业中心，东亚地区制造业明显上升，在全球占的分量非常大。三大中心腹地建设，中亚的能源、劳动力资源、消费市场都是最好的。“走出去”首先了解、熟悉、研究他国十分必要。

东沙湖论坛主席，中国科学院党组原副书记郭传杰做闭幕致辞。他指出，第四届东沙湖论坛已形成了三个特点，第一个特点是开放性。本届论坛无论是从参会者的年龄段，还是从参会者单位及所处的行业来看，都十分多元，这对于学术交流是非常有益的。第二个特点是前沿性，所有演讲内容不仅涉及管理前沿，包括众筹、个性化、商业模式颠覆等方面，也有来自科学技术方面。第三个特点是实践性，这也是论坛举办的基本目的。实践性要让每个人从事的事业有所获益。更重要的是，实践是为了让国家和社会有一个更好更健康的发展，这是东沙湖论坛必须要提供的，也是供大家参考的一种思想产品。

四　管理是制造走向智造的基础

本专题讨论组的组长、中国管理科学学会副会长张晓东博士认为，制造业是国民经济的主体，强国之基。没有一个强大而具有创新性的制造业体系，任何一个经济体都不可能实现繁荣发展。

随着新一代信息技术的快速发展及与制造技术不断深度融合，全球制造业的产业形态和价值链的巨大变革，一些颠覆性的创新层出不穷。云计算、大数据、物联网、人工智能等新技术的大爆发，开启了全新的智慧时代，通过信息技术，企业管理可以做到前所未有的准时化、流程化、标准化和精益化，云制造、网络众包、大规模定制等网络制造模式正在重塑产业价值链体系。

当前，国内大多企业的生产以加工和组装为主，处于产业价值链的中低端环节，在研发设计、产品服务等价值链的高附加值环节相对薄弱，属于典型的“生产型”制造，迫切需要通过发展“服务型”制造来促进制造业转型升级、增加产品附加值，需要建立产品设计研发和制造物流等第三方专业化制造服务平台，促进制造与服务的融合，占据产业价值链的高端。

实际上现在很多的问题，与其说是技术问题，不如说是管理问题，不解决管理问题，就不能解决制造和智造的根本性问题，这就是我们的共识。

Abstract

Blue Book of Management is an annual representative report about the development of China's Management, which chooses topics on the basis of Chinese practices, summarizes the hotspots, theories or ideas of Chinese management, shares management practices and explores the trend of management development.

Blue Book of Management in 2017 consists of six parts: General Report, Trends, Hotspots, Characters, Cases and Special Topics.

Combined with the management value evaluation system, the first part (General Report) makes a comprehensive analysis of the management development of China in 2016 – 2017 through expert and entrepreneur interviews, case tracking studies, statistical analysis of data, professional media monitoring and other research methods. On the basis of these, Person of the Year, organizations and cases with great value of Chinese management are screened out, displaying the basic situation of China's management development in 2016 – 2017.

The second part (Trends) focuses on the trends of management like the management changes in the Internet era, the exploration of Chinese management theory and the innovation-driven enterprise development strategy and forecasts the development direction of China's management.

The third part (Hotspots) focuses on the management hotspots in 2016 – 2017 and selects hotspots with universal significance such as "block chain", "environmental management" and "characteristic towns" to discuss their related management mechanisms, modes, paths and countermeasures and optimizes the economic and social benefits through management.

The fourth part (Characters) selects representative management figures in the academic and private sectors from the evaluation dimension of management functions, management skills, and management effectiveness.

The fifth part (Cases) shares new ideas and methods of management practices, summarizes the management experience, which can be learnt and replicated, and enriches the practice cases of China's management.

The sixth part (Special Topics) concentrates on the chances and challenges from the Belt and Road Initiatives, referring to the evaluation research and management of the silk road economic belt, project management and tourism management to present the new management thinking in the construction of the Belt and Road Initiatives from different layers and dimensions.

This book focuses on the process of China's management through systematic research paradigms and fully presents the development trend of China's management in 2016 - 2017 with the combination of practices with theories and the complement of data research and case study. This book has certain guiding value and reference significance for the academic circles and business people who study and pay close attention to the development of China's management.

Keywords: Chinese Management; Hotspot; Trend; Character; Case

Contents

Ⅰ General Report

Abstract: Combined with the management value evaluation system, this paper makes a comprehensive analysis of the management development of China in 2016 –2017 through expert and entrepreneur interviews, case tracking studies, statistical analysis of data, professional media monitoring and other research methods. On the basis of these, Person of the Year, organizations and cases with great value of Chinese management are screened out, displaying the basic situation of China's management development in 2016 –2017.

Keywords: China's Management; Hotspot; Trend; Value Evaluation

Ⅱ Trends

Abstract: This paper argues that China's innovation of management change in the Internet era mainly contributes to forming the management experience and management theories of third generation management with the core of complexity paradigm, which is different from the American management style (Management 1.0) and the Japanese management style (Management 2.0). Based on the shift of management paradigm, this article systematically states the clues of the network management change and the contribution of China to the formation of third generation management (management 3.0) in theory and practice. Also, the new problems and new focus of network management are refined and summarized and the systematic progress of China's network economics management is reviewed in this article. This paper emphasizes on introducing the management thinking and the management system, which originate from Internet practice, have formed a self-contained system but are still in the breeding process.

Keywords: Network Management; Complexity; Management 3.0; Third Generation Management; Paradigm

Abstract: With the further development of the Internet, the Internet class of brain architecture is becoming more and more clear, as the product of city architecture and the combination of the Internet, smart city also has the concept of unclear, the lack of the top design, information island and other issues, with the further development of the Internet. This paper focuses on how to build a smart city through the form of brain-like tissue, and relies on the large social network (city neural network) and the city cloud reflection arc to evaluate smart city construction level (city IQ).

Keywords: Smart City; Artificial Intelligence; Brain Science; City Cloud Brain; Internet Cloud Brain

B. 4 Innovation-driven Leverage Multiplication Strategy: Based on The Enterprise Strategy Theory of Developing Countries

Xue Xu / 088

Abstract: This paper analyzes the development process and main controversies of enterprise strategic management over the past 50 years and discusses the reasons behind the chaos of the connotation of strategic management and the tool itself, which is caused by not adhering to the rational and epistemological principles of the strategic management. China's strategic theory, in general, is still in the stage of using the bringism and the transformation of local logic and does not participate in exploring the nature of the global strategic theory. Besides, the international strategic management theory itself is in the chaos of blind men feeling an elephant and failing to come to any agreement because of the limitation of its methodology. However, the innovation-driven leverage multiplication strategy starts from the essence of epistemology, takes the general phenomenon of enterprise development in China over the past three decades as the object and applies the tools in line with Kant's principles to analyze the fundamental characteristics of enterprise development in different external environments. This paper demonstrates that the essence of the innovation and entrepreneurship proposed by the Chinese government is the enterprise development strategy and the core of the innovation-driven leverage multiplication strategy is a set of essential enterprise development mode and mechanism. In addition, this paper also introduces the key transformational technology from the traditional profit-oriented enterprise development model to the innovation-driven leverage multiplication strategy development model.

Keywords: Mintzberg; Strategic Management; Chaos of The Connotation; Essence; Chinese-Style Catch Up Strategy

Ⅲ Hotspots

B. 5 Financial Technology: Challenges and Opportunities for Information Security Management

Wen Wu / 109

Abstract: This paper analyzes and demonstrates the challenges of current financial technology including block chain, distributed bill, digital currency, crypto-currency and so on in information security management from the perspective of information and financial security through reviewing the historical evolution of currency and transactions. Also, this paper proposes the theory of persuading and managing financial technology from the legal, regulatory and security aspects on the basis of the legal digital currency.

Keywords: Financial Technology; Legal Digital Currency; Block Chain; Information Security

B. 6 Current Situation and Development Trend of Environmental Management in China

Li Jinhui, *Zhang Jiao* / 129

Abstract: Through stating the policy system and development status of environment management in China, this paper displays the positive progress made in China's environmental situation in recent years, and identifies the existing problems of resource ownership and market mechanism, governance model, administrative and departmental segmentation management and audit supervision mechanism in China's environment management. Based on the related issues and the latest policy, this paper points out the development trend of environmental management in China and some relevant countermeasures, including gradually realizing the efficient use of resources, improving the management system, promoting the multi-agent governance and scientific and technological innovation.

Keywords: Environmental Management; Policy and System; Current Situation; Development Trend; Measure and Suggestion

Abstract: By summarizing the evolution process of sports characteristic towns in China, this paper states the connotation elements of the sports characteristic towns from four aspects, including leading industry, geographical advantage, factor agglomeration and compound consumption. Then, the concept of sports characteristic towns is put forward. After analyzing the international experience of the construction of sports characteristic towns, it is considered that there are some problems such as lack of leading industry, shortage of factors and resources, weak market, insufficient integration and other problems in the construction of sports characteristic towns in China. At the same time, this paper proposes the idea that constructing sports characteristic towns under precise management in China needs to design the construction process, build resource platforms, link various participators, promote industrial convergence and establish the evaluation system.

Keywords: Sports Industry; Sports Characteristic Town; Precise Management

V Cases

Abstract: The Internet has brought unprecedented challenges to enterprises and the traditional management paradigm has gradually become invalid. So the establishment of a new management paradigm must be based on the characteristics of the Internet era. This paper focuses on the innovation of Haier's RenDanHeYi Model, introducing the background of creating that model and analyzing how RenDanHeYi Model could reconstruct a new management system from four aspects: strategy, organization, mechanism and tool. Besides, the practice of RenDanHeYi Model in innovation and entrepreneurship, manufacturing, R&D, marketing and other fields is also mentioned. Finally, this article discusses the significance of Haier's RenDanHeYi Model, that is, Chinese enterprises can completely surpass the western enterprises through model innovation and become the lead of the Internet of things.

Keywords: Internet; Management Paradigm; RenDanHeYi; Create Win-Win

B. 13 The Coupling of Technological Innovation and Business Model Innovation

—The Road to Develop New Energy Vehicles in China

Zheng Gang, Chen Jing and Yang Yuwei / 221

Abstract: This paper analyzes the development status quo of new energy vehicles in China and discusses the current situation, characteristics and types of new energy vehicles' technological innovation and business model innovation. Then, the interaction between these two is analyzed from the coupling perspective. Also, this paper puts forward the "trigger-drive" innovative coupling framework in the new energy vehicles industry and describes two innovative initiatives of the manufacturing's service orientation and ecosystems.

Keywords: New Energy Vehicles; Technological Innovation; Business Model; Innovation Coupling

Abstract: This paper reviews Letv's exploration and practice of the internet ecological project management system in the 2014 – 2017 period in the Internet era. According to the actual requirements and development of Letv's internet ecological business model, this paper demonstrates the dual responsibility system of project organization based on strong matrix models and constructs a closed-loop project management system (strategy-execution, feedback-strategic optimization), considering the dual responsibility system as a core concept to support Letv's ecological development.

Keywords: Internet; Ecology; Project Management; Project-based Organization; Project Management System

Abstract: As an important cornerstone of the national economy, national welfare and the people's livelihood and national security, industry is facing great challenges of global new technological revolution and industrial changes, especially the significant changes of manufacturing patterns, manufacturing tools and ecosystems caused by the deep integration of the new generation of information and communication technology, intelligent science and technology and manufacturing technology. Guizhou Industrial Cloud takes cloud manufacturing as the theoretical basis, directly instructed by the Economic and Information Commission of

Guizhou Province and contracted by the Guizhou Aerospace Cloud Network Technology Co. Ltd.. Besides, on the basis of INDCIS platform, the services provided by the Guizhou Industrial Cloud could be divided into several parts such as cloud manufacturing services, industrial products store, industrial internet of things, cloud resources services, innovation and entrepreneurship, value-added services and area services. Additionally, with the characteristics of combining the online services with the offline services, combining manufacturing with services and combining innovation with entrepreneurship, Guizhou Industrial Cloud provides enterprises with the cloud service, covering the whole process and all elements of manufacturing, to create a manufacturing cloud ecosystem that adapts to the Internet economy and new industrial systems. What's more, taking technological innovation, business model innovation and management innovation as significant strategic initiatives to help enterprises in Guizhou to achieve transformation and upgrading, Guizhou Cloud is an information resources platform for enterprises to obtain policy information, industry information and cloud manufacturing resources. It is also an application service platform to help enterprises reduce inventories, cut excessive industrial capacity, reduce costs, improve the quality, expand the market and realize the integration of manufacturing and internet. After nearly two years of construction, Guizhou Industrial Cloud has more than 70000 registered users and has formed a number of enterprise application case successfully, becoming the main platform and main point for accelerating the deep integration of Guizhou Internet and industry, being beneficial to the rapid development of the real economy and promoting the integration and development of informationization and industrialization.

Keywords: Intelligent Cloud Model; Cloud Manufacturing; Industrial Internet of Things (IIoT); Industrial Products Store; Industrial Big Data; Guizhou Industrial Cloud

Ⅵ Special Topics

Abstract: In this thesis, we choose entropy method and LM-BP neural network method to calculate the weight of each evaluation index according to the characteristics of the data from 2010 to 2015. we obtain the development level of the Silk Road Economic Belt according to the weight of index system. On that basis, we evaluate the development situation of the Silk Road Economic Belt" according to the comprehensive evaluation results. We also analyze the main factors that restrict the development situation of the Silk Road Economic Belt and put forward some corresponding countermeasures and suggestions.

Keywords: LM-BP algorithm; Entropy Method; Silk Road Economic Belt; Development Index

Abstract: The Belt and Road Initiative has entered the stage of practical operation, which may have great influences on the economic and social systems of more than 60 countries. It is a significant opportunity for China to witness the transformation of the world economy, which requires a clear awareness of this field and the completion of the professionalization process. This paper chooses two host countries as examples—Thailand and Kazakhstan when discussing about the issue of national development. The solution is that it is necessary to establish an ecological system, promote the transnational cooperation at the enterprise level, promote the development of project follow and formulate new laws, regulations and alternative measures, requiring have proper project management methods or have skills related to stakeholder engagement, internationalization, knowledge management and cross culture management.

Keywords: The Belt And Road Initiative; Project Management; Stakeholder Engagement; Enterprise Internationalization; Transnational Management

B. 18 The Spatial Pattern of China's Outbound Tourism Development under The Background of The Belt And Road Initiative

Wang Yingjie, Yu Hu / 313

Abstract: The Belt and Road initiative is a major decision of China's opening-up and cooperation with other countries in the new period, which will greatly promote the development of China's outbound tourism. Based on the historical background of the Belt and Road Initiative, this paper researches on the development process, characteristics and the existing problems of China's outbound tourism. Besides, according to the development trend of the market, combined with the development of hot tourist areas, cities and lines, this paper puts forward the hierarchical and three-dimensional spatial organization pattern of tourism cultural circle, cross-border tourism cooperation zone and fulcrum tourism city. In addition, the suggestion of promoting the implementation of spatial pattern from the perspective of constructing transportation facilities and organizing air lines provides a theoretical basis for formulating the policies of developing China's outbound tourism and the layout of the tourism enterprises overseas.

Keywords: Outbound Tourism; Strategic Pattern; The Belt and Road Initiative

皮书起源

“皮书”起源于十七、十八世纪的英国，主要指官方或社会组织正式发表的重要文件或报告，多以“白皮书”命名。在中国，“皮书”这一概念被社会广泛接受，并被成功运作、发展成为一种全新的出版形态，则源于中国社会科学院社会科学文献出版社。

皮书定义

皮书是对中国与世界发展状况和热点问题进行年度监测，以专业的角度、专家的视野和实证研究方法，针对某一领域或区域现状与发展态势展开分析和预测，具备原创性、实证性、专业性、连续性、前沿性、时效性等特点的公开出版物，由一系列权威研究报告组成。

皮书作者

皮书系列的作者以中国社会科学院、著名高校、地方社会科学院的研究人员为主，多为国内一流研究机构的权威专家学者，他们的看法和观点代表了学界对中国与世界的现实和未来最高水平的解读与分析。

皮书荣誉

皮书系列已成为社会科学文献出版社的著名图书品牌和中国社会科学院的知名学术品牌。2016 年，皮书系列正式列入“十三五”国家重点出版规划项目；2012~2016 年，重点皮书列入中国社会科学院承担的国家哲学社会科学创新工程项目;2017 年,55 种院外皮书使用“中国社会科学院创新工程学术出版项目”标识。

权威报告·热点资讯·特色资源

皮书数据库

ANNUAL REPORT(YEARBOOK) DATABASE

当代中国与世界发展高端智库平台

所获荣誉

- 2016年，入选“国家‘十三五’电子出版物出版规划骨干工程”
- 2015年，荣获“搜索中国正能量 点赞2015”“创新中国科技创新奖”
- 2013年，荣获“中国出版政府奖·网络出版物奖”提名奖
- 连续多年荣获中国数字出版博览会“数字出版·优秀品牌”奖

WWW.PISHU.COM.CN

成为会员

通过网址www.pishu.com.cn或使用手机扫描二维码进入皮书数据库网站，进行手机号码验证或邮箱验证即可成为皮书数据库会员（建议通过手机号码快速验证注册）。

会员福利

● 使用手机号码首次注册会员可直接获得100元体验金，不需充值即可购买和查看数据库内容（仅限使用手机号码快速注册）。

● 已注册用户购书后可免费获赠100元皮书数据库充值卡。刮开充值卡涂层获取充值密码，登录并进入“会员中心”—“在线充值”—“充值卡充值”，充值成功后即可购买和查看数据库内容。

社会科学文献出版社 SOCIAL SCIENCES ACADEMIC PRESS (CHINA) 皮书系列

卡号：458349644249

密码：

数据库服务热线：400-008-6695

数据库服务QQ：2475522410

数据库服务邮箱：database@ssap.cn

图书销售热线：010-59367070/7028

图书服务QQ：1265056568

图书服务邮箱：duzhe@ssap.cn

S 子库介绍
Sub-Database Introduction

中国经济发展数据库

涵盖宏观经济、农业经济、工业经济、产业经济、财政金融、交通旅游、商业贸易、劳动经济、企业经济、房地产经济、城市经济、区域经济等领域，为用户实时了解经济运行态势、 把握经济发展规律、 洞察经济形势、 做出经济决策提供参考和依据。

中国社会发展数据库

全面整合国内外有关中国社会发展的统计数据、 深度分析报告、 专家解读和热点资讯构建而成的专业学术数据库。涉及宗教、社会、人口、政治、外交、法律、文化、教育、体育、文学艺术、医药卫生、资源环境等多个领域。

中国行业发展数据库

以中国国民经济行业分类为依据，跟踪分析国民经济各行业市场运行状况和政策导向，提供行业发展最前沿的资讯，为用户投资、从业及各种经济决策提供理论基础和实践指导。内容涵盖农业，能源与矿产业，交通运输业，制造业，金融业，房地产业，租赁和商务服务业，科学研究，环境和公共设施管理，居民服务业，教育，卫生和社会保障，文化、体育和娱乐业等 100 余个行业。

中国区域发展数据库

对特定区域内的经济、社会、文化、法治、资源环境等领域的现状与发展情况进行分析和预测。涵盖中部、西部、东北、西北等地区，长三角、珠三角、黄三角、京津冀、环渤海、合肥经济圈、长株潭城市群、关中—天水经济区、海峡经济区等区域经济体和城市圈，北京、上海、浙江、河南、陕西等 34 个省份及中国台湾地区 。

中国文化传媒数据库

包括文化事业、文化产业、宗教、群众文化、图书馆事业、博物馆事业、档案事业、语言文字、文学、历史地理、新闻传播、广播电视、出版事业、艺术、电影、娱乐等多个子库。

世界经济与国际关系数据库

以皮书系列中涉及世界经济与国际关系的研究成果为基础，全面整合国内外有关世界经济与国际关系的统计数据、深度分析报告、专家解读和热点资讯构建而成的专业学术数据库。包括世界经济、国际政治、世界文化与科技、全球性问题、国际组织与国际法、区域研究等多个子库。

法律声明

“皮书系列”（含蓝皮书、绿皮书、黄皮书）之品牌由社会科学文献出版社最早使用并持续至今，现已被中国图书市场所熟知。“皮书系列”的LOGO（）与“经济蓝皮书”“社会蓝皮书”均已在中华人民共和国国家工商行政管理总局商标局登记注册。“皮书系列”图书的注册商标专用权及封面设计、版式设计的著作权均为社会科学文献出版社所有。未经社会科学文献出版社书面授权许可，任何使用与“皮书系列”图书注册商标、封面设计、版式设计相同或者近似的文字、图形或其组合的行为均系侵权行为。

经作者授权，本书的专有出版权及信息网络传播权为社会科学文献出版社享有。未经社会科学文献出版社书面授权许可，任何就本书内容的复制、发行或以数字形式进行网络传播的行为均系侵权行为。

社会科学文献出版社将通过法律途径追究上述侵权行为的法律责任，维护自身合法权益。

欢迎社会各界人士对侵犯社会科学文献出版社上述权利的侵权行为进行举报。电话：010－59367121，电子邮箱：fawubu@ssap.cn。

社会科学文献出版社